现代企业管理系列教材

电子商务运营管理

主　编　邓顺国

副主编　余以胜　姚若辉

科学出版社

北　京

内 容 简 介

本书根据电子商务教学的需要，结合电子商务运作的规律，参考了国内外优秀的论著和文献，采用最新的案例和数据，从电子商务基于实务的原则出发，理论联系实际，探讨了电子商务概述、电子商务的基本模式、电子商务基础设施、电子商务安全技术、电子支付及电子货币、电子商务与物流、电子数据交换、企业电子商务应用、电子商务网站建设及电子商务政策与法规等内容，为电子商务初学者提供了完整而详尽的电子商务基础知识介绍。

本书可作为电子商务专业、信息管理专业、经济与管理类专业电子商务课程的教科书，也可作为从事电子商务实际工作的相关管理人员和技术人员及对电子商务有兴趣的社会人士的参考书。

图书在版编目(CIP)数据

电子商务运营管理/邓顺国主编. —北京：科学出版社，2011.6
现代企业管理系列教材
ISBN 978-7-03-030303-5
Ⅰ.①电… Ⅱ.①邓… Ⅲ.①电子商务-运营管理-教材 Ⅳ.①F713.36
中国版本图书馆 CIP 数据核字（2011）第 104475 号

责任编辑：张 宁／责任校对：赵桂芬
责任印制：霍 兵／封面设计：耕者设计工作室

科学出版社出版
北京东黄城根北街 16 号
邮政编码：100717
http://www.sciencep.com
保定市中画美凯印刷有限公司 印刷
科学出版社发行 各地新华书店经销
*
2011 年 6 月第 一 版 开本：720 × 1 000 1/16
2021 年 1 月第十九次印刷 印张：28 1/2
字数：570 000
定价：45.00 元
（如有印装质量问题，我社负责调换）

现代企业管理系列教材

Preface 总序

随着经济全球化进程的加快和知识经济时代的到来，现代企业发展面临着越来越多变的外部环境，竞争态势亦愈加纷繁复杂。较之于发达国家的企业而言，我国企业的市场经济之路时间较短，在摸索中曲折前进。国有企业经历着从计划经济向市场经济转型的痛苦，政企不分、产权不明、责任不清等弊端影响着国有企业经营绩效的提高。一些成长较快的民营企业虽然具备某些规范意义上企业的特质，但也碰到如非确定性的行政干预、计划经济意识形态上的歧视和企业所有者行为短期化等诸多因素的影响，多种因素导致我国民营企业的存活率非常之低，平均寿命不足3年。

从总体上看，除了经济体制改革和国家宏观经济政策的调节外，经营环境的多变性、管理理念的滞后性、管理手段的单一性和企业家队伍的极度匮乏等因素制约了我国企业整体管理水平的提升。因此，如何尽快更新落后的管理理念？如何充分借鉴和吸纳国外企业的先进管理经验？如何短时间内提高管理者的业务素养？如何从人、财、物等方面完善现代企业管理？如何通过提高管理水平出效率？凡此种种都是亟待解决的现实问题。从某种程度上讲，本丛书的立项和付梓也正是为了解决以上问题作一种尝试。华南师范大学经济与管理学院组织部分骨干教师精心编写了现代企业管理系列教材，每本教材的主编教师都长期从事相关学科的教学和科研工作，具备丰富的教学经验和扎实的科研能力。在总结多年教学经验和企业实践的基础上，博采众长，充分吸收国内外同类教材的优点，推陈出新，力图编写出一套具有现代企业管理特色的、综合性的、既自成体系又具有实用性的教材。

本丛书具有以下几个特点：①逻辑清晰。教材的每一章均按照内容提要、学习要点、正文讲解、相关案例和课后习题五个部分的编排框架渐进展开，最大限度地契合了人们的认知规律和学习习惯，有助于提高学习效率；②实用性强。为了克服许多教材重理论轻实务的共同缺点，本丛书不仅在内容讲解中引用了大量鲜活的案例，而且在课后专门辟出一个相关案例部分，试图引导学生运用所掌握的理论知识解决企业管理中的实际问题，逐步培养学生思考问题和解决问题的能力；③体系完整。本丛书包括11本教材，从11个不同界面立体式剖析现代企业管理的方方面面，定性定量相结合分析企业管理中产生的种种问题，系统探讨解决这些问题的方法和途径，这对于全方位培养学生驾驭现代企业的综合能力将大有裨益；④适用对象广泛。本丛书既适合经济管理类学生学习，也适合广大企业管理者和相关管理部门培训使用。

本丛书包括11本教材，具体分工如下：林勇主编《资本运营理论与实务》，彭璧玉主编《中小企业战略管理》，邓顺国主编《电子商务运营管理》，曹宗平主编《客户服务管理》，高波主编《企业管理信息系统》，吴忠培主编《企业管理咨询与诊断》，纪志明主编《团队管理》，何晓兵主编《销售业务管理》，聂新军主编《企业内部控制》，刘善敏主编《人力资源开发与管理》，冯晖主编《现代物流学》。

本丛书的出版，一直得到华南师范大学经济与管理学院领导和老师的大力支持，在此表示感谢！同时，科学出版社张宁女士在丛书的立项和出版过程中付出了艰辛的劳动，在此亦表示谢意！最后，对本丛书中被参考和借鉴研究成果的各位专家和学者表示感谢！

由于本丛书的编写时间有限，加之编者水平有限，不足之处在所难免，恳请广大读者给予批评指正。

林　勇

华南师范大学经济与管理学院院长

2011年3月

Foreword
前 言

信息技术突飞猛进，不断地创造着令人耳目一新的天地。就在人们对互联网络刚刚有所认识的时候，电子商务这一全新的概念又以难以估量的速度在兴起，进而改变着社会经济生活的各个方面。电子商务正在从一个概念慢慢变成我们生活 中不可缺少的一部分，作为一个现代公民，认识、了解、学习电子商务是必需的。

电子商务已经成为人们生活的一部分，他们在网络中买花、买书、订酒店；企业在网络中完成商务的谈判和资金的流转；政府提供电子化的管理模式。所有这些在网络中的应用，构成了电子商务坚实的主体。电子商务大大方便了我们的生活，大大提高了企业和政府运作的效率，降低了成本。电子商务以其不可抵挡的魅力，不可扭转地跨向21世纪。

当然，作为新的应用，人们对于电子商务还有很多的疑惑。人们想知道电子商务是怎么运作的，想了解电子商务是怎么配送的，想认识电子商务的安全是怎么保障的，想知道企业是如何实现电子商务的。作为一本电子商务的入门书籍，我们从大家所关心的基本问题出发，详尽地阐述了电子商务的来龙去脉，为大家认识、学习电子商务提供一个良好平台。

本书依照电子商务的运作规律，根据教学的需要，结合最新的数据和案例，结合电子商务的实务性要求来组织和编写各章节内容和实践内容。对于初学者来说，结合实践来认识电子商务是非常必要的，因为电子商务本身是跨学科的，所以比较难；而且又是虚拟的，所以比较抽象。实践教学是学习电子商务中的一个重要环节。这是编写本书的一个重要的出发点。

本书由邓顺国、余以胜、姚若辉负责总体设计，编写人员均为直接工作在电子商务教学和科研第一线的实际工作者。参加编写的人员有邓顺国（第2章）、姚若辉（第4章）、陆川（第1章）、梁益军（第3章）、康远志（第5章）、门洪亮（第6章）、郑晖（第7章）、冯志勇（第8章）、杜向阳（第9

章）、余以胜(第10章)，李丹也参加了部分章节的修改工作，每个章节后的案例由余以胜、朱运清编写。最后由邓顺国、余以胜进行统稿。另外，感谢华南师范大学经济与管理学院的领导对本书编写过程中给予的大力支持！

由于作者的水平和能力有限，本书编写的时间比较匆促，书中的错漏和不足之处在所难免，敬请读书批评指正，以便我们进一步完善和修改。

编　者

2011年3月于华南师大

Contents

目录

CHAPTER 1

第一章　电子商务概述

[内容提要]

本章首先介绍电子商务的基本概念，以及电子商务定义与分类方法。在此基础上，探讨电子商务和传统商务之间的区别和联系，以及电子商务交易标准，并介绍了我国电子商务发展状况和电子商务发展趋势。学习本章的主要目的是对电子商务的内涵和重要性有比较全面、深刻的理解，为学习后续章节打下基础。

[学习要点]

1. 了解电子商务的定义，理解电子商务的内涵；
2. 掌握电子商务的特点，熟悉电子商务的分类；
3. 理解传统商务与电子商务的区别和联系；
4. 熟悉电子商务的概念要素和组成要素；
5. 熟悉电子商务的标准以及应用；
6. 了解我国电子商务发展遇到的问题，了解我国电子商务发展的趋势。

第一节　电子商务的定义及分类

电子商务的基本概念属于理论研究范畴，它处于活跃的研讨期中，人们有许多相同的认识，也有一些不同的看法。读者在学习中应有所思考和讨论。

一、电子商务的定义

因特网（Internet）为人类社会创造了一个全新的信息空间。在这个空间里，人们用数字信号在网上交换邮件、讨论、聊天、游戏，甚至购物。商业活动作为人类最基本、最广泛的联系方式，自然会渗透到网络中，于是人们想到了用数字信号在网上开展商务活动。因此，可以说电子商务是人类经济、科技和文化的必然产物。

事实上，至今还没有一个较为全面、具有权威性的能为大多数人所接受的电子商务定义。各种组织、政府、公司和学术团体都依据自己的理解和需要来为电子商务下定义，其中有一些较为有代表性。

1．从不同角度审视电子商务

电子商务的英文名大部分用 electronic commerce，简写为 EC，有的也用 electronic business，简写为 EB。到目前为止，不同的人强调不同的方面：

从通信的角度看，电子商务是在 Internet 上传递信息、产品/服务或进行支付；

从服务的角度看，电子商务是一个工具，它能满足企业、消费者、管理者的愿望——在提高产品质量和加快产品/服务交付的速度的同时降低服务的成本；

从在线的角度看，电子商务提供了通过 Internet 的销售信息、产品和服务。

以上的观点都是正确的，只不过是从不同角度审视电子商务。总之，电子商务强调创造商机，以较少的投入获得较高的回报，创造商业价值。

2．广义上的电子商务

广义上的电子商务（electronic business，EB）是指各行各业，包括政府机构和企业、事业单位各种业务的电子化、网络化，可称作电子业务。

3．狭义的电子商务

狭义的电子商务是（electronic commerce，EC）指人们利用电子化手段进行商品交换为中心的各种商务活动，也可称作电子交易。

4．联合国国际贸易程序简化工作组对电子商务的定义

联合国国际贸易程序简化工作组对电子商务的定义是采用电子形式开展商务活动，它包括在供应商、客户、政府及其参与方之间通过任何电子工具，如电子数据交换（electronic data interchange，EDI）、Web 技术、电子邮件等共享结构化和非结构化商务信息，并管理和完成在商务活动、管理活动和消费活动中的各种交易。

5．加拿大电子商务协会对电子商务的定义

加拿大电子商务协会给出了电子商务较为严格的定义：电子商务是通过数字通信进行商品和服务的买卖以及资金的转账，它还包括公司之间和公司内部利用电子邮件、EDI、文件传输、传真、电视会议、远程计算机联网所能实现的全部功能。

由此可见，电子商务的概念包含两个要素：一是商务；二是网络化和数字化技术。

二、电子商务的内涵

当今所提及的电子商务，最重要的是强调电子化手段在数据收集、交换和处理过程中的作用。因此，我们可以认为电子商务的主要成分是“商务”，是在“电子”技术基础上的商务。

电子商务的前提是商务信息化。电子商务是一个社会系统，它的中心必然是人。电子商务的出发点和归宿是商务，商务的中心是人和人的集合。电子工具的系统化应用也只能靠人。所以，电子商务的核心是人。

电子工具必然是现代化的。所谓现代化工具，是指当代技术成熟、先进、高效、低成本、安全、可靠且方便操作的电子工具。另外，对象的变化是至关重要的。以往的商务活动主要是针对实物商品进行的商务活动，电子商务则首先要将实物商品虚拟化，形成信息化（数字化、多媒体化）的虚拟商品，进而对虚拟商品进行整理、储存、加工和传输。

三、电子商务的特点

与传统形式的商务活动相比，电子商务具有虚拟性、跨越时空性、低成本、高效性和安全性等明显的特点。也正是因为电子商务具有这些特性，才使得电子商务具有无穷的魅力，并将成为越来越多的商家和消费者选择的商务形式。

（一）虚拟性

电子商务的虚拟性主要表现在以下两个方面。

1．企业经营的虚拟化

对于流通企业来讲，采用电子商务的方式可以实现无店铺经营。例如，亚马逊（Amazon）公司（http://www.amazon.com）就是一个在简陋的车库中成立的网络零售企业，它既没有租门面陈列实际的商品，也无须雇佣大量售货员，它所需要的只是一些可以上网提供产品信息并接受客户订单的服务器、一些信息处理人员，以及一些用来存放所经营商品的仓库。

对于生产性企业而言，采用电子商务的方式可以实现无厂房经营。例如，美国Compaq 公司的电脑 90%都不是它自己生产的，其计算机的各种零部件是外包给世界各地的计算机制造商生产，然后组装，Compaq 公司只负责提供技术、软件和品牌，组装好的电脑又通过全球物流配送体系发送给用户。

2．交易过程的虚拟化

贸易双方从贸易磋商、签订合同到支付，无须当面进行，均通过互联网完成，整个交易完全虚拟化。

（二）跨越时空性

电子商务跨越时空的特点主要表现在网络商务的开展可以不受时空的限制。

传统企业一般都有上下班时间限制，而电子商务企业的网上服务可以 24 小时连续进行。传统企业在建立新厂或者新商店时都要精心选址。例如，需要充分考虑交通条件、车流量和人流量、居民分布特点等因素。而电子商务企业可以不受上述因素的约束，其服务器放在与互联网相连的任何角落都可以接受客户的访问，因而其服务范围可以覆盖全球。

（三）低成本

电子商务具有显见的低成本性，主要表现在以下四个方面。

1．没有店面租金成本

传统的店面相当昂贵，特别是黄金地段，可以说是寸土寸金。而电子商务则只需一台连在互联网上的网络服务器，或者租用部分网络服务器的空间即可。在电子技术高度发达的今天，购置一套网络服务器设备的费用与实际租用一个商业大厦的费用相比甚至可以忽略不计。一个网上银行的成本约为实体银行的百分之一。

2．没有专门的销售人员

电子商务借助于电子手段实现信息传递和沟通，在交易过程中不需要传统的销售人员介入，降低了信息成本、减少了交易费用、节省了销售人员的薪金和培训等费用。

3．没有商品库存压力

一个经营良好的电子商场甚至能做到“零库存”，不需要承担任何库存压力，实现什么时候要卖出货什么时候才进货，减少了文件处理费用和库存费用、降低了管理成本。

4．很低的营销成本

电子商务具有较好的促销能力，其电子货架上的商品同时又是广告宣传的样品，经营者不需要投入大量的促销广告费用。因此，节省了大量的广告费用和降低了产品成本。

（四）高效性

电子商务的高效性表现在以下两个方面：

（1）Internet 技术使贸易中的商业报文标准化，标准化的商业报文能在世界各地瞬间完成传递，并由计算机自动处理，使整个交易方便快捷。

（2）电子货币的出现和流通，可以减少资金的在途时间，提高资金的利用率。

先进的信息技术使得整个商业运转流程和周期大大缩短，商业活动的效率得以提高。

（五）安全性

在电子商务中，安全性是必须考虑的核心问题。为了帮助企业创建和实现这一目标，国际上多家公司联合开发了安全电子交易的技术标准和方案研究，并发表了安全电子交易（secure electronic transaction，SET）和安全套接层（secure sockets layer，SSL）等协议标准，为企业创造了一种安全的电子商务环境。这样可以保证网络信息传输中各种信息之间互相核对，有效防止仿造信息的流通。

四、电子商务的分类

通过研究电子商务的类型，可以从不同角度加深对电子商务的理解。根据研究的重点不同，电子商务有多种分类方法，现主要介绍按交易的参与主体分类。

1. 企业对消费者

B2C（business to customer）电子商务是利用计算机网络使消费者直接参与经济活动的高级形式。这是人们最熟悉的一种电子商务类型，以至于许多人误以为电子商务就只有这样一种模式。事实上，这缩小了电子商务的范围，错误地将电子商务与网上购物等同起来。目前在 Internet 上的各种网上商店、商城提供的商品和服务等都属于此类。B2C 还有一种特殊的类型，即 M2C（manufacturer to consumer），它是广州环球市场集团创造的。该集团围绕群体品牌 GMC（global manufacturer certificate），向 GMC 会员企业提供整合展会营销、网络营销、买家匹配等企业对企业（business to business，B2B）国际营销解决方案，有效帮助 GMC 会员企业紧握市场脉搏，树立优质品牌形象，确立国际竞争优势，让 GMC 会员企业从 4 300 万中国制造商中脱颖而出，成为国际买家的采购首选供应商，帮助中国优质制造商把优质产品直接销售到国外批发零售终端或消费者。环球市场 M2C 全球直销平台通过海外仓储及全球供应链管理，协助制造商解决供应链的“6+1”问题，真正实现制造商直销。M2C 的一站式供应链解决方案将能有效帮助会员打造自有品牌，掌握自主定价权，提升利润空间。环球市场 B2B 国际营销平台和 M2C 全球直销平台的飞跃发展， 将有助于提升中国制造在国际市场上的品牌形象，带动中国制造转型升级，推动中国实现从出口大国向出口强国的成功转型。

2. 企业对企业

B2B（business to business）电子商务包括非特定企业间的电子商务和特定企业间的电子商务，是指采购商与供应商在互联网上谈判、订货、签约、接收发票和付款以及索赔处理、商品发送管理和运输跟踪。通过增值网络运行的 EDI，已使此类电子商务得到了很大发展。B2B 模式是当前电子商务模式中份额最大、最具操作性、最容易成功的模式。

3. 消费者对消费者

C2C（customer to customer）电子商务是消费者与消费者之间的交易。个人对个人的商务活动在传统上主要通过分类广告、收藏物品展、旧物出售和跳蚤市场这样的贸易方式或场所进行，或者通过拍卖行、当地分销商这样的中介进行。互联网电子商务的发展为 C2C 打开了方便之门，如网上拍卖网站属于此类电子商务的网站。

4. 企业对政府

B2G（business to government）电子商务覆盖企业与政府组织间的各项事务。企业与政府电子商务主要是政府采购和在电子商务中的作用。政府采购是指各级政府为了开展日常政务活动或为公众提供公共服务的需要，在财政的监督下，以法定形式、方法和程序，从市场上为政府部门和所属公共部门购买商品和服务，如政府的网上采购和公司的网上纳税等。

5. 消费者对政府

政府将电子商务扩展到福利费的发放、自我估税和个人税收的征收等方面均属于消费者对政府（customer to government）的电子商务。

6. 企业对消费者对企业

企业对消费者对企业（business to customer to business）的电子商务，即将 B2B 和 B2C 模式相结合，体现了供应商将产品或服务提供给消费者，而消费者又将其消费需求通过数字平台反馈给供应商的互动模式。数字贸易产业联盟的积分消费即属于此类电子商务。

按交易的参与主体分类是最常用的分类方法。在这里，交易的主体可以是企业、政府部门，也可以是最终的消费者，还可以是这些交易实体的多种组合。另外，还有按交易电子化程度分类、按交易过程的完整性分类和按从事交易活动的企业类型或者网站的类型分类等。在这里就不多介绍了。

第二节 传统商务与电子商务的区别与联系

人类自从有了分工后就开始了商业活动，从以物易物的交换到产生了以货币为媒介的商业形式，每一次技术的革命都会对交易活动的方式和规则带来变革，但交易的基本原理并没有变化。商业活动就是至少有两方参与的有价物品或服务的协商交换过程，它包括了买方和卖方为完成交易所进行的各种活动。

一般说来，在一个具体商贸交易过程中，实际操作步骤和处理的过程如果按照组织内部的管理活动可分为以下三个部分：

物流：是指商品的流动过程。

资金流：是交易过程中资金在双方单位（包括银行）中的流动过程。

事务流：是指商贸交易过程中的所有单据和实务操作过程。

一、传统商务运作过程

传统商贸交易过程中的实务操作由交易前的准备、贸易磋商、合同与执行、支付与清算等环节组成。

1. 交易前的准备

对于商贸交易过程来说，交易前的准备就是供需双方如何能宣传或者获取有效的商品信息的过程。商品的供应方的营销策略是通过报纸、电视、户外媒体等各种广告形式宣传自己的商品信息。对于商品的需求者企业和消费者来说，要尽可能得到自己所需要的商品信息，来充实自己的进货渠道。因此，交易前的准备实际上就是一个商品信息的发布、查询和匹配过程。

2. 贸易磋商

在商品的供需双方都了解了有关商品的供需信息后，就开始进入具体的贸易磋商过程，贸易磋商实际上是贸易双方进行口头磋商或纸面贸易单证的传递过程。纸面贸易单证包括询价单、价格磋商、订购合同、发货单、运输单、发票、收货单等，各种纸面贸易单证反映了商品交易双方的价格意向、营销策略管理要求及详细的商品供需信息。在传统商贸活动的贸易磋商过程中使用的工具有电话、传真或邮寄等，因为传真件不足以作为法庭仲裁依据，故各种正式贸易单证的传递主要通过邮寄方式进行。

3. 合同与执行

在传统商务活动中，贸易磋商过程经常通过口头协议来完成的，但在磋商过程完成后，交易双方必须要以书面形式签订具有法律效应的商贸合同，来确定磋商的结果和监督执行，并在产生纠纷时通过合同由相应机构进行仲裁。

4. 支付与清算

传统商贸业务中的支付一般有支票和现金两种方式，支票方式多用于企业的商贸过程，用支票方式支付涉及双方单位及其开户银行，现金方式常用于企业对个体消费者的商品零售过程。

二、电子商务运作过程

在电子商务环境下，商务实务的运作过程虽然也有交易前的准备、贸易的磋商、合同的签订与执行、资金的支付等环节，但是交易具体使用的运作方法是完全不同的。

1. 交易前的准备

在电子商务营销模式中，交易的供需信息都是通过交易双方的网址和网络主页完成的，双方信息的沟通具有快速和高效率的特点。

2. 贸易的磋商

电子商务中的贸易磋商就是将纸面单证在网络和系统的支持下变成了电子化的记录、文件和报文在网络上传递的过程，并且由专门的数据交换协议保证了网络信息传递的正确、安全和快速的特点。

3. 合同的签订与执行

电子商务环境下的网络协议和电子商务应用系统保证了交易双方所有的贸易磋商文件的正确性和可靠性，并且在第三方授权的情况下，这些文件具有法律效应，在执行过程中产生纠纷时，可以作为仲裁依据。

4. 资金的支付

电子商务中交易的资金支付采用信用卡、电子支票、电子现金和电子钱包等形式，以网上支付的方式进行。

三、传统商务与电子商务的比较

传统商务与电子商务的流程比较，见表 1-1。

传统商务与电子商务的其他比较，见表 1-2。

四、传统企业面临电子商务引起的变革

学习电子商务除了要分析产生的商务活动流程及操作方式的区别外，更重要的

表 1-1 传统商务与电子商务流程比较

商务环节	传统商务	电子商务
获得商品信息	四大传统媒体	企业的 Web 页面
购物申请	递交手写或打印的报告	发送电子邮件
产生订单	打印	电子邮件或 Web 页面
发送订单	递交、邮寄或传真	EDI
库存检查	打印库存清单	在线数据库
提交生产计划	打印生产计划书	电子邮件或 Web 页面
开具发票	手工或打印	电子票据、打印或手工
发送提货单及发票	递交或邮寄	电子邮件或邮寄
支付	汇票、支票和现金	EDI、电子支付
选择企业形象	门面、装潢、高楼	Web 页面和服务允诺

表 1-2 传统商务与电子商务其他比较

项目	传统商务	电子商务
交易对象	局部地区	全世界
交易时间	特定的营业时间	任何时候
营销活动	销售商的单方营销	一对一、一对多、多对一
顾客方便程度	受时空限制，还要看店主的态度	顾客按自己的方式无拘无束地购物
顾客需求	要用较长时间掌握顾客的需求	能迅速捕捉顾客的需求，及时应对
销售地点	需要店面	虚拟空间

是要研究由于电子商务的出现而引起的商务规则和理念的变革。只有这样才能使我们以正确的方式从事电子商务。

1．信息技术的变革

信息技术、网络的发展促进了经济一体化的发展，目前电子商务已成为世界上最流行、最可靠的电子商务媒介。传统企业投身电子商务首先必须考虑全面采用互联网技术。

2．商务流程的变革

当今在电子商务中广泛采用了网络技术，使得电子商务与传统商务之间在实现方式等方面存在许多区别。企业的商务流程变革，源于企业必须提高整体效率去应对市场和客户。

3．企业结构的变革

企业结构，特别是大集团企业结构，为了适应电子商务和经济全球化，必须重新调整。

4．企业文化的变革

传统企业走向电子商务，意味着自己的商务半径在短时间内迅速放大，迫使企业的经理人转而采用全球性的思维方式。

5．竞争与合作的变革

电子商务在更大的范围内实现资源和优势的整合，力图建立更合理的经济生态环境。在这种环境下协作重于单纯的竞争，这导致电子商务时代在处理企业之间关系上的变化。

五、电子商务与传统商务的关系

前面分析了传统商务与电子商务之间的区别，以及电子商务引起传统企业的一系列变革。但千万不要产生一种误解，认为传统商务与电子商务是完全不同的、对立的两件事，或者认为电子商务将会取代全部的传统商务过程。实际上，应该把电子商务看成是传统商务的扩展和延伸。

我们需要的是创建一种能满足社会所有成员需要的商务模式，而这种模式肯定还要不断发展变化的。电子商务发展的过程正好说明无数传统企业开展电子商务正是社会发展的必然产物。

第三节　电子商务交易标准概述

一、电子商务概念模型

电子商务的概念模型由交易主体、电子市场、交易事务、信息流、资金流、物资流等基本要素构成。

交易主体：能够从事电子商务活动的客观对象。

电子市场：EC 实体从事商品和服务交换的场所。

交易事务：EC 实体之间所从事的具体的商务活动的内容。

物资流：商品和服务的配送和传输渠道。

资金流：资金的转移过程，包括付款、转账、兑换等过程。

信息流：既包括商品信息的提供、促销营销、技术支持、售后服务等内容，也包括诸如询价单、报价单、付款通知单、转账通知单等商业贸易单证，还包括交易方的支付能力、支付信誉、中介信誉等。

二、电子商务的组成

电子商务的基本组成要素有 Internet、Intranet、Extranet、用户、配送中心、认证中心（certificate authority，CA）、网上银行、商家等。

网络：包括 Internet、Intranet、Extranet。Internet 是电子商务的基础，是商务、业务信息传递的载体；Intranet 是企业内部服务活动的场所；Extranet 是企业与用户进行商务活动的纽带。

用户：电子商务用户包括企业用户和个人用户。企业用户建立 Intranet、Extranet 和企业管理信息系统（management information system，MIS），对人、财、物、产、供、销进行科学管理。个人用户利用浏览器、电视机顶盒、 PDA（personal digital assistance）和 Visual TV 等接入 Internet 获取信息和购买商品等。

配送中心：配送中心接受商家的送货要求，组织运送无法从网上直接得到的商品，跟踪产品的流向，将商品送到消费者手中。

认证中心：认证中心是受法律承认的权威机构，负责发放和管理电子证书，使网上交易的各方都能够互相确认身份。电子证书是一个包含证书持有人的个人信息、公开密钥、证书序号、有效期和发证单位的电子签名等内容的数字文件。

网上银行：网上银行在 Internet 上实现买卖双方结算等传统的银行业务，为商务交易中的用户和商家提供 24 小时实时服务。

商务活动的管理机构：包括工商、税务、海关和经贸等部门。

三、电子商务的标准

标准是电子商务规范化的前提，共在国外电子商务的发展中得到了相当的重视，特别是电子商务安全方面普遍存在标准先行的情况。

电子商务在全球不断升温，但在中国却有点水土不服，这和电子商务的标准问题有一定的关系。特别是随着中国电子商务标准 cnXML 的提出，很多国内企业对于如何选择电子商务标准产生了困惑。

总的来讲，中国电子企业选择 RosettaNet 标准的还是居多，目前这个标准在中国市场处于主流。相比之下，ebXML 的实施费用过高；cnXML 只是刚推出，有待更多的企业加盟。下面将回顾电子商务标准的发展过程，以及 ebXML、RosettaNet 和 cnXML 三种标准的具体内容和主要成员。

20 世纪 60 年代，欧美大公司之间专用 EDI 系统的出现掀开了早期电子商务发展的序幕。随后，按照各行业内部的 EDI 应用需要而制定的行业标准相继诞生。例如，TDCC（美国运输数据协调委员会）运输业通用电子报文格式标准；ODETTE

（欧洲电子数据交换组织）专门为汽车行业制定的标准；环球同业银行金融电讯协会（Society for Worldwide Interband Financial Telecommunication，SWIFT）标准则是国际银行业广泛应用的 EDI 标准。

20 世纪 80 年代，为满足跨行业 EDI 应用的要求，美国国家标准协会在 1985 年公布了用于国内贸易的 EDI 标准 ANSI X.12，而欧洲则公布了用于欧洲地区贸易的 EDI 标准—— GTDI（贸易数据交换指南）。这两个标准很快在北美地区和欧洲各国得到广泛的支持，并形成了两大主要的标准体系，对促进北美地区和欧洲地区的跨行业电子商务应用奠定了基础。

20 世纪 90 年代，随着全球经济贸易体系的重组、国际贸易程序简化进程的深入，EDI 标准成为跨国多边贸易和各国简化国际贸易单证处理的主要手段。1989 年，UN/EDIFACT 标准的诞生进一步确立了 EDI 技术在简化国际贸易过程中所扮演的重要角色，这在全球掀起了“无纸贸易”的浪潮。EDI 以其高效、快捷、准确、可靠等特点一直受到国际大型企业的重视。但是，EDI 技术的复杂性、高额的成本使中小型企业望而却步。

（一）基于 XML 的电子商务标准

随着 20 世纪 90 年代互联网的逐步成熟和完善，尤其是超文本标记语言（hypertext markup language，HTML）和 Web 技术的出现，基于互联网的电子商务技术得到飞速发展。1998 年，可扩展置标语言（extensible markup language，XML）的诞生进一步丰富了信息交换技术，基于 XML 的信息交换技术已成为当今电子商务的关键技术之一。XML 为 EDI 提供了基于互联网的解决方案，它将商业规则从商业信息中分离出来，保留商业信息原有的结构和内容在各应用系统间进行存储和处理。XML 的灵活性在为各企业制定信息交换规则提供便利的同时，也带来了企业间各种不同交换规则间相互转换的麻烦。

为提高信息交换的效率、借鉴 EDI 标准规范的经验，有关公司、行业协会和国际标准化组织相继推出了一些基于 XML 的电子商务标准框架。这些标准框架的目标都是要通过互联网实现企业间高效、可互操作的信息交换和信息处理，其中比较典型的标准规范有 OBI、IOTP、eCo 框架、BizTalk、RosettaNet、cXML、xCBL 等。中国科学院电子商务中心正着手制定满足中国国情与商务习惯的电子商务标准 cnXML。

这些新兴的事实标准向传统标准发起了有力挑战。协调、交流和合作则成为促进全球电子商务标准发展的必然。2000 年，UN/CEFACT 和 OASIS 两个分别代表着传统标准和新兴标准的制定组织共同在全球范围内发起了基于 XML 的电子商务标准框架（即 ebXML 标准）的研制工作，该项工作得到了全世界百余企业的支持和参与。目前，基于 XML 的电子商务标准主要有：

（1）ebXML：2001 年 5 月第一批 ebXML 相关标准规范正式发布，ebXML 是全球基于 XML 的电子商务信息交换框架，它向全球各贸易参与方提供一种可互操作的、安全稳定的电子商务信息交换模式。ebXML 是一系列构成电子商务模型框架的技术规范的统称，通过这些技术规范来构建一个全球电子化市场，在这个市场内不分地域和规模的各类企业能够通过交换基于 XML 的电子业务信息开展彼此间的业务。ebXML 力图建立一种基于开放式标准的电子商务理论框架，为电子商务实施提供理论指导。

（2）RosettaNet：一个致力于开发和实现全行业开放式电子商务流程标准的信息技术、电子元件和半导体制造业企业联合组织，基于 RosettaNet 的 B2B 系统整合有助于加速供应链的协作、增强企业核心竞争力。这个标准有着广泛的业界支持，目前全球已有超过 400 家企业采用，而标准的实施成本少于 5 万美元，性价比相当高。英特尔就采用 RosettaNet 标准和 450 多家合作伙伴进行交易。据悉，RosettaNet 在中国将开展一系列标准推广计划，包括与政府部门、领先高科技公司及跨国公司成立电子商务工作小组，召开互操作性大会和泛亚地区峰会等。

（3）cnXML：2000 年，中国科学院软件所电子商务技术研究中心提出了以国际 XML 标准为基础、与国际其他相关标准可相互转换、符合我国商业流程习惯与传统的 B2B 电子商务语法、具有中国特色的电子商务信息化规范 cnXML。cnXML 在数据结构上首次提出了中英双语标准的概念，不仅支持英文标签，还全面支持中文标签。在双语的标准的构架下，国内企业在使用 cnXML 规范的时候不仅没有母语的障碍，而且在从事国际交易的时候又不给国外企业造成语言上的新障碍，使各个交易方能够便利地与国内外其他电子商务交易语言进行交互。

（二）基于 Web 服务的电子商务集成标准

ebXML 是一项庞大复杂的工程项目，它的最终实现还需要大量的基础性标准和相关产品的支持，值得密切关注的是 Web 服务技术的发展。

Web 服务是指由企业发布的完成其特别商务需求的在线应用服务，其他公司或应用软件能够通过互联网来访问并使用这项在线服务。Web 服务的目标是将软件转化为一种通过 Web 订阅使用的服务。在 Web 服务模式下，软件将运行于中央 Web 服务器而非用户的 PC 机中。这样，从理论上来说，用户就能够通过 PC 机、移动电话、掌上电脑或任一接入互联网的设备访问各种类型的应用与服务，并能够自动实现应用与服务的实时更新与升级。Web 服务模式的核心是能够实现更简便的、基于 XML 的在线数据交换。

微软、IBM、Sun、Oracle 及其他有关厂商纷纷摈弃了各自不同的技术标准，共同选定了 SOAP、WSDL 和 UDDI 三种基于 XML 的相关标准作为 Web 服务的底层架构技术。另外，在万维网联盟（world wide web consortium，W3C）及 OASIS 等业内标准组织的协助下，微软、IBM 等公司还计划进一步合作，共同制定对全球 Web 服务市场发展至关重要的诸如安全与可靠性等方面的 Web 服务标准。

四、电子商务标准应用

电子商务标准：为了达到某种程度的统一而出现的对数据交换和流程交易的规范定制。从当前的市场应用情况来看，电子商务标准基本上分为两层：底层的数据交换标准和高层的面向流程的标准。

数据交换标准：在信息化时代，企业依靠越来越多的管理信息系统实现运营，因此首先要解决数据交换问题。开发专用接口或统一数据格式成为人们常用的办法。但是在互联网上，这些办法似乎颇有束缚，因此，定制数据交换标准的需求应运而生。1998 年，国际组织 W3C 推出 XML，解决了数据交换的标准问题。

面向流程的标准：相对于数据交换的标准来说，流程交易标准的制定就困难许多。企业要进行商务，就要在不同商务平台之间进行对话，这不仅涉及企业间的数据交换，更要涉及企业间业务流程的相互操作。因此，面向流程的标准应该在实践中、在需求中去产生。

五、电子商务业务模式

（一）根据目标群体和行业的差异，电子商务在线市场可以划分四种不同业务模式

单独型：由单个企业创建，连接自己的供应商和客户，如戴尔电脑和思科公司所建的在线市场。

开放型：行业联盟创建，或得到主要行业协会支持，向所有行业参与者开放。此类在线市场专注于协同服务的开发，如 Covisint、e-DAS。

撮合型：一般是由独立的互联网公司创建，专注于为不同行业的买家和卖家进行交易撮合，如环球资源网站（www.globalsources.com）。

专家型：专注于为用户开发特别功能，为适应不同行业的需要设计特定功能，如 Freemarkets、Logistics。

在一定意义上，在线市场将改变企业的运作环境。摩根斯坦利称，一旦采用在线的形式，商业伙伴之间的交易流程将得到改善或重组。波士顿咨询集团认为：B2B 是根本性的变革。是否参与、怎样参与的问题被提上了许多企业的议事日程。因为

这是一个关系到竞争优势的问题。中国企业如何从使用互联网技术中获益？制定一个最合理的电子商务实施战略是最重要的，另外，选择一个或多个最合适的在线市场，是确保电子商务真正能够实施、效益能够真正获得的重要途径。

（二）应用实例

哪种模式最有生命力？这取决于多种因素。能够长期生存的将是那些在现货市场或积压库存市场进行简单拍卖，以及对价格敏感的产品进行买卖的机构。

目前，价格并不总是买家最优先考虑的因素。买家更关注同贸易伙伴建立长期合作关系，他们关心贸易伙伴能够提供哪些技术，服务水平怎样，以及能够购买其他产品的机会如何。现货交易平台是最容易设计的模型。这些公司中的大多数将会被淘汰，那些设法生存下来的公司将会转向其他模式，例如，能够支持企业专网的平台。

用户认为最有价值的交易网站应具有的能力包括：能够获得公平价格，帮助协调产品设计流程，订单处理具有可见性，并在合作伙伴之间提供系统集成。

据调查显示，OEM 和 CEM 最希望从在线交易中得到以下信息：适时供货信息、价格比较、与大多数供应商和分销商的接触途径、与其他公司互动的选项以及多种不同的零配件搜索机制。

NEC 面临的最大问题是，如何将电子商务作为已有采购渠道的补充。NEC 的 OEM 用户有 40~50 家，还可以再增加 100 家，并同 4 家分销商合作。NEC 现在是采取倾听的姿态：设法了解网上公司在做些什么，他们怎样才能够配合我们的业务模式。NEC 也在权衡，是采用业界领先的联营方式，还是建造专用网。在专用网中，合作伙伴之间的连接可以在一个专用的、相对封闭的环境中进行。

NEC 是交易机构 Converge 的创立者成员之一。Converge 是由康柏和惠普公司倡导成立的一家交易机构。当初 NEC 决定加入这个联盟是为了参与制定起始标准。NEC 希望参与到最基础的工作，协助确定业务交易方向。

NEC 同时也在建造专用网络，积极参与 RosettaNet 标准小组开发电子商务语言。该语言可以使合作伙伴之间开展各项活动更加便利，也就是“设计协作”。

当然，买家也在做类似的权衡，希望能够找到最佳模式，现在判断哪一种模式能够取得成功还为时尚早。联盟交易机构是一种值得注意的方式，这建立在许多大公司协同工作的基础上，优势与劣势并存。打个比方，使 20 个不同的公司以同一种方式开展业务绝不是件容易的事。没有人能够肯定正确的模式将是什么样子。

随着商业模式、服务和市场目标逐渐融合到一起，许多基于现货交易平台之间的差别逐渐消失，某些不明朗局面将有望确定下来。

第四节　我国电子商务发展状况

一、我国电子商务发展概况

1998 年是世界的“电子商务年”，新成立的信息产业部提出：推进国民经济信息化，要重点抓好企业信息化、金融电子化和电子商务这三个方面的工作。企业信息化是基础，金融电子化是保证，电子商务是核心。一场有关电子商务研究和讨论热随之在国内掀起，我国的电子商务已进入到起步阶段。

金桥工程的实施，推动了我国信息基础设施建设步伐，促进了我国 Internet 的普及和应用，为电子商务的实施打下了一定的物质基础。

金卡工程的实施，推动了我国一些商业银行的电子化进程，为电子商务的开展打下了基础。从某种意义上来说，金卡工程本身就是电子商务在我国的应用试点，并取得了显著的成效。截止到 1997 年年底，首批 12 个试点省市全部实现了自动柜员，ATM 与销售点终端机（POS）的同城跨行（工、农、中、建、交等各商业银行）联网运行和信用卡业务的联营，这中间包括了 EDI、电子转账（EFT）的实际应用，金卡工程的建设为实现网上支付与资金清算提供了很好条件。例如，上海市商业增值网已连入金卡网络，这使得全市近百家大型商户建立了计算机管理系统，并与金卡网络相连。此外，中小型商场和超市、连锁店普遍采用了收款机，可全面受理信用卡，初步具备了发展电子商务所需要的基本条件。

金贸工程是电子商务在经贸流通领域的应用工程，也是我国电子贸易体系建设的一项试点工程。商品交换是商品经济社会永恒的主题，研究市场经济、研究商品交易的学问是每一个企业在商品经济社会中求生存、图发展的必修课。金贸工程就是帮助企业，特别是帮助我们的国有大中型企业进行改革，走出困境，学会利用现代电子信息技术手段管理企业，研究市场，学会经营贸易，开创商品交易新的模式的一项计算机应用系统工程。市场竞争的规律，其最终结果就是优胜劣汰。面对日益激烈、残酷的市场竞争，特别是面对国外跨国公司的竞争，我们的国有企业往往处于劣势。究其原因，除市场经济的“阅历”比较浅以外，还有两个重要的原因：一是观念上的问题。有些企业的领导干部，在市场经济的环境下，还没有把“贸易”，也就是“市场”放在生死攸关的重要位置上，还在等上级或别人来保护与援救。二是手段上的问题。我们的很多企业，一直在用非常原始落后的方式经营企业，推销产品，总是跟在别人后面跑。国家经济贸易委员会（简称国家经贸委）和信息产业部共同推出的金贸工程，就是要引导帮助企业运用全新的观念和方式进行运作，给每一个企业提供一个用先进的信息技术手段进行平等贸易竞争的环境。金贸工程的建设，对于我国大中型企业的深化改革，对于我国大型企业走向国际市场将会起到积极的推动作用。

1998 年北京、上海等地先后启动了电子商务工程，由各地政府发起，该工程在安全认证体系、安全支付结算体系、协同作业体系、法律政策环境等方面进行实质性的探索和实践，对我国今后的电子商务工作起到极大的促进作用。

1999 年 B2C 网站正式开通，从此网上购物进入实际应用阶段。这一年，政府上网、网上纳税等广义电子商务开始启动。湖南大学、浙江大学开展了网上教育，北京、上海的部分大医院可以进行远程诊断等，这一切都说明我国的电子商务已经进入了务实发展阶段。

2002 年电子政务进入全面实施阶段，全国政府采购投资达 350 亿元。该年 7 月国家信息化办公室（简称国信办）公布关于我国电子政务建设的指导意见。各级政府都可以在网上发布政府信息，开辟了与公众进行交流和提供服务的渠道。这一年基本建成了全国性税务计算机网，通过计算机管理全国 2 000 多万户纳税人的纳税问题，通过计算机征收全国 75%的税款，在全国推行防伪税控系统，在成熟的地区开展网上申报与缴税的试点，部分省市已经开始网上政府招标。

网络基础建设环境、法律环境、网上支付、信息安全、认证中心等建设环境不断地在改善中。行业电子商务发展迅速，外经贸部建立的在线广交会、中国商品交易市场、中国技术出口交易会、中国招商等站点使得外贸电子商务的运行环境大大改善。纺织、旅游等行业也开展了网上交易活动，大大便利了交易。

我国电子商务市场交易额从 2005 年开始稳定增长。2007 年我国电子商务市场规模突破 17 000 亿元。2007 年，国家“十一五”电子商务发展规划标志着政府推动电子商务发展的格局基本形成。部分省市也制定了当地电子商务发展规划，作为促进电子商务发展政策向导，促进产业升级和转变经济增长方式的手段之一。

据中国电子商务研究中心数据显示，截止到 2010 年 6 月底，我国电子商务市场交易额超过 2 万亿元；其中 B2B 交易额达 2.25 万亿元，B2C 和 C2C 总量在 2 000 亿元左右。

另外，我国各省电子商务发展不均衡。东部沿海地区制造业相对密集，因此电子商务发展较快，中部和北部电子商务发展则较为缓慢，西部由于网络基础建设落后与中东部地区，加上缺乏电子商务氛围，因此电子商务发展比较落后。在次贷危机的影响下，传统企业严重受挫，电子商务企业的逆向发展是经济中的亮点，企业应用电子商务的成效显现出来，电子商务对经济的推动作用也越来越大。

二、数字贸易产业的兴起

所谓数字贸易就是以互联网为基础，以数字交换技术为手段，为供求双方提供互动所需的数字化电子信息，实现以数字化信息为贸易标的，创新的商业模式。

数字贸易产业联盟通过联合运营模式，倡导企业以统一的技术标准搭建全球公共数字贸易平台，并以消费主权资本论调动消费者参与的主动性。平台不提供商品，通过供求双方互动电子信息通道达成数字化信息的高速交换，将数字化信息作为贸易标的，在完成商品服务交易时实现收益。

数字贸易产业联盟针对人们的生活习惯采取了多元媒介，它所借助的已不再局限于传统的互联网和个人电脑终端，移动通信设备、城市多媒体终端和互动数字电视已加入了数字贸易的行列，成为新兴媒介，数字贸易商务的愿景变得更加多元化。数字贸易借助多元媒介得以将贸易服务的触角伸入人们生活的每一个角落，并且追随消费者走动的范围，为他们提供随时随地的便利，给他们带来网络生活方式及现实消费习惯的改变。

通过数字贸易，消费者将获得以下几项服务。

1. 个性化定制的网络生活管理平台

数字贸易作为“联合消费者”消费者网上俱乐部及服务中心向“联合消费者”提供个性化定制的个人生活管理平台。数字贸易消费者通过网站可定制并享受到个性化、针对性、实用性极强的网络服务，网站内容涵盖数字贸易消费者生活、工作、娱乐、消费等的各个方面，配合数字贸易特约商户服务网络可使数字贸易网站成为消费者不可多得的生活助理。

2. 消费折扣

消费折扣的概念不新，能跨行业跨商户打折的消费者卡也很多，但是能像数字贸易这样如此大规模、大范围提供深入服务、个性化服务的卡并不多。

单一商户的消费者卡对消费者来说使用极不方便；小规模发卡商发行的卡因为特约商户网络的限制在服务及折扣上也不尽如人意；以售卡为赢利点的折扣卡服务网络及质量随着消费者卡数量的增加甚至饱和而不断下降。“通用贵宾卡”具备持久的赢利点，在服务上具备极强的延续性，而且特约商户网络的吸引力随着联盟商户的增加而不断加强，也就是说数字贸易的吸引力将一直处于持续上升的趋势。随着数字贸易影响力的不断增加，数字贸易可向持卡消费者提供的折扣商户数量、质量及折扣比例都将得到进一步提升。

3. 消费指引

数字贸易定位于持卡消费者的生活助理，从消费者实际生活需求出发，向消费者提供涵盖生活各个领域的生活资讯及促销商情。

持卡消费者从数字贸易消费指南网站及数字贸易消费中获得最新消费资讯、促销信息、价格咨询、选购常识等各类消费辅助信息，从而真正做到精明消费，避免上当。数字贸易通过网站、媒体、短信、俱乐部等多种手段向消费者提供价格查询服务及导购服务，使消费者真正享受到数字贸易的贴心服务。

4. 消费积分

数字贸易消费者在获得消费折扣的同时还可以获得消费积分服务，消费积分可用于网站兑换奖品，折价抵扣购物款项，参加数字贸易多重抽奖，作为支付物享受数字贸易其他各项增值服务等。

5. 网上优惠购物

数字贸易网站提供积分兑奖及积分购物等服务，作为数字贸易积分价值实现的重要途径，数字贸易提供消费者使用消费积分抵扣网站购物款项、积分全额兑换商品服务及积分竞拍等各项积分增值服务。

数字贸易的购物功能作为数字贸易消费积分的延伸，赢利并不是主要目的，重要的是实现积分增值，因此数字贸易将网上购物作为数字贸易消费让利的一部分向消费者提供各类优质低价商品，使消费者享受到数字贸易购物的优惠。

6. 多重抽奖

数字贸易提供短信抽奖、积分注册抽奖、城市消费抽奖及全国范围内年度抽奖等多重抽奖服务，中奖面广，奖额高，让消费者在消费的同时拥有获得重大奖项的可能。

7. 消费信誉保障

数字贸易作为联盟的组织者及管理者，有义务对特约商户进行考核及监督。

虽然数字贸易在拓展市场前期对特约商户的审批力度及约束力度有待加强，但是随着数字贸易影响力的不断增加，数字贸易将逐渐提高对特约商户的信誉保障力度，通过特约商户考核、信用评估（含消费者评价）制度等进一步加强对特约商户的管理力度，逐步树立数字贸易的权威性。

8. 其他各项增值服务

数字贸易向消费者提供的服务随着联盟商户的增加将不断增强，数字贸易以消费者生活需求为主线，将不断增加客户增值服务内容，提高服务质量。数字贸易向消费者提供的服务越多，数字贸易的潜在赢利点就越多。

三、我国电子商务遇到的主要问题

最近几年，我国的 Internet 用户激增，至今用户数已超过 4 亿，我国 IPV4 地址达到 2.5 亿个，IPV4 地址资源临近枯竭，互联网向 IPV6 网络过渡势在必行。就 Internet 商务而言，已建立的中国国际电子商务网为全国外经贸企业提供了面向全球的电子商务网络环境。中国证券交易网、中国商品订货系统、中国金融结算系统、中国民航订票系统等一批以商务为目的的电子网络或电子系统，都有较快较大的发展。

但是，我国同其他一些发展中国家一样，有更重要、更迫切的社会经济问题亟待解决，不可能以一般发达国家那般的实力和激情投入于电子商务的建设和实施。电子商务的兴起，对我国来说是挑战大于机遇。我国在电子商务发展过程中遇到的问题，比一般发达国家多得多，不仅需要解决 EDI 商务由封闭到开放的转变问题、Internet 商务中大宗交易的保密和安全问题，以及电子纳税及其管理问题等，而且还有一系列特有的主要问题亟待解决。

1. 企业现代化问题

构成电子商务的有政府的管制行为和居民的消费或投资行为，但主要是企业的购销行为。因此，企业的发展与现代化程度直接关系到电子商务的基础，我国的企业正在改制中，现代企业制度尚未普遍建立，企业信息化起步不久，还没有全面推开。以作为经济主体的国有企业为例，1.5 万家大型企业连入 Internet 的有半数左右，其中在网上有自己主页和 Web 服务器的只有少数，已实施电子商务的是为数更少的进出口企业。还有 5 万家国有中小企业，虽有一部分对实施电子商务比较积极，也取得了一定成效，但相当多数尚未认识到，电子商务能给他们带来比大企业更为有利的机遇，而是认为电子商务距离他们比较遥远。所以，培育和开发企业需求，成了在中国发展电子商务的基本功，而发展电子商务正是企业的走向成功之路。

2. 市场成熟问题

我国的市场及其体系还不健全、不规范，假冒伪劣商品屡禁不止，坑蒙拐骗时有发生，市场行为缺乏必要的自律和严厉的社会监督。在这种情况下，要发展电子商务，必须加速培育市场，使其尽快成熟起来，以利于传统商务向电子商务顺利转变。

3. 金融服务质量问题

电子商务的进行需要支付与结算，这就应有高质、高效的金融服务及其电子化的配合。由于金融服务的水平和电子化程度都还不高，我国的金融业急需适应全球一体化进程而加快变革步伐。

4. 信息网络的环境和条件问题

这几年我国的信息基础设施的建设进展顺利，成绩显著。在沿海地区的经济发达省市，尤为瞩目。但从电子商务的要求看，无论是网络技术、网络管理、技术标准、消费水平、通信速度、安全和保密条件等各方面都存在较大差距。

5. 跨部门、跨地区的协调问题

参与电子商务的不仅仅是交易双方，更重要的是，它还涉及工商行政管理、海关、保险、财税、银行等众多部门和不同地区、不同国家，这就需要有统一的法律、行政框架以及强有力的综合协调组织。

6. 人员素质和技能问题

电子商务是新生事物，它的知识急需普及。全世界 Internet 上的商业用户和家庭用户急剧增加，但 Internet 的使用者仍集中在年龄为 15 岁至 50 岁之间、中上收入水平、受过中等以上教育的中青年，并以男性为主。对我国来说，特别需要提高商务人员的业务素质和网络技能。

显然，我国不可能等到把上述问题都解决了，再来发展电子商务。唯一的出路是在发展电子商务的过程中，积极促成这些问题的逐个解决。

四、我国电子商务的发展趋势

我国电子商务经过几年的发展，已经有了良好的开端。展望未来，我国的电子商务发展将出现以下几个趋势。

1. 电子商务普及化

随着我国的改革开放的继续推进，作为电子商务平台的网络基础设施也将日臻完善，外部支撑环境逐步规范和完善，企业发展电子商务的深度进一步拓展，个人参与电子商务的深度也将得到拓展。

2. 电子商务国际化

随着我国加入世界贸易组织（WTO），许多企业对电子商务在国际贸易中的作用的期望值相当高，远高于普通的国内贸易。随着国际电子商务环境的规范和完善，我国电子商务企业必然走向世界，这也是进一步扩大对外经贸合作和适应经济全球化、提升中国企业国际竞争力的需要。国外电子商务企业也将努力开拓中国市场，我国的电子商务企业走向世界是必然趋势。

3. 通信网络融合化

我国作为发展中国家，经过长期的建设，电报网、电话网、传呼网、传真网、广播电视网、卫星通信网和计算机网络都形成了一定的规模。在短时间内，将传统的通信网络放弃是不现实的。但原有的这些网络彼此间独立，没有实现网络互联通信，这就大大降低了各网络的利用潜力。近年来，在国内实现网络互联、多网合一的呼声越来越高，通信网络互联已成为一种趋势。

五、我国电子商务立法存在的问题

（一）缺乏规范性和权威性

从国外的经验来看，电子商务的立法应由国家最高立法机关通过一个权威性的示范草案，再由地方立法机关不断完善补充。联合国国际贸易法委员会（简称联合国贸法会）于 1996 年 6 月通过了《联合国国际贸易法委员会电子商务示范法》（简称《电子商务示范法》)。《示范法》的颁布为逐步解决电子商务的法律问题奠定了基础，为各国制定本国电子商务法规提供了框架和示范文本。 作为电子商务的主导国家的美国，1994 年宣布国家信息基础设施计划，1997 年 7 月发表了《全球电子商务框架》， 1997 年 7 月 1 日又正式颁布《全球电子商务纲要》。 欧盟则于 1997 年提出《关于电子商务的欧洲建议》，1998 年发表《欧盟电子签字法律框架指南》和《欧盟隐私保护指令》，1999 年发布了《数字签名统一规则草案》。英国于 1998 年 10 月发表了《电子商务——英国的税收政策》。澳大利亚、日本、新加坡等电子商务发展较快的国家都提出了涉及电子商务法律建设的发展框架。

我国的电子商务虽然起步较晚，发展却非常迅速。目前，我国已经形成了京津塘、长江三角洲和珠江三角洲三大高速发展区，再加上我国已加入世界贸易组织及网络交易安全形势严峻等因素，由中央立法已成为十分迫切的事。但是，从目前的情况来看，我国的电子商务立法并没有走从中央到地方这样一条路，而是地方立法先行。中国内地首部电子商务立法条例是广东省的《广东省电子交易条例》。随后，上海及其他许多地方以及一些部委出台了一些电子商务法规条例。

地方及不同行政管理部门电子商务立法先行的做法反映了他们的实际需要，客观上有利于这些地方电子商务的发展和不同管理部门对电子商务发展的规范。但是，由于立法不是从全国的全局高度来考虑电子商务立法的原则、内容，各地及不同管理部门的实际情况又大不相同，因而很容易造成中央与地方、地方与地方以及不同管理部门之间的法规和利益冲突。在我国现行的立法体制中，对中央立法和地方立法的规定极为粗疏，根据《中华人民共和国立法法》的规定，我国地方立法机关能够制定法规的事项限于三个方面，即为执行法律、行政法规的规定，需要根据本地的实际情况作出具体规定的事项；属于地方性事务需需要制定地方性法规的事项；除了《中华人民共和国立法法》规定必须制定为法律的事项以外的其他事项。由于立法法规定得过于粗疏，因而使得中央立法与地方立法权限不清，地方立法往往与国家法律甚至与宪法相抵触，此类情况在我国并不少见。另外，电子商务立法不统一，存在多头管理，很容易造成管理上的混乱。因此，在电子商务立法被提上议事日程时，我们应注意这个重要的问题，应当由全国人民代表大会提出电子商务的立法框架，就电子商务的立法原则、立法内容、有关部委及地方立法的范围和权限作出明确规定，以利于我国电子商务的顺利发展。

（二）在内容上还存在着一定的局限性

我国现有的网络立法，如《中华人民共和国计算机信息网络国际联网管理暂行规定》、《中国互联网络域名注册暂行管理办法》、《计算机信息网络国际联网安全保护管理办法》等，就其内容来说还仅仅停留在强调系统的安全性方面，网络交易安全认证方面比较欠缺。这就使得许多准备从事网络交易的商家望而却步，从而影响到这一商业运作方式的迅速发展。2010 年 5 月 31 日，由国家工商行政管理总局发布的《网络商品交易及有关服务行为管理暂行办法》（俗称 49 号令）已于 2010 年 7 月 1 日起正式开始实施，对网络实名制提出了明确的要求，这对于规范网络交易行为是有益的。

在电子商务发展较快的大城市，虽然建立了一批认证中心，出台了如《首都电子交易规则》、《上海电子商务管理办法》、《南方电子商务 CA 认证规范》等一批探索性的立法规则，但是这些法规并不统一，并且这几十个认证中心各自为政，给管理造成一定的困难，阻碍了电子商务的进一步发展。

（三）尚须加强兼容性

随着电子商务的迅猛发展，电子商务立法已成为我国整个国家法制体系建设的重要组成部分。这就需要根据电子商务的要求对现有法律条文进行适当的修改完善，保证电子商务立法与我国其他法律法规的一致性，以规范电子商务市场，促进电子商务的发展。

目前，我国法律中，与电子商务相关的有《中华人民共和国刑法》、《中华人民共和国合同法》、《中华人民共和国著作权法》等。在这些法律中，可以适当增加对网络犯罪处罚的条款，增加对网络作品著作权保护的条款，在数字签名、身份认证以及对合同的格式、电子合同的证据等相关内容方面可以适当加以明确、补充和完善。同时，还要制定一些新的法律和法规，包括电子支付法、安全认证法、网上知识产权保护法、电子商务税收征管法、电子商务准入规则、电子商务行为规则、数据电文和单证规则、电子商务纠纷处理办法、个人隐私保护条例等。另外，必须高度重视与国际电子商务法律的接轨。电子商务是全球的电子商务，电子商务无国界，因此必须高度重视我国电子商务立法与国际的接轨和协调。目前，国际上电子商务的立法活动进展很快，我国在电子商务立法过程中，要以联合国国际贸法会制定的《电子商务示范法》为参考，并在立法原则和指导思想上与其尽量保持一致。同时，要跟踪其他国家电子商务立法的发展情况，进一步研究国外利用法律调整电子商务交易的经验，对照我国电子商务的应用状况，提出符合我国实际情况并与国际电子商务立法基调吻合的法律法规，尽量减少和避免与发达国家主导制定的国际电子商务法则的冲突。

[案例分析] 团购 2.0，今天你团购了吗？

“今天你团购了吗？”很多上班族早上会喝着咖啡相互问到。近日在北京等地调查发现，“今天你团购了吗？”可以称得上是时下最拉风的话之一，这也可以表明“团购时代”已经到来了。

团购网是一种新兴的电子商务模式，但并非中国所创，而是原封不动地照搬了美国一家名为 Groupon 的团购网站。Groupon 是单词“组团（Group）”和“优惠券（Coupon）”的组合。通过以团体为单位购买，提高与商家的议价能力，实现超低折扣的购买行为。Groupon 也会销售一些各种餐饮和娱乐健身场所的优惠券，通常会有 5 折以下的折扣，以此来吸引更多的消费者加入团购队伍。在 Groupon 消费有两件事情迫使你迅速做出购买与否的决定：一是团购有时间和最低购买量的限制，如果超出团购时间或团购数量整体未达到标准，团购将以失败告终。从目前的市场反应来看，这种情况出现的可能性几乎为零。另一个是团购的产品种类有限，每天只有一种产品可选，喜欢或不喜欢一目了然，无须犹豫不决。

“正品才是正道，省钱才是硬道理”，网络团购作为网上购物的一种组合方式，具备了网上购物的所有优点，方便、快捷、不受地域限制，价格优势更是其最主要的核心竞争优势。网友可以通过网购享受到超低的团购价，并且通过下载、打印、发短信等有效形式获得优惠券，并使用优惠券进行消费。

目前，团购消费成为继微博风潮之后，又一次网民追求的时尚。据了解，团购网站的投资门槛较低，仅需花费数万元购买开源程序。即便稍有规模，需要建立服务系统，花费也不过百万元人民币以内，招聘三五个员工即能开张，因此很多团购网站是名副其实的“一人网站”。低门槛推动了团购网站持续升温，我国目前已经存在的大大小小的地方及行业团购网站总数已经上千，包括糯米网、美团、F 团、团宝、拉手、24 券、满座，而腾讯、搜狐、新浪等门户网站也纷纷设立了自己的团购频道或网站。

因网络团购独具的特色是，团购价格低于市场最低零售价，同时正规团购网站的产品质量和服务能够得到有效的保证，职业团购网站更是值得信赖，受到了广大网民的追捧，而纷纷加入到“百团大战”的大军中。

千橡互动集团推出了自己的团购网站“糯米网”，该网站在 2010 年 6 月 23 日推出，第一天的团购产品是成龙耀莱国际影城的套票，40 元包含“电影票 2 张+可乐 2 杯+进口爆米花 1 份+哈根达斯冰激凌球 1 个”（图 1-1）。虽然这个影城是亚洲最大的电影院，但一开始还是设定了一个 8 万份套票的销售上限。但是销售数量很快就接近了 8 万份，这时连成龙都知道了这件事，最后影院给糯米网的回复是：“大哥做事不能有上限，继续卖。”到当天的团购结束时，糯米网共计卖掉了超过 15 万份的电影套票，也就是超过 30 万张电影票，这创造了国内甚至全球团购网站史无前例的销量纪录。与此同时，成龙耀莱国际影城的门前也排起了如长龙似的队伍，很多人拿着团购到的糯米券来兑换电影票入场，人山人海的场面异常火暴。

图 1-1 “糯米网”推出的成龙耀莱国际影城套票

30 万，这个庞大的数字是如何累加的？一位普通的公司白领陈小姐的经历或许能够提供一些线索。陈小姐的很多朋友都是人人网、猫扑、开心网的常客，糯米网上线当天，千橡旗下其他网站全部做了大力推广。“我那天一共接到了 5 个电话，全都是问我要买电影票吗？而之后我又打了 5 个电话，问其他人要不要买电影票。”这背后的原因是：如果你推荐一位朋友购买，糯米网会返 10 元现金给你，不设上限。

于是，“糯米粉”如病毒般蔓延开来。

“团购2.0”就像圣诞节礼物盒子，传统意义上的团购更多的是指“团购某种商品”，而团购 2.0 强调的是“团购本地服务”。后者主要的模式是在有限的时间（通常是 24 小时）里，以原价 1 折至 5 折甚至更低的价格出售本地的商家服务，可能是餐厅、KTV、美容健身等各种项目，而且强调“名额有限、抢完即止”和“每天一项、天天不同”。美国已经有大量消费者养成了每天都登陆团购网站的习惯，国内也有了“团奴”的说法。“这种模式的用户黏性很高，每天打开网站就像打开圣诞节的礼物盒子一样。”一位团奴说。

团购网站具有异常清晰的赢利模式，即用低折扣吸引消费者，用聚拢的大量消费者吸引商家，收取商家一定比例的佣金实现赢利。网络团购对客户和厂商来说是双赢的。客户参加网络团购有什么好处？依托网络，能将有相同购买意向的客户组织起来，向厂商进行大宗购买，将原先购买的被动权转为主动权，这样，不但能够最大限度地节省成本，而且在购买和服务过程中占据一个相对主动的地位，可以有更高的安全性，享受到更好的服务。

对于客户来说：首先，最直接的受益是商品价格便宜。原理类似于“薄利多销”，由于网络团购可以在短时间内聚集相当数量的最终顾客的实际购买行为，所以商家通常愿意大幅降低成交价格来“吸引”他们，如某品牌整体橱柜在超市和专卖店内基本上是实价销售，网络团购折扣为 8 折左右，一套橱柜就可节省 1 000 多元。在团购成员不断加入的情况下，参与的客户还可以享受“集体议价”的好处。其次，客户的直接受益还包括能享受到更优的服务。在发生质量投诉甚至纠纷时，团购队共进退的“杀伤力”远大于单独个体。第三，客户对网络团购信任度高。发起团购前，组织者会对所购产品的市场行情、产品特性作深入细致的了解和调查，因此，那些工作忙、精力少、不懂行的普通客户，可以比较放心地接受网站专家或同一团体中消费者的购买经验。

对于商家来说：第一，网络团购虽然降低了商品销售价格，但相比而言极大地提高了商品的销售数量，从而提高了商家的利润。第二，网络团购为商家带来大量客户。这是因为，一方面，团购团体中的客户如果对商家提供价格与服务满意，有可能成为长期客户。另一方面，一个稳定团购团体形成后，通过网络传播，能够吸引大量新客户的加入。第三，网络团购提高了商家的知名度。商家通过对团购团体的良好服务，在网络上提升了自身的企业形象，从而得到较大的无形资产增值的回报。

作为一种新兴的电子商务模式网络团购，也存在一定的问题：第一，作为网络团购的组织者，就成为某种意义上的义务中介，必须考虑参加团购客户和商家双方面的利益，操作难度大，组织者需要具有较高的商誉保证商家、客户双方的交易顺利进行。第二，网络团购有可能破坏厂商原有的营销体系。因此正如团购守则规定的那样，参与团购的客户不得将价格信息传播到销售门店。客户与厂商以较低的价格直接进行交易会损害分销商的业绩。第三，一旦客户在团购过程中利益受到了损害，其只能向组织者寻求帮助，而组织者为义务中介，它不承担责任。由上面几点可以看出，在团购过程中，组织者起着至关重要的作用。网络团购的健康发展与相关法律的规范和制约、市场的逐步成熟以及全社会诚信制度的建立和完善是分不开的。网络团购是传统销售模式的一次变革，正如新事物的成长不是一帆风顺一样，它的成长与成熟，需要消费者、厂商以及全社会的共同努力。

思考题：

1. 相对于淘宝网，团购的优势和劣势分别体现哪些方面？
2. 面对“百团大战”，团购网站未来应如何发展？

[习 题]

一、单选题

1. 从当前的市场应用情况来看，电子商务标准基本上分为（ ）层。
   A. 1　B. 2　C.3　D. 4
2. 广义的电子商务英文简写是（ ）。
   A. EB　B. EC　C. ED　D. EA
3. 狭义的电子商务英文简写是（ ）。
   A. EB　B. EC　C. ED　D. EA
4. 电子商务的前提是（ ）。
   A. 商务信息化　B. 现代化　C. 网络化　D. 电子化
5. 下列选项中不属于电子商务的概念模型的要素是（ ）。
   A. 交易主体　B. 电子市场　C. 物资流　D.人才流
6. 电子商务的出发点和归宿是（ ）。
   A. 网络　B. 信息技术　C. 商务　D. 客户
7. 电子商务的核心是（ ）。
   A. 网络　B. 信息技术　C. 企业网站　D. 人

二、多选题

1. 电子商务的特点是（ ）。

A. 虚拟性　B. 跨越时空性　C. 成本　D. 高效性　E. 安全性

2. 电子商务的虚拟性主要表现在（　）。

A. 企业经营的虚拟化　B. 交易过程的虚拟化

C. 跨越时空性　D. 高效性

3. 电子商务具有显著的低成本，表现在（　）。

A. 没有店面租金成本　B. 没有专门的销售人员

C. 没有商品库存压力　D. 很低的行销成本

4. 从交易的参与主体，电子商务可以分为（　）。

A. B2C　B. B2B　C. C2C　D. C2G　E. B2G

5. 从当前的市场应用情况来看，电子商务标准基本上分为（　）。

A. 底层的数据交换标准　B. 高层的面向流程的标准

C. 中层的面向流程的标准

6. 电子商务的概念包括哪几个要素？（　）

A. 商务　B. 网络化　C. 数字化技术　D. 硬件

三、简答题

1. 电子商务的基本组成要素有哪些？各个要素的含义是什么？
2. 根据目标群体和行业的差异，电子商务在线市场分为哪几种模式？
3. 我国电子商务发展遇到的主要问题是什么？
4. 我国电子商务发展的趋势如何？
5. 我国电子商务立法存在的问题有哪些？
6. 电子商务的高效性表现在哪些方面？

[习题解答]

单选题：BABADCD

多选题：ABCDE　ABCD　ABCD　ABCDE　AB　ABC

简答题：略

CHAPTER 2

第二章　电子商务的基本模式

[内容提要]

本章从介绍电子商务的基本结构出发，详细介绍了电子商务的系统结构、电子商务的参与对象等，并对电子商务的两模式进行分析；分析每一个模式的现存状况和发展趋势，以及具体模式的目标顾客群体，从深层次研究电子商务运营模式；使用典型案例，有助于学生的理解。

[学习要点]

1. 熟悉电子商务的基本结构，了解电子商务活动主要包括哪些要素，掌握电子商务的各类应用是建立在两大支柱和四个层次上；

2. 掌握电子商务的系统构成，熟悉电子商务的系统类别，熟悉电子商务的三大功能模块；

3. 掌握 B2B、B2C、C2C 模式的参与对象，熟悉电子商务的其他参与对象；

4. 熟悉根据不同的分类标准对 B2B 商务模式的分类，理解 B2B 商务模式的优势和发展趋势；

5. 了解我国发展 B2B 的现存问题和政策建议；

6. 理解中小企业电子商务平台建设，掌握电子支付的概念；

7. 掌握 B2C 的概念和 B2C 的市场行为分析；

8. 理解消费者网上购买的影响因素和网上购买的过程；

9. 了解我国 B2C 电子商务发展策略。

第一节　电子商务的基本结构

一、电子商务的总框架

从电子商务的定义可以看出，尽管电子商务依赖于电子和网络技术，但其核心仍然是“商务”，与传统商务不同的是，电子商务是一种在计算机网络上运转的商务方式。在传统的商务模式中，经济活动包括以下四种要素：信息流、资金流、物流和商流。信息流包括商品信息、技术支持信息、服务信息、企业资信信息等的传递过程，也包括询价单、报价单、付款通知书等商业贸易单证信息的传递过程。资金流是指资金的转移过程，包括付款、转账等。物流是商品或服务的流动过程，具体指运输、储存、配送、装卸和保管等各种活动。商流是指商品在进行交易过程中发生的有关商品所有权的转移。电子商务的运作就是围绕这四流展开的，许多对策和措施都是为了顺利实现四流的运转而设计的。因此，从这四流的角度，可以得出一个电子商务的总框架，如图 2-1 所示。

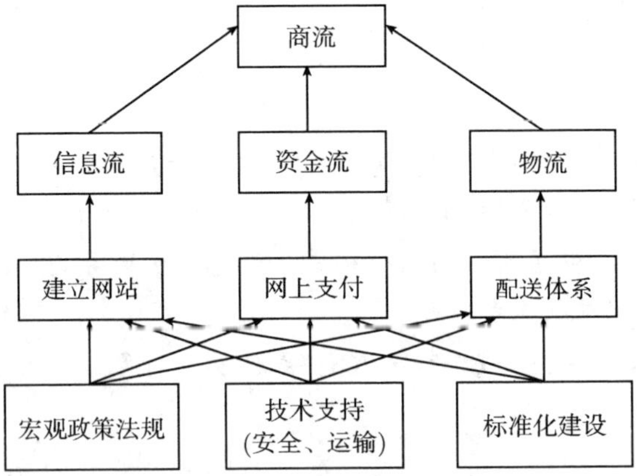

图 2-1　电子商务的总框架

由图 2-1 可以看出，电子商务活动主要包括信息流、资金流和物流三要素，分别通过电子商务网站、网上支付系统和配送体系实现，而这三种要素实现之后才是商流的实现，也就是实现了商品所有权的转移。在所有系统之下的是为电子商务顺利发展而必需的宏观政策法规、技术支持和标准化建设，这三个方面都为电子商务提供有利的发展保障。

二、电子商务的应用框架

以上介绍的只是电子商务的总框架，而在实际应用中，则需要考虑更多方面的问题，如基础设施、如何发布信息以及如何应用等。对于电子商务来说，信息的传递是最为重要的，电子商务之所以能够为企业带来巨大的效益，就在于它能够使信息以比传统渠道快得多的速度传输（可以想象一下用汽车运输数据的速度和电流传输数据的速度的差别）。基于电子商务应用所需要的各种条件，R. Kalakota 和 A. B. Whinston 两位学者提出了电子商务的应用框架，如图 2-2 所示。

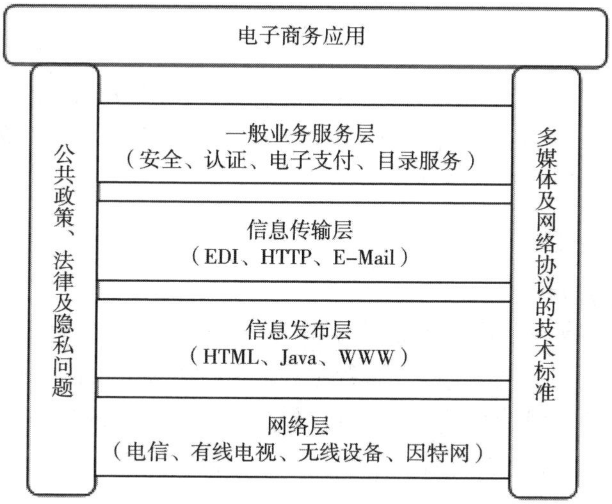

图 2-2 电子商务的应用框架

从图 2-2 可以看出，电子商务的各类应用建立在两大支柱和四个层次之上。

（一）两大支柱

1. 政策法律支柱

政策法律是电子商务应用框架的社会人文性支柱，它是指与电子商务相关的政策与法律，涉及政策法律和隐私权的问题，包括隐私权的保护、电子签名法律和信息定价等。

法律维系着商务活动的正常运作，违规活动必须受到法律的制裁。电子商务活动有其独特性，买卖双方很可能存在着地域差别，如果没有一个成熟的、统一的法律体系进行仲裁，电子商务纠纷就不可能解决。尤其是在网上进行消费的客户的隐私保护以及交易双方在网上的电子签名能否作为诉讼依据，这两个方面尤为重要。

针对前者，各国政府都要求实施电子商务的网站必须对客户的隐私予以保护，不得向第三方透露有关客户的任何信息；而针对后者，许多国家的政府都制定了与电子商务或电子签名相关的法律，以保障电子签名能够和手写签名一样为法律所认可。首部《中华人民共和国电子签名法》（简称《电子签名法》）于2005年4月1日开始正式实施，以保障网上交易各方的利益。

2. 技术标准支柱

技术标准包括网络协议等技术标准，主要为电子商务的顺利实施提供技术支持。如何保证电子商务活动的安全一直是电子商务能否正常开展的核心问题。一个成功的电子商务系统，必须从网络安全、信息安全和信用安全三个方面充分保障电子商务活动的安全。

各类标准和协议定义了用户接口、传输协议、信息发布标准、安全协议等技术细节。就整个Internet的环境来说，要在不同的传输系统之间保持通信的顺畅，就必须遵循各种相关标准和协议。

（二）四个层次

1. 网络设施层

网络层是实现电子商务最底层的部分，为电子商务提供网络基础硬件设施，它可通过电信、有线电视、无线设备等工具提供电子商务的网络平台，包括Internet、增值网、远程通信网、有线电视网和无线通信网。整个网络是由局域网、城域网、骨干网层层搭建的，这样才能使得任何一台联网的计算机能够随时与Internet连接。

2. 信息发布层

信息发布层解决电子商务所需的网络信息发布应用问题，使用的技术包括HTML、Java、万维网（world wide web，WWW）等。HTML作为全球信息网中主要的信息内容出版与制作的工具，可以容纳文字、图形、动画、音效等多媒体内容，并将其组织成易于检索和富有表现力。应用Java（Internet上一种跨平台的程序设计语言）可更方便地使之适用于各种网络、各种设备、各种操作系统及各种界面等。WWW是最常用的信息发布方式，使用HTML或Java将多媒体内容发布在Web服务器上，然后通过一些传输协议将发布的信息传送到接收者。

3. 信息传输层

信息传输层解决电子商务系统外部信息的传输问题，为电子商务的信息传输提供各种途径，包括EDI、超文本传输协议（hyper text transfer protocol，HTTP）、电子邮件（E-Mail）等。信息传输工具提供了两种交流方式：非格式化的数据交流，如E-Mail和Fax等，它主要面向人；格式化的数据交流，如EDI的传递和处理过程都可以是自动化的，无须人工干预，主要面向机器，订单、发票、装运单都比较适合于格式化的数据交流。HTTP 是 Internet 上使用最广泛的通信协议。

4. 一般业务服务层

一般业务服务层是为了方便商务活动所提供的通用的基础业务服务，如身份的确认、认证、安全加密、电子支付、商品目录和价目表服务等。

（三）电子商务应用

在以上条件基本实现的条件下，就能够提供包括网上银行、网上购物、网上中介、电子市场、网上广告、网上娱乐和信息服务等电子商务应用。

第二节 电子商务的系统结构

一、电子商务系统的组成

一个完善的电子商务系统应该包括哪些部分，目前还没有权威的论述。从实践来看，由于电子商务覆盖的范围十分广泛，因此必须针对具体的应用才能描述清楚系统架构。从总体上来看，电子商务系统是三层框架结构，底层是网络平台，是信息传送的载体和用户接入的手段，它包括各种各样的物理传送平台和传送方式；中间是电子商务基础平台，包括认证中心认证、支付网关（payment gateway）和客户服务中心三个部分，其真正的核心是认证中心认证；而第三层就是各种各样的电子商务应用系统，电子商务基础平台是各种电子商务应用系统的基础。

1. 网络平台

网络平台（包括计算机等基本软硬件系统）是电子商务系统得以运行的技术基础，电子商务必须在一定的网络平台上运行。Internet、增值网等都能够作为电子商务运行的平台。

在基于 Internet 的电子商务系统中，网络平台的功能一般由 ISP 承担。随着电子商务的发展，也出现了专门为电子商务提供网络平台服务的提供商，提供从网络空间、信息交流到商务管理甚至交易服务等不同层次的电子商务平台服务。

2. 认证中心

由于电子商务是用电子方式和网络进行商务活动，通常参与各方是互不见面的，因此身份的确认与安全通信变得非常重要，解决方案就是建立中立的、权威的、公正的电子商务认证中心。认证中心提供交易双方的信用保障，它是一些不直接从电子商务交易中获利的法律承认的权威机构，负责发放和管理电子证书，使网上交易的各方能够相互确认身份。

3. 支付网关

支付网关提供资金流平台，其功能是为电子商务系统中的采购者、供应者等提供资金支付方面的服务。该功能一般由网上银行承担，包括完全在网上运作的纯网上银行和提供网上银行业务的传统银行。支付网关应该具有以下功能：提供网上支付服务、自行查询和管理账户、全天 24 小时服务、保证支付安全等。一旦客户发出了订单，安全的支付网关就要验证支付方法，确保客户、企业和银行之间实现网上安全支付，使客户可以通过使用安全的网上支付手段或者非在线方式来支付货款。

4. 客户服务中心

客户服务中心就是电子商务系统的后台部分，它提供交易过程中的服务平台，其主要功能就是处理和满足客户需求。

后台系统负责将通过网站得到的订单进行安全可靠的处理。如果支付手段可靠，后台系统就把来自网站的订单转到企业的订单录入和处理系统，并计算相关费用。此外，还应具有数据内容动态更新、跟踪记录、统计报表、数据仓库和按不同需求定价等功能。后台系统应该同已有的企业管理信息系统相连接，便于订单处理、库存管理和更新财务信息等相关数据，并和外部贸易合作伙伴进行 EDI。

电子商务系统的后台和前台是相互联系、相互支持的两个部分，它们共同构成电子商务的有机整体。对于企业电子商务来说，不仅要重视开发前台的电子商务网站，也要重视提高后台系统的集成水平。

5. 电子商务网站

电子商务网站也就是电子商务系统的前台部分，作为电子商务人机交互平台和信息流的界面平台，其主要功能就是发布商务信息、接受客户需求。

当客户进入电子商务系统的网站时，看到的是前台铺面。在消费类电子商务系统中，前台就是网站、网上商店或者网上商品目录。网上商店中摆放的商品及目录，向客户提供有关产品和服务的信息。客户将商品放入虚拟购物车中就形成订单。网站的商品信息可以按客户的要求，通过交互方式准确地传送给客户。这种因人而异的定向广告和个性化的销售方式，是一种全新的、针对性强的个性化营销方式，有助于促销产品和服务。通过由多个网上商店组成的“网上商城”，便于客户从一个网上商店方便地进入另一个网上商店。

二、电子商务系统的类别

电子商务系统的组成可以从多种不同的角度来考察，按电子商务系统的内容或其网上解决方案的复杂性来考虑，电子商务系统可以由三类从简单到完整的不同的系统组成，三类系统是一个逐步包含低一级的集合系统。

（一）初级电子商务系统

它相当于在网上建立了一个以信息发布为主的网上黄页系统，提供信息发布、信息咨询和广告等功能。在这一层次，企业开始将传统商务活动的一部分引入Internet，代替企业内部或对外的部分传统信息存储和传递方式，主要是宣传企业形象和进行市场调研。

企业通过建立自己的内部网来实现信息处理、存储以及共享，建立独立的网页来宣传企业的产品，树立企业的形象，这是电子商务最基本的应用方式。这种方式是企业把网络作为一种新的信息传播媒体的认识基础上开展的，它以企业上网、建立企业网站为标志。企业网站信息由企业定制，没有传统媒体的时间、版面等限制，可随着企业的发展不断实时更新，可应用虚拟现实等技术吸引访问者并与之进行双向交流，及时有效地传递并获取有关信息，提高企业知名度等。这些都是吸引企业上网、建立网站的重要原因。此外，还可借助网站实现高效、低成本的市场信息调研，从中发现消费者需求动向，从而为企业细分市场提供依据。

在初级层次，电子商务系统投资成本低，易于操作，而且不涉及复杂的法律和技术问题，因此实施比较容易。

（二）中级电子商务系统

它提供了网上交易的基本功能，能够支持信息流和物流的正常运转，也能够提供一些简单的通过网站进行间接支付的功能。在这一层次，企业可以利用网络的信息传递部分地代替某些合同成立的有效条件，或者构成履行商务合同的部分义务。例如，企业提供有偿服务，实行在线销售，以及与合作伙伴约定文件或单据的传输等。

在中级层次，电子商务实施的程度加深，传输的信息复杂程度较低，操作程序也比较简单，但还必须有一定的人工干预，因为要涉及一些复杂的技术问题，如安全和法律问题等。

（三）高级电子商务系统

这一层次提供了完整的网上交易功能，包括上面的系统所不能提供的各类安全支付手段，能够实现全方位的数字自动化，也就是企业将商务活动的全部程序用计算机网络的信息处理和信息传输来代替，最大限度地消除人工干预。这是电子商务发展的理想阶段，它将最大限度地实现企业内部办公自动化和外部交易的电子化连接。

高级电子商务系统是对Internet的综合应用，是Internet对传统商业关系的整合，它使企业真正确立了市场营销的核心地位。企业的使命不是制造产品，而是根据消费者的需求，组合现有的外部资源，高效地输出一种满足消费者需求的品牌产品，并提供服务保障。在这种模式下，各种类型的企业通过网络紧密联系，相互融合，并充分发挥各自优势，形成共同参与市场竞争的伙伴关系。例如，Cisco、Dell等公司就是这一模式应用的代表。在Cisco公司的模式中，网络无孔不入，它在客户、潜在购买者、商业伙伴、供应商和雇员之间形成紧密的联系，从而成为一切环节的中心，使供应商、制造商浑然一体，成为Cisco的有机组成。其70%的产品制造通过外包方式完成，并由外部承包商送至客户手中。对于寻求技术支持的需求，有70%是通过网络来完成的。

高级电子商务系统阶段的实现将是一个漫长的过程，它不仅来于全社会对电子商务的认同、电子商务运作环境的改善，而且也依赖于各种相关技术的发展来消除妨碍应用电子商务的不利因素。

三、电子商务系统的模块

从商务内容处理的角度，对商务活动进行分析和分解，人们可以将复杂的商务活动大致分为三个方面：信息、管理和交易。所有商务活动都可以归入其中一类，或者同时归入两类、三类。比如，广告或商品宣传可以归入信息类，商品进销存问题可以归入管理类，而商品订货可以归入交易类。商务信息、管理和交易构成了商务活动内容的三个方面。

电子商务具有强大的功能，在商务活动的各个方面都能够发挥作用。电子商务系统的功能也可以从上述三个方面得以体现，即按照电子商务功能目标的不同，与商务信息、商务管理和交易相对应。电子商务的三大基本功能分为内容管理、协同处理和交易服务三大功能模块，也简称为“3C”功能。这三者是既有区别又相互联系的三个方面，它们的组合构成了电子商务的三大功能模块。

1. 内容管理

内容管理（content management）是指内部和外部信息的综合管理，包括从对外发布的网站信息到财务数据和客户数据一类的内部保密信息，建立以分布式数据库为基础的动态实时管理。具体包括以下几点：

（1）提供Web上的信息发布。Web站点上的主页信息包括静态和动态信息，将定期发布和刷新。

（2）公司范围内的信息传播，如在企业内部网上发布公司通知、有关政策及信息。

（3）提供有关品牌宣传及相关信息，如有关商品供货、服务和策略等情况的信息。

（4）提供保护及管理关键数据的能力，如公司财务数据、客户数据、产品信息等。

（5）提供存储和利用复杂的多媒体信息的能力，如照片、录音、录像、工程计划等。

2. 协同处理

协同处理（collaboration）是指支持分布在各地区的各类人员的实时协同工作和业务流程的自动处理，从而达到缩短业务运作周期、共享信息、提高效率和降低成本的目的。协同处理的具体内容包括：

（1）通信系统，包括电子邮件和信息系统，一般这是一个公司网络应用的首要问题。

（2）人力资源管理，包括雇员的自我服务，如查找公司的人事政策、了解员工情况、项目组织计划等。

（3）企业内部网和外部网，将企业内部各组织紧密联系在一起，并与供应商、制造商及贸易伙伴共享信息和进行流水作业。

（4）销售自动化，包括合同管理、合同审定及签署等。

3. 交易服务

交易服务（commerce）即电子方式下的买卖服务，主要进行交易过程中的交易订单、销售合同、支付选择、资金确认和客户服务等与交易有关的信息处理，具体包括四个方面：

（1）市场与售前服务，主要是通过建立主页、Web 站点等手段树立产品的品牌形象。

（2）销售活动，如职能目录、销售点实时信息管理系统（point of sales，POS）管理、安全付款等，并能在真正意义上实现每周 7 天、每天 24 小时营业。

（3）客户服务，即完成电子订单、电子购物及售后服务。站点客户自助服务系统可提供网上问题解决方案、企业的服务支持和产品信息等，在节省费用的同时强化了与客户的联系。

（4）电子货币支付，即完成客户使用电子货币对所购买货物或服务的支付过程。

电子商务的交易服务过程同传统贸易过程一样，也可分为三个阶段：交易前、交易中和交易后。在交易过程中，它涉及三个方面的内容，即 EDI、信息交换和电子资金转账（electronic funds transfer，EFT）。

第三节　电子商务的参与对象

电子商务的分类有多种方法，目前应用最多也是最广泛的是按照参加交易的主体划分，即包括 B2B、B2C、B2G 和 C2C。其中发展较快的是 B2B 和 B2C 两种，而近来 B2G 和 C2C 发展也较为迅速。

一、电子商务参与交易的主体

1. B2B 模式的参与对象

B2B 作为企业间的电子商务模式，参加交易的主体一般来说为相互有业务往来的企业，这类企业包括生产制造型企业、大型流通贸易型企业以及为企业服务的咨询企业等。

生产制造型企业在生产前的准备和生产后的销售中要发生大量的商务活动，如采购、生产、销售等一系列的以生产产品为中心的活动。电子商务在这类企业的应用表现在电子化采购、零库存与及时生产、协同设计与生产、网络营销和客户关系管理等方面。企业为了节省成本、提高效率，通过与贸易伙伴尤其是原材料供应商的计算机系统联网，及时相互传输信息，能够大大减少沟通时间，同时能够减少库存，从而大大降低成本。

流通领域是商务活动中必不可少的应用环节，尤其是一些大型商场、市场以及贸易公司，在传统的贸易模式中，已经与生产制造型企业建立了良好的关系。而通过电子商务的应用，生产企业能够及时了解商场或贸易公司的库存或产品需求状况，进而及时调整产量和供货量，以免造成货物积压；对大型商场来说，也能够减少库存成本。

B2B 是电子商务发展的最早模式，在 Internet 出现以前，一些发达国家的大型企业将贸易伙伴的计算机系统之间联网，通过计算机进行 EDI，实现企业间的电子商务，即 B2B。随着国际贸易的发展，越来越多的国际企业开始采用 EDI 进行电子商务，而 EDI 的应用网络也在发展，早期是利用增值网络，但是速度慢，并且费用高。而是当 Internet 出现以后，一些专家研究出了基于 Internet 的 EDI，大大减少了企业应用 EDI 的成本，使企业更容易实施 B2B 的电子商务。关于 EDI，在“EDI”章节会有详细讲述。

2. B2C 模式的参与对象

在 B2C 电子商务活动中，参加交易的主体一方是企业，另一方是消费者。实施

B2C 的企业所生产的一般都是面向最终消费者的产品，如图书、软件、日用品和家电等适合在网上出售的商品。B2C 模式是随着 Internet 的出现迅速发展起来的。

消费者通过浏览企业建立的主页或者 Web 站点，选择自己所需要的商品种类和数量，并填写其他相关信息，就能够享受 B2C 方便快捷的消费方式。

3. B2G 模式的参与对象

B2G 模式的参与主体为企业和政府，政府通过网络向企业进行采购。例如，在美国，政府将采购清单通过 Internet 发布或直接发送给企业，企业以电子化方式报价竞争，进而达到采购的目的。同样，在公司税务的征收上，政府也可以用电子交换的方式来完成。

4. C2C 模式的参与对象

C2C 为消费者与消费者之间的交易模式，但是参与交易的主体不仅有作为交易双方的消费者，还包括作为交易平台的 Web 站点，也就是建立网上交易平台的企业。例如，我国的易趣网、淘宝网等网站，消费者可以在网站注册，并将自己要交易的商品发布在该网站上，等待其他的消费者来竞价成交。

二、电子商务的其他参与对象

除了以上各种模式中的交易主体，电子商务中还有其他的参与对象，这些参与对象都是为了保证电子商务能够顺利实施而参与进来的。这些参与对象主要有以下四个。

（一）认证中心

为了保证电子商务交易安全，认证中心是必不可少的。电子商务认证中心就是为了保证电子商务交易安全，签发数字证书并确认用户身份的认证机构。

设立电子商务认证中心使匿名或在原来没有关系的情况下开展电子商务成为可能。通过认证机构来认证买卖双方的身份，是保证网络交易安全的重要措施。

在实际运作中，电子商务认证中心可以由交易各方都信任的一方担当。例如，在客户、商家和银行的三角关系中，客户使用的是由某个银行发行的银行卡，而商家又与此银行有业务关系。在此情况下，客户和商家都信任该银行，则可以由该银行担当电子商务认证中心的角色，接收、处理其客户证书和商家证书的验证请求。而对于商家自己发行的购物卡，可以由商家自己担当认证中心的角色。

电子商务认证中心需具备证书发放、证书更新、证书撤销和证书验证四大功能。

1. 证书发放

对于进行安全电子交易的用户，有多种方法向申请者发放证书，可以发放给最终用户签名的或加密的证书，向持卡人只发放签名的证书，向商户和支付网关可以发放签名并加密的证书。

2. 证书更新

持卡人证书、商户证书和支付网关证书应定期更新，更新过程与发放过程一样。

3. 证书撤销

证书撤销有许多理由，如私有密钥被泄密、身份信息的更新或终止使用等。对持卡人而言，他需要确认他的账户信息不会发往一个未被授权的支付网关，因此被撤销的支付网关证书需包含在撤销清单中并散发给持卡人；由于持卡人不会将任何敏感的支付信息发给商户，因此，持卡人只需验证商户证书的有效性即可。对商户而言，被撤销的支付网关证书需散发给商户。对支付网关而言，需检查持卡人不在撤销清单中，并需与发卡行验证信息的合法性；同样，支付网关需检查商户证书不在撤销清单中，并需与收单行验证信息的合法性。

4. 证书验证

安全电子交易证书是通过信任分级体系来验证的，每一种证书与签发它的单位相联系，沿着该信任树直到一个被认可信赖的组织，人们就可以确认证书的有效性。信任树"根"的公用密钥对所有 SET（secure electronic transaction，安全电子交易协议）软件来说都是已知的，因而可以按次序检验每一个证书。

（二）银行和其他金融机构

在电子商务中销售商品，必然会存在支付问题，如消费者通过企业网站购买了其商品，那么消费者可以采取哪种方式付款就成为一个非常重要的问题。对于企业来说，如何顺利获得货款至关重要；而对消费者来说，付款方式不仅要便捷，更重要的是其资金的安全性。支付过程由支付系统来完成。电子商务支付系统是电子商务系统的重要组成部分，它指的是消费者、商家和金融机构之间使用安全电子手段交换商品或服务，即使用包括电子现金（E-cash）、信用卡（credit card）、借记卡（debit card）、智能储值卡等的支付信息通过网络安全传送到银行或相应的处理机构，来实现电子支付。

对于实物商品，顾客可以选择货到付款，也可以选择通过银行卡或其他电子货币进行付款。而对于一些数字产品，如软件、电子图书、数据信息等，消费者可以很快从网上获得商品，这时使用银行卡或其他电子货币付款就成为消费者的首选。此时，银行和一些发行各种储值卡的金融机构就成为电子商务中实现资金划拨的重要参与者之一。

（三）物流配送中心

在电子商务的实施中，还要考虑如何将消费者购买的商品以最小的成本准时送到消费者手中。物流配送中心的任务就是实现合理配送。一些电子商务企业建立了自己的配送渠道，这里的物流配送中心作为独立的参与对象，主要指的是第三方物流（third party logistics，TPL）。第三方物流是独立于供方和需方之外去完成物流服务的物流运作方式。关于第三方物流，后面的有关章节将会详细介绍。

（四）政府

政府既是电子商务的推动者、政策制定者，也是参与者之一。电子商务应用的发展不仅会建立起新型的、更规范的政府与企业的关系，也有利于政府实现宏观调控的目标。政府除了大力引导和调控电子商务的发展外，还要为电子商务更广泛地应用创造良好的环境，其中最为重要的就是为电子商务中的交易提供法律保障，使电子商务如同传统商务一样，能够有法可依。

第四节　电子商务的基本模式分析

本节将介绍电子商务的两种基本模式：B2B 和 B2C。这两种模式是电子商务中应用最为广泛的。

一、B2B 电子商务

在飞速发展的网络经济时代，企业面临更大的挑战和更多的机遇。一方面，经济全球化带来了日益激烈的市场竞争，企业必须缩短生产周期、降低经营成本、提高服务质量、加强供应链管理和客户关系管理，才能在严峻的市场经济环境中生存和发展；另一方面，信息技术和计算机网络技术， 尤其是 Internet 的迅猛发展，给企业实现上述目标提供了可能。在这种背景下，B2B 电子商务应运而生。它能给企业带来更高的生产率、更低的经营成本、更优质的服务和更多的商业机会。B2B 电子商务模式是一种基于 Internet，以企业为交易主体，以银行电子支付和结算为手段，以企业数据为依托的商务模式。企业与企业之间的交易规模大，一般是大宗交易。同时，企业与企业之间开展电子商务的条件也比较成熟，而且企业也是电子商务最热心的推动者和实践者。因此，B2B 电子商务模式是未来电子商务发展的主流，具有巨大的发展潜力。

（一）B2B 电子商务模式分析

可以根据不同的分类标准对 B2B 的商务模式进行分类。

1. 根据交易机制分类

（1）产品目录式（product catalogue）。这种模式集中了大量产品和服务，为卖方提供低成本的销售渠道，为买方提供一站式的采购站点。产品目录式产生价值的根源在于将高度分散市场中的需求方与供给方聚集到一起，提供“一店买全”的服务。通过产品目录式，可为卖方带来更低的销售成本和处理费用，更高的顾客满意度和新的销售渠道和收入来源；可为买方带来更低的采购成本和库存成本，扩展了潜在的供应商来源，使买方更容易获得多种产品的比较信息。

（2）拍卖式（auction）。这种模式提供一个销售和购买特殊商品的场所，例如，多余的存货、使用过的固定资产、中止生产的产品、可翻新产品等。拍卖式为买卖双方带来的主要好处在于提供更多的选择与机会。通过拍卖式，卖方可以吸引更多的竞价者，获取更高的销售价和存货周转速度；买方可以找到更简便的购买特殊产品和服务的方法，获得更多的选择余地，并在卖方竞标的反向拍卖（reverse auction）中获得更低的采购价格。

（3）交易所式（transaction）。这种模式一般为按产业或行业细分的“大宗商品”（如农产品）提供的交易市场。由于采取相对标准的合约与严格的交易管理方法，安全和交易量问题都比较容易解决。通过交易市场提供的价格信息，卖方可及时削减过量存货；买方也可通过快捷、方便、规范化的交易，满足立即购买的需求。

（4）社区式（community）。这种模式聚集一群买方和卖方的目标用户，为他们提供行业或产业专门信息以及与业内专业人士相关的社区式服务，通过提供行业新闻、评论、市场信息、工作机会、在线聊天、公告板以及专家服务等方式，吸引特定行业的买卖双方。

2. 根据企业间商务关系的不同进行分类

（1）以交易为中心的 B2B 电子商务。这种模式以企业之间的在线交易为主，关注的重点是商品交易本身，而不是买卖双方的关系。其主要形式为在线产品交易和在线产品信息提供。前者一般以一次性的买卖活动为中心，交易对象为产品、原材料、中间产品或其他生产资料；而后者提供产品的综合信息。买卖双方在交易平台上提供除了产品和价格以外的有关各自生产和需求状况，以调节供需平衡。

（2）以供需为中心的 B2B 电子商务。这种模式以企业之间的供需关系为主，关注的重点是生产过程与供应链，而不仅仅是商品交易。其主要形式为制造商和供应商所组成的 B2B 供应和采购市场。这种模式以制造商和供应商的供需活动为中心，以企业之间的合作关系为重点，通过 Internet 将合作企业的供应链管理（supply chain management，SCM）、企业资源计划（enterprise resource plan，ERP）、产品数据管理（product data management，PDM）和客户关系管理（customer relationship management，CRM）等有机地结合起来，从而实现产品生产过程中企业与企业之间供应链的无缝 连接。

（3）以协作为中心的 B2B 电子商务。这种模式以企业之间的虚拟协作为主，不仅重视生产过程与供应链，而且更加关注协作企业虚拟组织中价值链的整体优化。其主要形式是企业协作平台，业务活动涉及围绕协作而形成的虚拟组织内价值链的各个环节。在这种模式中，对产品的规划、设计、生产、销售和服务的整个过程，在世界范围内产生相关企业间最佳协作的组合，并且通过企业协作平台对整个产品生命周期中的业务活动提供有效的管理环境。而业务活动则通过虚拟组织的形式在全世界范围内同步实施。这种模式集成了并行设计（concurrent design）、敏捷制造（agile manufacturing）、精益生产（lean production）、大量定制（mass production）等生产技术和 SCM、ERP、PDM、CRM 等管理方法。

3. 根据买方和卖方在交易中所处的地位

（1）以卖方为主模式。这是一种最普遍的 B2B 电子商务模式。在这种模式中，提供产品或服务的企业即卖方企业占据主动地位，它先上网公布信息，然后等待买方企业上网洽谈、交易。

（2）以买方为主模式。在这种模式中，需要产品或服务的企业占据主动地位，买方企业先上网公布需求信息，然后等待卖方企业来上网洽谈、交易。这种交易方式类似于现在企业常用的项目招标方式。

（3）中立模式。也就是对卖方或买方而言，B2B 公司是作为独立的第三方存在的。中立的 B2B 公司是真正的市场建设者，它们对买主和卖主有着同样的吸引力。中立的 B2B 往往可能在买方和卖方都非常分散的市场中取得成功，因为在这样的市场中 B2B 公司能降低企业的交易成本并具有较高的匹配能力。

（二）B2B 模式的案例分析

1. 通用汽车的拍卖式 B2B 电子商务模式

早在 1999 年，通用汽车就开始了两项有关 B2B 电子商务的改革：

（1）出售资本资产。通用汽车拥有大量资本资产，如各种机器设备。这些资本资产随着时间的推移而不断贬值。当其中某些机器设备的效率下降到达不到要求时，则必须进行更新换代。这些过时的资本资产一般是通过中间人进行拍卖。但这种拍卖过程往往长达几周，甚至数月，而且拍卖的价格较低，同时还要支付中介人 20%

的佣金。为此，通用汽车建立了一个名为 Tradexchange 的电子市场来进行正向拍卖（forward auction）。在正向拍卖中，标的以在线方式出售，购买者通过自己的电脑进行竞价，直到出价最高的人获得标的。2000 年年初，Tradexchange 进行了第一批物品——8 台 75 吨印刷机。通用汽车邀请了 140 多位事先审批过的竞标者在线浏览了这些印刷机的图片资料和服务记录。经过 1 个星期的准备后，在线拍卖于 1 月 27 日正式开始。仅过 89 分钟，这批印刷机就以 180 万美元的价格售出。若采用传统的离线拍卖，这批印刷机的拍卖过程可能长达 4~6 周，且拍卖价格可能只有 90 万美元左右。Tradexchange 还鼓励其他卖家也将物品在网上拍卖，并将最终成交价格的一部分作为佣金收取。

（2） 购买普通商品。通用汽车每年要从约 2 万家供应商采购约 20 万种价值达 1 000 亿美元的普通商品。由于采购数量巨大，通用汽车一般采用招标方式和供应商进行议价。议价过程一般通过手工完成。通用汽车将所需商品的说明以信件形式寄给供应商。供应商随后提供报价。报价足够低的供应商为胜出者。如果所有报价都太高，则可能需要第 2 轮甚至第 3 轮招标。该过程往往长达几周甚至数月。同时，很高的准备成本也限制了一部分竞标者的参与，因此缺少足够数量的供应商参加竞标。为此，通用汽车在 Tradexchange 网站上开展了在线反向拍卖。在反向拍卖中，所有供应商都通过 Internet 对通用汽车购买的商品进行投标，当然每位投标者都可以看到其他竞争对手的报价。而通用汽车则根据预先确定的标准，选择最合适的供应商。在 Tradexchange 的首次反向拍卖中，通用汽车购买了大批橡胶密封袋，最终支付价格远低于以前采用传统的人工报价方式。这样，通用汽车通过采用拍卖式的 B2B 电子商务模式，简化了交易操作，节约了交易成本，并通过发挥 Tradexchage 的一定程度的中介作用，收取了可观的佣金收入。

2. 阿里巴巴的交易所式 B2B 电子商务模式

阿里巴巴网站（http://www.alibaba.com）自从 1999 年 3 月开始创业以来，发展迅速。目前，已成为国际贸易领域最活跃的网上市场之一和全球商业贸易领域最大的网上社区之一。据有关统计资料显示，截止到 2002 年 9 月 15 日，有效供求商机的条数已达到 724 478 条，每天新增买卖信息超过 3 000 条。平均每条买卖信息得到 7 个反馈。商人会员数已突破 150 万名，分别来自 202 个国家和地区。每天登记成为阿里巴巴的商人会员超过 2 000 名。

阿里巴巴开创的 B2B 电子商务平台，被国内外媒体、硅谷和国外风险投资家誉为与 Yahoo、Amazon、eBay 比肩的互联网第四种模式。1999 年 10 月，美国著名投资公司高盛（Goldman Sachs）牵头的国际财团向阿里巴巴注入 500 万美元风险资金；

2000 年 1 月，日本互联网投资公司软库（Softbank）以 2 000 万美元与阿里巴巴结盟。2000 年 6 月，美国权威财经杂志《福布斯》将阿里巴巴选为全球最佳 B2B 站点之一。

阿里巴巴每日提供数千条当日更新的供求信息。会员订阅的每日最新供求信息将以电子邮件形式送达至会员信箱里。会员也可主动查询 27 个行业 1 200 多种产品分类下的商业机会。会员也可自己发布供求信息。会员可创建公司档案，并加入阿里巴巴公司库；创建产品目录，分类展示图文并茂的产品信息。阿里巴巴还提供反馈管理功能：保存会员因为发布商业机会、公司档案、产品信息而获得的所有反馈，以及会员与这些反馈发送者后续联系的所有记录。为了方便会员之间的交流，提供了独特的商人论坛。会员还可以查询每日更新的行业新闻报道，以把握行业动态。此外，阿里巴巴还提供与贸易、商务相关的各种配套服务，如信用调查、物流服务、商务咨询等。

（三）B2B 电子商务的优势与发展趋势

B2B 的应用并不是与企业过去的商务关系和商务活动相脱节，而是这些商务关系和活动在网络平台上的延续和发展。B2B 电子商务活动是构筑在相互信任和商务合同的基础上的，在企业对企业的大宗交易方面能够更大限度地发挥出潜力，并通过供应的集中、采购的自动实现、配送系统的高效运作而得以实现。可以说，B2B 的最大意义在于它的应用可为企业带来巨大的效益。

具体来说，与传统商务活动相比，B2B 电子商务的优势主要表现在以下五点。

1. 降低企业的采购和销售成本

首先，对于卖方而言，电子商务可以降低企业的销售成本。通过互联网发布企业相关信息（如企业经营信息、产品价目表、新产品介绍等）和宣传企业形象，与传统的电视、报纸广告相比，成本更低，覆盖面更广。对于买方而言，电子商务可以降低采购成本。传统的原材料采购是一个烦琐的过程。通过网络平台，企业可以加强与主要供应商之间的合作，将原材料采购和产品制造过程有机结合起来，形成一体化的信息传递和处理系统。另外，借助 Internet，企业还可以在全球市场上寻求出价最低的上游供应商或出价最高的下游采购商，而不是局限于原有的几个厂家。

2. 优化企业的库存

企业为了组织生产和满足市场需求变化，通常需要保持原材料、产品等在一定的库存水平上。但高库存会增加资金占用成本，而且原材料或成品都可以能因市场价格下跌而令企业受损；反之，低库存可能会使生产中断、交货延期。因此，最优库存控制是企业管理的重要目标之一。以信息技术为基础的电子商务可以改变企业决策中信息不确切和不及时的问题，通过网络可以将市场需求信息传递给企业以决策生产，同时也把需求信息及时传递给供应商而适时得到补充，从而向“零库存管理”发展。

3. 缩短企业的生产销售周期

在目前的专业化分工时代，一个产品从设计到生产再到销售是许多企业相互协作的结果，因此产品的设计开发和生产销售涉及许多关联的企业——从原材料供应商、科研单位，到生产厂商、批发商和零售商。通过电子商务可以减少过去由于信息交流手段落后而产生的信息滞后和差错等现象，从而加快企业现金和物资的流动，大大缩短企业的整个生产销售周期。

4. 促进买卖双方信息交流

信息交流是买卖双方实现交易的基础。传统商务活动的信息交流是通过电话、电报或传真等工具，有些方式还需要具体的信息载体，时效性差、形式单一；而B2B可通过Web超文本格式进行信息传送，可采用文本、图像、音频、视频、动画等众多信息形式，或者以EDI电子数据格式传送，更具时效性。同时，采用全电子网络方式处理和传输信息，和传统的文件往来方式比较，极大地减少了处理时间和出现差错的可能。

5. 全天候无间断运作

传统的商务运作受到时间和空间的限制，而基于Internet的电子商务则可一周7天、一天24小时地无间断运作，为企业增加了无限的商机。同时，网上业务还可开展到传统营销人员和广告促销所达不到的市场范围，带来更大的效益。

与B2C、C2C以及C2B等电子商务模式相比，目前B2B模式具有绝对的优势。在可见的将来，电子商务发展的增长点也将是B2B电子商务。原因有以下五点。

1. 对B2B应用的需求及其旺盛

在经济全球化的市场背景下，企业间竞争空前剧烈。为了提高自身的竞争力，企业必须尽可能降低成本和提高收益，而这涉及企业生产、研发、管理、销售等各个方面。利用现代信息技术手段开展B2B电子商务，有助于企业对自身业务进行整合，同时达到增收节支的目的。这驱使着越来越多的企业投身到B2B的浪潮中。

2. B2B模式的交易额占据了电子商务交易总额的大部分

有资料显示，2004年电子商务市场（B2B、B2C等）交易总额为1 396亿美元，其中B2B的交易额为1 090亿美元，占78%；2005年电子商务市场交易总额为4 962亿美元，其中B2B为4 557亿美元，占83%，B2B所占比重呈上升趋势。在可见的将来，电子商务市场上B2B仍然会占大多数份额。

3. B2B 电子商务在降低企业经营成本方面更具优势

B2B 电子商务的业务包括产、供、销或购、销、调、存，其业务的广泛性使其有更多渠道降低成本：①可采取网上单一品种、大批量购货的方式，节省采购成本；②通过缩短生产周期，最终降低生产成本；③通过有效的库存管理降低经营成本；④通过面向全球的批量销售降低销售成本。这种多渠道降低成本的优势，是其他模式的电子商务无法相比的。

4. B2B 电子商务更适应现代物流管理

物流配送在电子商务公司的整个商务活动中具有举足轻重的作用。不解决物流问题，电子商务公司就无法循环经营。即使存在物流外包，其外包的费用也直接影响电子商务公司的经营业绩。B2B 模式和其他电子商务模式相比，其物流配送以少批次、大批量为特征，其他模式的电子商务都以小批量、大批次、高速周转为主要特点。二者相比，B2B 模式可节省大量的配送成本。有专家预测，B2B 电子商务模式比 B2C 电子商务模式可节约物流配送成本 20%~60%。

5. B2B 电子商务模式的信用和安全问题更有保障

信用和安全问题，无论过去、现在还是将来都将是一个制约电子商务高速发展的问题，只要是通过网络来实现完整的商务活动，这个问题就将长期困扰电子商务的发展。关于信用问题，由于 B2C 模式面对的是成千上万个不同的消费者，使企业很难对每一个消费者进行信用考察；而小批次、大批量的经营方式，使得其对贸易伙伴的信用问题有了更多考察与鉴别的机会。同时，为了保证资金运行的安全，企业可以避开在线支付而采用银行网络的专线支付方式，由于批次较少、客户稳定，同样也可以达到方便快捷的目的。

（四）我国发展 B2B 电子商务的现存问题和对策建议

1. 企业信息系统建设

电子商务的应用实际上是传统企业管理信息系统的扩充和延伸，电子商务的实施依赖于企业内部信息系统的完善。目前，有些企业正在开展 B2B 电子商务， 但由于没有后台信息系统提供的库存信息、生产信息、采购信息、运输信息、客户信息等，所以从前台电子商务平台上获取的销售订单、市场信息等不能及时进行处理，从而造成前后台信息的脱节，最终导致客户满意度的下降，甚至客户群的流失。因此在进行 B2B 电子商务时，后台信息系统是非常关键的。

面向 B2B 电子商务的信息系统可分为三个层次：基于 Intranet 的信息系统，用来实现企业内部的信息交流；基于 Extranet 的信息系统，用来把企业与合作伙伴、供应商、批发商、银行等联系起来；基于 Internet 的信息系统，用来把全世界范围内与企业业务有关的一切方面联系起来。

企业可以按以下的步骤建设信息系统：

（1）建立供应链系统。基本系统有库存管理系统、采购管理系统、销售管理系统、运输后勤系统。开展 B2B 电子商务的首要环节是加强企业内部管理，并建立企业的供应链系统。通过供应链系统，跨越了企业的围墙，建立一种跨企业的协作，以此来追求和分享市场机会。

（2）建立财务系统。建立总账、应收、应付、现金、资产管理系统和财务分析系统。

（3）建立生产制造系统。对于生产制造企业来说，建立生产制造系统是必不可少的：建立工程数据管理、生产计划、物料需求计划、能力需求、车间作业、质量管理、成本管理等系统。

（4）建立客户关系管理系统。建立市场管理、售后服务、呼叫中心等系统。

（5）建立决策支持系统。在前期基本应用系统建立完成之后，应利用数据仓库技术对前期积累的数据进行多维的数据分析与挖掘，建立企业各层次的决策支持系统。

企业在开发电子商务后台信息系统的同时，可以进行电子商务前端交易平台的建设。

2. 中小企业的电子商务平台建设

我国中小型企业占企业总量的 99%，60%的工业产值和 40%的利税来自中小企业。中小企业正逐渐成为中国经济发展的不可或缺的推动力。但是中小企业与大企业相比，有着自身的弱点，比如资金不足、信息不灵、生产规模小、缺乏人才、市场营销网络过窄等，因此，往往难以同大企业站在同一起跑线上竞争。而电子商务将是未来企业的主流生存方式，没有电子商务竞争能力的企业将无法在未来的市场竞争中占据优势，放弃电子商务则意味着放弃未来。因此，越来越多的中小企业开始涉足电子商务领域。但是，一个完整的电子商务系统是十分复杂的，需要的硬件和软件资源都是非常多的，需要企业有相当大的投入，而这对于实力较弱的中小企业来说的确是一大难题。在这种情况下，中小企业可以考虑借助应用服务提供商（application service provider，ASP）来进行电子商务平台的建设。

ASP，一般指通过网络以租赁形式给企业提供应用软件的服务，即在与 ASP 共同签署协议的基础上，客户将其部分或全部与业务流程相关的应用委托给服务商，服务商将保证这些业务流程的运作。ASP 不仅要负责应用程序的建立、维护与升级，还要对应用系统进行管理，所有这些服务的交付都是基于网络的，用户通过网络远程获取这些服务。这样，中小企业通过订购 ASP 的服务，以少量的月租费替代大量信息技术基础设施的投资支出，以最快的速度获得应用服务，免去了安装、调试、日常维护和管理的许多环节，却享受着高质量的电子商务应用服务。中小企业通过网站一站式服务，连接沟通电子商务的各个环节，从而使用大型企业才有能力开发或购买的应用服务。这样，ASP 把电子商务的道路铺设在中小企业的车轮下，中小企业在这条道路上遵循着既定的游戏规则，安全、有序、顺畅地完成真正意义的电子商务，实现真正的高效率和低成本。

3. B2B 网站

目前国内很多 B2B 网站停留在以提供供求信息为主的初级阶段。这些网站基本只提供一个信息交换的平台，买方和卖方把大量的采购信息和供应信息放置在这一平台上，而实际的电子交易难以进行。同时，B2B 网站大多缺乏对买卖双方公正、详细的信息披露，在信息平台的背后没有对企业本身和提供的产品进行详细的考察和审核。这样，在一个充分自由和虚拟的交易市场中，让企业自己来识别交易对方身份的真伪，后果不言而喻。因此，专门经营 B2B 网站的网络公司，应该在某企业申请作为网站会员前对其进行必要的资信调查和资格审查，从而在一定程度上保证了网站会员诚信度，进而减少网络欺诈行为的产生。同时 B2B 网站可以建立严格的会员信誉等级打分制度，通过这样的资信审核和信息披露机制，使会员觉得 B2B 网站所提供的网上交易场所是诚实可信的，可以放心地进行交易，从而吸引更多的企业加入网上交易。

4. 电子支付

在线电子支付是电子商务的关键环节，也是电子商务得以顺利发展的基础条件之一。电子商务的交易过程中需要支付与结算，这必然要求优质、高效、快速的电子化金融系统，而我国目前的金融服务水平与电子化程度都不高，电子支付问题严重阻碍了我国电子商务的发展。目前企业与企业在进行 B2B 网上交易时，采用的大多是银行转账、银行汇款、邮局汇款甚至现金结算等传统支付方式，即所谓“在线订购，离线支付”，没能实现完整的电子商务。

针对目前电子支付难的问题，我们应该加强企业与银行的合作，借鉴国外的先进经验，完善信用卡的网上支付功能，开发 IC 卡、电子现金、电子支票等新的电子支付方式，加快网上银行的建设速度和推广使用，使电子商务的付款变得更安全、方便、快捷。

5. 法律保障

电子商务作为崭新的商务活动形式，不可避免地会带来一系列新的法律问题。

例如，电子商务的合同形式与传统口头或书面合同有很大不同，怎样修订现有的合同法有待论证；电子商务采用电子票据进行结算，而我国现行的《中华人民共和国票据法》并不承认数字签名的非纸质电子票据的支付和结算方式；另外对电子商务活动中的交易纠纷、责任界定，原有的法律条文中并没有涉及。

因此，我们应在借鉴别国经验的基础上，结合我国的具体情况和特点，早日出台《电子商务法》，同时增强法律法规的透明度和可操作性，发挥法律主体的积极性，提高行业自律能力，确保法律能真正成为电子商务活动中共同遵守的规则，为企业开展电子商务创造良好的法律环境，保障我国电子商务的健康发展。

6. 物流配送

物流费用高、速度慢、效率低等现象一直困扰着包括 B2B 模式在内的电子商务的发展。B2B 电子商务模式交易量较大，客户面小，经常重复订货，这种模式的物流工作适合外包给第三方物流企业。第三方物流是指物流由商务的供方、需方之外的第三方完成，从某种意义上可以说它是物流专业化的一种形式。第三方物流一般在物流管理经验、人才、技术、理念等方面都具有一定的优势，对电子商务交易中供求双方的所有物流活动进行全权代理。同时第三方物流资金雄厚，可以充分利用现代物流技术，具有建立在现代信息网络技术基础上的物流管理软件，保证客户在任何时间、任何地点查看货物及提供配套的服务。参与电子商务交易的双方可以把物流委托给第三方物流企业，专心于电子市场的开拓和商务效率的提高。因此，要大力发展第三方物流。

虽然目前我国的 B2B 电子商务还处在初步发展的阶段，但作为电子商务的一种最主要的应用模式，B2B 电子商务蕴涵了无限的商机，为我国企业提供了广阔的发展空间。我国的 B2B 电子商务必将走向辉煌。

二、B2C 电子商务

B2C 电子商务是以 Internet 为主要手段，由商家或企业通过网站向消费者提供商品和服务的一种商务模式。目前，在 Internet 上遍布了各种类型的 B2C 网站，提供从鲜花、书籍到计算机、汽车等各种消费品和服务。由于各种因素的制约，目前以及未来比较长的一段时间内，这种模式的电子商务还只能占比较小的比重。但是，从长远来看，企业对消费者的电子商务将取得快速发展，并将最终在电子商务领域占据重要地位。

（一）B2C 电子商务模式分析

可以从不同角度对 B2C 的商务模式进行分类和探析。

1. 从企业和消费者买卖关系的角度分析

B2C 的商务模式主要分为卖方企业—买方个人的电子商务及买方企业—卖方个人的电子商务两种模式。

（1）卖方企业—买方个人模式。这是商家出售商品和服务给消费者个人的电子商务模式。在这种模式中，商家首先在网站上开设网上商店，公布商品的品种、规格、价格、性能等，或者提供服务种类、价格和方式，由消费者个人选购，下订单，在线或离线付款，商家负责送货上门。这种网上购物方式可以使消费者获得更多的商品信息，虽足不出户却可货比千家，买到价格较低的商品，节省购物的时间。当然这种电子商务模式的发展需要高效率和低成本的物流体系的配合。这种方式中比较典型的代表就是全球知名的亚马逊网上书店（http://www. amazon.com）。

（2）买方企业—卖方个人模式。这是企业在网上向个人求购商品或服务的一种电子商务模式。这种模式应用最多的就是企业用于网上招聘人才，如许多企业在深圳人才市场网（http://www.szhr.com.cn）招聘各类人才。在这种模式中，企业首先在网上发布需求信息，后由个人上网洽谈。这种方式在当今人才流动量大的社会中极为流行，因为它建立起了企业与个人之间的联系平台，使得人力资源得以充分利用。

2. 根据交易的客体分析

可把 B2C 电子商务分为无形商品和服务的电子商务模式以及有形商品和服务的电子商务模式。前者可以完整地通过网络进行，而后者则不能完全在网上实现，要借助传统手段的配合才能完成。

计算机网络本身具有信息传输和信息处理功能，无形商品和服务（如电子信息、计算机软件、数字化视听娱乐产品等）一般可以通过网络直接提供给消费者。无形商品和服务的电子商务模式主要有网上订购模式、广告支持模式和网上赠与模式。

（1）网上订阅模式。消费者通过网络订阅企业提供的无形商品和服务，并在网上直接浏览或消费。这种模式主要被一些商业在线企业用来销售报纸杂志、有线电视节目等。网上订阅模式主要有以下几种：

第一，在线出版（online publications）。出版商通过 Internet 向消费者提供除传统印刷出版物之外的电子刊物。在线出版一般不提供 Internet 的接入服务，只在网上发布电子刊物，消费者通过订阅可下载有关的刊物。这种模式并不是一种理想的信息销售模式。在当今信息大爆炸的时代，普通用户获取信息的渠道很多，因而对本来已很廉价的收费信息服务敬而远之。因此，有些在线出版商采用免费赠送和收费订阅相结合的双轨制，从而吸引了一定数量的消费者，并保持了一定的营业收入。

第二，在线服务（online services）。在线服务商通过每月收取固定的费用而向消费者提供各种形式的在线信息服务。在线服务商一般都有自己特定的客户群体。如美国在线（AOL）的主要客户群体是家庭用户，而微软网络（microsoft network）的主要客户群体是 Windows 的使用者，订阅者每月支付固定的费用，从而享受多种信息服务。在线服务一般是针对一定的社会群体提供的，以培养消费者的忠诚度。在美国，几乎每台出售的电脑都预装了免费试用软件。在线服务商的强大营销攻势，使他们的用户数量稳步上升。

第三，在线娱乐（online entertainment）。在线娱乐商通过网站向消费者提供在线游戏，并收取一定的订阅费，这是无形商品和服务在线销售中令人关注的一个领域，也取得了一定的成功。当前，网络游戏已成为网络会战的焦点之一，Microsoft、Excite、Infoseek 等纷纷在网络游戏方面强势出击。事实上，网络经营者们已将眼光放得更远，通过一些免费或价格低廉的网上娱乐换取消费者的访问率和忠诚度。

（2）广告支持模式。在线服务商免费向消费者提供在线信息服务，其营业收入完全靠网站上的广告来获得。这种模式虽然不直接向消费者收费，但却是目前最成功的电子商务模式之一。Yahoo 等在线搜索服务网站就是依靠广告收入来维持经营活动的。对于上网者来说，信息搜索是其在 Internet 的信息海洋中寻找所需信息最基础的服务。因此，企业也最愿意在信息搜索网站上设置广告，通过点击广告可直接到达该企业的网站。采用广告支持模式的在线服务商能否成功的关键是其网页能否吸引大量的广告，能否吸引广大消费者的注意。

（3）网上赠与模式。这种模式经常被软件公司用来赠送软件产品，以扩大其知名度和市场份额。一些软件公司将测试版软件通过 Internet 向用户免费发送，用户自行下载试用，也可以将意见或建议反馈给软件公司。用户对测试软件试用一段时间后，如果满意，则有可能购买正式版本的软件。采用这种模式，软件公司不仅可以降低成本，还可以扩大测试群体，改善测试效果，提高市场占有率。美国的网景公司（Netscape）在其浏览器最初推广阶段采用的就是这种方法，从而使其浏览器软件迅速占领市场，效果十分明显。

有形商品是指传统的实物商品，采用这种模式，有形商品和服务的查询、订购、付款等活动在网上进行，但最终的交付不能通过网络实现，还是用传统的方法完成。这种电子商务模式也叫在线销售。目前，企业实现在线销售主要有两种方式：一种是在网上开设独立的虚拟商店；另一种是参与并成为网上购物中心的一部分。有形商品和服务的在线销售使企业扩大了销售渠道，增加了市场机会。与传统的店铺销售相比，即使企业的规模很小，网上销售也可将业务伸展到世界的各个角落。网上商店不需要像一般的实物商店那样保持很多的库存，如果是纯粹的虚拟商店，则可以直接向厂家或批发商订货，省去了商品存储的阶段，从而大大节省了库存成本。

（二）B2C消费者的市场行为分析

B2C消费者市场是为网上个人和家庭用户销售消费品和服务的网上市场。它与现实中的消费者市场相同的是，消费者购买实物产品或服务产品的目的都是为了满足自己的最终消费，个人和家庭是市场的基本购买单位。但由于网络的特点，网上与网下消费者市场有许多不同，因此，研究网上消费者的购买动机、影响其购买行为的主要因素以及购买过程等，对于有效地开展网络营销活动至关重要。

1. 网上个人用户的情况分析

与网下消费者市场分布面广、人数众多的特点不同的是，网上消费者市场尽管是覆盖全球的大市场，但它的消费者只是能够上网的个人或家庭，与网下的消费者市场相比，目前这部分人数很少，而且有着鲜明的时代特征。

有关调查资料显示：美国网上个人用户中53%是男性，未婚者占59%，平均年龄为33岁左右，57%的人具有大学文化，家庭平均收入约5.9万美元，每个用户平均每周上网时间为58小时，超过50%的家庭经常通过Internet进行网上购物、网上支付等电子商务活动。

对于国内网上个人用户的情况，可以从中国互联网信息中心（CNNIC）发布的《中国互联网发展状况统计报告》中得到较权威的信息。据资料显示，国内外的网上个人用户有一些共同的特征，但由于国内外经济发展水平、计算机及网络普及程度、电子支付体系等差异，国内个人用户在网上购物、网上支付等电子商务活动方面，与国外用户相比尚存一定的差距。

2. 网上消费者的特征分析

根据前面关于网上个人用户的情况分析，可以将网上消费者的特征归纳如下：

（1）男性居多。统计资料表明，无论在国内还是国外，在过去几年里，网上购物者多为男性。耐用消费品和不动产，如汽车、摩托车、房屋等，都是男性关注的对象。值得指出的是，这种局面正在被打破，以男性为主的网上消费者的市场格局将不会持续太久。据Niesen/NetRating机构1999年年底的调查表明，随着更多的妇女上网，美国网民的性别差距已经开始缩小，尤其是1999年圣诞节购物狂潮阶段，网上购物的男女人数达到了平衡，各占50%。一些经营玩具、宠物、个人护理用品、小百货、健身健美用品、家庭及婴幼儿用品的网站，如www.toysrus.com、www.ivillage.com、www.women.com和www.coolsaving.com等，女性购物者已经占到了65%。最近一项研究表明，女性控制着75%的家庭消费资金，而且家庭80%的消费计划也都是由女性作决定。因此，根据对女性的消费习惯分析，专家认为，在以后的几年时间里，女性网上购物（尤其是大众消费品）人数将后来居上，超过男性，开始全面主导网上消费市场。

（2）以中青年为主。中青年消费者（尤其是青年消费者）在上网者中占有绝对的比重。这类消费者一般都崇尚创新、自由等特质，很容易被新事物所影响，而且接受新观念、新知识快。他们也很愿意在网上购物，因此青年人所喜欢的计算机、CD 唱片、游戏软件、体育用品等都是网上的畅销商品。这类市场目前是网络市场最拥挤的地方，也是商家最看好的一个市场。

（3）具有较高的文化水平。Internet 要求其使用者熟悉计算机和网络操作及具备快速阅读的能力。因此，文化水平较高的人士（如教师、学生、科技人员和政府职员等）的上网比例较高。另外，从职业和个人兴趣方面来看，上网者多为相关计算机职业者或爱好者，他们因工作或兴趣的需要而接触到网络，正是由于这些原因，计算机软硬件的销售十分看好，网上书店的生意也非常红火。计算机软件销售商 Sausage Software 从事 Web 页面制作软件的销售，其目标市场明确界定为编辑和出版商。著名的 Amazon 网上书店的成功更是这方面的典型。

（4）收入属于中等阶层。上网用户大多属于中等收入水平，否则难以维持上网费用。近两年来，随着 Internet 的普及，上网费用有所降低，但是对于低收入阶层来说，网上消费仍然有一段距离。

（5）主要集中于少数几个经济发达地区。美国的上网者约占全世界网民总数的 1/3，在我国，北京、上海、江苏和广东四个上网人数最多的地区，网民就占了全国上网人数的 51.3%，其中，北京网民占全国整体的 1/5。

综上所述，网上购物与网上消费者的整体特征及个人可支配的消费金额有很大关系，而目前网上购物的主力是分布在 20~35 岁且受过高学历教育、经济收入较宽裕、地理上高度集中于少数经济发达地区的男性网上个人用户。

这些特征表明网上消费者更注重自我，个性化需求突出；他们有自己的想法，对自己的判断力非常自信，而且头脑冷静，擅长理性分析，不易为广告或潮流所左右；同时，他们反应敏锐，对新事物有着孜孜不倦的追求，并且接受迅速；他们兴趣十分广泛，有强烈的好奇心，喜欢追根问底；好胜而缺乏耐心也是目前网上消费者的一个显著特征，如果浏览一个站点很费时间，他们会很轻易地去访问别的网站。

3. 网上消费需求的特点

网上消费是一种新型的消费形式，它与传统的消费形式相比，有类似的地方，也有其独有的特点。

（1）网上消费仍具有层次性。网上消费本身是一种高级的消费形式，但就其消费内容来说，仍然可以分为由低级到高级的不同层次。需要注意的是，在传统的商业模式下，人们的需求一般是由低层次向高层次逐步延伸扩展的。在网上消费的初期，消费者侧重于精神产品的消费，如通过网上书店购书，通过网上光盘商店购买光盘。到了网上消费的成熟阶段，消费者在完全掌握了网上消费的规律和操作，并且对网上购物有了一定的信任感后，才会从侧重于精神消费品的购买转向日用消费品的购买。

（2）网上消费者的需求具有明显的差异性。不同的网上消费者因所处的时间、环境不同而产生不同的需求，不同的网上消费者在同一需求层次上的需求也有所不同。网上消费者来自世界各地，由于国别、民族、信仰以及生活习惯的不同而产生了明显的需求差异性。这种差异性远远大于实体商务活动的差异。所以，从事网络营销的厂商要想取得成功，在整个生产过程中，从产品的构思、设计、制造到产品的包装、运输、销售，必须认真思考这种差异性，并针对不同的消费者的特点，采取有针对性的方法和措施。

（3）网上消费者的需求具有交叉性。网上各个层次的消费不是相互排斥的，而是具有紧密的联系，需求之间广泛存在交叉的现象。例如，在同一张订单上，消费者可以同时购买最普通的生活用品和昂贵的装饰品，以满足生理的需求和尊重的需求。这种情况的出现是因为网上商店几乎可以囊括所有的商品，人们可以在较短的时间里浏览多种商品，因此产生交叉性的购买需求。

（4）网上消费需求的超前性和可诱导性。电子商务构造了一个全球化的虚拟大市场，在这个市场里，最先进的产品和最时髦的商品会以最快的速度与消费者见面。以具有超前意识的年轻人为主体的网上消费者必然很快接受这些新商品（包括国内和国外），从而带动其周围消费层新一轮的消费热潮。从事网络营销的厂商应当充分发挥自身的优势，采用多种促销方法，启发、刺激网上消费者的新的需求，唤起他们的购买兴趣，诱导网上消费者将潜在的需求转变为现实的需求。

4. 影响消费者网上购买的因素

影响消费者上网购买的因素有社会阶层、家庭环境、风俗时尚、个人心理等多方面，除此之外，在网络环境中主要还受到以下几点外在因素的影响。

（1）商品的价格。按销售学的观点，影响消费者消费心理及消费行为的主要因素是价格，即使在今天完备的营销体系和发达的营销技术面前，价格的作用仍是不可忽视的。只要价格降幅超过消费者的心理界限，消费者因此心动而改变既定的消费原则是在所难免的。对一般商品来说，价格和需求量常常表现为反比关系，同样的商品，价格越低，销售量越大。目前在网上营销的商品多是计算机软硬件、书籍杂志、娱乐产品等，这些商品的价格一般都不太高，加上网上直接销售减少了许多中间环节，使得网上销售的商品价格低于传统流通渠道的商品价格，因此对消费者产生了越来越大的吸引力。

（2）购物的时间。这里所说的购物时间包括两方面的内容，即购物时间的限制和购物时间的节约。传统的商店，每天只能营业十几个小时，网上商店的全天候营业，使消费者上网购物没有任何时间的限制。

现代社会中，人们生活节奏的加快，使时间对于每个人来说都变得十分宝贵，人们用于外出购物的时间越来越少。拥挤的交通、日益扩大的购物场所，延长了购物所消耗的时间和精力；商品的多样化使得消费者眼花缭乱，而层出不穷的假冒伪劣商品又使消费者应接不暇，人们迫切需要新的快速方便的购物方式和服务。网上购物适应了人们的这种愿望。人们可以坐在家中与厂商沟通，及时得到邮寄的商品或上门服务，节省了购物时间。网上购物顺应了现代社会生活的快节奏，理所当然地成为人们上网购买的动机之一。

（3）购买的商品。从购买方式来看，目前在网上销售的一些商品尤其能体现方便快捷的特色，这里来分析一下如今网上销售的部分商品的特点。

第一，软件。销售者可以借助网站来发布试用版本的软件，让消费者试用，然后在一定期限内提供服务，如果消费者满意就会购买。

第二，书籍杂志。在网上可以提供试阅读版本，使消费者先了解该书籍或杂志的基本内容，然后再订购。这种把自主权交给消费者的做法是受欢迎的，而不是传统的那种"强迫式"的购物方法。

第三，鲜花或礼品。由于网络是跨时间、跨地域性的媒体，在网上可以订购任何地方的鲜花或礼品，并由对方送货上门。

纵观这些商品都具有某些网络化的特点，借用网络可以使它们更易传播和出售。虽然市场上还未成熟到可以随时到网上购买面包或香蕉的地步，但消费者在经过比较后觉得，网上购物的方便程度超过他亲自去商店时，他当然愿意到网上购买。

（4）商品的选择范围。在 Internet 这个全球化的市场中，商品挑选的余地大大扩展，而且消费者可以从两个方面进行商品的挑选，这是传统的购物方式难以做到的。一方面，网络为消费者提供了多种检索途径，消费者可以通过网络，方便快速地搜寻全国乃至全世界相关的商品信息，挑选满意的厂商和满意的产品，获得最佳的商品性能和价格；另一方面，消费者也可通过新闻组、电子公告牌等，告诉千万个厂商自己所需求的产品，吸引众多的厂商与自己联系，从中筛选符合自己要求的商品和服务。有这样大的选择余地，消费者自然倾向于网上购物。

（5）商品的新颖性。追求商品的时尚与新颖是许多消费者（尤其是年轻消费者）

重要的购买动机。这类消费者一般经济条件较好，特别重视商品的款式、格调和流行趋势，而不太在意商品的价格高低。他们是时髦服装、新潮家具和新式高档消费品的主要消费者。网上商店由于载体的特点，总是跟踪最新的消费潮流，适时地为消费者提供最直接的购买渠道，加上最新产品的全方位网上广告，对这类消费者所产生的吸引力越来越大。

5. 消费者网上购买过程

消费者网上购买的具体过程如下：

第一步，消费者通过计算机连接 Internet 查看自己希望购买的商品。

第二步，消费者在网上商店的相关网页上填写订货单，内容是购买某商品、购买多少，订货单上还注明将此货物在何时送到何地何人手中等信息。

第三步，网上商店的服务器收到订单并立即应答，提示消费者所购商品、单价、应收款数及交货方式等信息。

第四步，消费者确认后，选择付款方式，最终确认订单。

就上述网上购物而言，在实际的操作过程中，即从顾客输入订货单后开始到拿到销售商出售的电子数据为止的全过程仅用 5~20 秒时间。购物过程中虽经过信用公司和商业银行等机构多次进行身份确认、银行授权、各种财务数据交换和账务往来等，但所有业务活动都是在极短的时间内通过网络完成的。

简而言之，这种购物过程彻底改变了传统的面对面交易和一手交钱一手交货及面谈等购物方式，是一种崭新而很有效的、保密性好又安全可靠的电子购物过程，利用各种电子商务保密服务系统，就可以在 Internet 上使用自己的信用卡放心大胆地购买物品。从整个购物过程看出，购物的顾客也仅仅就是输入电子订货单说明自己购买的物品，确认送货方式和付款方式，然后就可以等待商品送到自己手中。

网上消费者的购买过程就是网上购买行为形成和实现的过程。与消费者的传统购买行为相类似，网上消费者的购买行为早在实际购买之前就已经开始，并且延长到实际购买后的一段时间，有时甚至是一个较长的时期。从酝酿购买开始到购买后的一段时间，其购买过程大致可分为五个阶段：诱发需求、收集信息、比较选择、购买决策和购后评价。

（三）我国 B2C 电子商务的发展策略

我国的 B2C 电子商务发展方兴未艾，对于发展我国 B2C 电子商务，很多学者在电子商务瓶颈（如电子支付、网络安全、物流体系、法律保障等）方面提出了自己的策略建议，以下主要在企业管理、零售行业、网上市场等方面提出某些设想。

1. 从企业管理的角度来看，发展 B2C 电子商务的企业应注意运用的策略

（1）企业的战略定位要适当。在 B2C 电子商务中，企业与消费者之间的关系发生了深刻的变化，出现了新的价值连接，产生了新的价值机会。开展 B2C 电子商务的首要问题就是对企业经营带来什么样的价值进行战略定位，如企业开展 B2C 电子商务，是希望开拓新的产品或服务项目，还是延伸现有产品或服务的市场空间。不同的战略定位将带来不同的经营效果。

（2）协调市场渠道。B2C 电子商务的开展势必导致市场渠道的开拓和延伸，有可能对原有的渠道关系造成一定的冲击，这就需要企业管理人员进行有效的协调。B2C 电子商务的网络营销渠道可能会与原有的传统营销渠道相互补充、相互促进，从而给企业带来更大的收益。如零售企业在 Internet 上发表内容丰富、图文并茂的产品信息并及时进行更新，或利用 Internet 及时为消费者提供技术支持等，这些做法能够促进企业与消费者之间的交流，强化原有的市场渠道，进一步提高市场份额。

但是，网络渠道也可能与原有的市场渠道产生一定的冲突，使企业面临两难抉择。如生产企业在 Internet 上直接开展 B2C 电子商务时，与传统零售中介的关系由原来的合作关系转化成合作与竞争关系，而原有合作伙伴的有关反应将影响 B2C 电子商务的应用效果。因此，企业在开展 B2C 电子商务时，应认真分析市场渠道变化与协调所产生的成本与收益，从而做出正确的决策。

（3）加强信息的管理。在 B2C 电子商务中，企业能够通过 Internet 以较低的成本向日益扩大的潜在市场发布公司背景资料、产品或服务信息、电子广告等内容丰富的信息。这种信息发布与其市场竞争地位密切相关。企业所发布的信息必须有利于改善企业形象、提高品牌知名度和信誉，有利于消除原有的市场交易障碍，因此企业应进行认真的市场调研和信息筛选。企业的信息管理工作应注重在 Internet 上与用户的交互作用，通过信息交流了解顾客需求，为之提供更有价值的信息服务，从而形成独特的市场竞争优势。

（4）加强对交易定价的管理。企业在开展 B2C 电子商务时，要实时发布有关产品价格的信息。企业在确定产品的网上销售价格的时候，必须考虑到是否与传统市场的产品价格结构相一致。在最简单的情况下，企业可以在传统市场和网络市场上采用标准化的定价策略。但这种方式可能导致与企业区域价格战略的冲突。解决方案之一就是在采用差别化定价时列出不同的配送成本，以免产生不利于企业的市场反应。

2. 从行业发展的角度来看，零售行业要加快信息化建设的步伐

B2C 电子商务可以看作是一种电子化的零售或者网上零售。网上零售不仅改变了传统零售业的营销方式和营销理念，而且改变了传统零售业的战略发展方向和行业组织结构。网上零售和传统零售相比，其运作规律和营销策略都发生了变化，能否实现成功的网上零售需要很多条件。信息资源和信息交流系统的开发利用是能否成为连锁企业开展网上销售的一个核心要素。

传统商业企业的核心理念是商品经营和店铺运营，这是企业参与竞争和获得利润的基础；而网上零售商则要根据网络营销的特点进行调整，改变传统零售企业的经营模式，把信息的经营和应用作为企业经营资产的第一要素。这种战略性的调整表现为两个方面：首先是从优化供应链的角度强化零售企业的上下游环节的信息传递和信息共享。无论是传统的零售企业还是网上的零售商，它们与生产企业和供应商之间能不能建立一个高效的信息传递和商品运作体系，是连锁企业及网上零售商在市场竞争中能否取胜的一个关键。其次，在零售业的前端，网上零售商应该利用互联网加强信息资源和知识的共享，培育顾客的忠诚度。零售业和其他行业相比，了解顾客的个性需求是它们的天然优势，网上零售商通过相应技术更具备这种优势，可以建立顾客的数据库，这个数据库的价值要比零售企业通过 POS 系统和会员卡等手段收集到的顾客信息更全面、有效。

为了开展网上零售，传统零售业必须进行行业信息化，过程如下：

（1）加强企业内部的信息沟通。通过 Internet 实现企业内部各职能部门、各分店、各流程之间的信息沟通和协调行动。

（2）增强渠道功能。在原有传统店铺的基础上，在网上开辟一个新的销售渠道，实际上这是 B2C 电子商务的开始。

（3）对价值链或者供应链进行全新整合。连锁企业从商品的采购到销售构成一个供应链，基础的条件是信息化必须达到一定的条件，才能实现一些新的技术和高效运作。

（4）全面整合阶段。在这个阶段，零售企业的网上营销已经跳出了单纯销售商品的范畴，开始把相关的服务增加到网上零售的内容之中，使之更具个性化，更具吸引力。

（5）从传统零售商向网上零售商转型。企业经营核心发生变化，重新构造供应链，同时产生多对多的关系和联合。对供应商来讲，可以在网上提供最适合在网上销售的商品；对消费者来讲，可以享受个性化服务。

3. 从改善网上市场环境的角度，发展 B2C 应大力推进 EM 建设

电子化交易市场（electronic market，EM），指在 Internet 技术和其他电子化通信技术的基础上，通过一组动态的 Web 应用程序和其他应用程序把交易的双方集成在一起的虚拟交易环境。EM 中的交易主体可以通过 EM 中提供的电子化交易信息和交易工具建立起点到点和一对多的交易通道。EM 营运商是负责 EM 的建立、维护、运行等工作的中介服务机构。

在传统交易环境中，消费者在通过零售商与企业进行交易时，两者的交易地位是不平等的：企业对产品的性能了解得多，信息占有量大，而消费者只能被动接受信息；企业能动用的交易要素多，能规定交易方式，而消费者只能被动地选择交易方式。在电子商务环境中，消费者可以通过访问某生产企业网站，直接购买其产品。那么这种无中介的交易能否实现消费者要求平等交易的愿望呢？消费者是否有能力在 Internet 的信息海洋中一一搜索自己所需要的品种繁多的生活用品呢？消费者能否在登录到企业的网站后，提出有利于自己的交易方式呢？消费者能与企业一样平等地占有产品信息吗？这些答案都是否定的。因此，消费者将寻求新的交易中介来协助自己实现平等的交易地位。这个交易中介就是 EM 运营商。

EM 运营商通过电子化的工具和手段，为消费者提供一个方便进出的虚拟环境，很大程度地聚集企业的商品和消费者的购买力，并建成了网上电子商场。在这种电子商场中，消费者可以利用搜索工具方便地查找需要的商品，并具有更广泛的选择权。不能快速响应消费者需求的商品及其生产企业将会很快被淘汰出局。同时，网上商场为消费者提供了网上论坛等交流工具，以聚集同类消费者，使之相互沟通，共享商品信息，协助消费者实现与生产企业平等享有商品信息的权利。消费者还可以形成规模优势，动用金融、运输等其他交易环节的力量，及时为自己设计有利的交易方式。这样，在 EM 运营商的协助下，交易的主导权逐渐从生产企业向消费者转移。

在电子商务环境下，如果一个 EM 运营商经营的电子商场办得不好，消费者只要在自己的浏览器地址栏中输入另一个电子商场的网址，便可转向其他的 EM 运营商。要想留住消费者并实现赢利， EM 运营商必须充分发挥交易中介善于进行资源组合的优势，加强与生产企业的密切合作，为消费者提供更优质的服务，赢得消费者群体的信任，树立良好的商业形象。

在 B2C 电子商务中，不同类型的 EM 运营商应该发挥各自的优势。例如，网上电子商场运营商通常为消费者提供日常生活用品的交易，拥有扩大市场容量和市场有效细化的优势；网上销售联盟运营商通常为消费者提供非日常性的全套综合产品或服务的一揽子交易，拥有重新组合市场的优势；网上外包资源运营商通常代表交易企业为消费者提供交易前后的系列辅助交易服务，拥有更贴近消费者的优势；网上专卖专营店运营商通常为消费者提供完全定制的一对一的个性化交易，拥有网上及时提供增值服务的优势。

[案例分析] 云计算与电子商务新模式

“云计算”越来越成为人们所关注的一个名词，因为它代表了信息时代的未来。

那么，什么是云计算?云计算有什么用处?它将如何改变整个世界?……一连串的问题等待解答。我们先通过两个故事来了解什么是“云计算”。

故事一：Tom 是一家公司的员工，某天公司派 Tom 去伦敦出差。那么，Tom 想要了解他所乘坐的航班信息、从他住所到机场的最佳路线、伦敦最新的天气及住宿信息等。在未来，所有的这些信息都可以通过云计算来提供！云计算将与各种各样的终端（如个人电脑、PDA、手机、电视等）进行连接，为用户提供广泛、主动、高度个性化的服务。

故事二：Bob 是这家公司的另一个员工，不过公司并没有派他出差，于是他照常到公司上班。到了公司，他打算管理一下自己最近的任务，于是他可以通过 Google Calendar 来管理自己最近的日程安排。整理完日程，Bob 可以通过 Gmail 收发邮件，通过 GTalk 来与同事朋友进行联系。如果他这时打算开始工作，可以通过 Google Docs 来编写在线文档，在这个过程中，如果他需要查阅相关论文，可以通过 Google Scholar 进行搜索，他也可以使用 Google Translate 翻译一些英文，他甚至可以使用 Google Charts 来绘制一些图表。如果 Bob 工作累了，他可以通过 Google Blogger 来分享日志，通过 Google 的 YouTube 来分享视频，通过 Google 的 Picasa 来编辑分享图片。

或许有一天，当我们已经十分习惯使用 Google 所提供的每一项服务时，蓦然发现我们的生活已经处在云计算的时代!

通过上面的故事，或许大家已经对云计算有一些朦胧的认识，并且隐隐约约地感觉到云计算与网格计算之间存在一定联系。实际上，云计算确实不能算是一个全新的概念，但是，它却将是一项颠覆性的技术。

在计算机产生后的相当长的一段时间内，计算机网络都还处于一个黑暗时代。但是到了 20 世纪 90 年代以后，网络出现了爆炸式发展，随即进入了网络泡沫时代。在 21 世纪初期，正当互联网泡沫破碎之际，Web2.0 的兴起让网络迎来了一个新的发展高峰期。

在这个 Web2.0 的时代，Flickr、MySpace、YouTube 等网站的访问量，已经远远超过传统门户网站。用户数量多以及用户参与程度高，是这些网站的特点。因此，如何有效地为如此巨大的用户群体服务，让他们参与时能够享受方便、快捷的服务，成为这些网站不得不解决的一个问题。

而与此同时，凭借 Google 文件系统搭建起来的 Google 服务器群，为 Google 提供了强大的搜索速度与处理能力。于是，如何有效利用这些这种技术，为更多的企业或个人提供强大的计算能力与多种多样的服务，就是像 Google 这样拥有巨大服务器资源的企业在考虑的问题。

正是因为一方对计算能力的需求，而另一方能够提供这样的计算能力，于是云计算就应运而生。

目前，包括 Google、微软、IBM、Amazon、EMC 和惠普在内的许多 IT 业巨头都宣布要在云计算上进行重点研究，也有了一些供企业使用的云计算案例。

其中最广为人知的就是 2007 年 10 月 Google 和 IBM 联合宣布推广“云计算”的计划，包括卡内基梅隆大学、斯坦福大学、伯克利大学、华盛顿大学、麻省理工学院在内的许多高校都参加了这项计划，而国内的清华大学也在 2008 年 3 月份加入了这项计划。通过这项计划，高校的研究者能够更方便地利用 Google 和 IBM 的云计算资源，搭建出各种创新性的应用。

而 Amazon 也提供了有名的 EC2 服务，这项 Amazon EC2 服务可看成是云计算的一个系统，它能够为用户提供强大的计算能力，有效地降低响应时间，同时在经济上也比用户自己搭建这样的系统要便宜许多。

依托前沿技术的电子商务行业将“云计算”视为未来应用的大趋势，云环境所显示的咄咄逼人的声势让各大 IT 巨头们纷纷试水。在 B2C 领域，Amazon“云计算”服务输出模式的成功树立了行业样板，“大电子商务”时代已经来临。

《纽约时报》从近期开始对外提供免费的、完全可搜索的档案搜索服务，它开放了 1851~1922 年的 1 000 多万篇文章。《纽约时报》的高级软件架构师 Derek Gottfrid 将这项任务外包给了 Amazon 公司，采纳了 Amazon 的“云计算”服务。

难怪，Amazon 的 CEO 杰夫·贝索斯最近不喜欢别人说自己在经营一家网上书店或者是百货商店，他称 Amazon 为“一家 IT 公司”。

“云计算正是我们要做的事情”，贝索斯最近表示，Amazon 要在企业计算机上与 IBM、惠普、甲骨文和微软较量。

事实上，目前 Amazon 的“云计算”服务是发展时间最长的商业性服务之一，该服务让众多中小企业租用 Amazon 的服务器、数据中心等 IT 闲置资源。Amazon 没有透露“云计算”的收入，但分析师预测，其年收入为 5 000 万到 1 亿美元。

而 Amazon 并非业界此前认为最可能进军“云计算”业务的公司，大多数人的眼光一直放在 IBM 和甲骨文这样的厂商身上。

但这家依靠卖书起家的网络最大 B2C 服务商却比 Google 和微软这样的技术公司行动更快。贝索斯表示，当 1995 年创立 Amazon 时，战略与现在完全不同。现在，要为企业提供强大的运算服务，企业只为它们所需的运算付费，以避免企业自己花钱运营运算网络。

6 年前，Amazon 开始尝试“云计算”服务，有 30 万客户签约。如今，Amazon 已拥有诸如纽约时报和纳斯达克证券交易所等大型客户。

卓越 Amazon 总裁王汉华表示，Amazon 最初的业务是在线销售书籍，但在向连海鲜都卖的在线超级百货商店发展的同时，为了跟上用户规模的发展速度，Amazon 工程师们开始研发应对零售业务需求的大规模计算系统。

当这一切完成后，Amazon 意识到其研发成果和闲置的 IT 资源还能为其他用户所用。用户租用 Amazon 云的 IT 资源，只需为他们需要和使用的部分付费。

这种“云计算”的方式并非 Amazon 所独有的。不过 Amazon 自己的系统被称为“弹性计算云”，因为 Amazon 的工程师认为它是具有弹性的，提供“现购现付”服务，包括计算能力和数据存储。以管理一家小型网站为例，最低价格仅为每小时 20 美分。

Derek Gottfrid 透露，他使用 Amazon 服务在不到 24 个小时的时间里就编排完成了全部的 1 100 万篇文章，并且生成了另外 1.5TB 数据，累计用了 240 美元，如果用报社自己的服务器完成这项工作，也许是数月或数年，甚至无法完成。

Amazon 提供每 1G 的存储收费 15 美分，服务器的租用则是每小时 10 美分。据称其“云”中的每台计算机投资仅为 300 美元，假设电力消耗也是 300 美元，而按此收费标准，在一年不间断的情况下其收益为 876 美元，利润率约为 45%，这高于其销售书籍的毛利。

“云时代”的电子商务有了更加丰富的内涵，电子商务系统不再只是交易平台，而是涵盖营销、管理和交易的全方位平台，让更多中小企业有机会参与其中，并抛开技术、运营和硬件维护的种种顾虑。而提供“云服务”的大型电子商务平台，则能够更加集中、有效地利用资源，构建庞大而多元的“电子商务生态系统”。作为电子商务平台的基础硬件单元，服务器设备在云环境应用面前，除了需要稳定高效的机能确保分布式计算的高质量管理，更需要利用虚拟化等绿色技术控制成本，开源节流。

在我国，北京工业大学已经创建了云计算平台。北京工业大学建云计算平台，其实从 2006 年就开始酝酿，当时是跟教育部合作的一个网格项目，建设校园网格。云计算平台是在这个过程中建设起来的。其云计算平台有三个功能：一是服务学校计算机课程的教学科研；二是开展科学研究；三是支撑服务北京。“云计算平台第三个功能是服务北京，而他服务北京的功能体现之一就是电子商务”。

“大家可能在淘宝上做C2C，做电子商务业务，那就相当于在菜市场，一家一个摊位。我们做的是网上精品店的房地产业务。比如我们的客户七匹狼，就租用了我们一站式的服务。”陆建豪介绍说。

七匹狼是做服装生意的，其关心的是在店面上达成多少销售额，于是采用租用的方式，建立了世界一流的B2C一站式服务网站，租用对七匹狼来说降低了风险，不需要投资。“整个平台的运作，从网络信息安全、中间件、数据库、备份、存储，一整套由我们专业公司来提供，又能很快切入市场。我想这个价值对用户是非常明显的。所以我们希望是开创一个B2C电子商务的云计算时代。”陆建豪说。

在为中小企业云计算服务方面，通过太湖云计算中心提供一些基础的服务，包括Amazon的EC2，还有计算服务、存储服务、网上、邮箱，逐步过渡到一些增值服务。

有了云计算，在未来，只需要一台笔记本或一部手持机，就可以通过网络服务来实现我们需要的一切，包括超级计算。这同时又为移动电子商务这一电子商务的新模式提供了助推力。

思考题：

1. 云环境对电子商务模式有什么影响？
2. 电子商务模式今后应如何发展？

习 题

一、单选题

1. 各种电子商务应用系统的基础是（　　）。

A. 电子商务基础平台　B. 网上消费者　C. 信息科技　D. 信息渠道

2. 以下哪一种不是根据交易机制对B2B电子模式进行的分析？（　　）

A. 产品目录式　B. 拍卖式　C. 交易所式　D. 协作式

3. 商家出售商品和服务给消费者个人的电子商务模式是（　　）。

A. 卖方企业—买方个人模式　B. 卖方个人—买方个人模式

C. 卖方个人—买方企业模式　D. 卖方企业—买方企业模式

4. 以下不属于无形商品和服务的电子商务模式的有（　　）。

A. 网上订购模式　　B. 广告支持模式

C. 网上赠与模式　　D. 虚拟商品销售模式

5. 以下不属于C2C网上消费需求的特点。（　　）

A. 层次性　　B. 差异性　　C. 超前性　　D. 虚拟性

二、多选题

1. 电子商务的各类应用是建立哪两大支柱上？（　　）

A. 政策法律　　B. 消费者　　C. 信息来源渠道　　D. 技术标准

2. 电子商务应用是建立下以下哪些层次的基础之上的？（　　）

A. 网络设施层　B. 信息发布层　C. 信息传输层　　D. 一般业务服务层

3. 电子商务的三大基础功能是（　　）。

A. 内容管理　　B. 协同处理　　C. 交易服务　　D. 信息投放

4. 按照参加交易的主体划分，电子商务可以分为（　　）。

A. B2B　　B. B2C　　C. C2C　　D. B2G

5. 根据买方和卖方在交易中所处的地位，B2B的商业模式可以分为（　　）。

A. 以强者为主模式　　B. 以卖方为主模式

C. 以买方为主的模式　　D. 中立模式

6. 根据交易的客体，B2C电子商务模式可以分为（　　）。

A. 无形商品和服务的电子商务模式　B. 有形商品和服务的电子商务模式

C. 虚拟商品和服务的电子商务模式　D. 实物商品和服务的电子商务模式

三、简答题

1. 与传统商务活动相比，B2B电子商务的优势主要表现在哪些方面？
2. 可见的将来，电子商务发展的增长点将是B2B电子商务，为什么？
3. 面向B2B电子商务的信息系统可分为哪三个层次？
4. 我国发展B2B电子商务的现存问题表现在哪些方面？请提出对策建议。
5. 什么是B2C电子商务模式？
6. 网上消费者的特征是什么？
7. 网上消费需求的特点是什么？
8. 消费者网上消费的因素有哪些？
9. 从企业管理的角度来看，发展B2C电子商务的企业应注意运用哪些策略？

[习题解答]

单选题：ADADD

多选题：AD　ABCD　ABC　ABCD　BCD　AB

简答题：略

HAPTER 3

第三章 电子商务基础设施

[内容提要]

在企业的电子商务环境中，电子商务基础设施无处不在。它支撑着企业的全部业务系统，贯穿于企业运营的每一环节。企业构筑电子商务，要科学地规划和设计电子商务基础设施。电子商务基础设施是企业实现电子商务的基石。本章将从技术实现方面探讨建立电子商务基础设施的各种工具和方法。

[学习要点]

1. 熟悉电子商务的网络基础，理解网络协议、开放系统的互联参考模型，理解 TCP/IP 协议的网络管理功能，了解常用的三类 IP 地址，熟悉域名的基本格式，熟悉电子商务网络平台、网站平台的内容和作用；

2. 掌握标记语言的概念，了解 HTML、XML 的使用方法；

3. 了解 WWW 的发展概况，熟悉 WWW 的应用服务作用，掌握几个常用的网页制作工具的功能和特点；

4. 理解 Internet、Intranet 和 Extranet 的含义；

5. 熟悉几种常见的互联网接入方案。

第一节 技术概论

电子商务是基于网络的电子应用系统，因此，IT 技术的发展无时无刻不影响着电子商务前进的步伐。而网络和计算机就是电子商务最重要的载体。计算机硬件的发展日新月异，尤其是高端服务器技术的不断完善，令企业信息化程度越来越高，信息的处理能力越来越强，从而使得企业业务的开展在技术实现方面得到了根本性的飞跃。功能更强大、使用更方便的开发工具大量涌现让我们能更有效率地开发出先进的工作平台。网络技术的成熟，不但在信息通信方面有更高层次的发展，更改变了人们生活、生产等方面的传统方式。电子商务的巨大成功正是这些技术完美结合所推动的。可以说，网络和计算机的软硬件技术正是电子商务的骨骼。

一、网络基础

网络是电子商务活动的基础。参与电子商务各个环节的卖方、买方，还有银行等金融机构以及其他一切合作实体都要在网络的平台中密切结合，共同完成交易活动。网络提供了电子商务应用的可操作环节。

计算机网络是将地理位置不同且具有独立功能的多个计算机系统，通过通信设备和线路将其连接起来，由功能完善的网络软件（网络协议、信息交换方式、控制程序和网络操作系统）实现网络资源共享的系统。也就是说，计算机网络是计算机技术和通信技术相结合的产物。它的功能总结起来就是两个方面：相互通信和资源共享。

计算机网络有很多种分类方法。分类的依据与分类的目的有关，因为人们要根据所要达成的目标而表现出来的特性对网络进行最大的区分。每种分类其实也是对网络一个特性应用的具体实现的描述。例如：

按拓扑结构分类，有总线网、环形网、星形网、树形网等；

按服务与管理模式分类，有集中式网、分布式网、分散式网等；

按交换与传输体制来分类，有分组交换网（图 3-1）、异步传输模式（asynchronous transfer mode，ATM）网、帧中继网等；

而最普遍且最能为大众所接受的分类，就是“按网络规模大小”来划分的方法。这里所说的网络规模指的是网络的作用覆盖范围，因为网络规模大小往往造成网络在许多方面的特性有明显的区别。

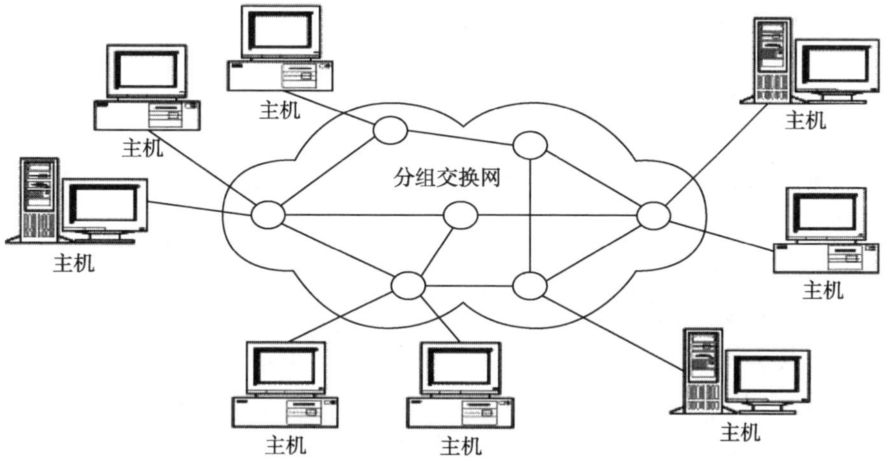

图 3-1 一个基于分组交换的网络模型

（一）局域网

局域网（local area network），简称 LAN，它的覆盖范围很有限。一般情况下是几十米到几公里范围内，最大不超过 10 公里。这类网络通常是为建网单位所有，小的可以在一个房间内，如实验室，大到校园网、小区网等。

局域网的拓扑结构形式简单而多样，基本上都采用总线形、环形或星形。局域网一般都采用高质量、大容量的传输介质，主要是光纤、同轴电缆、双绞线和微波无线电。因此，局域网的传输速率都很高，从最低的 10 兆比特/秒到最高的 1 000 兆比 特/秒，不同的局域网可根据实际需要设计适当的拓扑和使用不同的传输介质，以达到最大的效用。由于局域网的用户密集而结构简单，为了保证网络资源利用率能达到较好的水平，局域网通常采用共享信道的多址接入方式。

局域网的用途比较单一，管理比较简单，网络操作系统比较完备，而且一般使用是在单位内部，不会受到电信部门的管制。

（二）城域网

城域网（metropolitan area network），又称市域网，简称 MAN。顾名思义，这类网络的覆盖范围就是在一个城市区域内。它的大小取决于城市的大小，一般是在方圆 10 公里到 60 公里范围内，最大不超过 100 公里，规模介于局域网和广域网之间，但在更多方面接近于局域网。

城域网的拓扑结构形式简单但单一。单一化的原因主要是因为受国际上有关标准化组织所制定的 MAN 网络标准影响。城域网作为城市管理或服务大众的公共事业工具，具有多功能、多用途的综合服务能力，特别适应日益增长的高速数据服务需要。

（三）广域网

广域网（wide area network），简称 WAN，它是一类覆盖范围广阔的网络，一般的跨度要超过 100 公里，可以跨城市、跨地区、跨国家。但大多数的 WAN 都限制在一个国家内，主要原因是这样一种大规模的网络系统一般都要受一个国家部门、一个地区或国家的政府投建和管理。

由于覆盖范围宽广，WAN 所采用的传输介质和数据速率，与网络的应用和服务性质密切相关。因此，它的速率范围很广，有直接租用电话网或电报网线路，速率在 9 600 比特/秒（1 兆比特/秒=1 024×1 024 比特/秒）的低速网；也有依托于数字数据网（digital data network，DDN）线路的分组交换网，速率在 64 千比特/秒到 2.048 兆比特/秒；也有采用光纤专门构建的 ATM 网，速率可达 155 兆比特/秒甚至 622 兆比特/秒。

广域网的组织结构形式复杂，简单的拓扑结构往往不适用，基本上都采用网状以及与其他拓扑形式组合的结构。它采用转接信道的交换型传输制式，信道的带宽资源被分段共享（复用方式），而数据的传输则是逐段进行的。在这方面，广域网和局域网、城域网都有很大的差别。

广域网同样具有多功能、多用途的综合服务能力，用以提供在大区域范围内的宽带综合业务服务和为远程信息服务系统提供传输通道。

（四）移动网

移动网包括了固定无线网络（wireless network）和蜂窝移动网络（mobile network）。移动网并非指网络本身是移动的，而是指网络的终端系统（用户）是可以移动的。无线网或移动网有很多用途，最普遍的就是利用便携式计算机的可移动办公、机场和港口的作业调度和管理、校园内的移动式图书馆业务等。

应用移动网络，根据用户系统的可移动性，使得那些本来无法或很难介入大多数固定网络的特殊业务可以纳入计算机网络，能扩大网络的业务范围和应用效益。但是，移动网络的网络通信容量很有限，像寄生在蜂窝移动电话网上的蜂窝移动网络所能达到的数据速率只有 19.2 千比特/秒。另外，移动网络的可靠性也比较低，通信资源比有线 LAN 差得多，差错率比较高，还容易造成邻道传输之间的干扰。因此，鉴于这两种不良特性，移动计算机网络注定不可能成为一类主要的网络，只能作为辅助网络或特殊用途网络来使用。

二、OSI 与 TCP/IP

（一）网络协议

在现实生活中不同国家的人使用不同的语言,他们如果要进行沟通就必须使用相同的语言。类似的，在计算机网络中，要实现计算机间的通信，那么通信双方都必须遵循相同的规则、标准或约定，我们称之为网络协议。协议由三个部分组成：语法、语义和定时关系。语法规定了通信双方交换的信息（包含数据信息和控制信息）的格式和结构；语义规定了双方为完成通信所需要的控制信息及应执行的动作；定时关系则规定了时间实现的顺序。我们较常接触的协议有 TCP/IP，HTTP，IPX 等。其中应用最广泛的就是 TCP/IP，它是 Internet 运作的基础。就好比英语，虽然只是地球上几个国家的母语，但成为许多国家和国际组织采用的官方语言一样。网络协议是计算机网络工作的基础。

（二）开放系统互连参考模型

因为网络的应用需求和最终的实现有很大的区别,所以把网络的通信功能划分为若干个独立的功能模块，每个模块完成一个相应的功能，便于在网络的互联中实现控制和管理。国际标准化组织（ISO）在 1978 年提出了“开放系统互联（open system interconnection，OSI）参考模型”概念，即 ISO/OSI RM。它是用来描述一台终端与一台计算机通信或计算机之间通信的过程。

ISO/OSI RM 一共分为七层，从上到下依次为：应用层、表示层、会话层、传输层、网络层、数据链路层、物理层。每一层都在完成信息交换的过程中承担特定的功能。下面，我们从低层到高层对各层的功能做简单的介绍。

1. 物理层

物理层处于模型的最底层，直接连接传输介质，它的任务是为数据链路层的实体提供物理链路，实现数据流的透明传输。物理层定义了与传输线路以及接口硬件的机械、电气、功能和过程有关的特性，以便建立、维护和拆除这种物理连接。

2. 数据链路层

数据链路层的主要功能是在网络内部的相邻节点的链路上,无差错的传送以帧为单位的数据。它可以把一条在数据传送过程中可能出现差错的实际链路，转变成一条从网络层看来不出差错的可靠的链路。其具体包括：数据链路的建立、维持和释放，帧的分解和同步控制，差错的检验和控制，流量和顺序的控制，层内的管理。

3. 网络层

网络层的主要任务是在源地址和目标地址之间选择一条最佳路径，使得传送的数据包能够正确、无误地到达目的地，同时还要负责网络中的拥塞控制等。网络层向传输层提供的服务有面向连接和无连接两种。数据包是网络层工作的数据对象，它是进行分组交换应用的基本单位。

4. 传输层

传输层的作用是在两个会话层的实体之间建立传输连接。传输层提供了两个端系统之间的可靠、透明的数据传送。它具有差错控制、顺序控制以及流量控制等功能。在传输层传送的数据单位是整个报文。

5. 会话层

会话层负责对上一层相互通信的两个应用程序进程之间建立会话连接，并且进行数据的交换，数据交换的单位也就是报文。同时，它还应该能管理会话，管理令牌以及进行同步管理。会话层本身并不参与具体的数据传送，但它对数据的传送进行管理。

6. 表示层

表示层的主要作用是解决用户信息的语法表示问题，并实现对所传送数据的加密和解密。它将从用户端接收来的数据信息转换成适合 OSI 内部实用的传送语法，完成信息格式的转换。

7. 应用层

应用层是 OSI 模型中的最高层，它包含了计算机网络的众多协议，此外还提供电子邮件、目录查询等功能。在 Internet 中的大部分应用都由这一层次的协议所规范，例如，该层的 HTTP 协议就是 Web 服务的核心。

网络的互联就是要遵循 ISO/OSI RM 把网络中不同的子网互相连接起来，以解决各子网之间的数据流通，达到各子网内资源共享的目的。在数据通信中，七层协议应共同遵循以下几个原则进行工作：OSI 的每一层和它的对应层各自有它自己的通信协议，各层各自完成一定的功能；低层实体向相邻的高层实体提供相互通信的服务；高层实体向相邻的低层实体通过请求服务，完成对等实体通信；最终通过物理层将数据信息通过网络物理媒体传送到另一对应的网络实体层，如图 3-2 所示。

（三）TCP/IP 协议

在计算机网络中，有很多协议，如 IPX、AppleTalk 等，但 TCP/IP 无疑是最为人所熟知、应用最广泛的一个。TCP/IP 实际上是一组由不同协议所构成的网络传送协议族，它可以在任何一种物理网络上运行，使网络之间相互通信。其中最重要的就是 TCP 和 IP 这两个协议。 TCP（transmission control protocol）为传输控制协议；IP（Internet protocol）为国际互联协议，简称网际协议。

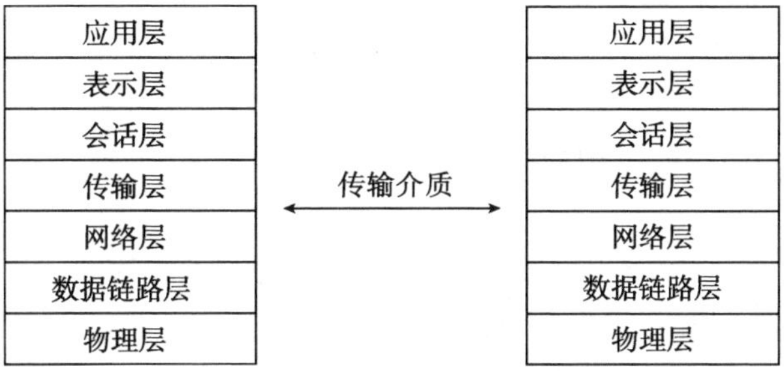

图 3-2　两个主机之间的通信过程

TCP/IP 协议是目前为止最成功的网络体系结构和协议，它为 Internet 提供了最基本的通信功能，也是 Internet 获得成功的最主要原因之一。经过多年的发展，TCP/IP 协议已经演变成了一个工业标准。它从诞生之日起就考虑了多种异构网的互联问题，因而具有较好的网络管理功能。

从图 3-3 中可以看出，TCP/IP 协议也是分层次的，但与 ISO/OSI RM 不同的是，它只是分四层，二者对照图如图 3-4 所示。

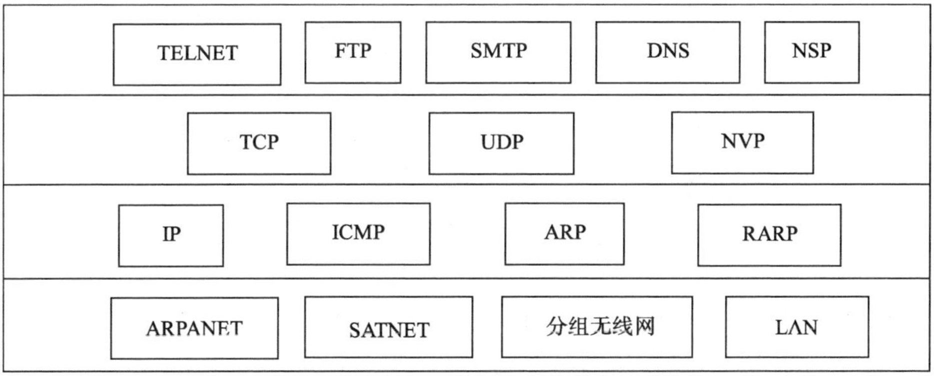

图 3-3　TCP/IP 模型中的协议与网络

1. 应用层

应用层包含所有的高层应用协议，它相当于 OSI 的高三层。TCP/IP 模型没有会话层和表示层，由于没有需要，所以把它们排除在外。来自 OSI 模型的经验已经证明，它们对大多数应用程序都没有用处。

2. 传输层

传输层主要包括各种传输控制协议，与 OSI 的传输层对应。功能是使源端和目标端主机上的对等实体可以进行会话。传输控制协议 TCP 是一个面向连接的协议，允许从一台机器发出的字节流无差错地发往互联网上的其他机器。用户数据报协议（UDP）是一个不可靠的、无连接的协议，用于不需要 TCP 的排序和流量控制能力而是自己完成这些功能的应用程序。

3. 互联网层

互联网层是整个体系结构的关键部分。它定义了正式的分组格式和协议，功能就是使主机可以把分组发往任何网络并使分组独立地传向目标。这些分组到达的顺序和发送的顺序可能不同，因此如果需要按顺序发送和接收时，高层必须对分组排序。

4. 网络接口层（主机—网络层）

接收 IP 数据包并进行传输，从网络上接收物理帧，抽取 IP 数据转交给下层。管理实体的网络媒体，定义如何使用实际网络［如以太网（Ethernet）、串行线路（Serial-Line）等］来传送数据。

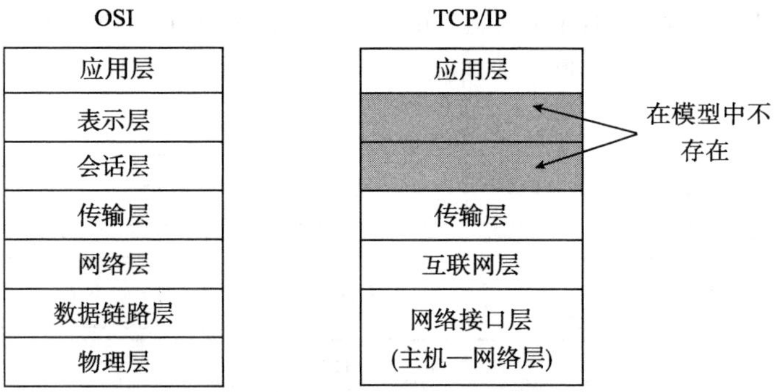

图 3-4　TCP/IP 与 OSI 对照

TCP/IP 有几个突出的特点使它具有强大的生命力：

（1）适应于多种异构网络的互联。

（2）可靠的端到端协议 IP，确保数据传输的可靠性。

（3）与操作系统紧密结合。目前，几乎所有流行的操作系统都将 TCP/IP 作为其内核的一部分。

（4）通信效率高。

（5）TCP/IP 对面向连接服务和无连接服务并重。

（6）有较好的网络管理功能。

（7）由于 TCP/IP 对网络的拓扑结构没有严格的规定，所以很容易扩充。

（四）IP 地址

每一台 Internet 上的主机和路由器都有一个 IP 地址。这个地址是计算机在 Internet 上的唯一标识。根据地址，任意两台计算机能够把数据可靠地传给对方。IP 地址由 32 位二进制数构成，包括了网络号和主机号。

32 位的网络地址通常用带点十进制标记法书写。我们通常将 4 个 8 位的二进制数表示成十进制数，所以数的取值范围是 0~255,每个十进制数间用“.”予以分隔，如 202.116.32.5。

为确保 IP 地址在整个网上唯一，IP 地址由 Internet 网管中心（IANA）统一分配，要加入 Internet，必须先申请到 IP 地址。固定 IP 地址是 Internet 提供商（Internet service provider，ISP）分配的永久 IP 地址，有了这种地址的计算机，在每次连入 Internet 时使用该固定的 IP 地址。动态 IP 地址是 ISP 动态地为用户的电脑分配 IP 地址，这意味着，用户每次建立连接时，都可能得到不同的 IP 地址，当退出连接时，所分配的动态 IP 地址自动取消，以便分配给其他用户。

IP 地址根据类型标志分为 A、B、C、D、E 五类，如图 3-5 所示。但在目前的应用当中，我们一般只用 A、B、C 三类，D 类一般用作组播地址，用于多点传送，E 类地址多用于实验开发和研究。还有若干的保留地址有它们的特殊用途，例如，127 开头的地址都用作回路测试，特别地，127.0.0.1 就是用作测试本机网络适配器的特殊地址。下面我们具体介绍一下常用的 A、B、C 三类地址。

图 3-5　IP 地址格式

1. A 类地址

A 类地址一般用于拥有大量主机（可达到 2^{24}，即 16 777 214 台）的网络，其 IP 地址的特征是二进制表示的最高位，值为“0”。所以，A 类地址的第一个字节范围是 0 ~ 127，剩下的三字节作为主机号，范围都是在 0 ~ 255 之间。同时，由于 0 和 127 是保留数字，因此 Internet 中一共可以存在 126 个 A 类网络。例如，10.15.124.6 就是一个 A 类地址。

2. B 类地址

B 类地址适于规模适中（最大数目 2^{16}，即 65 536 台）的网络。B 类地址的特征是高两位类型号值是“10”。所以它的第一个字节范围是 128 ~ 191。第二个字节的范围在 1 ~ 254，而 255 作为保留数字，用作用户所在的网络向每一系统发送广播。第三、第四个字节共 16 位作为主机号。例如，129.45.21.56，129.45 是网络号，21.56 是主机号。

3. C 类地址

C 类地址一般用于主机数量不多（小于 254 台）的网络，多为小型局域网。它的特征是最高三位值为“110”，所以，C 类地址的网络号范围在 192.1.1 ~ 223.254.254。一个典型的 C 类地址就如：202.116.39.129。

（五）域名系统与 DNS

在 Internet 上，一般是使用 IP 地址来标识一台主机，但是面对大量以一长串数字表示的 IP 地址，人记忆起来是很困难的，于是引入了具有自然语言特征、方便记忆的域名（domain name）来唯一标识网络设备和用户设备。例如，www.163.com 这样的一个名字，很容易就可以让人记住，而它的 IP 地址则没有太多人知道。

虽然域名方便记忆，但网络本身只认识二进制的 IP 地址。因此，当人们使用域名方式访问某台远程主机时，必须首先将域名“翻译”成对应的 IP 地址，然后才能通过 IP 地址与该主机联系，并且以后的所有通信都将用到 IP 地址。这一“翻译”的过程，一般称为域名解析（domain-name resolution）；反过来，由 IP 地址得出域名地址的过程则称为域名反向解析。为方便对域名的有效管理，并使域名与 IP 地址之间的解析和反向解析能迅速有效地进行，Internet 采用了一种分布式分层机制的域名系统 DNS（domain name system）。

域名的取名是分层的，正如邮政系统中收信人地址由国家、省、市、街道、门牌号等组成一样，DNS 要求一个完整的域名由多级域名组成，每级域名之间用“.”分隔。其基本格式是：主机名. 机构名. 网络名. 地区域或行业域名。

由上可见，最左边的第 1 个域名应该是主机（或设备）的名字，然后从左到右的每个域名，都代表该主机所在的机构、行业或地域范围的逐步扩大，具体见表 3-1。例如，www.tsinghua.edu.cn，其中 www 表示为用户提供服务的服务器，tsinghua 代表清华大学，edu 代表教育科研网，cn 代表中国。

表 3-1　部分国家与行业域名

域名	国家和地区名	域名	行业类名
Cn	中国	Com	商业机构
Au	澳大利亚	Org	非营利组织
Ca	加拿大	Net	网络通信部门
Fr	法国	Mil	军事机构
Uk	英国	Edu	教育机构

三、电子商务网络平台

电子商务的网络平台指的是支撑电子商务应用系统的网络基础设施。在电子商务的应用架构中，网络平台处于最底层，它是电子商务应用的基础。没有网络的支持，就不可能有电子商务的各种服务。网络平台也就是我们通常所说的“信息高速公路”，包括了远程通信网（Telecom）、有线电视网（Cable TV）、无线通信网（Wireless）和互联网（Internet）。这些网络都在不同程度上提供了电子商务所需的传输线路。目前，这些网络基本上是独立的，研究部门正在研究将这些网络连接在一起。就现在来看，大部分电子商务的运作还是基于互联网。

从技术上看，电子商务应用系统由三部分构成：企业内部网、企业内部网与互联网的连接及电子商务应用服务。企业内部网由各种网络应用服务器还有客户端的 PC 机组成。所有的这些计算机都是通过各种网络设备连接起来的局域网的一部分。企业利用 DDN、DSL（数字用户线路）等方式与互联网连接，形成开放的服务系统进行各种电子商务活动。

企业的内部网类型中应用最广泛的就是以太网，有的企业使用令牌环网，而具有三网合一功能的 ATM 网也得到越来越多用户的重视。

（一）以太网

以太网是由施乐公司创建并由施乐、Intel 和 DEC 公司联合开发的基带局域网规范。以太网络使用 CSMA/CD（载波监听多路访问及冲突检测）技术，并以 10 兆比特/秒的速率运行在多种类型的电缆上。20 世纪 90 年代，交换型以太网得到了发展，并先后推出了 100 兆的快速以太网、1 000 兆的千兆位以太网和 10 000 兆的万兆位以太网等更高速的以太网技术。以太网的帧格式特别适合于传输 IP 数据包。随着 Internet 的快速发展，以太网被广泛使用。值得一提的是，如果接入网也采用以太网，将形成从局域网、接入网、城域网到广域网全部是以太网的结构，这样采用与 IP 数据包结构近似的以太网帧结构，各网之间无缝连接，中间不需要任何格式转换，可以提高运行效率、方便管理、降低成本，这种结构可以提供端到端的连接。以太网使用收发器与网络媒体进行连接。收发器可以完成多种物理层功能，其中包括对网络碰撞进行检测。收发器可以作为独立的设备通过电缆与终端站连接，也可以直接被集成到终端站的网卡当中。以太网采用广播机制，所有与网络连接的工作站都可以看到网络上传递的数据。通过查看包含在帧中的目标地址，可以确定是否进行接收或放弃。如果证明数据确实是发给自己的，工作站将会接收数据并传递给高层协议进行处理。作为一种基于竞争机制的网络环境，以太网允许任何一台网络设备在网络空闲时发送信息。因为没有任何集中式的管理措施，所以非常有可能出现多台工作站同时检测到网络处于空闲状态，进而同时向网络发送数据的情况。这时，发出的信息会相互碰撞而导致损坏。工作站必须等待一段时间之后，重新发送数据。补偿算法用来决定发生碰撞后，工作站应当在何时重新发送数据帧。

（二）令牌环网

由 IBM 公司在 20 世纪 70 年代初开发的一种网络技术，它是除 Ethernet/IEEE 802.3 之外最为流行的局域网组网技术。令牌环网和 IEEE 802.5 是两种最主要的基于令牌传递机制的网络技术（其他还包括 FDDI 等）。令牌传递网络采用一种被称为令牌的特殊帧在网络中传递数据。获得令牌的节点可以向网络发送数据。如果接收到令牌的节点不需要发送任何数据，将会把接收到的令牌传递给网络中下一台终端站。每台工作站保留令牌的时间不得超过网络规定的最大时限。如果一台网络工作站需要发送数据，那么首先必须获取在网络中传递的令牌，然后更改令牌帧中的特定比特位，把令牌帧设为所要发送信息的起始帧，最后把信息附在令牌帧之后传递给网络环路中的下一台工作站。除非网络支持令牌早期释放功能，否则当信息帧沿环形网络传递时，网络中不会有任何令牌帧。也就是说，其他需要发送数据的工作站必须等待信息帧传递完毕，令牌帧重新释放之后才有机会获得令牌帧发送自己的信息。因此，采用令牌环技术的网络不会发生像以太网那样的信息碰撞。信息帧沿环形网络传递直到到达目标接收站，后者对所传递的信息进行复制，提交至下一步处理。原先的信息帧仍然会继续沿网络环路传递，最终返回发送方，由发送方将其从网络中清除。发送方可以通过检查返回的信息帧判断信息是否已经被目标接收方接收和复制。基于令牌传递技术的网络可以计算出任何一台终端站在能够传递数据之前所需要等待的最长时间。这一特点结合令牌环网本身所具有的较高的可靠性，使令牌环网非常适合在能够对网络延时做出准确预测和需要健壮的网络运行能力的环境下使用。

（三）ATM

ATM 指的是异步传输模式，是一种全新的交换技术，将成为新世纪通信技术的主流。它是在分组交换技术上发展起来的快速分组交换技术，它采用统计时分复用技术，并且综合吸收了分组交换高效率和电路交换速度快的优点，针对分组交换速率比较低的缺陷，利用电路交换几乎与协议处理无关的特点，通过高性能的硬件设备来提高处理速度，实现高速化传输。ATM 具有以下几个特点：

（1）灵活性。按需要动态分配电路带宽，可以将一条物理传输通道动态地划分若干个子信道，每个子信道都能够提供不同速率的业务。

（2）高速率。ATM 简化了协议的控制，时延少，传输速率达到 2 兆~622 兆比特/秒，可以满足局域网和广域网通信的各种业务要求。

（3）多业务。ATM 网络作为多业务接入平台，可以满足数据、语音、图像等不同传输速率的数字业务要求。

（4）可靠性。ATM 网络提供良好的质量保证机制，可以保证视频点播等带宽实时业务的实现。

（5）安全性。用户占用的带宽相互独立，完全消除共享带宽带来的非法入侵等不安全因素。

由于 ATM 技术能把电话网络、有线电视网络、数字网络的信号在同一个传输介质上面同时进行传递，并且不会互相干扰，因此，我们可以把这三种网络结合成一个，大大节省了建设的成本与工作。这种突出的优势使得 ATM 的应用受到了各方面的关注。ATM 网络的应用涉及社会的方方面面，特别是在商用领域，非常适合电子商务的需要，如图 3-6 所示。它的应用包括：①多媒体：局域网互联，数据网合成。②高速数据： 电视会议，远程教学，远程医疗，视频点播，宽带可视电话，专线接入。③高速宽带应用，远程办公，IP 互连。

四、电子商务网站平台

电子商务网站平台包括软件和硬件两部分内容，是电子商务架构中的应用服务工具。这个平台的硬件核心就是电子商务服务器，而内容设计则是软件建设的重点。电子商务服务器可分为三种：虚拟服务器、托管服务器和独立服务器。而网站的设计需要有整体的构思，包括目标、信息内容、客户定位、赢利模式、购物流程、物流配送、广告促销等，还要考虑网站的特色以及网络营销的突破点和赢利点。

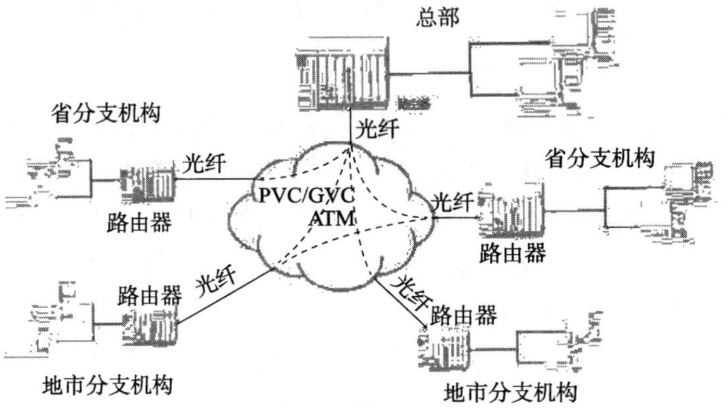

图 3-6　某个企业组建的 ATM 网络结构

虚拟服务器是采用特殊的软硬件技术把一台完整的服务器主机分成若干个主机，实际上是将真实主机的硬盘空间分成若干份，然后租给不同的用户，每一台被分割的虚拟主机都具有独立的域名和 IP 地址，但共享真实主机的 CPU，RAM，操作系统，应用软件等。运行时由用户远程操作属于自己的一块，而这一块对任何用户而言，就是一台完整的服务器，和一台真实独立的主机功能完全一样。虚拟主机到 Internet 的连接一般都采用高速宽带网，用户到虚拟主机的连接可采用公共电话交换网（PSTN），综合业务数字网（integrated service digital network，ISDN），非对称数字用户专线（asymmetric digital subscriber line，ADSL）等。采用虚拟主机技术的用户只需对自己的信息进行远程维护，而无须对硬件、操作系统、通信线路进行维护。因此，虚拟主机技术可以为广大中小型企业或初次建立网站的企业节省大量人力以物力，以及一系列烦琐的工作。

服务器托管是指用户将自己的独立服务器寄放在互联网服务商的机房，日常系统维护由互联网服务商进行，可为企业节约大量的维护资金。服务器可以自己购买，也可以由互联网服务商代购。采用这种方式的服务器系统，企业可以有很高和很灵活的控制权限，能够决定服务质量和其他一些重要的问题。例如，可以随时监视系统资源的使用情况，在系统资源紧张、出现瓶颈时，马上根据具体情况对服务器进行升级。服务器托管不仅能够解决足够多的访问量和数据查询，还能为企业节约数目可观的维护费用。跟虚拟主机一样，互联网服务商到 Internet 的连接一般都采用高速宽带网，用户到互联网服务商的连接可采用 PSTN、ISDN、ADSL 等。

独立服务器是用户的服务器，从 Internet 接入到维护管理完全由自己操作。这种方式可由用户自己完全掌握电子商务系统从建立到运作的每一个环节，可以高度控制应用服务，但是在资源的准备、人员的培训以及系统的搭建都必须自己完成的要求下，独立服务器的建立是一个复杂、庞大、成本很高的工作。企业自己建立服务器主要考虑的内容有硬件配置、系统平台、接入方式、防火墙、数据库、人员配备等问题。

企业电子商务网站的建设是一项操作性很强的工作，必须要围绕企业营销的目标来展开，尽可能把各方面的要求都能做到最好。在内容上要有自己的特色，以此作为突破点，努力做到使用户浏览和操作方便，并提供齐全的信息和强大的交互能力。建立电子商务网站，首先，选择操作系统的时候，要依据网站设计的整体方案，包括硬件的配置，数据库的选择和开发平台来确定；其次在网站数据库的选择上，要配合操作系统的操作效能等其他的因素；最后，开发平台的选择应重点考虑如何提高开发效率和系统调整效率。在运作的时候，要注意网站的优化。

第二节 标记语言

“标记”指的是手稿上的注解或记号，用来告诉编辑某页文稿的格式应如何设计或打印。当然，标注纸本文稿有一套通用的文本编辑符号。同样，网页这种超文本也需要用标注来管理文本内容的显示和格式。在计算机处理过程中，置标语言的标记既可以作为数据，也可以作为控制语句来使用。这里我们就讨论一下网页设计中最常用到的几种标记语言。

一、标记语言概述

标记语言的出现要比 WWW 的出现更早一些。1986 年，国际标准化组织采用了一种特殊的语言来描述电子文档及其构成。这个语言就是最早的标记语言——标准通用标注语言（standard generalized markup language，SGML）。作为一种编程元语言，SGML 提供了一套标注文档的系统，该系统独立于其他任何应用软件。另外还包括了一套国际标准，这个标准定义了同设备和机器无关的电子文档表示方法。但是，随着 WWW 的出现，SGML 显得过于复杂和臃肿，于是就有了适应 Web 页的 HTML。所以，作为文档生成语言的 HTML 特别适合页面的显示，成为用于浏览器识别的工具。HTML 使目前 Internet 上的 Web 应用精彩纷呈，但对于数据的处理能力不足。主要表现在两个方面：①HTML 无法描述数据内容，这恰恰是数据检索、电子商务所必需的。②HTML 对数据表现的描述能力不够，如 HTML 不能描述矢量图形，科学符号等对象，目前只能通过图像来表现。HTML 在一开始创造时就决定了它的实例标记语言的地位，完全不能适应对新标记需求的发展必要。因此，在现在电子商务蓬勃发展的情况下，一种更先进、更灵活的标记语言的出现就很必要。这就是 XML。和 HTML 一样，XML 也是从 SGML 发展而来的。XML 是 W3C 组织于 1998 年 2 月发布的标准。W3C 组织制定 XML 标准的初衷是，定义一种互联网上交换数据的标准。W3C 采取了简化 SGML 的策略，在 SGML 基础上，去掉语法定义部分，适当简化 DTD 部分，并增加了部分互联网的特殊成分。因此，XML 基本上是 SGML 的一个子集。因为 XML 也有 DTD，所以 XML 也可以作为派生其他置标语言的元语言。XML 定义的数据结构对包括电子商务在内的大规模数据传输是非常重要的，而 HTML 只确定页面如何显示。XML 使这很容易地以标准化的、连续的方式来描述并传输来自任意应用程序的结构化数据。在数据应用和信息处理越来越重要的今天，静态的网页在 Web 应用当中没有把数据库与页面相结合，以及没有与用户交互的能力。因而，我们还需要一些语言作为标记语言的补充。这就是 JavaScript、VBScript、ASP、PHP 等脚本语言。这些语言都能跟 HTML 和 XML 很好地共同运作。

二、HTML 简介

当我们畅游 Internet 时，我们透过浏览器所看到的网站，是由 HTML 语言所构成的。HTML 是一种建立网页文件的语言，透过标记式的指令 （tag），将影像、声音、图片、文字等连接显示出来。其目的在于运用标记（tag）使文件达到预期的显示效果。HTML 是在 SGML 定义下的一个描述性语言，或可说 HTML 是 SGML 的一个应用程式，HTML 不是程式语言，如 C++ 和 Java 之类，它只是标示语言，基本上只要明白了各种标记的用法便算学懂了 HTML。HTML 的格式非常简单，只是由文字及标记组合而成，于编辑方面，任何文字编辑器都可以，只要能将文件另存成 ASCⅡ 纯文字格式即可，不过还是以专业的网页编辑软件为佳。标记的语法有以下几点：

（1）任何标记皆由“<”及“>”所围住，如 <P>。

（2）标记名与小于号之间不能留有空白字符。

（3）某些标记要加上参数，某些则不必，如<font size="+2">Hello</font>。

（4）参数只可加于起始标记中。

（5）在起始标记之标记名前加上符号“/”便是其终结标记，如 </font>。

（6）标记字母大小写皆可。

标记按形态分为围堵标记与空标记。

围堵标记，顾名思义，它以起始标记及终结标记将文字围住，令其达到预期显示效果。

例如 HTML Source： <b>Creation of Webpage </b> is my favourite.

显示成： Creation of Webpage is my favourite.

其中 <b></b> 便称为围堵标记。

它以起始标记<b>及终结标记</b>标示文字 Creation of webpage ，令它显示成粗体，两者失其一都会发生错误显示。

空标记是指标记单独出现，只有起始标记没有终结标记。

例如 HTML Source：I love Creation of Webpage.
It's a wonderful place.

显示成：

I love Creation of Webpage.
It's a wonderful place.

其中换行标记
便属空标记。

它的作用便是将标记后所有东西显示于下一行，可见终结标记于它是没意义的，但有些人会为空标记加上终结标记，这是为方便记认而已，对 HTML 没有影响。

HTML 文件基本架构

<HTML> 文件开始

<HEAD> 标头区开始

<TITLE>…</TITLE> 标题区

</HEAD> 标头区结束

<BODY> 本文区开始

本文区内容

</BODY> 本文区结束

</HTML> 文件结束

其中：

<HTML> 网页文件格式。

<HEAD> 标头区：记录文件基本资料，如作者、编写时间。

<TITLE> 标题区：文件标题须使用在标头区内，可以在浏览器最上面看到标题。

<BODY> 本文区：文件资料，即在浏览器上看到的网站内容。

注意事项：

通常一份 HTML 网页文件包含两个部分：<HEAD>…</HEAD> 标头区、<BODY>…</BODY> 本文区。而 <HTML> 和 </HTML> 代表网页文件格式。

HTML 标记如表 3-2 所示。

表 3-2　HTML 标记一览

标 记	作 用
<HTML></HTML>	文档标签，告知浏览器在里面包含的是 HTML 文档
<HEAD></HEAD>	提供文件整体资讯
<TITLE></TITLE>	定义文件标题，将显示于浏览顶端
<BODY></BODY>	设计文件格式及内文所在
<!--注解-->	为文件加上说明，但不被显示
<P></P>	为字、画、表格等之间留一空白行
 	令字、画、表格等显示于下一行
<HR>	插入一条水平线
<CENTER></CENTER>	令字、画、表格等显示于中间
<DIV></DIV>	设定字、画、表格等的摆放位置
<STRONG></STRONG>	产生字体加粗的效果
<B></B>	产生字体加粗的效果
<EM></EM>	字体出现斜体效果
<I></I>	字体出现斜体效果
<TT></TT>	Courier 字体，字母宽度相同
<U></U>	加上底线
<H1></H1>	一级标题标记，变粗变大加宽，程度与级数反比
<H2></H2>	二级标题标记，将字体变粗变大加宽
<H3></H3>	三级标题标记，将字体变粗变大加宽
<H4></H4>	四级标题标记，将字体变粗变大加宽
<H5></H5>	五级标题标记，将字体变粗变大加宽
<H6></H6>	六级标题标记，将字体变粗变大加宽
<FONT></FONT>	设定字形、大小、颜色
<OL></OL>	顺序清单，清单项目将以数字、字母顺序排列
<UL></UL>	无序清单，清单项目将以圆点排列
<TABLE></TABLE>	表格标记，设定该表格的各项参数
<TR></TR>	表格列，设定该表格的列
<TD></TD>	表格栏，设定该表格的栏
<FORM></FORM>	表单标记，决定单一表单的运作模式
<TEXTAREA></TEXTAREA>	文字区块，提供文字方块以输入较大量文字
<INPUT>	输入标记，决定输入形式
<SELECT></SELECT>	选择标记，建立下拉式清单
<OPTION></OPTION>	选项，每一标记标示一个选项
<IMG>	图形标记，用以插入图形及设定图形属性
<A></A>	连接标记，加入连接

续表

标 记	作 用
<FRAMESET></FRAMESET>	框架设定，设定框架
<FRAME>	框窗设定，设定框窗
<MAP></MAP>	影像地图名称，设定影像地图名称
<AREA>	连接区域，设定各连接区域
<EMBED></EMBED>	多媒体，加入声音、音乐或影像
<MARQUEE></MARQUEE>	走动文字，令文字在水平上走动
<META></META>	开头定义，让浏览器知道这个 HTML 文件的一些设定
<LINK>	关系定义，定义该文件与其他 URL 的关系
<STYLE></STYLE>	样式表，控制网页版面
<SPAN></SPAN>	自定标记，独立使用或与样式表同用

三、XML 简介

在国际互联网上，服务器与服务器之间、服务器与浏览器之间有大量的数据需要交换，特别是在电子商务活动中。这些被交换的数据，都要求对数据的内容和表现方式有所说明，XML 的特点使它非常适合担当这一项重任。因此在互联网世界 XML 的用途主要有两个，一是作为元置标语言，定义各种实例置标语言标准；二是作为标准交换语言，担负起描述交换数据的作用。

XML 文档分为两类：有效的 XML 文档和简化格式的 XML 文档。一个简化格式的 XML 文档必须遵从下面几个原则：

（1）至少有一个元素；

（2）遵守 XML 规范；

（3）根元素应该不被其他元素所包含；

（4）适当的元素嵌套是必需的；

（5）属性值应该在问号内；

（6）除了保留实体外，所有的实体都要声明。

我们通过一个实例简单介绍一下 XML 的语法构成：

```
〈?xml version="1.0" encoding="gb2312" ?〉
〈参考资料〉
〈书籍〉
〈名称〉XML 入门精解〈/名称〉
```

```
〈作者〉张三〈/作者〉
〈价格  货币单位="人民币"〉20.00〈/价格〉
〈/书籍〉
〈书籍〉
〈名称〉XML 语法〈/名称〉
〈!--此书即将出版--〉
〈作者〉李四〈/作者〉
〈价格  货币单位="人民币"〉18.00〈/价格〉
〈/书籍〉
〈/参考资料〉
```

这是一个典型的 XML 文件，编辑好后保存为一个以.xml 为后缀的文件。我们可以将此文件分为文件序言（prolog）和文件主体两个大的部分。在此文件中的第一行即是文件序言。该行是一个 XML 文件必须要声明的东西，而且也必须位于 XML 文件的第一行，它主要是告诉 XML 解析器如何工作。其中，version 是标明此 XML 文件所用的标准的版本号，必须要有；encoding 指明了此 XML 文件中所使用的字符类型，可以省略，在省略此声明的时候，后面的字符码必须是 Unicode 字符码（建议不要省略）。因为我们在这个例子中使用的是 GB2312 字符码，所以 encoding 这个声明也不能省略。在文件序言部分还有一些声明语句。

文件的其余部分都是属于文件主体，XML 文件的内容信息存放在此。我们可以看到，文件主体是由开始的〈参考资料〉和结束的〈/参考资料〉控制标记组成，这个称为 XML 文件的“根元素”；〈书籍〉是作为直属于根元素下的“子元素”；在〈书籍〉下又有〈名称〉、〈作者〉、〈价格〉这些子元素。货币单位是〈价格〉元素中的一个“属性”，“人民币”则是“属性值”。

〈!--此书即将出版--〉这一句同 HTML 一样，是注释，在 XML 文件里，注释部分是放在“〈!--”与“--〉”标记之间的部分。

大家可以看到，XML 文件是相当简单的。同 HTML 一样，XML 文件也是由一系列的标记组成，不过，XML 文件中的标记是我们自定义的标记，具有明确的含义，我们可以对标记中的内容的含义作出说明。

XML 体现出来的强大优势在于几个方面：XML 可以广泛的运用于 Web 的任何地方；XML 可以满足网络应用的需求；使用 XML 将使编程更加简单；XML 便于学习和创建；XML 代码清晰和便于阅读理解。另外，XML 的设计思想类似于为数据库的条目确定地址，因此在数据库结构的细节处理上比 HTML 强大得多。还有一点很重要，无论何时，都可以用 HTML 来处理 XML 文件数据的显示和格式细节。但尽管 XML 具有明显的优势，但对当今 WWW 的影响最大的还是 HTML。或许在不久的将来，XML 能够成为 WWW 上优先使用的编程语言。

第三节 WWW

WWW 是 world wide web 的缩写，我们又称之为万维网或 3W，它是以文字、图形、声音、动态图像等超文本（hypertext）的表达方式，利用 HTTP，结合超链接（hyperlink）的概念，使用户可以轻松获取 Internet 上的各种资源。

超文本跟一般的文本文件在形式上没有什么区别，但是它具有一个突出的能力：在文本文件中另含链接。这就是我们称之为超级链接的原因。这种能力可使超文本层层相连，除了文本，还可以连接各种媒体，如声音、图像、动画等，从而形成一个资源丰富多彩的网络世界。

作为 WWW 的通信协议，HTTP 采用客户机/服务器模式的工作方式。当客户机通过 HTTP 把一个含有统一资源定位（uniform resource locator，URL）地址的请求发送给服务器后，服务器根据 URL 所指定的资源返回给客户端相关的信息，并在浏览器中显示。这个相关的信息和资源就是 Web 页。

一个 URL 包含三方面的内容：第一，客户程序用来操作的工具；第二，它所指定的 Web 页所在的计算机；第三，查找 Web 页所需要的其他信息。例如，http://www.163.com/index.htm。http 指定了客户机程序要处理的是 HTML 的连接；www.163.com 这个地址指定了在网上需要找的页面所在的计算机；/index.htm 就是所要查找的 Web 页的路径和文件名。

一、发展状况

WWW 是在瑞士日内瓦欧洲粒子物理实验室 CERN（European Center for Nuclear Research）的 Tim Bemers-Lee 的倡导与主持下于 1990 年开发的，它一经出现就引起了人们的极大关注。之后不久，美国伊利诺伊大学的美国国家高级计算应用中心 NCSA（National Center for Supercomputing Applications）开发了 WWW 的客户端浏览器软件 Mosaic。Mosaic 是一个免费软件，它支持 Web 页面上的文本和图像与声音等多媒体信息。Mosaic 的出现对 WWW 的普及起了积极的推动作用，随后以安德森为主的几名 Mosaic 开发组的成员成立了网景公司，在 Mosaic 的基础上开发出了风靡一时的 Netscape Navigator，更进一步促进了 Internet 的发展。这时，软件巨人微软意识到了 WWW 的巨大潜力，也推出了自己的浏览器 Internet Explorer（IE），除此之外，还有许多非主流的浏览器软件。现在无论是网景的 Navigator 还是微软的 IE，其功能都比 Mosaic 大大增强了，并且能够提供更多的功能。

二、WWW 的应用服务介绍

WWW 上有种类极其繁多的信息资源。说它种类多，有两层意思：一是 WWW 页面中包含的文件种类很多，有文本、声音、图像、动画等；二是指 WWW 页面中的信息涵盖了众多学科、众多领域，几乎无所不包。你既可以在网上进行科学研究、查找学术论文、与知名学者探讨、发表学术文章，也可以在网上听音乐、看电影、与他人玩游戏，你甚至还可以在网上购物、做生意等。世界上越来越多的公司、企业、学校、组织和个人都建立了自己的 Web 页面，通过 Web 页来为自己的部门或个人进行宣传或进行商业活动。据不完全统计，目前在 Internet 上共有约四千万个网页，所包含的信息加在一起比全球最大的图书馆——美国国会图书馆的全部馆藏信息还多许多倍。而且，WWW 上的信息有着无可比拟的优点，无论你在世界哪个地方，只要你能连上 Internet，你就可以迅速获得这些信息，你根本不必知道信息源自何处，服务器位于什么位置等，同时，这些信息的更新速度也远较图书馆快得多。WWW 正在我们生活中的许多方面发挥着越来越大的作用。

几年前 WWW 的浏览程序还只是浏览 WWW 页面的工具，当今的 WWW 浏览程序已经远远超过了浏览 WWW 页面的功能，而成为无所不包的 Internet 软件包。它不仅可以浏览 WWW 页面，而且可以收发电子邮件，加入新闻组讨论，执行 Telnet 操作，还可以访问 FTP。下面将介绍当今最重要的两个 WWW 浏览程序：微软的 IE 和网景的 Netscape Navigator。

1. IE

微软公司的 IE 浏览器，以其直观的操作界面和强大稳定的功能，成为世界上最流行的浏览器软件之一，如图 3-7 所示。 IE 支持多个实例，用户可以打开一个 IE 请求网页的传输，而在另一个 IE 中观看已经到达得网页。除此之外，IE 还将 Internet 功能集成在一起，同时还有编辑页面的功能。

2. Netscape Navigator

Netscape 曾经是网络浏览器的代名词，如图 3-8 所示，但由于微软推出免费的 IE 并在 Windows 系统中集成了 IE 浏览器，极大地削弱了 Netscape 的统治地位并抢占了其大部分的市场。但 Netscape 凭着优异的网路浏览功能深入人心。最新版本的 Netscape 浏览器功能更强大，但安装文件却更小，集成了多个第三方软件，如 AOL Instant Massager、Net2phone 等。

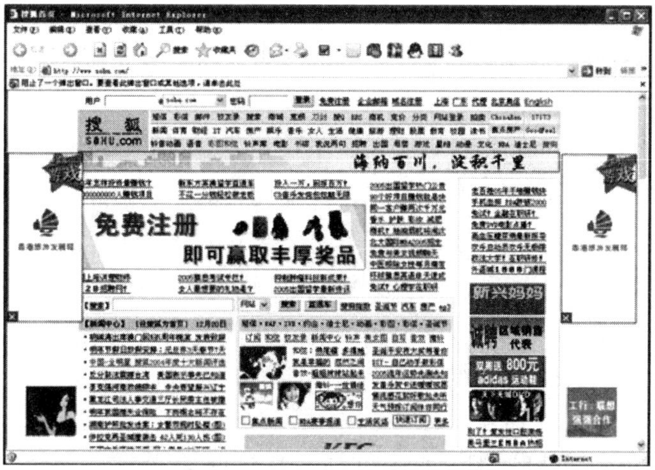

图 3-7 IE 的界面

图 3-8 Netscape 的界面

3. 搜索引擎

WWW 包含的信息量足以超过计算机出现以前人类社会所有有文字记载的信息量的总和，资源内容包罗万象，其覆盖面非常广，对人类生活影响之大是难以想象的。目前这一庞大的信息库包含了数千万个页面，并且还在以惊人的速度增加。从前人们上网的方式依靠的是链接点及推荐的 URL 来确定资源所在。这种方式对于浏览新闻等休闲活动非常适合，但对于要在网络中查寻某一确定的信息，就变得很困难。面对 WWW 这种无边无际、无时无刻在变化着的信息大仓库，想用浏览方式快速准确地获取自己想要的资源是不太可能的。如何改善这种效率低下的浏览方式就显得特别突出和特别重要。这时，搜索引擎应运而生。

利用关键字，我们可以在搜索引擎中找到大量有关的信息，并马上在浏览器中罗列出来。但实际上查询工具自身早已经在你查询之前做好了这件事情。搜索引擎定期的探查 Internet 上的新的信息，当发现有新的内容，就把它分类编收，按照索引，在一个 URL 上的目录联系起来。这就是搜索引擎的工作原理。

应用搜索引擎时，我们在它给出的输入框中输入一个特定的查询条目，查询工具就会进入索引，找出所有同查询条目相匹配的条目，并显示一个存放这些信息的链接点清单。由于用这种方式处理查询，所以查询工具能在很短的时间内完成查询。而最著名的搜索引擎莫过于 Yahoo 和 Google 这两家。

Yahoo 覆盖范围广，连接速度快，数据容量大，简便易用，如图 3-9 所示。它提供了两种风格的查询方式：列表式目录连接方式和关键词查询方式。

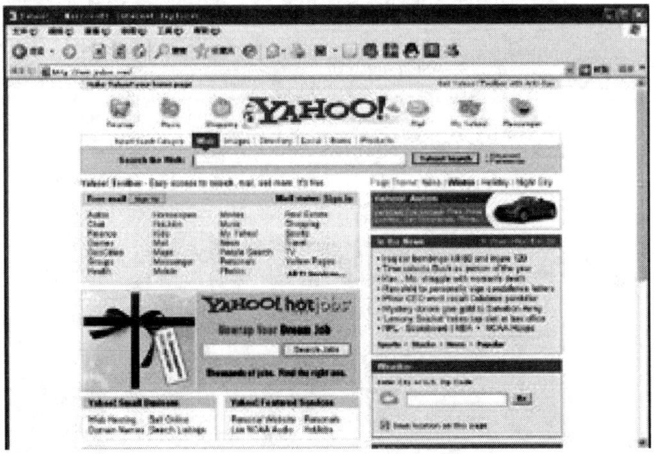

图 3-9　Yahoo 的英文主页

Google 以它惊人的查询效率而受到众多用户的喜爱。Google 页面极其简洁，没有突然弹出的广告，没有花花绿绿的图片，没有稀奇八卦的新闻，如图 3-10 所示。当你输入了“关键词”，就会在不超过 1 秒的瞬间得到一个排列有序的网站和文件名列表。用它你总能找到自己所要“去”的位置。Google 如今运行着全球网络 75%的查寻请求，这些查寻活动可能会为 2003 年的 Google 创收近 7 亿美元。

图 3-10　搜索引擎之王 Google 的主页

三、网页制作工具

在 WWW 的世界里面，信息与资源都是以 Web 页组织成可利用的方式。这些页面通过超级链接相互关联起来，形成一个有机结合的整体，我们称之为 Web Site，也就是网站。Web 的文件存在于一个我们称之为 Web 服务器的计算机上面。这台服务器一般都连接在 Internet 或者某个局域网之内。访问者在访问该页面时，实际上是通过网络将 Web 页中的内容下载到客户端，经过浏览器对 Web 页解释后显示出来。

Web 页的制作不是单单用一个工具、一个程序就能完成的。由于网页内容的多样化，需要对不同形式的对象进行编辑就需要用到不同的应用工具，例如，图片的编辑，我们可以用 Photoshop 或者 CorelDraw 等图形编辑软件去完成。总言之，要制作内容丰富多彩、精美的网页，是一个对多媒体开发工具综合应用，然后再通过网页设计工具把内容组织起来的工作。网页又分为静态和动态两种。初期的网页都是静态的，一般只有文字、图形、图像等，用户只能被动地接受这些信息。因此，这一类的 Web 的服务仅限于提供大量的信息。而随着网络的发展，人们希望 Web 能反馈用户所提交的信息要求，更有效率而准确地提供相关内容，使得用户与站点之间具有交互性。所以动态的网页利用 HTML 的表单收集用户信息，并把信息要求发送到服务器端，服务器根据具体的需要生成内容符合用户要求的内容，按照动态页面指定的格式回送到客户端浏览器。动态页面数据处理的要求比静态页面强多了，所以仅用 HTML 是不能满足这种需求的。所以还必须要有编写动态网页的语言，如 CGI、ASP、PHP 等。而一般的网页编辑工具同时具备编写静态和动态网页的能力。

早期制作网页必须在文本编辑器中编写 HTML 语句，这样，开发就必须十分熟练地掌握 HTML 的格式以及各种标签的属性。自从 FrontPage 问世以来，出现了许多类似的工具，使得网页制作变得简单多了。这类工具的特点是所见即所得，而且具备了对多媒体资源进行简单编辑的功能，大大简化了制作的工作，而制作者无须对 HTML 有很熟悉的认识。当然，能熟练掌握 HTML 的用法，对于网页制作来说，自然有很大的帮助。目前比较常用的网页设计工具有 FrontPage2000、InterDev、Dreamweaver 等。现在，由 Macromedia 公司开发出来的 Dreamweaver 以其强大的操作功能和方便的操作，赢得了越来越多网页制作专业人士的青睐，与该公司的其他两个产品 Flash、Fireworks 并称为网页制作的“三剑客”，成为专业制作网页的首选工具。下面我们简单介绍一下这几个最常用的工具。

（一）FrontPage 2000

FrontPage2000 是微软公司在 1999 年推出的一套用于创建 Web 站点的应用程序，与 Word、Excel 等同属于 Office 家族，如图 3-11 所示。它能方便的编辑各种页面资源，建立文本与图像连接，同时还能生成多种表单，使得 Web 与外界的交互过程更为便捷。它还包含了大量的模板，用户只需选择命令，设置属性就可以创建一个好看的站点。FrontPage2000 也是一个工具集，它包括了 FrontPage Editor、FrontPage Explorer、Image Composer、FrontPage Server Extensions 和 Person Web Server。用户可以根据自己的需要定制安装组件。FrontPage 使用简单，是网页制作初学者理想的入门工具。它具有以下一些突出的特点：

（1）文件视图最优化。文件视图最优化为 FrontPage Editor 的所有文件视图提供了一种更容易安排和分类独立文件的方法，这样用户可以很容易管理这些文件，以减小站点所占的空间。

（2）自动缩略图。自动创建略图，并将其和原始图连接起来。

（3）广告横幅管理者。广告横幅管理者可以很容易地使用转变效果显示一系列图像，这个组件可使用户方便地做出吸引来访者的广告横幅。

（4）层叠样式表单支持。层叠样式表单支持（cascading style sheet，CSS）是一个由 WWW 认可的开放式规范，它在格式页面上给编写者极大的权力。

（5）频道向导。使用频道向导，用户可以轻松地将自己的站点定义成频道，任何使用 IE 的用户都可以预订这个站点。

（6）活动剪贴库。从 FrontPage 的剪贴库中用户可以从 Microsoft 的站点中下载，这些图片可以根据你的需要在下次访问时自动地加入到剪贴库中。

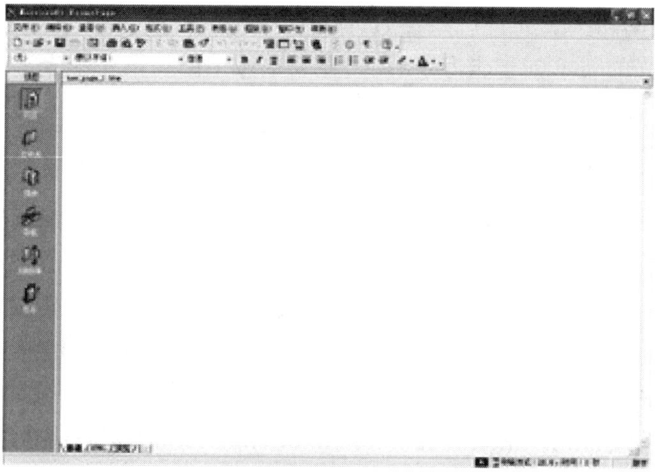

图 3-11 FrontPage 2000 的界面

（7）艺术剪贴库。使用艺术剪贴库，用户可以像使用 Microsoft Office2000 一样浏览和插入剪贴画。

（8）数据库注册向导。新的数据库注册向导支持 Microsoft Information Server 的 Active Server Page 功能，它能够让用户直接在站点页面中插入动态的数据库目录。

（9）设计时 ActiveX 控件支持。Design Time ActiveX Control 是一个新的组件，它允许第三方增加 FrontPage 的页面编写能力。

（10）动态 HTML 支持。动态 HTML 是一个由 Microsoft 开发的并得到 W3C 许可的站点页面对象模块，它允许编程者使用现存的、功能强大的方法操作页面和页面上的元素。

（11）动态链接。动态链接不需要编程便可以创建出站点的展开和缩小的轮廓。

（12）简易超链接。FrontPage 的插入超链接对话框是重新设计的，它提高了易用性。用户可以很轻松地链接到新的页面、站点中已经存在的页面、Internet 上的页面或直接链接到 E-mail 地址。用户也可以很容易将页面链接到书签。如果用户使用了框架页面，还可以指定链接目标。

（13）简易站点发布。FrontPage2000 的站点发布界面比 FrontPage98 有所简化。它只发布用户最新一次发布后修改过的页面，它可以检测到多用户环境中其他人所做的改动，给用户解决不同人修改冲突的问题。

（14）与 Internet Explorer 的无缝结合。当用户在 Internet Explorer 中浏览自己发布的页面时，可以选择“编辑”按钮在 FrontPage2000 Editor 中编辑站点页面，然后保存到服务器。

（15）视图切换。允许用户在 HTML 代码视图、预览视图和通常视图切换。

（16）增强的表单创建能力。当用户在表单域中添加第一个表单时 FrontPage2000 会自动添加“Submit”和“Reset”按钮。

（二）Dreamweaver MX 2004

Macromedia Dreamweaver MX 2004 是一款专业的 HTML 编辑器，用于对 Web 站点、Web 页和 Web 应用程序进行设计、编码和开发，如图 3-12 所示。无论用户愿意享受手工编写 HTML 代码时的驾驭感还是偏爱在可视化编辑环境中工作，Dreamweaver 都提供有用的工具。利用 Dreamweaver 中的可视化编辑功能，用户可以快速地创建页面而无须编写任何代码；可以查看所有站点元素或资源并将它们从易于使用的面板直接拖到文档中；可以在 Macromedia Fireworks 或其他图形应用程序中创建和编辑图像，然后将它们直接导入 Dreamweaver，或者添加 Macromedia Flash 对象，从而优化开发工作流程。Dreamweaver 还提供了功能全面的编码环境，其中包括：代码编辑工具（如代码颜色和标签完成）；有关 HTML、CSS、JavaScript、ColdFusion 标记语言（CFML）、ASP 和 JavaServer Pages （JSP）的参考资料。Macromedia 的可自由导入导出 HTML 技术可导入手工编码的 HTML 文档而不会重新设置代码的格式，可以随后用你首选的格式设置样式来重新设置代码的格式。Dreamweaver 还可以使用服务器技术（如 CFML、ASP.NET、ASP、JSP 和 PHP）生成由动态数据库支持的 Web 应用程序。Dreamweaver MX 2004 包含有一个崭新的、简洁高效的界面，且产品性能也得到了改进。此外还包含了众多新增的功能，

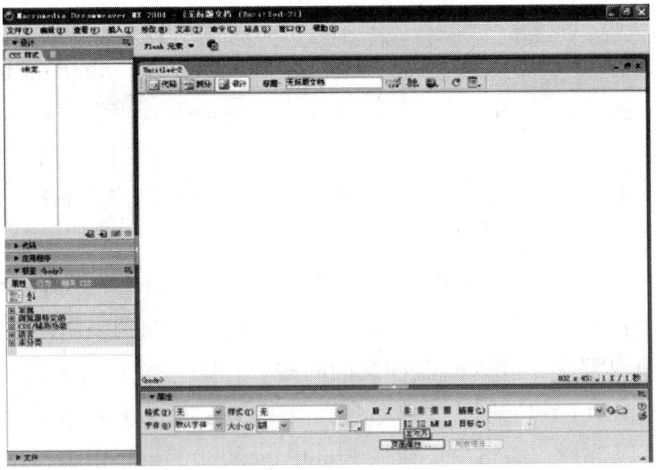

图 3-12　Dreamweaver MX 2004 的工作界面

这些新增功能改善了软件的易用性并使用户无论处于设计环境还是编码环境都可以方便地生成页面。Dreamweaver 可以完全自定义，也可以创建自己的对象和命令，修改快捷键，甚至编写 JavaScript 代码，用新的行为、属性检查器和站点报告来扩展 Dreamweaver 的功能。相比于其他的同类软件，Dreamweaver 具有几个突出的优点：

（1）不生成冗余代码。可视化的网页编辑器，都会把使用者的操作转换成 HTML 代码。一般都会生成大量的冗余代码。除了会增加页面文件的长度，还会使维护工作变得麻烦。而 Dreamweaver 无论哪一个版本都注意改进这个问题。所以制作同样的页面，使用 Dreamweaver 开发的文件所占的存储空间要比其他同类软件小多了。

（2）方便的工作模式。跟 FrontPage 2000 一样，Dreamweaver MX 2004 都有代码模式和设计模式，还可以同时打开设计窗口和代码窗口共同工作，令制作过程更灵活方便。

（3）强大的动态页面支持。Dreamweaver MX 2004 还支持 XML、PHP、ASP. NET、C#等动态标签语言。可以定义动态内容的多种来源，其中包括从数据库提取的记录集、表单参数和 JavaBeans 组件。若要在页面上添加动态内容，只需将该内容拖动到页面上即可。

（4）Dreamweaver MX 2004 可准确对层进行定位，加上 Timeline，可生成动感十足的动态效果。

（5）操作简便。若要在页面上添加内容，只需将该内容拖动到页面上即可。在设计时，属性工作板组上能轻易地修改选定的对象的各种设置。

（6）与 Flash、Fireworks 的紧密集成。

（三）Flash MX Professional 2004

Flash 是一个创作工具，从简单的动画到复杂的交互式 Web 应用程序（如在线商场），它可以创建任何作品，如图 3-13 所示。通过添加图片、声音和视频，让 Flash 应用程序媒体丰富多彩。Flash 包含了许多种功能，如拖放用户界面组件、将动作脚本添加到文档的内置行为，以及可以添加到对象的特殊效果。这些功能使 Flash 不仅功能强大，而且易于使用。Flash 提供了创建和发布丰富的 Web 内容和强大的应用程序所需的所有功能。不管是设计动画还是构建数据驱动的应用程序，Flash 都提供了创作出色作品和为使用不同平台和设备的用户提供最佳体验的工具。Flash MX Professional 2004 针对的对象是高级 Web 设计人员和应用程序开发者。Flash MX Professional 2004 包含 Flash MX 2004 中的所有功能，同时还包含多个功能强大的新工具。它提供了对 Web 团队（由设计人员和开发人员组成）成员之间的工作流程进行优化的项目管理工具。外部脚本撰写和处理数据库中动态数据的能力及其他功能使得 Flash 特别适用于大规模的复杂项目，这些项目将使用 Flash Player 随各种 HTML 内容一起部署。它具有以下一些技术特点：

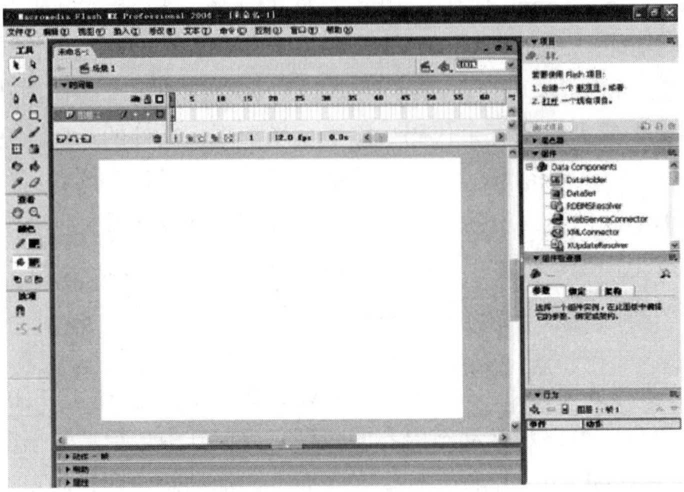

图 3-13　Flash MX 2004 的工作界面

（1）时间轴特效。对舞台上的任何对象应用时间轴特效，以便快速添加过渡特效和动画，如淡入、飞入、模糊以及旋转。

（2）行为。使用行为，无须编写一行代码即可向 Flash 内容添加交互性。例如，可以使用行为将以下功能包含在内：链接到 Web 站点、载入声音和图形、控制嵌入视频的回放、播放影片剪辑以及触发数据源。

（3）创作环境中的辅助功能支持。Flash 创作环境中的辅助功能支持提供了用于浏览和使用界面控件的快捷键，可以在不使用鼠标的情况下使用这些界面元素。

（4）更新的模板。Flash 包含更新的模板，可用于创建演示文稿、电子学习应用程序、广告、移动设备应用程序以及其他常用的 Flash 文档类型。

（5）集成的帮助系统。新的“帮助”面板提供了上下文参考、动作脚本参考以及课程。

（6）拼写检查器。拼写检查器能全面搜索文本中的拼写错误。

（7）文档选项卡。每一个打开的文档的选项卡显示在工作区的顶部，可以快速找到打开的文档以及在这些文档之间切换。

（8）“开始”页。“开始”页将常用的任务都集中放在一个页面中，可以随时处理。

（9）查找和替换。“查找和替换”功能查找和替换文本字符串、字体、颜色、元件、声音文件、视频文件或者导入的位图文件。

（10）支持丰富式媒体。新的丰富式媒体支持功能提高了丰富式媒体演示文稿的质量。

（11）高保真导入。高保真导入可以导入 Adobe PDF 和 Adobe Illustrator 10 文件，并保留源文件的精确矢量表示法。

（12）“视频导入”向导。“视频导入”向导简化了视频编码，并提供了预设编码和编辑剪辑的选项。

（13）数据绑定。数据绑定允许将任意组件连接到各种数据源，以便通过组件或动作脚本处理、显示和更新数据。

（14）用于 Web 服务和 XML 的预建数据连接器。新的组件可以轻松地连接到 Web 服务和 XML 数据源。

（15）项目管理。“项目”面板允许对项目文件进行集中管理、控制版本，以及对一起工作的 Flash 用户团队的工作流程进行优化。

（16）源代码控制。Flash Professional 使用链接业界领先的源代码控制系统（如 Microsoft Visual Source Safe）的插件提供了源代码控制集成功能。

（四）Fireworks MX 2004

Macromedia Fireworks MX 2004 是一款用来设计网页图形的应用程序，如图 3-14 所示。它所含的创新性解决方案解决了图形设计人员和网站管理员所面临的主要问

图 3-14　Firework MX 2004 的工作界面

题。Fireworks 中的工具种类齐全，使用这些工具，可以在单个文件中创建与编辑矢量和位图图形。以前，网页设计人员需要在多达十个以上的应用程序之间来回跳转来操作具体任务，Fireworks 的问世使他们得以从中解脱出来。它提供的无破坏性的动态效果消除了设计人员由于在进行任何简单编辑之后都要从头开始重建网页图形而不免产生的沮丧心情。Fireworks 可生成 JavaScript，从而可以很轻松地创建变换图像。高效的优化功能可在不牺牲品质的前提下缩减网页图形文件的大小。

Fireworks 是一个创建、编辑和优化网页图形的多功能应用程序。可以创建与编辑位图和矢量图像、设计网页效果（如变换图像和弹出菜单）、修剪和优化图形以减小其文件大小以及通过使重复性任务自动进行来节省时间。在完成一个文档后，可以将其导出或另存为 JPEG 文件、GIF 文件或其他格式的文件，与包含 HTML 表格和 JavaScript 代码的 HTML 文件一起用于网页。如果想继续使用其他应用程序（如 Photoshop 或 Macromedia Flash）编辑该文档，还可以导出特定于相应应用程序的文件类型。

第四节　Internet、Intranet 和 Extranet

一、Internet

当今世界，随 Internet 迅速获得成功和不可思议的成长，全球信息化应用在每个行业都得到了迅猛的增长，而电子商务正是这场变革中处于核心的应用。因此，可以说，没有 Internet 就没有电子商务。

Internet 是世界上最大的计算机网络，它连接了全球不计其数的网络与电脑，也是世界上最为开放的系统，Internet 仍在迅猛发展着，并在发展中不断得到更新并被重新定义。Internet 在中国起步虽然时间不长，但却保持着惊人的发展速度，而本地化、中文化成为业界追求的目标。目前中文站点不断涌出，特别是中国公众多媒体骨干的建成，促使各地网络服务商家提供越来越便利、快速、廉价的 Internet 接入服务，以期为中文读者提供更多的网上信息资源，Internet 将成为电视、电话等之后，又一项给我们生活方式带来巨大变化的科技力量。描述 Internet 最简单的一句话就是：通信。它是计算机网络的集合。对某些人来讲，它是传送电子邮件的通道，而对另外一些人来说，Internet 是他们交友、玩游戏、辩论、工作和环游世界的理想工具。

Internet，这个人类历史上伟大的工程始于 1969 年，最初称之为 ARPANET，是美国为推行空间计划而建立的。随着计算机网络的不断发展，各种网络应运而生，在 Internet 形成气候后，它们都相继并入其中，成为 Internet 的一个组成部分。由此逐渐形成了世界各种网络的大集合，也就是我们今天所说的 Internet。

Internet 的发展要归功于美国国家科学基金会（NSF）的介入。它为鼓励大学和研究机构共享它们昂贵的四台计算机主机，采用 TCP/IP 协议，建立了化名为 NSF net 的广域网。由于美国国家科学基金会的资助，很多大学和研究机构纷纷把自己的局域网并入到 NSF net 中，从 1986 年到 1991 年，并入 Internet 的计算机子网从 100 个增加到 3 000 多个，几乎每年都以 100%的速度增长。

Internet 商业化的成功，使它在通信、资料检索、客户服务等方面发挥了巨大的潜力。现在 Internet 是目前世界上规模最大、用户最多、影响最广的计算机网络。它可通达上百个国家和地区，大约连接着上万个网络、数百万台计算机主机，有上千万个用户。而且每天有数千台计算机加入其中，全世界大约有数以万计的人在直接或间接用 Internet 收发电子邮件，Internet 上的数据每月以惊人的速度增长。

通过 Internet，可以快捷方便地交换信息，访问各个领域的资深专家，获得电子杂志、游戏、音乐、电影等你所喜爱的一切。可以说，要想通过 Internet 得到你所要的信息，唯一的限制就是你的想象力。而且，网络 JAVA、 Push 技术、虚拟现实、视频会议等 Internet 上的新技术，更加促进了 Internet 在更多领域的应用。

二、Intranet

Intranet 一词来源于 Intra 和 Network，即内部网络，又叫内联网。一般认为 Intranet 是将 Internet 技术应用于企业或者政府部门的内部专用网络。Intranet 与 Internet 相比，可以说 Internet 是面向全球的网络，而 Intranet 则是 Internet 技术在企业机构内部的实现,它能够以极少的成本和时间将一个企业内部的大量信息资源高效合理地传递到每个人。Intranet 为企业提供了一种能充分利用通信线路、经济而有效地建立企业内联网的方案，应用 Intranet，企业可以有效地进行财务管理、供应链管理、进销存管理、客户关系管理等。Internet 技术，尤其是 TCP/IP 技术的成熟，使 Intranet 成为当前最领先的计算机局域网。一台微机可以方便地在其上面设立自己的 Web 页面，或提供 FTP 服务及其他各种功能，很多应用软件能够使用 Winsock 在 Windows 环境下和网络相连。Winsock 作为一个开放的 Windows 下的 TCP/IP 接口，由于其良好的性能，为大量优秀的、能够实现各种功能的应用程序插上了网络的翅膀。在这个基础上，我们可以根据需要，设计符合实际情况的网络结构。例如，在 Intranet 中，一个重要的概念是强调点对点的服务，我们可以根据我国国情，按照实用为主的原则，建设适合学校教学需要的校园网络环境，在设计教育网络资料时就考虑到学生的电子作品上传、交换、共享的需求，做好硬件与管理软件的系统设计，使学校网络中心成为学生和教师的电子作品的资料交换中心与信息服务中心。作为全球信息高速公路的 Internet 和较小部门中的局域网，Intranet 能够把两者有机地结合起来，使用一组软件而完成两方面的任务。这对于提高网络的管理效率和运行效率而言，是很好的解决方案。与 Web 不同的是，由于 Intranet 是一个封闭的环境，对它的访问是受限制的。但也正是因为 Intranet 建立在封闭的系统之上，可以使其运行速度比 Internet 的 Web 快很多。一台微机要具有 Intranet 的各项功能是非常方便的。在 Windows 下，一般我们只把 FTP Server 和 Mail Server 放在启动组内作为基本服务，它们只占用很少的内存，其他程序在需要时开启，使用完毕后关闭，选择相应的各项软件非常灵活。在网络服务功能从文件、数据共享向信息共享变化时，方便地把图文、声音、动画等信息有机地结合起来，通过 Web 服务器的超文本功能和多媒体功能，实现信息资源的高度共享。

三、Extranet

网际网（Extranet），是指使用互联网技术将多个企业网连接起来的信息网络。它是互联网技术在企业间范围内的延伸。它支持企业和企业之间的商务过程连接和信息共享，从而实现企业间的信息交流、业务控制和协同工作。除了网络范围和功能与上述两种网络不同外，其技术特征与互联网和企业网相同。

外部网可以是以下几种网络类型中的任何一种：公共网络、专用网络或者虚拟专用网络（VPN）。它们都能实现企业间的信息共享。外部网的信息是安全的，它可以防止信息泄露给未经授权的用户。授权用户可以公开地通过外部网连入其他企业的网络。外部网为企业提供了专用的设施，帮助企业协调采购，通过 EDI 交换业务单证，实现彼此之间的交流和沟通。实际上外部网可通过互联网建立起来，但外部网一般是联系业务的独立网络。利用传统的互联网协议，外部网可用互联网实现网间通讯。即使是独立于互联网的专用网络也可使用互联网的协议和技术来进行通信。一些外部网是从内部网发展而来的，这些内部网用于企业已经有多年了。管理层将内部数据向互联网开放，以减轻企业雇员的工作符合。

公共网络。如果一个组织允许通过任何公共网络（如互联网）访问该组织的内部网，或两个或更多的企业同意用公共网络把它们的内部网连在一起，这就形成了公共网络外部网。在这种结构中，安全性是最大的问题，因为公共网络不提供任何安全保障措施。

专用网络。这是两个企业间的专线连接。这种连接是两个企业的内部网之间的物理连接。专线是两点之间永久的专用电话连接。专线一直是连通的。这种连接的最大优点是安全。除了这两个合法连入专用网络的企业，其他任何人和企业都不能进入。它的最大缺点是成本太高，因为专线非常昂贵。每对想要专用网络的企业都需要一条独立的专用线把它们连在一起。

虚拟专用网络。传统广域网概念是指从物理通信的角度上看，其覆盖范围超过城域网，遍及国内、国际、洲际甚至全世界的地域广阔的网络；而虚拟广域网则是指从组织的角度出发，组织上逻辑相关的各个成员分散在广阔的地域范围中，利用传统广域网资源形成专门面向本组织的网络，组织成员在其中进行安全可靠的通信联系。实际上意味着把原来局限于一处的单位局域网在物理上覆盖宽广的广域网上加以实现。

第五节　互联网的接入方案

要利用 Internet 上丰富的资源，必须接入到 Internet 中。目前，接入 Internet 的方案有很多。从用户的角度看，按照用户的规模、用途等方面的要求，目前常用的接入 Internet 方式有单机接入方式和局域网方式。单机拨号方式是目前世界上使用最广泛而最简单的方式，用户利用一台调制解调器与 Internet 的服务提供商的服务器相连接，服务提供商通过专用的国际数字专线与 Internet 相连。这种方式包括了 PSTN（公共电话交换网）、ISDN（综合业务数字网）和 ADSL 方式。目前在中国家庭接入 Internet 最流行的就是 ADSL。局域网接入通常都是在一个住宅小区，一个企业内为了业务需要，从当地的 ISP 或电信部门租用一条专线，通过路由器将本地局域网的服务器跟服务提供商的服务器相连。局域网服务器运行 Internet 服务软件对整个局域网进行管理，从而实现将整个局域网接入 Internet。下面我们分别介绍一下这几种接入方案。

一、PSTN

这种方案利用原来铺设到家庭的公共电话网络进行数据传输。因为公共电话网只能传输模拟信号，所以需要一台 modem 进行数字信号与模拟信号之间的转换。该方案利用普通电话线路进行通信，不但减少了铺设计算机专用网络的成本，而且电话网络的覆盖范围是目前最广的，只要一台 modem 就能方便地接入 Internet，所以这种方式仍然是目前最普遍使用的，如图 3-15 所示。

使用这种方式的优点是配置、开通方便。但是有一个很突出的问题，是在当前计算机技术飞速发展的带动下，出现了很多速度快、性能更好的接入技术，跟这些新技术相比，PSTN 的速度明显处于劣势。目前最快的 modem 的带宽也只有 56 千

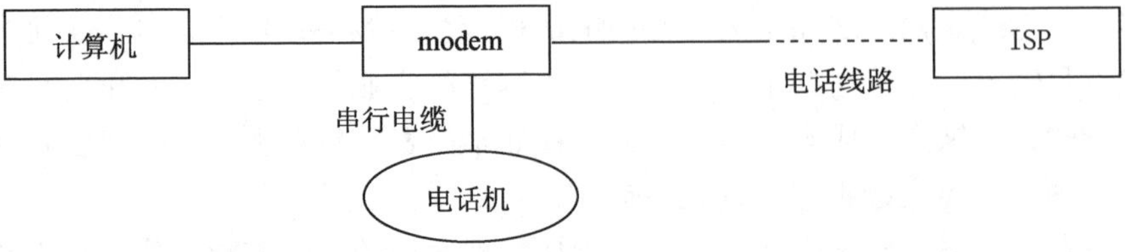

图 3-15　PSTN 接入方式示意图

比特/秒，这也只是一个理想的吞吐率，在实际应用当中因为通信线路质量和重复传输等问题，往往实际吞吐率还达不到这个数字。这是很多人不能忍受的。而且，由于 modem 占用了电话信道，所以上网和打电话就不能同时进行。更有时候，上网时由于电话通信的干扰，经常会出现掉线的情况。

二、ISDN

这是一种以综合数字电话网为基础发展而成的,能够提供端到端的数字连接方式。普通的模拟电话网采用数字传输和交换以后就可以变成 ISDN。所以我们仍然可以利用公共电话网络，只不过在连接 ISDN 的两端都要加上 ISDN 的专用设备进行数模的转换。但是从其他用户终端，如电话，到电话局的交换机之间仍然是模拟传输，需要配备调制解调器才能传送。ISDN 从一个用户终端到另一个终端之间的传输全部数字化，包括了用户线部分，以数字形式统一处理各种业务，使用户可以获得数字化的优异性能。由于比 PSTN 方式多一个通信信道，所以不但带宽要比普通拨号方式宽得多，而且打电话与上网可以同时进行，互不干扰。一般家庭用 ISDN 采用的“一线通”，包括一个 D 信道和两个 B 信道。其中，B 信道是 ISDN 的支持信道，提供 64 千比特/秒带宽来传送语音或数据资料；D 信道是 ISDN 的控制信号信道，在 ISDN 网络端与用户端之间传输控制信号。由于有较宽带宽，ISDN 用一个网络可以为用户提供各种通信业务：语音、数据、传真、可视图文、电子信箱、可视电话、会议电视、语音信箱等。

ISDN 的优势有：

（1）全数字化线路通话建立时间短、质量好、稳定性高。

（2）线路实用效率高、一线带多机，三机共线。

（3）可实现话音、视频、数据等的多媒体通信。

（4）ISDN 拨号上网方式可大量节省日常通信费用。

（5）ISDN 的按需分配带宽使广域网上的带宽管理高效、灵活、经济。

（6）ISDN 网上的虚拟 DDN 比专线 DDN 更廉价实用。

（7）利用现有市话基础结构，网络改造建设费用低廉，速度快，兼容性好。

计算机接入 ISDN 的一种重要方式是通过终端适配器（TA）进行。同时通过 TA，目前电话网使用的模拟终端设备可以方便地接入 ISDN。TA 具有同时进行数据传输和语音信号模数转换的能力。TA 的一个重要特点是数据和话音同时进行传输，使用两个信道进行数据传输的过程中，如果用户需要使用电话或者有电话拨入，TA 会自动让出一个信道供通话使用，而不必中断数据传输过程，如图 3-16 所示。

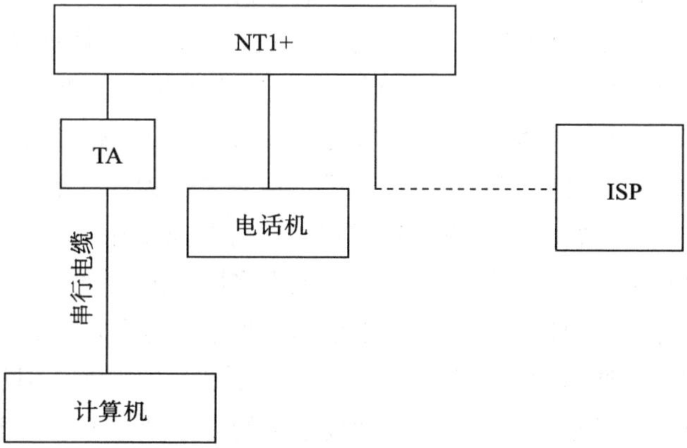

图 3-16　ISDN 的接入示意图

但应该注意的是，由于有更先进的接入方式出现， ISDN 在中国刚兴起没多久就变成了落后的技术。随着 ADSL 的快速发展，这种同样在公共电话网基础上改造，但带宽比 ISDN 宽得多的接入方式迅速替代了 ISDN 的应用。但在一些使用网络比较早的西方国家，ISDN 仍然是主要的网络接入方式。

三、ADSL

ADSL 能够利用现有的公共电话网络根据当地线路状况提供 2 兆~8 兆比特/秒下行效率和 64 千~640 千比特/秒的上行速率。ADSL 充分利用了现有电话线路，不需要改造和重新建设网络，在电话线两端加装 ADSL 设备即可，在大幅度提高速率的情况下，又降低了成本，减少了用户上网费用。当身边的电话线两端分别放置 ADSL modem 时，在这段电话线上便产生了三个信息通道：

（1）一个速率为 1.5 兆~8 兆比特/秒的高速下行通道，用于用户下载信息；

（2）一个速率为 16 千比特/秒~1 兆此特/秒的中速双工通道，用于用户上传输出信息；

（3）一个普通的老式电话服务通道，用于普通电话服务。

这三个通道可以同时工作,传输距离达 3~5 公里（当然，具体的通信速率还依赖环路的质量和长度而定）。用户可以在下载文件的同时在网上观赏点播的大片，并且通过电话与朋友对大片进行一番评论。注意， 最诱人的是这一切都是在一根电话线上同时进行的。ADSL 的内部十分复杂。它采用了高级的数字信号处理技术和新的算法压缩数据，使大量的信息得以在网上高速传输。我们知道，在现有的较长的铜制双绞线（普通电话线）上传送数据，其对信号的衰减是十分严重的，ADSL 在这样恶劣的环境下实现了大的动态范围、分离的通道，以及保持低噪声干扰。ADSL 是调制解调技术的一个奇迹。为了在电话线上分隔有效带宽，产生多路信道，ADSL 调制解调器一般采用两种方法实现，频分多路复用（FDM）或回波消除（echo cancellation）技术。FDM 在现有带宽中分配一段频带作为数据下行通道，同时分配另一段频带作为数据上行通道。下行通道通过时分多路复用 （TDM）技术再分为多个高速信道和低速信道。同样，上行通道也由多路低速信道组成。而回波消除技术则使上行频带与下行频带叠加，通过本地回波抵消来区分两频带。此技术来源于 V.32 和 V.34 调制解调器中，它非常有效地使用了有限的带宽，但从复杂性和价格来说，其代价较大。当然，无论使用两种技术中的哪一种，ADSL 都会分离出 4 千赫兹的频带用于老式电话服务（POTS）。

ADSL 与以往调制解调技术的主要区别在于其上下行速率是非对称的，即上下行速率不等，ADSL 技术的高下行速率和相对而言较慢的上行速率非常适于做 Internet 浏览使用。ADSL 在开发初期，是专为视像节目点播而设计的。随着 Internet 的急速发展，ADSL 改头换面作为一种高速接入 Internet 的技术出现在人们面前，让用户感到耳目一新，它使在现有 Internet 网上提供多媒体服务成为可能。它无须修改任何现有协约和网络结构（实际上要做的就是在电信公司的线路出口和用户的电话线路入口各加一台 ASDL 调制解调器），即可在电讯公司与最终用户间架起一座高速通道。 最关键的是，它可以使用遍布全球的超过 6 亿条的铜制双绞线。对于提供电信服务的公司来说，他们不用再为更换线路所要投入天文数字的资金而发愁，他们可以非常灵活的根据用户量配置 ASDL 设备，为用户提供更快的网上服务。对于最终用户来说，互联网上的多媒体服务不在是想象中的事了，用 ADSL 设备可以在网上点播各种视频音频节目。ADSL 的高速下载特性，正是所有网上用户朝思暮想的。ADSL 的另一大好处是使“在家中工作”成为可能。ADSL 的问题对于一种新兴技术来说，它不可能是十全十美的，ADSL 一样也有自己的缺点。现有的 ADSL 调制解调器价格昂贵，而且它限定用户与电话局间的距离，同时，由于上网不产生电话费，电信合理的收费制度的建立也是 ADSL 所面临的重大问题。再者，ADSL 对于不同质量的线路，其表现也有较大的差异。ADSL 的技术特点有以下几个方面：

（1）速传输。供上下行不对称的传输带宽，下行速度最高达到 8 兆比特/秒，上行速度最高达到 1 兆比特/秒。

（2）上网、打电话互不干扰。ADSL 数据信号和电话音频信号以频分复用原理调制于各自频段互不干扰。你上网的同时可以拨打或接听电话，避免了拨号上网时不能使用电话的烦恼。

（3）独享带宽、安全可靠。ADSL 利用电信深入千家万户的电话网络，先天形成星形结构的网络拓扑构造，骨干网络采用电信遍布全城全国的光纤传输，各结点采用 ATM 宽带交换机处理交换信息，信息传递快速可靠安全。

（4）安装快捷方便。在现有电话线上安装 ADSL，只需在用户侧安装一台 ADSL modem。最重要的是，无须为宽带上网而重新布设或变动线路。

（5）价格实惠。ADSL 业务上网资费构成为基本月租费+信息费，无须支付上网通信费（即电话费）。

从图 3-17 我们可以看出，ADSL 的硬件安装比之前的 ISDN 复杂，更不用说 PSTN 了。ADSL 所需要的设备也要比前面两种方式多：一块 10 兆或 10 兆/100 兆网卡；一个 ADSL 调制解调器；一个滤波器；还有做好的 RJ11 电话线和 RJ45 双绞网络线。

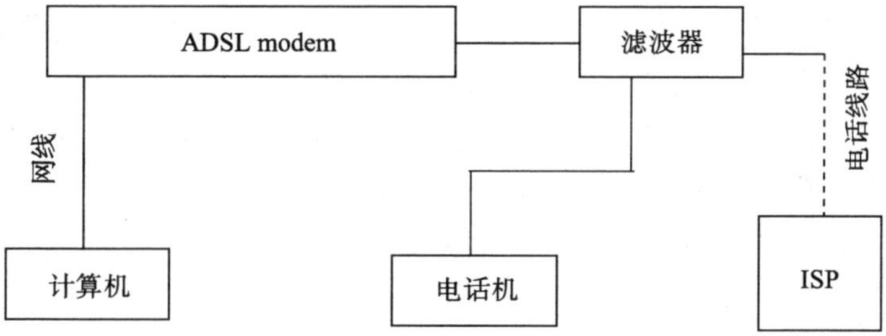

图 3-17　ADSL 的接入示意图

目前 ADSL 共有三种国际标准,提供两种不同的传输速度。

（1）ANSI T1.413 issue 2 （full rate）；

（2）ITU-T G.992.1 （full rate）；

（3）ITU-T G.992.2 （lite rate）。

full rate ADSL 传输速度高达 8 兆比特/秒（下传）和 640 千比特/秒（上传）。而 lite rate ADSL 传输速度可达到 1.5 兆比特/秒（下传）和 512 千比特/秒（上传）。线路的距离和线路品质影响实际的传输速度。

四、DDN

DDN由利用光纤、数字微波或卫星等数字传输通道和数字交叉复用设备组成，能为用户提供高质量的数据传输通道，传送各种数据业务。DDN的客户对象主要是固定传输数据环境下的Internet接入用户。

（一）DDN提供的业务

DDN 的主要业务是向客户提供多种速率的数字数据专线，适用于局域网/广域网的互联、不同类型网络的互联以及会议电视等图像业务的传输，同时为分组交换网用户提供接入分组交换网的数据传输通路。除上述外，它还能提供如下其他业务。

1. 一点对多点通信业务

该业务可分为广播多点通信业务和双向多点通信业务，广播多点可应用于一点发多点收的通信场合。

2. 话音/G3传真业务

DDN可提供模拟专线业务，在一条线路上同时支持电话和传真。

3. VPN业务

VPN业务即利用DDN的部分网络资源可以形成一种虚拟专用网业务。既能保证通信质量，同时又能避免重复投资，节省了远距离联网费用。

4. 支持客户高速数据传输

利用DDN低误码率的优点支持高速数据传输，为局域网的互联提供了理想的手段，同时增加了网络的吞吐量。

用户终端设备接入方式有以下几种：①通过调制解调器接入DDN；②通过DDN的数据终端设备接入 DDN；③通过用户集中器接入 DDN；④通过模拟电路接入DDN；⑤通过2 048千比特/秒数字电路接入DDN。

（二）DDN的特点

（1）速率高。DDN的速率最高可达2兆比特/秒；传输时延短（平均小于0.45毫秒），通信速率可根据用户需求任意选择。

（2）高质量、低误码率、透明传输。DDN网络采用高质量、大容量的光纤，数字微波线路（没有规程的限制），并且有路由迂回功能，安全可靠，且极便于组网扩容。

（3）通信内容广。采用数字传输方式，可综合传输话音/传真、数据、图像信息。

（4）方便各种局域网的内部接入联网。

（5）DDN可满足客户对不同通信速率的要求。

由于 DDN 是全透明的数字传输网，与数据通信相关的协议和规程是由用户终端来完成的，所以 DDN 可以根据客户的需要任意选择通信速率，通过数字时分复用技术来建立所需要的数据传输通道。目前我国现有的 DDN 服务大到 100 兆专有线路，小到 19.2 千字节线路都有提供，充分满足了各种用户的需要。

DDN 能提供高可用率的安全保证。由于 DDN 采取了一系列安全保障措施，可使网络资源处在高可用率的运行状态，从而保证网内客户的正常通信。

（三）DDN 的优势效益

数据通信作为一种新的通信业务，它的发展不能脱离原有的通信网基础，在一般情况下均须利用原有的通信设施来作为数据传输的手段，如图 3-18 所示。公用 DDN 就是利用电信部门现有的长途数字电路和市内数字电路而建立起来的覆盖面广、功能齐全的通信网络，因而利用 DDN 组建用户专用计算机网络具有投资少、见效快、使用方便等特点，主要归纳为以下四个方面：

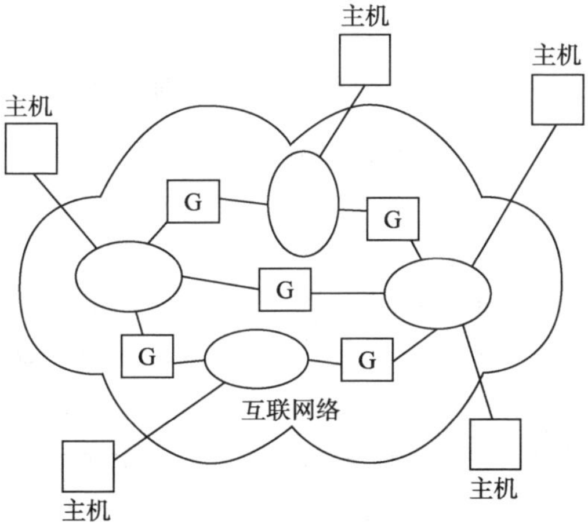

图 3-18　DDN 网络结构示意图

（1）利用 DDN 组建专用网络，可节约客户投资，并可使专用网最大限度地覆盖全国各地，同时可充分利用 DDN 的特殊业务功能（如语音压缩、帧中继等）进行数据通信，一劳多得。

（2）利用 DDN 组建专网，可以大大减少专网的建设周期，早投产，快收益。

（3）利用 DDN 组建专用网络，可降低客户的日常运行维护费用，特别是线路的维护费用。

（4）可节约客户技术力量的投入。

对于用户来说，它具有明显的比较优势：

（1）操作简便，无须拨号，开机即可直接进入信息高速公路。

（2）高速连接 Internet，传输率可达到 64 千比特/秒~2 兆比特/秒。

（3）稳定可靠，不会出现拨号上网中常见的线路繁忙、中途断线等现象。

（4）可建立 WWW 服务器，公司相当于拥有一个全天候、永不疲倦的推销员，在信息高速公路上立起一块永久的广告牌。

（5）可建立自己的邮件服务器，为员工分配本公司的电子邮件账号。

（6）可与自己的集团公司成员组成 VPN。

DDN 现在是全世界应用范围最广的高速宽带接入方式，全球共有 70 多个国家和地区开通了 DDN 的专线服务，其中包括我国大陆及台湾地区和香港特别行政区。目前在北京、天津、上海、沈阳、西安、武汉、南京及其他主要大中城市都开通了 DDN 的专线服务。DDN 虽然凭借其高速、高稳定的优势一直受到行业用户的信赖，但是其高成本带来的居高不下的价格也使一般人难以承受。

[案例分析]

完善城市基础建设，促进电子商务发展

——电子商务示范城市大连

随着经济全球化的加快，全球范围的经济活动对交易信息化提出越来越高的要求，电子商务的发展已经成为衡量一个国家竞争力的重要指标。在一国经济建设和信息化进程中，城市电子商务建设水平也无疑代表了城市信息化和现代化的水平。中国的电子商务发展不应仅仅是参照企业在该方向上的成长，城市作为各企业发展自身电子商务的最基本载体，在战略上更应该被给予充分的重视。而电子商务基础设施建设是衡量和预测一个城市电子商务程度的基石。良好的电子商务基础设施建设不仅可以表现城市当前电子商务的成熟度，也可以表现城市对企业的吸引力和该城市信息化的潜力。

大连市作为国家首批发展电子商务示范城市，电子商务基础设施日趋完善，应用环境逐渐成熟，电子商务呈现良好发展态势。

作为一座沿海口岸贸易城市，为推进电子商务积极稳妥与可持续发展，大连市委、市政府从推进与完善基础设施建设着手，成立了发展电子商务工作领导小组；制定了电子商务发展规划纲要，推动实施电子商务“1248”工程：“1”是指建立一个统一的电子商务网络平台；“2”是指电子商务运行的两个关键环节：电子支付系

统和安全认证中心的建设；“4”即电子商务法律环境、电子商务运营模式、电子商务人才环境、电子商务技术研发与国际合作等四个重要基础环境的建设；“8”即八项由政府部门主导和推动的行业电子商务示范工程建设，从全市范围内精选出具有大连特色的八个领域予以重点支持。这八个示范工程涵盖了政府和企业之间（G to B）、企业和企业之间（B to B），企业和消费者之间（B to C）等几种电子商务发展模式。通过示范工程的实施，在统一管理、规范标准、运行模式、协作机制、资金运行、产业发展、国际接轨等方面取得了重大突破，使大连市在电子商务领域走在国内的前列。

先后完成了电子商务示范工程建设、电子商务支付与安全认证中心、辽宁省电子商务研发基地、大连市口岸公共信息平台以及大连电子商务交易中心、大连数据中心等重要基础设施建设；电子商务支付、认证、信用与安全体系日趋完善，传统企业电子商务应用取得显著成效；口岸、外贸、医药、农业、旅游、服装等行业电子商务交易量大幅增长，电子商务交易额不断攀升；专业电子商务网站迅速发展，电子商务平台与软件技术日趋成熟；电子商务知识专业人才教育培训日趋完善，形成了完善的人才教育、培训体系；物流产业快速发展，UPS、TNT、联邦快递、罗宾逊、马士基等国际知名的物流企业均已入驻大连，为大连市提供了便捷、高效、快速的物流体系。电子商务管理理论与方法研究，通过了国家的项目验收和鉴定，其研究成果被评定为特优（A 级）。

电子商务示范工程建设。完成了口岸物流网电子商务平台、大连地税网上纳税系统（在国内率先实现网上报税、信息共享、税收监管和政务服务等功能的电子化集成，即：报税、稽核、征管一体化，跨平台的信息交互）、“一汽大柴”物流与供应链管理系统（年均节约库存成本多达 1 000 万元，减少库管员 20 人；提高了存货的周转速度，库存周期由原来的 10.5 天缩短为现今的 2.6 天）等项目的建设。

电子商务支付与安全认证中心。完成了集支付网关和认证中心于一体的电子商务基础设施建设，使得电子商务支付网关的安全认证可以通过 RA 申请，并采用国家 CFCA 的认证证书。是一个权威的、公正的、第三方的数字证书管理机构，可实现安全认证及颁发证书等功能。

大连口岸公共信息平台。目前，大连口岸公共信息平台已经成功搭建包括 EDI 平台和电子商务（EC）平台在内的完整的软硬件综合信息服务平台，先后开发应用 56 种电子单证报文和多个电子商务应用系统，并提供大量增值信息服务功能，成为联系政府机构、监管部门、码头、港航业界众多商务实体的“口岸公共外网”，有力地促进了口岸物流、港航操作、通关服务等的效率提升与信息共享。同时，大连口岸公共信息平台还得到了大连市政府的支持，并被指定为大连市口岸唯一的公共信息平台。同时作为大连航运交易市场的信息平台运营商，在大连口岸通关实现“一站式”服务和“一网式”交易中发挥着举足轻重的作用。由此获得的效益包括：①船代的单据处理效率提高 69%，每年船代行业节省的成本 265 万元。②贸易商的单据处理效率提高 30%，贸易商每年节约海运成本 1 000 万元，贸易商每年节约空运成本 100 万元（假设空运业务量为海运的 10%），贸易商每年节约运输成本 1 100 万元。

大连电子商务交易中心。作为国内首家具有电信级基础设施的第三方电子交易与服务提供商，位于新开路锦绣大厦的大连电子商务交易中心进入正式运作阶段，它将承担起“电子经纪”的角色，为中小企业开展电子商务，提高网上交易效率大开方便之门。目前，大连电子商务交易中心可实行托管服务、数据管理服务，还可提供多媒体电子商务交易平台、安全服务、数字认证、网上支付、交易管理服务。

大连数据中心。在信息产业高速发展的今天，大连作为国家信息化试点城市、电子商务示范城市、软件产业国际化示范城市；信息存储、信息交流和信息安全已成为大连信息化建设的关键。大连网盟网有限公司以其高端的经营理念和敏锐的市场嗅觉，在恰当的时间为众多的电子商务企业、各类网站以及基于互联网拓展业务的传统企业，提供了一个集高带宽保证、高安全认证保证、电信级基础设施为一体的公共数据服务平台——大连数据中心。大连数据中心在设计与建设中，充分体现了“功能完备、安全可靠和服务一流”的服务理念。

城市电子商务基础设施建设的原则包括：

（1）安全可靠性。一个合格的电子商务基础设施应该能够确保业务运作的安全性和连续性，以及电子商务应用程序对于最终用户的可用性。

（2）可扩展性。对可扩展性的需求源于企业一旦将自身与网络世界对接，将面临迅速增长的海量数据，以及极有可能因此导致的不可预知的客户需求和用户工作量的激增。

（3）灵活性。企业需要考虑与客户、商业合作伙伴和供货商的系统之间进行沟通和整合的问题，并促进电子商务模式的迅速扩展。

城市能否为企业提供安全的、可扩展的、灵活的电子商务基础设施环境，是能否促进自身发展的关键。应该说安全性和可扩展性方面，技术比重比较大，技术问题暂时不会对其发展造成影响，但灵活性方面不仅有技术因素，还包括了政府对整体电子商务的管理内容。如果忽略了这一点，它在未来也许会成为阻碍电子商务基础设施发展的一个因素。

城市电子商务基础建设需要注意的问题有：

（1）信用体系建设仍处于起步阶段。从信用体系建设的角度上讲，在此次调查的 50 个城市中，80%以上的城市已经充分意识到信用体系建设的重要性，网上信用信息查询和警示已经实现。但仍然存在的主要问题有：系统内容不够充实，企业数量较少，且企业信息不够全面；系统的跨部门、跨平台的共享与查询尚未实现，尤其银行系统的对接无法实现；个人信用查询系统尚未建立。

（2）支付体系亟须完善。在支付方面，尽管中国的电子金融的起步比较晚，发展的还不成熟，但电子金融的技术及应用水平已经能够满足日益发展的电子商务的需要，主要问题存在于网上支付及其安全性方面。此外，相关法律保障缺乏，出现问题后的责任认定、承担、仲裁结果的执行等复杂的法律关系难以解决。另外，商家与银行的利润问题，网上支付效率低下，银行确认支付时间长、收费高、限制多，也制约了电子商务的发展。

由此可知，一个城市与企业的电子商务应用基础完善度很大程度上影响了电子商务的发展。特别是中国加入 WTO 以来，基础设施的建设显得尤为重要。同时，政府的直接参与对城市和企业的电子商务基础设施建设起着至关重要的作用。

思考题：

1. 大连市在电子商务应用建设中采取了哪些措施？

2. 城市电子商务的基础建设要遵循哪些原则？

[习 题]

一、单选题

1. 在电子商务的应用架构中，（　　）是处于最底层，它是电子商务应用的基础。

   A. 网络基础　B. 网站基础　C. 网站平台　D. 网络平台

2. 下列关于 ISO/OSI RM 的说法正确的是 （　　）。

   A. 一共分为四层　B. 物理层是最高层

   C. 传输层是最底层　D. 应用层是最高层

3. （　　）是目前为止最成功的网络体系结构和协议，它为 Internet 提供了最基
本的通信功能，也是 Internet 获得成功的最主要原因之一。

   A . OSI 协议　B. IP 协议　C. TCP/IP 协议　D. TCP 协议

4. 域名的基本格式是（　　）。

A. 主机名. 机构名. 网络名. 地区域或行业域名

B. 机构名. 主机名. 网络名. 地区域或行业域名

C. 机构名. 主机名. 地区域或行业域名.网络名

D. 地区域或行业域名. 主机名. 机构名. 网络名

5. 我们通常所说的“信息高速公路”是指（　　）。

A. 网络基础　　B. 网站基础　　C. 网站平台　　D. 网络平台

6. （　　）是指用户将自己的独立服务器寄放在互联网服务商的机房，日常系统维护由互联网服务商进行，可为企业节约大量的维护资金。

A. 虚拟服务器　B. 服务器托管　　C. 独立服务器　D. 实体服务器

7. 下列有关一个简化的 XML 文档说法正确的是（　　）。

A. 根元素可以被其他元素包括　　B. 不能出现元素嵌套的现象

C. 可以不包含元素　　D. 遵守 XML 规范

8. ADSL 与以往调制解调技术的主要区别在于其（　　）。

A. 上下行速率是一样的　　B. 上下行速率是非对称的

C. 上下行速率是不一样的　　D. 上下行速率是对称的

二、多选题

1. 计算机网络是计算机技术和通信技术相结合的产物。它的功能总结起来就是两个方面（　　）和（　　）。

A. 相互通信　　B. 信息传播快　　C. 有利于交流　　D. 资源共享

2. 按网络规模大小可以把计算机网络分为（　　）。

A. 局域网　　B. 城域网　　C. 广域网　　D. 移动网

3. ATM 的特点（　　）。

A. 灵活性　　B. 高速率　　C. 多业务　　D. 安全性

4. 从技术上看，电子商务应用系统由（　　）构成。

A. 企业内部网　　B. 企业内部网与互联网的连接

C. 电子商务应用服务　　D. 企业外部网

5. 对 http://www.163.com/index.htm，下列说法正确的是（　　）。

A. http 指定了客户机程序要处理的是 HTML 的连接

B. /index.htm 就是所要查找的 Web 页的路径和文件名

C. www.163.com 这个地址指定了在网上需要找的页面所在的计算机

D. 以上都不对

6. Dreamweaver 的优点是（　　）。

A. 不生产冗余代码　　B. 强大的动态页面支持

C. 操作简便　　D. 方便的工作模式

7. DDN 的特点是（　　）。

A. 速率高　　B. 高误码率

C. 通信内容狭小　　D. 方便各种局域网的内部接入联网

三、简答题

1. 阐述 TCP/IP 的特点。
2. 简述 Internet、Intranet 和 Extranet 的不同。
3. 简述公共电话交换网的优点和不足。
4. 简述综合业务数字网的优势
5. 简述 ADSL 的技术特点。

[习题解答]

单选题：DDCADBDB

多选题：AD　ABCD　ABCD　ABC　ABC　ABCD　AD

简答题：略

CHAPTER 4

第四章 电子商务安全技术

[内容提要]

随着电子商务的广泛应用，大量财富在网络中流通，人们对网络安全提出了新的要求。本章从网络的安全概述讲起，介绍了电子商务安全的需求，电子商务安全的基础技术和相关的应用；介绍了数字证书、数字信封、认证技术等跟电子商务安全密切相关的技术应用。

[学习要点]

1. 理解电子商务安全在哪些方面会面临威胁，了解活动页面和浏览器插件对客户信息安全的威胁，理解数据在传输过程中会受到哪几种威胁，理解电子商务服务器的安全威胁主要表现在哪些方面。理解电子商务安全需求；熟悉电子商务安全内容；

2. 掌握加密的基本原理，熟悉传统的加密算法，理解对称加密和非对称加密的概念和原理，理解散列算法的概念；

3. 了解防火墙的概念，熟悉防火墙的功能和分类；

4. 了解身份认证的概念，熟悉身份认证技术的几种分类，掌握各分类的操作原理，理解不同种类的身份认证技术的区别，掌握数字签名的概念，熟悉数字签名的流程，理解数字信封和数字时间戳的概念，掌握数字证书的概念和类型，了解数字证书的应用，熟悉认证中心的概念和职能，理解认证系统的构成；

5. 理解一个安全的电子商务交易需要有哪些保证，理解电子商务交易安全的技术保证，熟悉安全交易协议主要包括哪几个方面的内容。

第一节 电子商务安全概论

随着电子商务的飞速发展，在网络中流通的财富越来越大，对网络安全考验也越来越严峻。黑客的攻击和电脑病毒的爆发常常造成网站的瘫痪、信息的丢失，给蓬勃发展的电子商务带来极大威胁。一些非法用户很容易利用共享的特点来获取信息，同时也可能蓄意破坏资源并且利用网络进行高科技犯罪活动。目前黑客们能运用的攻击软件已超过去 1 000 多种，仅美国五角大楼国防部的内部网络每月就遭受数以千计的黑客攻击。如果说黑客是从计算机外部对网络安全造成威胁，而层出不穷的计算机病毒是从内部对计算机网络安全造成了严重的威胁。现在的病毒越来越猖獗，种类越来越多，无时无刻在威胁着网络计算机的安全，对网络的硬件、软件和数据都构成重大威胁。

还有，作为电子商务主体的企业网络安全状况也令人担忧。主要表现在网络管理人员素质低下，网络安全的设计不规范，难以形成有效的安全体系。另外，作为企业对外经营活动的网站，大多数的中小企业难以获得可靠的信息安全服务支持。因为中小企业出于实力限制，不能做到像大公司那样斥资购买独立服务器、安装价格不菲的防火墙软件等昂贵方式来建立并维护网站，这也就决定了我国 90%的网站都是依赖于外部 ISP 来支持。但令人遗憾的是，由于现在我国网站托管行业的经营门槛较低，又没有技术、设施、资本等行业资格认证标准的限制，导致市场混乱、行业整体技术服务水平不高、严重影响了中小企业的网络安全！

一、电子商务安全威胁

电子商务是在网络平台中进行的，我们考察交易信息在从客户机到服务器的整条信息链上，体现的安全威胁可从三个方面去考虑：客户交易信息的是否安全？传输链路是否安全？服务器是否安全？那么电子商务安全所面临的威胁可从这三个方面去讨论：一是对客户信息的安全威胁；二是对传输链路的安全威胁；三是对电子商务服务器的安全威胁。具体如图 4-1 所示。

（一）客户信息的安全威胁

在电子商务中，客户通过浏览器进行实现电子商务的信息查询，进行电子支付。客户所输入的订单信息、支付信息等都是网络安全中要考虑的问题。但是，大量出现的恶意代码、木马病毒、大量弹出广告和插件干扰是网络与信息安全的三大杀手，

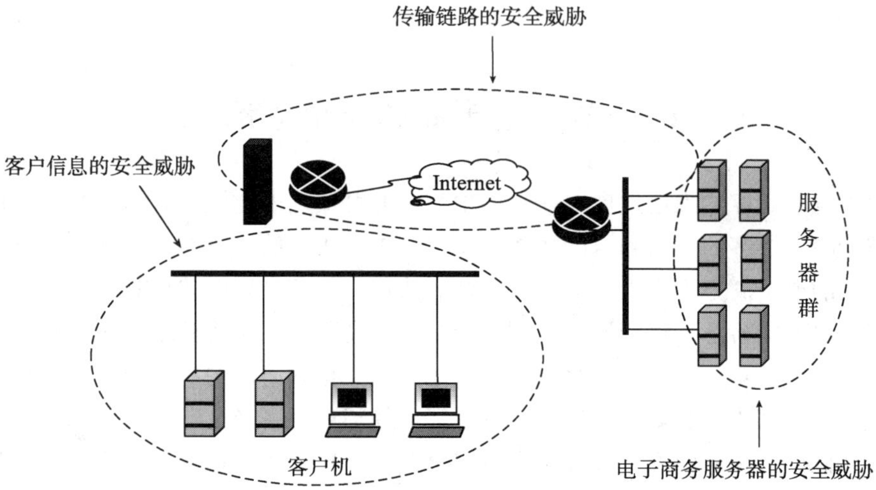

图 4-1 电子商务安全威胁

也是最令网民头疼的三大问题。面对激烈的市场竞争，有的网络企业为了生存，滥用技术手段，甚至散布恶意代码和有害程序等对个人用户的 IE 设置随意删改。有的恶意代码更携带木马病毒，一旦进入个人用户的电脑，就可以盗取用户包括网上银行密码在内的各种数据，也能删除用户的各种文件，已经严重影响到了用户的网络生活。同时，大量的网络插件和网络广告也为个人用户上网带来了很多不便。10 年前，网络在中国作为新媒介出现为企业提供了推广的新渠道，网络广告的出现自然无可厚非。但是，目前大量的弹出广告和插件给用户浏览网页带来了干扰，它们不但会占用带宽，拖慢程序的响应速度，更会占用个人电脑的各种资源，导致用户电脑的硬件配置出现滞后。

从客户信息安全的角度出发，我们分析一下活动页面和浏览器插件对客户信息安全的威胁。

1. 活动页面

早期的 WWW 只能浏览静态的页面。随着 Java 语言在 WWW 上的应用，页面中也可以嵌套对程序，构成活动页面。活动页面的出现，大大丰富了网页的表现内容，我们可以看到多姿多彩的网页，可以浏览到生动直观的内容。但是，嵌套在 HTML 中的程序，也将构成客户信息安全的重大威胁。远程客户可以通过嵌套的恶意程序，读取用户页面的信息，甚至是保留在 Cookie 程序中的信用卡用户及密码信息。

2. 浏览器的插件

用户在浏览网站时，经常会碰到是否安全某些浏览器的插件。经过认证中心认证，持有有效数字证书的正式站点下载的插件，可以保证客户机的安全。但如果是一些无数字证书，或者是一些不健康的网站的插件，通常带有安全的威胁。这些插件中可能会有病毒，会有恶意攻击程序，会改写你的注册表等。

（二）传输信息的安全威胁

互联网是一个开放网络，数据在传输信道中会受到下面几种安全威胁。

1. 窃听

窃听的原本含义是偷听别人之间的谈话。随着科学技术的不断发展，窃听的含义早已超出隔墙偷听、截听电话的概念，它是指借助于技术设备、技术手段，不仅窃取语音信息，还窃取数据、文字、图像等信息。计算机联网后，传输线路大多由载波线路和微波线路组成，这就使计算机泄密的渠道和范围大大增加。网络越大，线路通道分支就越多，输送信息的区域也越广，截取所送信号的条件就越便利，窃密者只要在网络中任意一条分支信道上或某一个节点、终端进行截取，就可以获得整个网络输送的信息。

2. 中断

在通信过程中，通信双方受到第三方干扰，造成通信中断。在互联网远距离的传输中，会受到自然界的或人为干扰而造成传输信道的中断。

3. 篡改

在通信过程中，第三方截获信息并修改了交易双方的内容。在电子商务交易中，如果被篡改了送货地址，那么买的东西将会被其他人接收；如果篡改了支付信息，可能支付的款项被其他人获得。

4. 伪造

在通信过程中，第三方伪造交易双方的身份进行交易。电子商务是基于不见面的交易，身份的认证是电子商务一个必要的前提。通过身份认证技术，可以明确在不见面交易双方的身份。

（三）电子商务服务器的安全威胁

电子商务服务器存放了大量的信息，是电子商务企业工作的平台。服务器的安全对企业来说至关重要，尤其是电子商务企业。一般来说，服务器安全的威胁主要在以下两个方面。

1. 系统安全

系统安全主要表现在：一是网络操作系统的安全性，目前流行的操作系统（Unix、Windows NT/2000/98 等）均存在网络安全漏洞；二是来自外部的安全威胁，非企业用户会通过网络漏洞攻击系统；三是来自内部用户的安全威胁，企业内部通过内部网络非法登陆服务器，修改或窃取信息；四是通信协议软件本身缺乏安全性，如TCP/IP 协议，IP 连接是没有安全设计的；五是应用服务器的安全，许多应用服务系统在访问控制及安全通信方面考虑得不周全。

2. 数据库系统的安全

从企业内部用户的角度看，局域网采用广播方式，在同一个广播域中可以侦听到在该局域网上传输的所有信息包，是不安全的因素。从外部网络访问来看，数据库系统也是安全最核心的部分。

二、电子商务安全的需求

电子商务面临威胁的出现，导致了对电子商务安全的需求。为真正实现一个安全电子商务系统，保证交易的安全可靠性，要求电子商务能做到保密性、完整性和不可抵赖性。

1. 保密性

电子商务作为贸易的一种手段，其信息直接代表着个人、企业或国家的商业机密。传统的纸面贸易都是通过邮寄封装的信件或通过可靠的通信渠道发送商业报文来达到保守机密的目的。电子商务是建立在一个较为开放的网络环境上的，维护商业机密是电子商务全面推广应用的重要保障。因此，强调信息的保密性就是要预防非法的信息存取和信息在传输过程中被非法窃取。保密性一般通过加密技术对传输的信息进行加密处理来实现，常用的加密技术有对称加密和非对称加密。

2. 完整性

电子商务简化了贸易过程，减少了人为的干预，同时也带来维护贸易各方商业信息的完整、统一的问题。

由于数据输入时的意外差错或欺诈行为，可能导致贸易各方信息的差异。此外，数据传输过程中信息的丢失、重复或信息传送的次序差异也会导致贸易各方信息的不同。贸易各方信息的完整性将影响到贸易各方的交易和经营策略，保持贸易各方信息的完整性是电子商务应用的基础。因此，强调信息的完整性就是要预防对信息的随意生成、修改和删除，同时要防止数据传送过程中信息的丢失、重复并保证信息传送次序的统一。完整性一般可通过散列算法提取信息的数据摘要的方式来进行对比验证得到。

3. 不可抵赖性

电子商务关系到贸易双方的商业交易，如何确定要进行交易的贸易方正是所期望的贸易伙伴这一问题则是保证电子商务顺利进行的关键。

在传统的纸面贸易中，贸易双方通过在交易合同、契约或贸易单据等书面文件上手写签名或印章来鉴别贸易伙伴身份，确定合同、契约、单据的可靠性，并预防抵赖行为的发生。这也就是人们常说的"白纸黑字"。在无纸化的电子商务方式下，通过手写签名和印章已是不可能的。因此，要在交易信息的传输过程中，为参与交易的个人、企业或国家提供可靠的标识。不可抵赖性可通过对发送的消息进行数字签名来获取。

三、电子商务安全的内容

电子商务的一个重要技术特征是利用 IT 技术来传输和处理商业信息。因此，电子商务安全从整体上可分为两大部分：计算机网络安全和商务交易安全。

计算机网络安全的内容包括计算机网络设备安全、计算机网络系统安全、数据库安全等。其特征是针对计算机网络本身可能存在的安全问题，实施网络安全增强方案，以保证计算机网络自身的安全性为目标。

商务交易安全则紧紧围绕传统商务在互联网络上应用时产生的各种安全问题，在计算机网络安全的基础上，保障电子商务过程的顺利进行，即实现电子商务的保密性、完整性、可鉴别性、不可伪造性和不可抵赖性。

计算机网络安全与商务交易安全实际上是密不可分的，两者相辅相成，缺一不可。没有计算机网络安全作为基础，商务交易安全就犹如空中楼阁，无从谈起。没有商务交易安全保障，即使计算机网络本身再安全，仍然无法达到电子商务所特有的安全要求。

第二节　信息加密技术

加密技术是信息安全的制高点。网络传输中必然要使用加密技术，一方面是我们知道在互联网上进行文件传输、收发电子邮件等商务往来存在许多不安全因素，特别是对于一些大公司和一些机密文件在网络上传输；而传输这些文件是基于不安全的互联网的——源于 TCP/IP 协议所固有的网络安全缺陷。另一方面，互联网给众多的商家带来了无限的商机，互联网把全世界连在了一起，走向互联网就意味着走向了世界，这对于无数商家无疑是梦寐以求的好事，特别是对于中小企业。所以，一方面我们知道互联网不安全，另一方面互联网又有巨大的商机。为了能够在不安全的互联网上拓展市场，进行远程交易，我们必须使用加密技术。加密在网络上的作用就是防止有用或私有化信息在网络上被拦截和窃取。一个简单的例子就是密码的传输，计算机密码极为重要，许多安全防护体系是基于加密技术的，密码的泄露在某种意义上来讲意味着其安全体系的全面崩溃。

现代的加密技术就是适应了网络安全的需要而应运产生的,它为我们进行一般的电子商务活动提供了安全保障，如在网络中进行文件传输、电子邮件往来和进行合同文本的签署等。数据加密技术是为提高信息系统及数据的安全性和保密性,使得数据以密文的方式进行传输和存储，防止数据在传输过程中被别人窃听、篡改。数据加密是所有数据安全技术的核心。

一、加密的基本原理

加密作为保障数据安全的一种方式，它不是现在才有的，它产生的历史相当久远，虽然它不是现在我们所讲的加密技术（甚至不叫加密），但作为一种加密的概念，确实早在几个世纪前就诞生了。当时埃及人是最先使用特别的象形文字作为信息编码的，随着时间推移，巴比伦、美索不达米亚和希腊文明都开始使用一些方法来保护他们的书面信息，这些都是古文明中所运用的加密概念。

数据加密的基本过程就是对原来为明文的文件或数据按某种算法进行处理,使其成为不可读的一段代码，通常称为“密文”，密文只能在输入相应的密钥之后才能显示出本来内容，通过这样的途径来达到保护数据不被非法人窃取、阅读的目的。该过程的逆过程为解密，即将该编码信息转化为其原来数据的过程。见图 4-2 数据加密/解密过程。

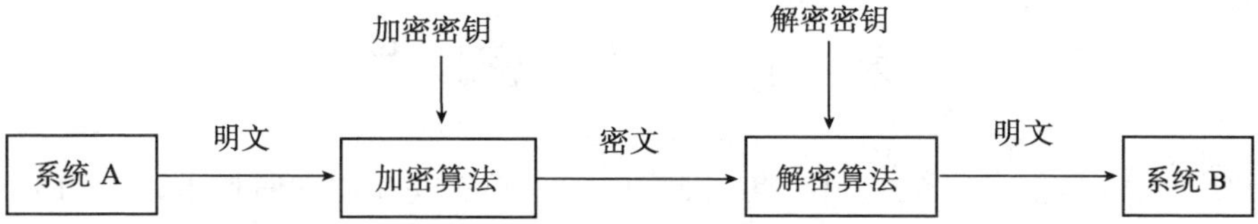

图 4-2　数据加密/解密过程

加密/解密的原理如下：在发送端将数据变换成某种难以理解的形式，并在接收端进行反变换，以恢复数据的原样。加密/解密的关键是：加密/解密算法的提出和加密/解密模块的实现。在加密系统中，算法是公开的，保密的核心在于密钥。密钥就是一串参与加密的字符串，算法在密钥的控制下进行操作，对应不同的密钥，相同的算法和相同的明文可以产生完全不同的密文，从而密钥可以充分地发挥已设计的加密算法的作用。

二、传统的加密算法

传统的加密算法有代换加密（一个或一组代替另外一个或一组字符），如何理解代换加密，我们可以看下面的例子，如图 4-3 所示。

明文：CHINA

代换表

ABCDEFGHIJKLMNOPQRSTUVWXYZ
YZXBADCEFGHIKLJMNOPRSQTUVW

密文：XEFLY

图 4-3 代换加密

通过代换表，明文 CHINA 在加密后变成 XEFLY，也就是将 X 取代 C，E 取代 H，F 取代 I，L 取代 N，Y 取代 A 而产生的密文。这种字符的映射关系就是对应该算法的密钥，而选择不同的密钥（不同的字符映射关系），将会产生不同的密文。这就是传统的代换加密。现在已经不能采用这样简单的方式加密了，因为它很难做到保密的要求。如何破解这类的密文呢？很早以前就有人对英文材料中各字母出现的频度进行过统计，所以根据字母频度表可以很容易对这种代替密码进行破译。

在代换密码中，还有通过列代换的方式实现的列代换加密，如图 4-4 所示。列代换的加密原理为：表中第一行 KAEBGCM 的字母决定了密文排列的顺序，我们把顺序在第二行用数字表示出来就是 6142357。如数字 1 下面对应的是 hgetn，那它就排在密文的第一块的位置；数字 2 下面对应的是 mwee，那它就排在密文的第二块的位置。以次类推，得到密文为：hgetnmweesltseesheinmtabooslto。

K	A	E	B	G	C	M
6	1	4	2	5	3	7
t	h	e	m	e	s	s
a	g	e	w	i	l	l
b	e	s	e	n	t	t
o	t	h	e	m	s	o
o	n					

明文：The message will be sent to them soon

密文：hgetnmweesltseesheinmtaboosltoo

图 4-4 列代换加密

列代换加密比上一种代换加密保密性好点，但是仍然可以破译，破译它们的关键就是字母的使用频率和字母组合的使用频率。

三、对称加密与非对称加密

（一）对称加密

常见加密技术通常分为两大类：对称加密和非对称加密。

对称加密也叫私有密钥加密，只用一个密钥对信息进行加密与解密，发送者与接收者都必须知道密钥。信息发送者就一个密钥对要发送的信息进行加密，然后将密钥和密文发给对方，信息接收者用密钥解密密文，得到明文，如图 4-5 所示。

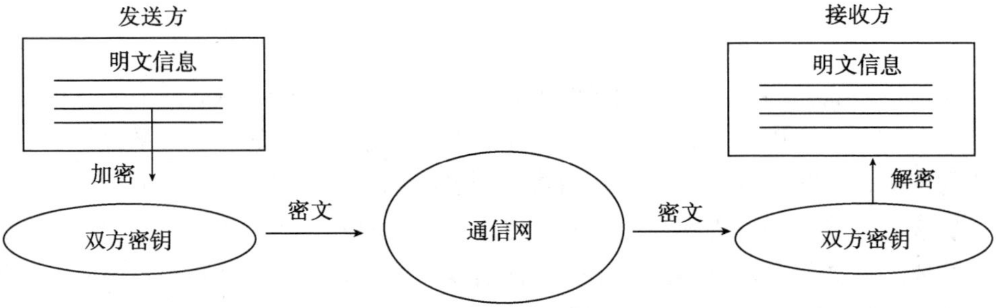

图 4-5　对称加密过程

从对称加密的过程来看，密钥是该加密系统一个最核心的地方。对称加密系统的安全性依赖于以下两个因素。第一，加密算法必须是足够强的，仅仅基于密文本身去解密信息在实践上是不可能的；第二，加密方法的安全性依赖于密钥的保密性，而不是算法的保密性。所以在实践中，算法是公开的，而密钥必须保密。对称加密系统的这些特点使其有着广泛的应用。因为算法不需要保密，所以制造商可以开发出低成本的芯片以实现数据加密，而这些芯片适用的范围广，所以适合于大规模生产。

对称加密系统的主要问题存在于三个方面：一是密钥的管理非常复杂、代价高昂。例如，对于具有 n 个用户的网络，需要 $n(n-1)/2$ 个密钥，在用户群不是很大的情况下，对称加密系统是有效的。但是对于大型网络，当用户群很大，分布很广时，密钥的分配和保存就成了大问题。假设在某机构中有 100 个人，如果他们任意两人之间可以进行秘密对话，那么总共需要多少密钥呢？每个人需要知道多少密钥呢？也许很容易得出答案，如果任何两个人之间要不同的密钥，则总共需要 4 950 个密钥，而且每个人应记住 99 个密钥。如果机构的人数是 1 000 人、10 000 人或更多，管理密钥将是一件麻烦的事情。二是密钥分发困难，很难找到安全的途径分发密钥。在对称加密中，用户必须让接收人知道自己所使用的密钥，这个密钥需要双方共同保密，任何一方的失误都会导致机密的泄露；而且在告诉收件人密钥过程中，还需要的防止任何人发现或偷听密钥，有些认证系统在会话初期用明文传送密钥，这就存在密钥被截获的可能性。三是对称加密算法不能实现数字签名。对称加密是发送者和接收者按照协商的规则进行加密和解密，所以在发生信息纠纷的时候，不存在第三方做认证。

对称加密系统最著名的是美国数据加密标准 DES（data encryption standard）、高级加密标准 AES 和欧洲数据加密标准 IDEA，典型代表为 DES 算法。下面以 DES 算法为例，介绍对称加密过程。

DES 算法是美国国家标准局 1973 年开始研究除国防部外的其他部门的计算机系统的数据加密标准，于 1973 年 5 月 15 日和 1974 年 8 月 27 日先后两次向公众发出了征求加密算法的公告。加密算法要达到的目的（通常称为 DES 密码算法要求）主要为以下四点：

（1）提供高质量的数据保护，防止数据未经授权的泄露和未被察觉的修改；

（2）具有相当高的复杂性，使得破译的开销超过可能获得的利益，同时又要便于理解和掌握；

（3）DES 密码体制的安全性应该不依赖于算法的保密，其安全性仅以加密密钥的保密为基础；

（4）实现经济，运行有效，并且适用于多种完全不同的应用。

1977 年 1 月，美国政府颁布：采纳 IBM 公司设计的方案作为非机密数据的正式数据加密标准 DES。

DES 算法的入口参数有三个：Key、Data、Mode。其中 Key 为 8 个字节共 64 位，是 DES 算法的工作密钥；Data 也为 8 个字节 64 位，是要被加密或被解密的数据；Mode 为 DES 的工作方式，它有两种：加密或解密。

DES 算法是这样工作的：如 Mode 为加密，则用 Key 去把数据 Data 进行加密，生成 Data 的密码形式（64 位）作为 DES 的输出结果；如 Mode 为解密，则用 Key 去把密码形式的数据 Data 解密，还原为 Data 的明码形式（64 位）作为 DES 的输出结果。在通信网络的两端，双方约定一致的 Key，在通信的源点用 Key 对核心数据进行 DES 加密，然后以密码形式在公共通信网（如电话网）中传输到通信网络的终点，数据到达目的地后，用同样的 Key 对密码数据进行解密，便再现了明码形式的核心数据。这样，便保证了核心数据（如 PIN、MAC 等）在公共通信网中传输的安全性和可靠性。

加密过程如下：①加密前，先对整个的明文进行分组，每一个组长 64 位；②使用密钥 64 位（实际 56 位，8 位用于奇偶校验）；③对每一个 64 位分组进行加密处理，产生一组 64 位密文数据；④将各组密文串接起来，得出整个的密文。

解密只是加密的逆过程，使用以上相同的步骤，但要逆转应用子密钥的顺序。DES 算法是可逆的。

DES 算法具有极高安全性，到目前为止，除了用穷举搜索法对 DES 算法进行攻击外，还没有发现更有效的办法。而 56 位长的密钥的穷举空间为 2^{56}，这意味着如果一台计算机的速度是每一秒钟检测一百万个密钥，则它搜索完全部密钥就需要将近 2 285 年的时间，可见，这是难以实现的，当然，随着科学技术的发展，当出现超高速计算机后，我们可考虑把 DES 密钥的长度再增长一些，以此来达到更高的保密程度。

（二）非对称加密

非对称式加密也称公开密钥加密，它用两个数学相关的密钥对信息进行编码，其中一个叫公开密钥（public-key），可随意发给期望同密钥持有者进行安全通信的人；第二个密钥是私有密钥（private-key，也叫秘密密钥 secret-key），由用户自己秘密保存，私有密钥持有者对信息进行解密。现代加密算法将加密密钥与解密密钥区分开来，且由加密密钥事实上求不出解密密钥。两个密钥都可以用来加密或解密，当用公钥加密时，则用私钥去解密；反之，用私钥加密时则用公钥去解密。非对称加密的特点对信息的认证有着重要的意义。

非对称加密加密过程如下：发送方收到接收方的公钥，将欲发送的信息用接收方的公钥加密；接收方接收到信息后，用自己的私钥解密，如图 4-6 所示。从非对称加密过程可以看出，如果发送方要与接收方进行安全的通信，即可用对方的公钥去加密，而公钥是不需要保密的，所以解决了对称加密中密钥分发困难的问题；另

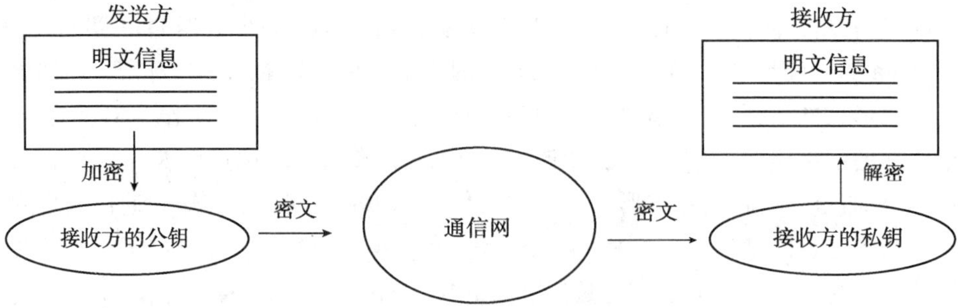

图 4-6　非对称加密过程

外，接收方只能用它自己的私有密钥解密得到原文，换句话说，就是只有接收方才能解读该信息，从而保证的信息的保密性。

非对称加密对当代密码学的发展具有重要影响。当网络用户数很多时，对称密钥的管理十分烦琐，而公钥密码的密钥管理则可大大简化。非对称加密的优越性就在于加密密钥可以公开，从而得到了密钥的分发的途径；而加密密钥不能用来解密，从而又保证了信息的保密性。从另外一个角度看，用私钥加密，公钥验证又形成了数字签名的基础。

当前最著名、应用最广泛的公钥系统 RSA 是由 Rivet、Shamir、Adelman 提出的（简称为 RSA 系统），它的安全性是基于大整数进行因子分解的困难性，而大整数因子分解问题是数学上的著名难题，至今没有有效的方法予以解决，因此可以确保 RSA 算法的安全性。RSA 算法描述如下：

（1）用户选择两个够大的保密质数 q、p （一般为 100 位以上十进数）。

（2）令 $n = p \times q$，n 是公开的，从 n 分解除 q、p 是极其困难的。

n 的欧拉函数：$\Phi(n) = (p-1)(q-1)$；

$\Phi(n)$ 小于等于 n，并与 n 互质。

（3）选择一个相对大的整数 e 作为加密指数，使 e 与 $\Phi(n)$ 互质。

（4）解同等方程：

$$ed = 1 \bmod \Phi(n)$$

求出解密指数 d 。

（5）设 M、C 分别为要加密的明文和被加密的密文（M、C 小于 n），则加密运算为 $C = M^e \bmod n$；解密运算为 $M = C^d \bmod n$。

（6）每个用户都有一组密钥（e, d, n）。

（e, n）为 PK，是可以公开在手册上的公钥，e 为加密指数；

（d, n）为 SK，是用户保密的私钥；

将 p、q 销毁。

（7）要求明文 $X<n$。

下面举一简单的例子对上述过程进行说明，我们选取很小的数字。

例：选取 p=3, q=5，则 n=15，$(p-1)\times(q-1)$=8。选取 e = 11（大于 p 和 q 的质数），通过 $d\times 11 = 1 \bmod 8$，计算出 d =3。

假定明文为整数 13。则密文 C 为

$$\begin{aligned} C &= M^e \bmod n \\ &= 13^{11} \bmod 15 \\ &= 1\ 792\ 160\ 394\ 037 \bmod 15 \\ &= 7 \end{aligned}$$

复原明文 P 为

$$
\begin{aligned}
P &= C^{d} \bmod n \\
&= 7^{3} \bmod 15 \\
&= 343 \bmod 15 \\
&= 13
\end{aligned}
$$

从上面例子可以看出，我们不同的运算进行加密和解密。而加密（或解密）运算不存在逆运算，即通过加密运算我们无法破解密文。

RSA 算法具有如下特点:

（1）发送者用加密密钥[设为 PK（public-key）]对明文（设为 *X*）加密后，在接收者用解秘密钥[设为 SK（secret-key）]解密，即可恢复出明文，即为 DSK[EPK（*X*）]=*X*。

（2）加密和解密的运算可以对调，即 EPK（DSK（*X*））=*X*。

（3）在计算机上可以容易的产生成对的 PK 和 SK。

（4）从已知的 PK 实际上不可能推导出 SK，即从 PK 到 SK 是计算上不可能的。

（5）加密和解密算法都是公开的。

RSA 方法的优点主要在于原理简单，易于使用。但是，随着分解大整数方法的进步及完善、计算机速度的提高以及计算机网络的发展（可以使用成千上万台机器同时进行大整数分解），作为 RSA 加解密安全保障的大整数要求越来越大。为了保证 RSA 使用的安全性，其密钥的位数一直在增加，例如，目前一般认为 RSA 需要 1 024 位以上的字长才有安全保障，而重要文件传输则要求 2 048 位。但是，密钥长度的增加导致了其加解密的速度大为降低，硬件实现也变得越来越难以忍受，这对使用 RSA 的应用带来了很重的负担，对进行大量安全交易的电子商务更是如此，从而使得其应用范围越来越受到制约。

四、散列算法

散列算法，也叫 Hash 算法，也按音译为“哈希”算法，就是把任意长度的输入通过散列算法变换成固定长度的输出，该输出就是散列值。简单地说就是一种将任意长度的消息压缩到某一固定长度的消息摘要的函数。这种转换是一种压缩映射，不同的输入可能会散列成相同的输出，而不可能从散列值来唯一的确定输入值。但是在信息传输安全的模型中，散列算法必须具有下列特征：如果对数据使用散列算法后，能产生唯一对应的散列值；而对数据做任何的改动，所产生的散列值几乎每一位都会不相同。散列算法的加密过程如图 4-7 所示。

散列算法在加密技术中广泛应用于对密钥或消息的加密，流行的散列算法包括 MD2、MD4、MD5 和 SHA-1。MD5 使用 128 位散列，SHA-1 使用 160 位散列。散列位越多，加密的安全性越高。

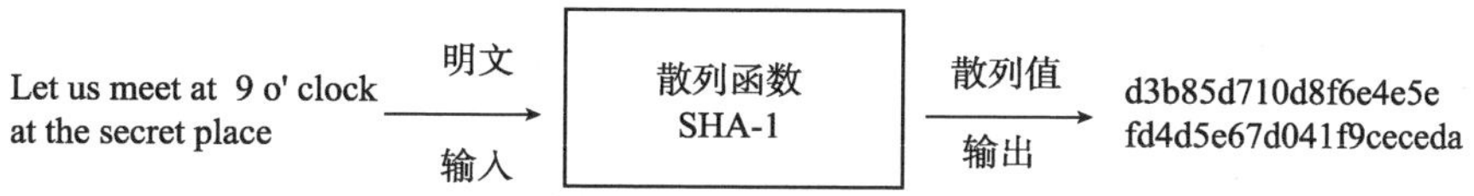

图 4-7　散列运算

在信息安全模型中，生成的散列值称为消息摘要。消息摘要是一种防止改动的方法，任意长度的消息输入到散列算法运算后输出是一个固定长度的摘要。摘要有这样一个性质，如果改变了输入消息中的任何东西，甚至只有一位，输出的摘要将会发生不可预测的改变，也就是说输入消息的每一位对输出摘要都有影响。所以可以这样认为，消息摘要相当于消息的指纹，每个消息的散列值是唯一的。同时散列运算是单向的，我们不可能从一个散列值恢复到信息原文。我们使用散列算法去验证消息是否被篡改，过程如下：使用单向散列函数计算消息的“摘要”，将它连同信息发送给接收方；接收方根据接收到的消息重新计算“摘要”，并与收到的“摘要”进行比较以验证消息在传输过程中的完整性。

第三节　防火墙技术

Internet 的发展给政府结构、企事业单位带来了革命性的改革和开放。他们正努力通过利用 Internet 来提高办事效率和市场反应速度，以便更具竞争力。我们在获得效率和便利的同时，又要面对 Internet 开放带来的数据安全的新挑战和新危险：网络开放了，访问服务器的不仅仅是内容的员工、客户、销售商、移动用户等，还可能是无意进入的过客，恶意入侵的黑客和商业间谍等。如何保护政府或企业内部网络的安全，保护机密数据的访问，建立严格的访问控制策略，都是我们要面临解决的问题。

一、防火墙

防火墙（firewall）是指设置在可信任的企业内部网和不可信的公共网或网络安全区域与风险区域之间的一系列部件的组合，它是一类防范措施的总称，是一种非常有效的网络安全模型。在 Internet 上，通过它来隔离风险区域（即 Internet 或有一定风险的网络）与安全区域（Intranet）的连接，但不妨碍人们对风险区域的访问，如图 4-8 所示。防火墙可以监控进出网络的通信量，从而完成看似不可能的任务：仅让安全、核准了的信息进入，同时又抵制对企业构成威胁的数据。它可通过监测、限制、更改跨越防火墙的数据流，尽可能地对外部屏蔽网络内部的信息、结构和运行状况， 以此来实现网络的安全保护。

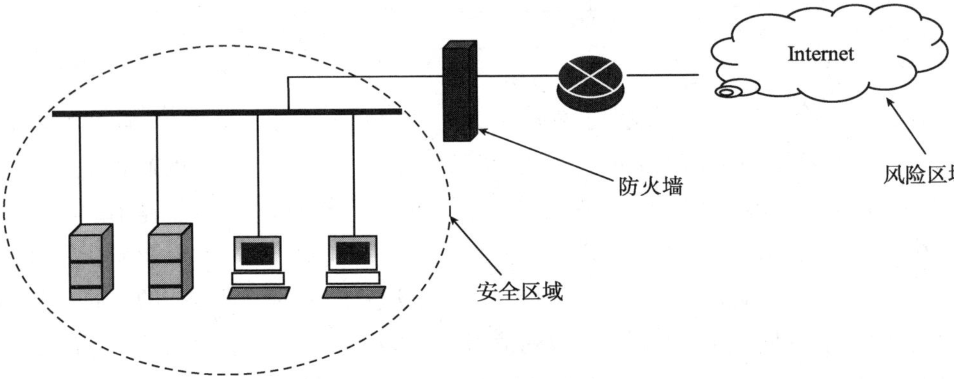

图 4-8　防火墙的位置

企业的电子商务是基于 Internet 上的，它最大的好处是方便了企业内部之间以及企业与外部的信息交流，提高了工作效率。然而，与 Internet 这样一个世界范围内开放的网络连接，在获得利益的同时也要付出安全性代价。一旦企业内部网连入 Internet，就意味着 Internet 上的每个用户都有可能访问企业网。如果没有一个安全性的保护措施，黑客可能会在毫无觉察的情况下进入企业网，非法访问企业的资源。而防火墙就是保护企业内部网中信息安全的一项重要措施，它能控制 Intranet 与 Internet 之间的所有数据量，控制和防止 Intranet 中有价值数据注入 Internet，也控制和防止来自 Internet 的无用垃圾和有害数据流入 Intranet。它是不同网络或网络安全域之间信息的唯一出入口，能根据企业的安全政策控制（允许、拒绝、监测）出入网络的信息流，且本身具有较强的抗击能力。

二、防火墙的功能

从不同的角度考虑，防火墙有很多不同的功能，我们介绍它最基本的几点功能。

（一）隔离的风险区域

防火墙处于安全区域与风险区域之间，能隔离内部敏感数据与风险区域之间的相连。由于只有经过精心选择的应用协议才能通过防火墙，所以网络环境变得更安全。如防火墙可以禁止诸如众所周知的不安全的协议进出受保护的内部网络，这样外部的攻击者就不可能利用这些脆弱的协议来攻击内部网络。防火墙同时可以保护网络免受基于路由的攻击，如 IP 选项中的源路由攻击和 ICMP 重定向中的重定向路径。防火墙应该可以拒绝所有以上类型攻击的报文并通知防火墙管理员。防火墙在风险区域与内部安全网络之间建立一个天然的屏障。

（二）强化网络安全策略

通过以防火墙为中心的安全方案配置，能将所有安全软件（如口令、加密、身份认证、审计等）配置在防火墙上。与将网络安全问题分散到各个主机上相比，防火墙的集中安全管理更经济。例如，在网络访问时，一次一密口令系统和其他的身份认证系统完全可以不必分散在各个主机上，而集中在防火墙一身上。

（三）限制访问内部信息

内部网络有只提供给内部员工或某些管理人员访问的特殊信息，防火墙可以实现相关安全策略上的访问限制。通过利用防火墙对内部网络的划分，可实现内部网重点网段的隔离，从而限制了局部重点或敏感网络安全问题对全局网络造成的影响。

（四）进行监控审计

如果所有的访问都经过防火墙，那么，防火墙就能记录下这些访问并作出日志记录，同时也能提供网络使用情况的统计数据。当发生可疑动作时，防火墙能进行适当的报警，并提供网络是否受到监测和攻击的详细信息。另外，收集一个网络的使用和误用情况也是非常重要的。首先的理由是可以清楚防火墙是否能够抵挡攻击者的探测和攻击，并且清楚防火墙的控制是否充足。而网络使用统计对网络需求分析和威胁分析等而言也是非常重要的。

三、防火墙的种类

防火墙技术可根据防范的方式和侧重点的不同而分为很多种类型，但总体来讲可分为两大类：包过滤防火墙和代理服务。下面介绍一下这两种最基本的防火墙。

（一）包过滤防火墙

包过滤防火墙是在网络层中对数据包实施有选择的通过，依据系统事先设定好的过滤逻辑，检查数据流中的每个数据包，根据数据包的源地址、目标地址以及包所使用端口确定是否允许该类数据包通过。包过滤防火墙是基于“凡是未禁止的就是允许的”原则的访问原则上的。

包过滤防火墙安全性非常好，最大的优点就是它对于用户来说是透明的，也就是说不需要用户名和密码来登录；这种防火墙速度快而且易于维护，通常作为第一道防线。然而其弊端也是很明显的，就是缺乏记账功能——通常它没有用户的使用记录。这样我们就不能从访问记录中发现黑客的攻击记录。虽然如此，包过滤器仍然是目前使用最为广泛的防火墙。

包过滤防火墙的工作原理很简单：第一，有选择地允许数据分组穿过防火墙，实现内部和外部主机之间的数据交换；第二，作用在网络层和传输层；第三，根据分组的源地址、目的地址、端口号、协议类型等标志确定是否允许数据包通过，满足过滤逻辑的数据包才被转发，否则丢弃。

例如，下面是某一包过滤防火墙的访问控制规则：

（1）允许任何 WWW 数据（80 口）通过；

（2）允许任何地址的 E-mail（25 口）进入主机 118.0.0.3；

（3）允许网络 198.56.1.0 使用 FTP（21 口）访问主机 118.0.0.1；

（4）允许 IP 地址为 202.111.1.35 和 202.16.1.14 的用户 Telnet（23 口）到主机 118.0.0.2 上；

（5）不允许其他数据包进入。

包过滤防火墙简洁、速度快、费用低，并且对用户透明，但是对网络的保护很有限，因为它只检查地址和端口，对网络更高协议层的信息无理解能力。

（二）代理服务

基于代理的防火墙源于人们对越来越牢不可靠的安全方法的需求。由于包过滤防火墙可以按照 IP 地址禁止未授权者的访问，但是它不适合企业网用来控制内部人员访问外界的网络。为了实施更加严格的访问控制策略，可以采用代理服务。代理服务是基于“凡是未允许的就是禁止的”访问原则。

防火墙内外的计算机系统应用层的链接是在两个终止于代理服务的链接来实现的，这样便成功地实现了防火墙内外计算机系统的隔离。代理服务是设置在 Internet 防火墙网关上的应用，是网络管理员根据访问原则允许访问或拒绝访问特定的应用程序或者特定服务的控制平台；同时也是实施较强的数据流监控、过滤、记录和报告等功能的一类网络安全模型的总称。代理服务通常由单独的计算机和专有应用程序承担。

代理服务能够检查进出的数据包，通过网关复制传递数据，防止在受信任服务器和客户机与不受信任的主机间直接建立联系。应用级网关能够理解应用层上的协议，能够做复杂一些的访问控制，并做精细的注册和稽核。但每一种协议需要相应的代理软件，使用时工作量大，效率不如包过滤防火墙。常用的应用级防火墙已有了相应的代理服务器，例如，HTTP、NNTP、FTP、Telnet 等，但是对于新开发的应用，尚没有相应的代理服务，它们将通过包过滤防火墙和一般的代理服务。

第四节 认证技术

在电子商务中，由于参与的各方是素不谋面的，身份认证成了必须解决的前提，即在电子商务中，必须解决不可抵赖性问题。交易抵赖包括多个方面，如发信者事后否认曾经发送过某条信息或内容，收信者事后否认曾经收到过某条消息或内容，购买者做了订货单不承认，商家卖出的商品因价格差而不承认原有的交易等。电子商务关系到贸易双方的商业交易，如何确定要进行交易的贸易方正是所期望的贸易伙伴这一问题则是保证电子商务顺利进行的关键。

在传统的纸面贸易中，贸易双方通过在交易合同、契约或贸易单据等书面文件上手写签名或印章来鉴别贸易伙伴身份，确定合同、契约、单据的可靠性，并预防抵赖行为的发生。这也就是人们常说的“白纸黑字”。在无纸化的电子商务方式下，通过手写签名和印章已是不可能的。因此，要在电子商务交易过程中，解决交易双方身份标识问题，以确保电子商务的顺利进行。

一、身份认证

身份认证是指计算机及网络系统确认操作者身份的过程。计算机和计算机网络组成了一个虚拟的数字世界。在数字世界中，一切信息包括用户的身份信息都是由一组特定的数据表示，计算机只能识别用户的数字身份，给用户的授权也是针对用户数字身份进行的。而我们生活的现实世界是一个真实的物理世界，每个人都拥有独一无二的物理身份。如何保证以数字身份进行操作的访问者就是这个数字身份的合法拥有者，即如何保证操作者的物理身份与数字身份相对应，就成为一个重要的安全问题。身份认证技术的诞生就是为了解决这个问题。

如何通过技术手段保证物理身份与数字身份相对应呢？在真实世界中，验证一个人的身份主要通过三种方式：一是根据你所知道的信息来证明身份（what you know），假设某些信息只有某人知道，如暗号等，通过询问这个信息就可以确认此人的身份；二是根据你所拥有的物品来证明身份（what you have），假设某一物品只有某人才有，如印章等，通过出示该物品也可以确认个人的身份；三是直接根据你独一无二的身体特征来证明身份（who you are），如指纹、面貌等。

从是否使用硬件，身份认证技术可以分为软件认证和硬件认证。从认证需要验证的条件来看，身份认证技术还可以分为单因子认证和双因子认证。如何区分单因子认证和双因子认证呢？我们认为仅通过一个条件来验证一个人的身份的技术称为单因子认证。例如，密码认证、指纹认证就是单因子认证。由于只使用一种条件判断用户的身份，单因子认证相对容易被仿冒。双因子认证通过组合两种不同条件来证明一个人的身份，如通过密码和芯片组合，用户可以通过 IC 记录验证身份信息，成功以后才通过服务器验证密码。双因子认证的安全性有了明显提高。

1. 密码方式

密码方式是最简单也是最常用的身份认证方法，是基于“what you know”的验证手段。每个用户的密码是由用户自己设定的，只有用户自己才知道。只要能够正确输入密码，计算机就认为操作者就是合法用户。实际上，由于许多用户为了防止忘记密码，经常采用诸如生日、电话号码等容易被猜测的字符串作为密码，或者把密码抄在纸上放在一个自认为安全的地方，这样很容易造成密码泄露。即使能保证用户密码不被泄露，由于密码是静态的数据，在验证过程中需要在计算机内存中和网络中传输，而每次验证使用的验证信息都是相同的，很容易被驻留在计算机内存中的木马程序或网络中的监听设备截获。因此密码方式是一种不安全的身份认证方式。

密码方式简单易用，容易操作，所以仍然是一个非常流行的身份认证方式。但因为密码方式的安全性不高，所以在使用过程中必须勤换密码，以保证密码的安全。

2. 生物特征

生物特征认证是指采用每个人独一无二的生物特征来验证用户身份的技术。常见的有指纹识别、虹膜识别等。从理论上说，生物特征认证是最可靠的身份认证方式，因为它直接使用人的物理特征来表示每一个人的数字身份，不同的人具有不同的生物特征，因此几乎不可能被仿冒。

生物特征认证基于生物特征识别技术，受到该技术成熟度的影响，采用生物特征的认证技术具有较大的局限性。首先，生物特征识别的准确性和稳定性还有待提高，特别是如果用户身体受到伤病的影响，往往导致无法正常识别，造成合法用户无法登陆。其次，由于研发投入较大和产量较小等原因，生物特征认证系统的成本非常高，目前只适合于一些安全性要求非常高的场合，如银行、部队等使用，目前还无法做到大面积推广。

3. 动态口令

动态口令技术是一种让用户密码按照时间或使用次数不断变化、每个密码只能使用一次的技术。它采用一种叫做动态令牌的专用硬件，内置电源、密码生成芯片和显示屏，密码生成芯片运行专门的密码算法，根据当前时间或使用次数生成当前密码并显示在显示屏上。认证服务器采用相同的算法计算当前的有效密码。用户使用时只需要将动态令牌上显示的当前密码输入客户端计算机，即可实现身份认证。由于每次使用的密码必须由动态令牌来产生，只有合法用户才持有该硬件，所以只要通过密码验证就可以认为该用户的身份是可靠的。而用户每次使用的密码都不相同，即使黑客截获了一次密码，也无法利用这个密码来仿冒合法用户的身份。

动态口令技术采用一次一密的方法，有效保证了用户身份的安全性。但是如果客户端与服务器端的时间或次数不能保持良好的同步，就可能发生合法用户无法登录的问题。并且用户每次登录时需要通过键盘输入一长串无规律的密码，一旦输错就要重新操作，使用起来非常不方便。

4. IC 卡认证

IC 卡是一种内置集成电路的芯片，芯片中存有与用户身份相关的数据，IC 卡由专门的厂商通过专门的设备生产，是不可复制的硬件。IC 卡由合法用户随身携带，登录时必须将 IC 卡插入专用的读卡器读取其中的信息，以验证用户的身份。IC 卡认证是基于“what you have”的手段，通过 IC 卡硬件不可复制来保证用户身份不会被仿冒。然而由于每次从 IC 卡中读取的数据是静态的，通过内存扫描或网络监听等技术还是很容易截取到用户的身份验证信息，因此还是存在安全隐患。

5. USB Key 认证

基于 USB Key 的身份认证方式是近几年发展起来的一种方便、安全的身份认证技术。它采用软硬件相结合、一次一密的强双因子认证模式，很好地解决了安全性与易用性之间的矛盾。USB Key 是一种 USB 接口的硬件设备，它内置单片机或智能卡芯片，可以存储用户的密钥或数字证书，利用 USB Key 内置的密码算法实现对用户身份的认证。基于 USB Key 身份认证系统主要有两种应用模式：一是基于冲击—响应的认证模式，二是基于 PKI 体系的认证模式。

每个 USB Key 硬件都具有用户 PIN 码，以实现双因子认证功能。USB Key 内置单向散列算法如 MD5（消息摘要算法第五版），预先在 USB Key 和服务器中存储一个证明用户身份的密钥，当需要在网络上验证用户身份时，先由客户端向服务器发出一个验证请求。服务器接到此请求后生成一个随机数并通过网络传输给客户端（此为冲击）。客户端将收到的随机数提供给插在客户端上的 USB Key，由 USB Key 使用该随机数与存储在 USB Key 中的密钥进行带密钥的单向散列运算并得到一个结果作为认证证据传送给服务器（此为响应）。与此同时，服务器使用该随机数与存储在服务器数据库中的该客户密钥进行运算，如果服务器的运算结果与客户端传回的响应结果相同，则认为客户端是一个合法用户。

下面以 iKey 为例介绍 USB Key 身份认证原理。

iKey 内置有 MD5 算法芯片，以冲击—响应方法来实现网络身份认证。它的实现原理如图 4-9 所示，参与运算的数有两个：一个可以是随机数，另一个是事先预设的算法因子（分别存放在服务器的用户数据库和 iKey 硬件内部的存储器）。MD5 算法可以保证两个运算数哪怕只发生一位数字的变化，运算结果也会变得完全不一样。因为每次验证运算的其中一个运算数是随机数，所以每次的运算结果也是随机变化的。由此保证运算结果在传输中不怕被截获。

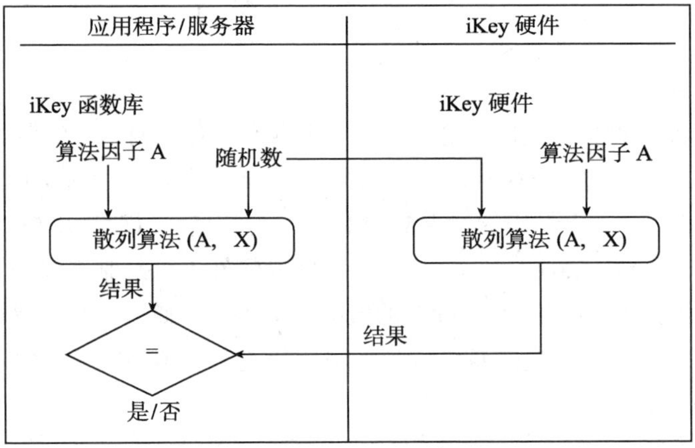

图 4-9　iKey 工作原理

iKey 的工作原理如下：①服务器或客户端取得随机数，并将之发给对方；②取出各自存储的算法因子；③对这两个数进行运算；④看运算结果是否一致。

如果一致，说明两端的算法因子是一致的（因为随机数是共用的，影响结果的只能是算法因子）。进而推出客户端的算法因子是约定的数，所以可以认定客户是合法的用户。

冲击—响应模式可以保证用户身份不被仿冒，却无法保护用户数据在网络传输过程中的安全。而基于公钥基础设施（public key infrastructure，PKI）构架的数字证书认证方式可以有效保证用户的身份安全和数据安全。数字证书是由可信任的第三方认证机构颁发的一组包含用户身份信息（密钥）的数据结构，PKI 体系通过采用加密算法构建了一套完善的流程，保证数字证书持有人的身份安全。然而，数字证书本身也是一种数字身份，还是存在被复制的危险。使用 USB Key 可以保障数字证书无法被复制，所有密钥运算由 USB Key 实现，用户密钥不在计算机内存出现也不在网络中传播，只有 USB Key 的持有人才能够对数字证书进行操作，安全性有了保障。

由于 USB Key 具有安全可靠，便于携带、使用方便、成本低廉的优点，加上 PKI 体系完善的数据保护机制，使用 USB Key 存储数字证书的认证方式已经成为目前主要的认证模式。

综上所述，几种身份认证技术特点的比较，如表 4-1 所示。

表 4-1　几种身份认证技术比较

认证技术	特　点	相关应用状况
用户名/密码方式	使用简单，容易操作	保护非关键性的系统，不能保护敏感信息
生物学特征	安全性最高，但技术复杂	技术不成熟，准确性和稳定性有待提高
动态口令	较高安全性	使用烦琐，有可能造成新的安全漏洞
IC 卡认证	简单易行	很容易被内存扫描或网络监听等黑客技术窃取
USB Key 认证	安全可靠，成本低廉	依赖硬件的安全性

二、数字签名

在传统的交易中，我们是用书面签名来确定身份的。在书面文件上签名的作用有两点：一是确定为自己所签署，难以否认；二是因为签名不易仿冒，从而判断文件是否为非伪造签署文件。随着电子商务的应用，人们希望通过数字通信网络迅速传递贸易合同，这就出现了合同真实性认证的问题，数字签名就应运而生了。数字签名与书面文件签名有相同之处，也能确认以下两点：① 信息是由签名者发送的。②信息自签名后到收到为止未曾作过任何修改。

（一）数字签名的含义

联合国贸法会的《电子签名示范法》中对电子签名作如下定义：“指在数据电文中以电子形式所含、所附或在逻辑上与数据电文有联系的数据，它可用于鉴别与数据电文相关的签名人和表明签名人认可数据电文所含信息”；在欧盟的《电子签名共同框架指令》中就规定：“以电子形式所附或在逻辑上与其他电子数据相关的数据，作为一种判别的方法”称电子签名。目前电子签名法中提到的签名，一般指的就是“数字签名”。什么是数字签名呢？

在 ISO7498-2 标准中定义为：“附加在数据单元上的一些数据，或是对数据单元所作的密码变换，这种数据和变换允许数据单元的接收者用以确认数据单元来源和数据单元的完整性，并保护数据，防止被人（如接收者）进行伪造。”

美国电子签名标准（DSS，FIPS186-2）对数字签名作了如下解释：“利用一套规则和一个参数对数据计算所得的结果，用此结果能够确认签名者的身份和数据的完整性。”

按上述定义 PKI 可以提供数据单元的密码变换，并能使接收者判断数据来源及对数据进行验证。数字签名是目前电子商务、电子政务中应用最普遍、技术最成熟的、可操作性最强的一种电子签名方法。目前数字签名技术里面常用非对称加密算法实现，然而在数字签名的规定里面，为预留数字签名和加密技术的发展空间，并没有指定非对称加密算法为唯一的签名算法。

数字签名用来保证信息传输过程中信息的完整和提供信息发送者的身份认证。在电子商务中安全、方便地实现在线支付。同时，对于数据传输的安全性、完整性，身份验证机制以及交易的不可抵赖问题通过安全性认证手段加以解决。数字签名进一步方便企业和消费者在网上做生意，使企业和消费者双方获利。例如，商业用户无须在纸上签字或为信函往来而等待，足不出户就能够通过网络获得抵押贷款、购买保险或者与房屋建筑商签订契约等；企业之间也能通过网上磋商达成有法律效力的协议；另外，还可以通过这样的数字签名来防止电子信息因易被修改而有人作伪，或冒用别人名义发送信息，或发出（收到）信件后又加以否认等情况发生。

（二）数字签名的过程

目前基于非对称加密算法的数字签名过程如下：① 被发送文件用散列算法加密产生信息摘要；②发送方用自己的私有密钥对摘要再加密，这就形成了数字签名；③将原文和加密的摘要同时传给对方；④对方用发送方的公共密钥对摘要解密，同时对收到的文件用散列算法加密产生又一摘要；⑤将解密后的摘要和收到的文件在接收方重新加密产生的摘要互相对比，如两者一致，则说明传送过程中信息没有被破坏或篡改过，否则不然。

从数字签名的过程可看出，签名建立在私有密钥与签名者唯一对应的基础上；在验证过程中，是用与该私有密钥对应的公开密钥来验证的。所以，数字签名必须通过一家可信赖的认证中心颁发签名的数字证书（根证书）、私匙，从而确保签名的有效性。

三、数字信封与数字时间戳

（一）数字信封

数字信封是用加密技术来保证只有规定的特定收信人才能阅读信的内容。在数字信封中，信息发送方采用对称密钥来加密信息，然后为了能安全的传输对称密钥，将对称密钥使用接收方的公开密钥来加密（这部分称为数字信封）之后，将它和对称加密信息一起发送给接收方，接收方先用相应的私有密钥打开数字信封，得到对称密钥，然后使用对称密钥解开信息。这种技术的安全性相当高。采用数字信封技术后，即使加密文件被他人非法截获，因为截获者无法得到发送方的通信密钥，故不可能对文件进行解密。

在数字信封中，使用随机产生的对称密钥来加密数据：发送者自动生成对称密钥，用它加密原文，将生成的密文连同密钥本身一起再用公开手段传送出去。收信者在解密以后同时得到了对称密钥和用它加密的密文。这样可以保证每次传送都可以由发送方选定不同的密钥进行。

金融交易所使用的密钥必须经常更换，但是为了解决每次更换密钥的问题， 数字信封克服了秘密密钥加密中秘密密钥分发困难和公开密钥加密中加密时间长的问题，使用两个层次的加密来获得公开密钥技术的灵活性和秘密密钥技术的高效性。

（二）数字时间戳

交易文件中，时间是十分重要的信息。在书面合同中，文件签署的日期和签名一样均是十分重要的防止文件被伪造和篡改的关键性内容。而在电子交易中，同样需对交易文件的日期和时间信息采取安全措施，而数字时间戳服务就能提供电子文件发表时间的安全保护。数字时间戳服务（DTS）是网络安全服务项目，由专门的机构提供。时间戳是一个经加密后形成的凭证文档，它包括三个部分：需加时间戳的文件的摘要、DTS 收到文件的日期和时间、DTS 的数字签名。

DTS 的过程为：用户将需要加上时间的文件生成文件摘要，然后将摘要传给 DTS 服务机构；DTS 将收到的摘要加上时间，再用自己的私钥进行加密；最后将加有时间和数字签名的文件发回给客户，完成数字时间戳的服务过程。

四、数字证书

（一）什么是数字证书

Internet 电子商务系统技术使在网上购物的顾客能够极其方便轻松地获得商家和企业的信息,但同时也增加了对某些敏感或有价值的数据被滥用的风险。为了保证互联网上电子交易及支付的安全性、保密性等，防范交易及支付过程中的欺诈行为，必须在网上建立一种信任机制。这就要求参加电子商务的买方和卖方都必须拥有合法的身份，并且在网上能够有效无误地被进行验证。数字证书就是实现这种安全机制的技术应用。

数字证书就是网络通信中标志通信各方身份信息的一系列数据，其作用类似于现实生活中的身份证。它是由一个权威机构发行的，人们可以在交往中用它来识别对方的身份。数字证书的格式一般采用 X.509 国际标准。

一个标准的 X.509 数字证书包含以下一些内容：①证书的版本信息；②证书的序列号，每个证书都有一个唯一的证书序列号；③证书所使用的签名算法；④证书的发行机构名称，命名规则一般采用 X.400 格式；⑤证书的有效期，现在通用的证书一般采用 UTC 时间格式；⑥证书所有人的名称，命名规则一般采用 X.400 格式；⑦证书所有人的公开密钥；⑧证书发行者对证书的签名。

数字证书也必须具有唯一性和可靠性。为了达到这一目的，需要采用很多技术来实现。通常，数字证书采用公钥体制，即利用一对互相匹配的密钥进行加密、解密。每个用户自己设定一把特定的仅为本人所有的私有密钥（私钥），用它进行解密和签名；同时设定一把公共密钥（公钥）并由本人公开，为一组用户所共享，用于加密和验证签名。当发送一份保密文件时，发送方使用接收方的公钥对数据加密，而接收方则使用自己的私钥解密，这样信息就可以安全无误地到达目的地了。通过数字的手段保证加密过程是一个不可逆过程，即只有用私有密钥才能解密。公开密钥技术解决了密钥发布的管理问题，用户可以公开其公开密钥，而保留其私有密钥。

数字证书颁发过程一般为：用户首先产生自己的密钥对，并将公共密钥及部分个人身份信息传送给认证中心。认证中心在核实身份后，将执行一些必要的步骤，以确信请求确实由用户发送而来，然后，认证中心将发给用户一个数字证书，该证书内包含用户的个人信息和他的公钥信息，同时还附有认证中心的签名信息。用户就可以使用自己的数字证书进行相关的各种活动。数字证书由独立的证书发行机构发布。数字证书各不相同，每种证书可提供不同级别的可信度。可以从证书发行机构获得您自己的数字证书。

（二）数字证书类型

数字证书的类型有很多种，如个人数字证书、企业数字证书、服务器数字证书、电子邮件数字证书、代码签名数字证书等，我们主要介绍前面三种最常用的数字证书。

1. 个人数字证书

用户使用个人数字证书来向对方表明个人的身份，同时应用系统也可以通过证书获得用户的其他信息。个人数字证书支持现在主流的浏览器产品（包括 Microsoft IE 4.0 及后续版本、Netscape 4.0 及后续版本）和电子邮件客户端软件（包括 Microsoft Outlook 等）。可存放于计算机硬盘、智能卡、USB 电子密钥中。

2. 企业数字证书

企业数字证书颁发给独立的单位、组织，在互联网上证明该单位、组织的身份。

单位数字证书根据各个单位的不同需要，可以分为单位证书和单位员工证书。单位证书对外代表整个单位，单位员工证书对外代表单位中具体的某一位员工。单位数字证书支持现在主流的浏览器产品（包括 Microsoft IE 4.0 及后续版本、Netscape 4.0 及后续版本）和电子邮件客户端软件（包括 Microsoft Outlook 等）。可存放于计算机硬盘、智能卡、USB 电子密钥中。

3. 服务器数字证书

服务器数字证书主要颁发给 Web 站点或其他需要安全鉴别的服务器，证明服务器的身份信息。服务器数字证书支持目前主流的 Web Server，包括 IIS、Lotus Domino、Apache、iPlant 等 Web 服务器。可存放于服务器硬盘或加密硬件设备上。

（三）数字证书的应用

认证中心所发放的数字安全证书可以应用于公众网络上的商务活动和行政作业活动，包括支付型和非支付型电子商务活动，其应用范围涉及需要身份认证及数据安全的各个行业，包括传统的商业、制造业、流通业的网上交易，以及公共事业、金融服务业、工商税务海关、政府行政办公、教育科研单位、保险、医疗等网上作业系统。它主要应用于网上购物、企业与企业的电子贸易、安全电子邮件、网上证券交易、网上银行等方面。认证中心还可以与企业代码证中心合作，将企业代码证和企业数字安全证书一体化，为企业网上交易、网上报税、网上报关、网上作业奠定基础，免去企业面对众多的窗口服务的苦累。数字证书广泛应用，对网络经济活动有非常重要的意义。

数字证书几乎可用于所有网络的经济和管理活动中，但目前的主要应用有以下几方面。

1. 网上交易

利用数字安全证书的认证技术，对交易双方进行身份确认以及资质的审核，确保交易者信息的唯一性和不可抵赖性，保护了交易各方的利益，实现安全交易。

2. 安全电子邮件

邮件的发送方利用接收方的公开密钥对邮件进行加密，邮件接收方用自己的私有密钥解密，确保了邮件在传输过程中信息的安全性、完整性和唯一性。

3. 无纸化办公

网上办公系统综合国内政府、企事业单位的办公特点，提供了一个虚拟的办公环境，并在该系统中嵌入数字认证技术，展开网上政文的上传下达，通过网络联结各个岗位的工作人员，通过数字安全证书进行数字加密和数字签名，实行跨部门运作，实现安全便捷的网上办公。

4. 网上招标

以往的招投标受时间、地域、人文的影响，存在着许多弊病，例如，外地投标者的不便、招投标各方的资质，以及招标单位和投标单位之间存在的猫腻关系。而实行网上的公开招投标，经济信息贸易委员会利用数字安全证书对企业进行身份确认，招投标企业只有在通过经济信息贸易委员会的身份和资质审核后，才可在网上展开招投标活动，从而确保了招投标企业的安全性和合法性，双方企业通过安全网络通道了解和确认对方的信息，选择符合自己条件的合作伙伴，确保网上的招投标在一种安全、透明、信任、合法、高效的环境下进行。通过该网上招投标系统，企业能够制定正确的投资取向，根据自身的实际情况，选择合适的合作者。

5. 政府公共服务

为企业使用政府提供网上的工商管理、税务管理、报关等业务作数字身份标识，也为政府对个人社会福利金管理作个人身份标识。

6. 电子金融服务

数字证书在电子银行、网络证券交易中作为客户的数字身份标识，对保护金融网络安全和客户资金安全起到重要的作用。

五、CA

CA 是认证机构的国际通称，是指对数字证书的申请者发放、管理、取消数字证书的机构。CA 的作用是检查证书持有者身份的合法性，并签发证书（在证书上签字），以防证书被伪造或篡改。CA 是由权威的、公正的第三方提供交易双方身份认证的机构，在电子商务体系中起着举足轻重的作用。CA 主要对数字证书进行管理，负责证书的申请、 证书的审批、证书的发放、证书的归档、证书的撤销、证书的更新、证书废止列表的管理等。数字证书实际上是存于计算机上的一个记录，是由 CA 签发的一个声明，证明证书主体（“证书申请者”被发放证书后即成为“证书主体”）与证书中所包含的公钥的唯一对应关系。证书包括证书申请者的名称及相关信息、申请者的公钥、签发证书的 CA 的数字签名及证书的有效期等内容。数字证书的作用是使网上交易的双方互相验证身份，保证电子商务的正常进行。

在电子商务系统中，所有实体的证书都是由证书授权中心即 CA 分发并签名的。CA 机构应包括两大部门：一是审核授权部门（registry authority，RA），它负责对证书申请者进行资格审查，决定是否同意给该申请者发放证书，并承担因审核错误引起的、为不满足资格证书申请者发放证书所引起的一切后果，因此它应由能够承担这些责任的机构担任；另一个是证书操作部门（certificate processor，CP），负责为已授权的申请者制作、发放和管理证书，并承担因操作运营所产生的一切后果，包括失密和为没有获得授权者发放证书等，它可以由审核授权部门自己担任，也可委托给第三方担任。

CA 体系具有一定的层次结构，它由根 CA、品牌 CA、地方 CA 以及持卡人 CA、商家 CA、支付网关 CA 等不同层次构成，上一级 CA 负责下一级 CA 数字证书的申请、签发及管理工作。通过一个完整的 CA 认证体系，可以有效地实现对数字证书的验证。每一份数字证书都与上一级的签名证书相关联，最终通过安全认证链追溯到一个已知的可信赖的机构。由此便可以对各级数字证书的有效性进行验证。根 CA 的密钥由一个自签证书分配，根证书的公开密钥对所有各方公开，它是 CA 体系中的最高层。例如，中国金融 CA 的结构 Non-SET 系统分为三层结构，第一层为根 CA ，第二层为政策 CA ，第三层为运营 CA。Non-SET-CA 系统架构如图 4-10 所示。

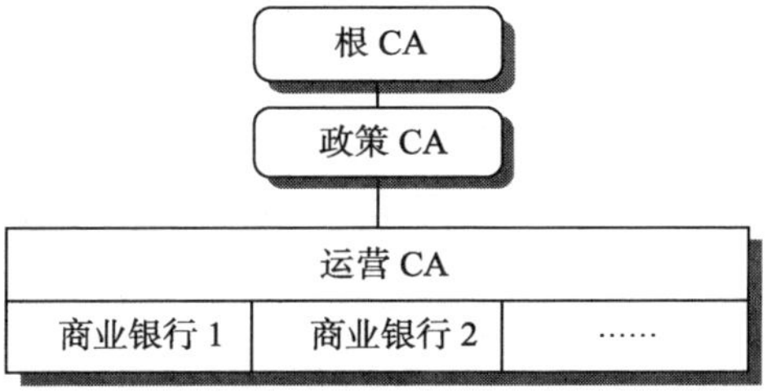

图 4-10　Non-SET-CA 系统架构

一个 CA 系统主要包括以下几大组成部分： 证书服务器 CA Server、证书注册中心系统 RA Registry、证书客户端、RA 服务器 RA Server、密钥管理服务器 KM Server、证书目录服务器 、证书/密钥数据库，CA2000 系统的组成如图 4-11 所示。

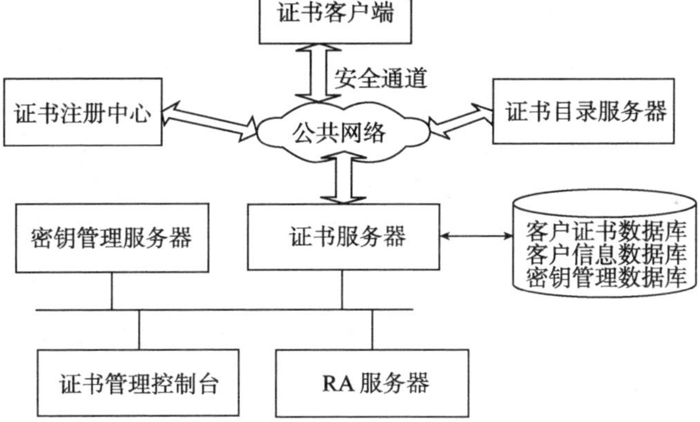

图 4-11　CA2000 系统的组成

第五节　安全的电子商务交易

一、技术的保证

（一）安全交易流程

要使电子商务整个交易是安全的，就必须保护交易中信息的完整性、保密性和不可抵赖性。首先，保护信息的完整性，即保证知道发出的信息是正确的，没有被修改。采用的方法：用散列算法提取信息摘要，即数字摘要方法。接收方用收到的订单信息生成信息摘要，与附加的信息摘要对比，检查信息是否被修改。如图 4-12 所示。

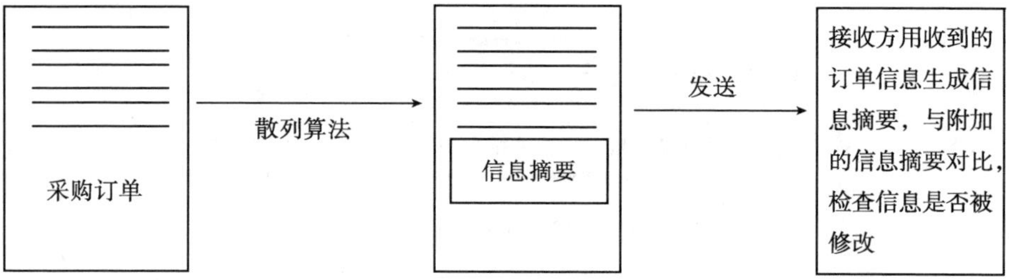

图 4-12　完整性检查

散列算法可以检查数据的完整性，却无法保证交易的安全，原因是散列算法是公开的，如果有人修改了订单中的送货地址和商品数量，会重新生成信息摘要，然后把修改后的信息和新的信息摘要发给商家。商家收到信息后检查，发觉是匹配的，也就是说，修改后也没人发现。

那么，我们该如何提出改进方案，保证发信息的人是商家所期待的客户？就是说，我们要让商家能确认发送订单的客户的身份。解决的办法可以是使用数字签名。客户用他自己的私钥对订单进行数字签名，商家可以用客户的公钥去验证，如果客户的公钥能够解开密文，证明是客户发过来的订单；如果不能解开，证明不是该客户发过来的订单，从而可以确定客户的身份。因为客户密钥是他唯一所有的，也就是说，除了该客户能产生这样的密文外，其他的客户是不能产生这样的密文的，也就是说订单是被客户签名了的，商家从而可以进行身份认证。假如客户抵赖发给商家的订单，商家可以去认证中心鉴别。通过这样的方法，保证了交易的不可抵赖性。

如图 4-13 所示。

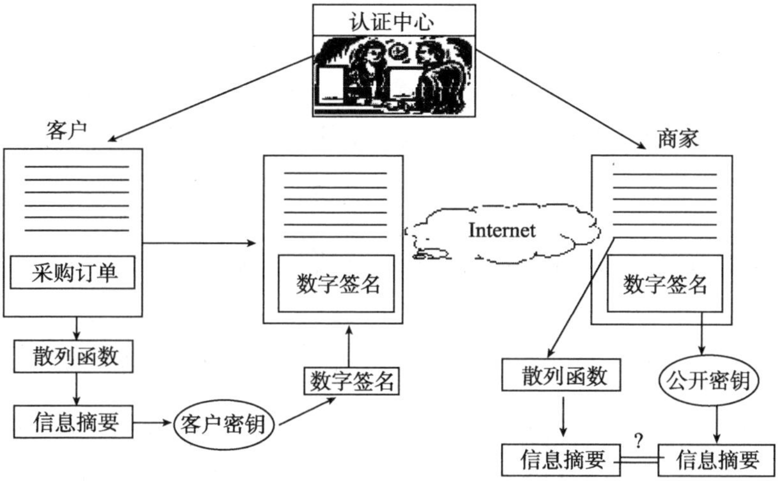

图 4-13 不可抵赖性验证

在上面的交易模式中，解决了用户的完整性和不可抵赖性问题，但没有解决保密性问题。如何解决保密性问题呢？可以使用数字信封。过程如下：用户将订单的原文和数字签名通过对称密钥加密，然后将对称密钥通过商家的公钥加密，发给商家；商家用自己的私有密钥解密，得到对称密钥，然后通过对称密钥解密得到订单原文和客户数字签名。如图 4- 14 所示。

图 4-14 保密性实现——数字信封

总结以上完整性、不可抵赖性和保密性的过程，我们可以综述如下：

（1）发送方 A 将原文信息进行 Hash 运算，得信息摘要 MD；

（2）发送方 A 用自己的私钥 SK_A，采用非对称 RSA 算法，对信息摘要 MD 进行加密，即得数字签名 DS；

（3）发送方 A 用对称算法 DES 的对称密钥 SK 对原文信息、数字签名 SD 及发送方 A 证书的公钥 PK_A 采用对称算法加密，得加密信息 E；

（4）发送方用接收方 B 的公钥 PK_B，采用 RSA 算法对对称密钥 SK 加密，形成数字信封 DE，就好像将对称密钥 SK 装到了一个用接收方公钥加密的信封里；

（5）发送方 A 将加密信息 E 和数字信封 DE 一起发送给接收方 B；

（6）接收方 B 接受到数字信封 DE 后，首先用自己的私钥 SK_B 解密数字信封，取出对称密钥 SK；

（7）接收方 B 用对称密钥 SK 通过 DES 算法解密加密信息 E，还原出原文信息、数字签名 SD 及发送方 A 证书的公钥 PK_A；

（8）接收方 B 验证数字签名，先用发送方 A 的公钥解密数字签名得信息摘要 MD；

（9）接收方 B 同时将原文信息用同样的 Hash 运算，求得一个新的信息摘要 MD1；

（10）将两个信息摘要 MD 和 MD1 进行比较，验证原文是否被修改。如果二者相等，说明数据没有被篡改，是保密传输的，签名是真实的；否则拒绝该信息。

这样就做到了敏感信息在数字签名的传输中不被篡改，未经认证和授权的人，看不见原数据，起到了在数字签名传输中对敏感数据的保密作用。

（二）安全交易的协议

安全交易协议主要有 SSL 和 SET 协议。

SSL 安全协议最初是由 Netscape Communication 公司设计开发的，又叫“安全套接层协议”，主要用于提高应用程序之间数据的安全系数。SSL 协议的整个概念可以被总结为：一个保证任何安装了安全套接字的客户和服务器间事务安全的协议，它涉及所有 TC/IP 应用程序。 SSL 安全协议主要提供以下三方面的服务。

1. 用户和服务器的合法性认证

认证用户和服务器的合法性，使得它们能够确信数据将被发送到正确的客户机和服务器上。客户机和服务器都是有各自的识别号，这些识别号由公开密钥进行编号，为了验证用户是否合法，安全套接层协议要求在握手交换数据时进行数字认证，以此来确保用户的合法性。

2. 加密数据以隐藏被传送的数据

安全套接层协议所采用的加密技术既有对称密钥技术，也有公开密钥技术。在客户机与服务器进行数据交换之前，交换 SSL 初始握手信息，在 SSL 握手信息中采用了各种加密技术对其加密，以保证其机密性和数据的完整性，并且用数字证书进行鉴别，这样就可以防止非法用户进行破译。

3. 保护数据的完整性

安全套接层协议采用 Hash 函数和机密共享的方法来提供信息的完整性服务，建立客户机与服务器之间的安全通道，使所有经过安全套接层协议处理的业务在传输过程中能全部完整准确无误地到达目的地。

美国 Visa 和 MasterCard 两大信用卡组织联合国际上多家科技机构，共同制定了应用于 Internet 上的以银行卡为基础进行在线交易的安全标准，这就是 SET（secure electronic transaction），即“安全电子交易”。它采用公钥密码体制和 X. 509 数字证书标准，主要应用于 B2C 模式中保障支付信息的安全性。SET 提供了消费者、商家和银行之间的认证，确保了交易数据的安全性、完整可靠性和交易的不可否认性，特别是保证不将消费者银行卡号暴露给商家等优点，因此它成为目前公认的信用卡/借记卡的网上交易的国际安全标准。SET 协议要达到的目标主要有五个：

（1）保证电子商务参与者信息的相互隔离，客户的资料加密或打包后经过商家到达银行，但是商家不能看到客户的账户和密码信息；

（2）保证信息在 Internet 上安全传输，防止数据被第三方窃取；

（3）解决多方认证问题，不仅要对消费者的信用卡认证，而且要对在线商店的信誉程度认证，同时还有消费者、在线商店与银行间的认证；

（4）保证了网上交易的实时性，使所有的支付过程都是在线的；

（5）规范协议和消息格式，促使不同厂家开发的软件具有兼容性和互操作功能，并且可以运行在不同的硬件和操作系统平台上。

二、法律的保证

安全的电子交易过程，在技术层面我们完全可以实现，但是在基础环境，特别是法律环境的完善是滞后的。但是，安全的交易离不开法律的保障。一方面，电子商务的各个环节与问题都直接影响着相关法律法规的制定；另一方面，法律环境的每一个细节与措施也都左右着电子商务的前程。所以，及时制定我国一系列与电子商务相关的法律法规、完善我国的电子商务政策法律环境，不仅会改善我国的电子商务基础环境，从根本上促进我国电子商务与网络经济的发展，还可以使我们以信息化带动工业化，促进现代化的伟大构想更早实现。正是在这样的环境下，我国的电子商务法律环境不断得到完善，电子商务与互联网的立法工作取得重大进展（此处立法是指广义的立法）。在 1999 年之前，中国的电子商务法律环境还基本处于相对空白的状态，在 1999 年开始涌现的电子商务热流的带动与要求下，相关立法的呼声日渐强烈，从 1999 年 3 月出台的合同法开始，相关法律法规与规章纷纷出台，连同相关政策、地方法规及司法解释在内，总数以数十计。这些法律法规与规章涉及互联网安全、保密、基础设施建设、融资、广告、经营许可、新闻发布等诸多领域，初步形成了一个完整的系统并基本做到了与国际接轨。而在法律法规体系逐步完善的基础上，相关的司法体系、行政系统和管理环境同时得到提高，行业自律和整体法律意识也得到增强，从而形成了我国基本的电子商务的法制环境。从 1999 年 3 月出台的合同法开始到 2000 年年底，相继出台的主要的法律法规与规章包括：《全国人大关于维护互联网安全的决定》、《中华人民共和国电信条例》、《互联网信息服务管理办法》、《电信服务标准》、《商用密码管理条例》、《电信网间互联管理暂行规定》、《电信网码号资源管理暂行办法》、《软件产品管理办法》、《互联网电子公告服务管理办法》、《互联网站从事新闻登载业务管理暂行办法》等。

而针对电子商务的立法，是近几年世界商事立法的重点，电子商务立法的核心，主要围绕电子签章、电子合同、电子记录的法律效力展开。从 1995 年美国犹他州颁布《数字签名法》至今，已有几十个国家、组织和地区颁布了与电子商务相关的立法，其中较重要或影响较大的有：联合国贸法会 1996 年的《电子商务示范法》和 2000 年的《电子签名统一规则》，欧盟的《关于内部市场中与电子商务有关的若干法律问题的指令》和《电子签名统一框架指令》，德国 1997 年的《信息与通用服务法》，俄罗斯 1995 年的《俄罗斯联邦信息法》，新加坡 1998 年的《电子交易法》，美国 2000 年的《国际与国内商务电子签章法》，我国也于 2004 年 8 月 28 日十届全国人大常委会第十一次会议表决通过了《中华人民共和国电子签名法》。这部法律规定，可靠的电子签名与手写签名或者盖章具有同等的法律效力。电子签名法的通过，标志着我国首部“真正意义上的信息化法律”已正式诞生，将于 2005 年 4 月 1 日起施行。

[案例分析] 网络诈骗又出新招——今天你被“钓”了吗？

今天你被“钓”了吗？作为网络中的最新流行用语之一，网络钓鱼（phishing）一词是“fishing”和“phone”的综合体，由于黑客始祖起初是以电话作案，所以用“ph”来取代“f”，创造了“phishing”，phishing 发音与 fishing 相同。这种网络诈骗方式并不需要侵入者主动攻击，他只需要静静等候这些钓竿的反应并提起一条又一条鱼就可以了，就好像是“姜太公钓鱼，愿者上钩”，因此被形象地称作是网络钓鱼。网络钓鱼又称钓鱼法或钓鱼式攻击，指的是一些不法网站（钓鱼网站）通过大量发送声称来自于银行或其他知名机构的欺骗性垃圾邮件，意图引诱收信人给出敏感信息（如用户名、口令、账号 ID 、 ATM PIN 码或信用卡详细信息）的一种攻击方式。最典型的网络钓鱼攻击将收信人引诱到一个通过精心设计与目标组织的网站非常相似的钓鱼网站上，并获取收信人在此网站上输入的个人敏感信息，通常这个攻击过程不会让受害者警觉。据有关调查，在所有接触诈骗信息的用户中，有高达 5%的人都会对这些骗局做出响应。

随着网络经济的升温，网络钓鱼等黑色产业也急剧“繁荣”。网络钓鱼最早在中国出现是 2004 年，虽然并不是一种新的入侵方法，但是它的危害范围却在逐渐扩大，成为近年来最为严重的网络安全威胁之一。调查结果显示，遭遇过网络钓鱼事件中的网民中，11.9%的网民蒙受了经济损失。钓鱼网站除了给网民带来经济损失，同时也使大批网民对互联网产生不信任心理，导致网民减少甚至避免使用某些网络应用，从而阻碍了我国互联网的健康发展。据国家计算机网络应急中心估算，目前国内“网络钓鱼”让网民的损失已达 76 亿元。

网络钓鱼诈骗手法可谓层出不穷，其手法隐蔽，取证困难，目前尚无法通过技术或法律手段彻底地将其根除，因此最关键的是要提高网民的个人网络安全防范意识。要想远离网络钓鱼，就要先识破其诈骗手法，做到知己知彼，才能最大限度地保护自己个人的财产安全不受侵犯。

据厦门市公安局公共信息网络安全监察处介绍，常见的“网络钓鱼”作案手法有七种：

手法一，发送电子邮件，以虚假信息引诱用户中圈套。不法分子大量发送欺诈性电子邮件，邮件多以中奖、顾问、对账等内容引诱用户在邮件中填入金融账号和密码，或是以各种紧迫的理由要求收件人登录某网页提交用户名、密码、身份证号、信用卡号等信息，继而盗窃用户资金。

手法二，建立假冒网站骗取用户账号密码实施盗窃。不法分子建立起域名和网页内容都与真正的网上银行系统、网上证券交易平台极为相似的网站，引诱受骗者输入账号密码等信息，进而窃取用户资金。

手法三，利用虚假的电子商务进行诈骗。不法分子在知名电子商务网站发布虚假信息，以所谓“超低价”、“免税”、“走私货”、“慈善义卖”等名义出售商品，要求受骗者先行支付货款达到诈骗目的。

手法四，利用“木马”和“黑客”技术窃取用户信息。不法分子在发送的电子邮件中或在网站中隐藏“木马”程序，在感染“木马”计算机上进行网上交易时，“木马”程序即以键盘记录方式获取用户账号和密码。

手法五，网址诈骗。不法分子设计的诈骗网站网址与正规网站网址极其相似，往往只有一个字母的差异，不仔细辨别很难发现。当用户登录虚假网站进行资金操作时，其财务信息将泄露。

手法六，破解用户“弱口令”窃取资金。不法分子利用部分用户贪图方便、在网上银行设置“弱口令”的漏洞，从网上搜寻到银行储蓄卡卡号，进而登录该银行网上银行网站，破解“弱口令”。

手法七，手机短信诈骗。由储存手机号码的电脑控制的手机短信“群发器”大量发出虚假信息，以“中奖”、“退税”、“投资咨询”等名义诱骗受骗者实施汇款、转账等操作。

现实中，诈骗者通过网络钓鱼手法诈骗网民的案例数不胜数。

一个是“钓鱼网站”：http://www.1cbc.com.cn；一个是真正的中国工商银行网站：http://www.icbc.com.cn，从界面上看，很难区分出来。二者的差别，仅仅是小写字母i和数字1的不同，但诈骗者就是利用这种障眼法，欺骗用户输入自己的账户密码。此外，也是一个假中国工商银行的网址，据受害者称，除了几处极其细微的差别外，这个假的中国工商银行钓鱼网站几乎可以以假乱真。此外，汇丰银行、花旗银行都受到过钓鱼网站的侵扰。

除此之外，国内的一些知名的电子商务网站如C2C商城淘宝网、B2C网站京东商城，乃至第三方支付平台易宝支付（YeePay.com）等都曾受到钓鱼网站的侵害，网络钓鱼俨然已成为互联网第一大危害。

大多数钓鱼网站为逃避相关部门对其监控和取证，生命周期很短，通常一个钓鱼网站在网上的生存时间不跨越一个月，有的只存活几天甚或几个小时。目前全球钓鱼网站频繁出现，严重影响在线金融服务、电子商务的发展，危害公众利益，影响公众应用互联网的信心。由于互联网特性，钓鱼网站的来源分布和危害跨越国界，已成为一个令全球关注并感到棘手的问题。

因此，为了及时有效制止钓鱼网站的危害，建立一种快速处理机制成为当务之急。鉴于这个背景，2008年7月18日，由国内银行证券机构、电子商务网站、域名注册管理机构、域名注册服务机构、专家学者组成的“中国反钓鱼网站联盟”在京正式宣布成立，它是国内唯一为解决钓鱼网站问题而成立的协调组织。目前CN域名规模达到1 180万个，成为国际上通用的主流域名，不可避免出现利用CN域名做钓鱼网站的现象。使用相似域名制作钓鱼网站是国际上非常流行的做法，国际上也通过域名技术手段来打击钓鱼网站。“中国反钓鱼网站联盟”成立并通过建立快速处理机制，主动防范、积极应对目前的网络钓鱼现状。联盟将及时终止CN域名下的钓鱼网站的危害，必将提升CN域名下的网站“安全指数”，让CN域名成为可信赖的域名，这也有助于保障我国互联网信息安全，保障CN域名用户的利益，构建可信网络。为了最大限度地保护公众利益，联盟将会重点针对与公众财产密切相关的各大证券、金融机构、知名电子商务企业、网上支付系统等进行保障，这也是钓鱼网站多发领域，影响广，危害大。

对于网民个人而言，要应对钓鱼网站的侵袭，保护自己的财产安全，就需要平时加强防范识别，域名要进行比对，对银行卡的异常交易信息要密切留意，对来自IM、邮件中的涉及敏感个人资料的内容要特别加强审核。此外，系统打好各类漏洞补丁，对银行账号一般都会有相应的安全插件，一定安装。相信只要越来越多的网民能够识破钓鱼网站的诈骗手法并能够加以防范，钓鱼网站就失去了赖以生存的温床，也就逐渐消失，直至完全退出互联网市场。

思考题：

1. 网络钓鱼常用的诈骗方式有哪些？
2. 如何来应对层出不穷的网络钓鱼案件？

[习 题]

一、单选题

1. 在通信过程中，第三方截获信息并修改了交易双方的内容是（　　）。
   A. 窃听　　B. 篡改　　C. 中断　　D. 伪造
2. 从外部网络访问来看，电子服务器的安全最核心的部分是（　　）。
   A. 用户带来的安全威胁　　B. 网络操作系统
   C. 硬件设备　　D. 数据库系统
3. 包过滤防火墙因为其自身的一些优点，常常作为电子商务交易安全的（　　）。
   A. 第三道防线　　B. 最后一道防线
   C. 第一道防线　　D. 不起什么作用
4. 以下不属于包过滤防火墙的优点是（　　）。
   A. 对客户是透明的　　B. 简洁
   C. 费用低　　D. 可以对网络起到无限的保护作用
5. 我们认为仅通过一个条件来验证一个人的身份的技术称为（　　）。
   A. 单因子认证　　B. 多因子认证
   C. 身份认证　　D. 不可能起到认证的作用
6. （　　）是最简单也是最常用的身份认证方法，是基于“what you know”的验证手段。

A. 生物学特征　B. 动态口令　C. 静态口令　D. 密码方式

7. （　）是基于“what you have”的手段，通过此硬件不可复制来保证用户身份不会被仿冒。

A. IC 卡认证　B. 密码认证　C. 身份证认证　D. 生物学特征

8. 对称加密也叫（　）。

A. 私有密钥加密　B. 公有密钥加密　C. 非对称加密　D. 公开加密

二、多选题

1. 电子商务安全威胁表现在哪些方面？（　）

A. 客户信息的安全威胁　B. 传输链路的安全威胁

C. 电子商务服务器的安全威胁　D. 病毒带来的威胁

2. 数据在传输信道中会受到下面哪几种安全威胁？（　）

A. 窃听　B. 中断　C. 篡改　D. 伪造

3. 电子商务服务器的安全威胁表现在（　）。

A. 系统安全　B. 数据库系统的安全

C. 客户信息的安全　D. 传输链路的安全

4. 电子商务安全的需求要做到（　）。

A. 保密性　B. 完整性　C. 不可抵赖性　D. 及时性

5. 电子商务安全从总体上可以分为（　）。

A. 计算机网络安全　B. 商务交易安全

C. 数据库系统的安全　D. 客户信息的安全

6. 常见的加密技术通常分为（　）。

A. 对称加密　B. 非对称加密　C. 公开加密　D. 秘密加密

7. 以下属于防火墙的功能的有（　）。

A. 隔离的风险区域　B. 强化网络安全策略

C. 限制访问内部信息　D. 进行监控审计

三、简答题

1. 电子商务交易安全表现在哪几个方面？
2. 电子商务安全的内容是什么？
3. 简述加密/解密的原理。
4. 简述非对称加密的概念。
5. 简述防火墙的概念。

6. 什么叫身份认证？
7. 在互联网上如何进行身份认证？
8. 简述数字签名的含义。

[习题解答]

单选题：BDCDADAB

多选题：ABC　ABCD　AB　ABC　AB　AB　ABCD

简答题：略

CHAPTER 5

第五章　电子支付及电子货币

[内容提要]

本章首先由传统的支付方式引出电子支付方式，介绍了电子货币的特征以及在使用中出现的问题；其次介绍了电子支付的金融网络系统，并分别分析了美国和中国的支付现状；然后，详细介绍了电子支付的几种工具以及支持电子支付的系统软件；最后详细介绍了网络银行的相关内容。

[学习要点]

1. 了解传统的支付方式，了解电子支付的参与者，掌握电子支付的特征，理解电子货币的概念，掌握电子货币可能带来的问题；

2. 理解电子支付的金融网络系统，熟悉国内银行的 SWIFT 应用现状，了解美国支付系统的概念和特点，熟悉中国的电子支付系统的现状和特点；

3. 掌握几种典型的电子支付工具，熟悉电子现金的分类，掌握电子现金的基本特性、支付步骤以及存在的问题，理解电子钱包和IC卡的功能，熟悉电子钱包和 IC 卡支付的步骤，掌握电子支票的优点，熟悉电子支票的网上解决方案，了解信用卡的概念，掌握银行卡的支付方案；

4. 熟悉主要的电子支付软件；

5. 了解网上银行的概念和产生原因，了解网上银行的电子支付过程，了解支付网关，熟悉几个典型的网络银行，了解网络银行的发展状况。

第一节 电子支付与电子货币概述

一、电子支付与传统支付

在日常的商业活动中，都需要以不同方式为商品和服务进行各种支付。对于个人来说，现金、支票、信用卡是人们比较熟悉的支付手段；对于商业团体而言，电子化的资金处理则是企业目前的热衷话题。随着 Internet 技术的日趋成熟并逐步向商业化发展，消费者和企业都在寻找 Internet 上新的支付业务的操作途径。电子支付是指电子交易的当事人，包括消费者、厂商和金融机构，使用安全电子手段通过网络进行的货币支付或资金流转，是参加电子商务的一方向另一方付款的过程。因此，严格意义上来讲电子支付是一种业务过程，而不是一种技术过程。

（一）传统支付方式

传统支付指的是通过现金流转、票据转让以及银行转账等物理实体的流转来实现款项支付的方式。传统商贸业务中的支付过程通常采用两种形式：现金方式和支票方式。前者比较简单，在长时间的贸易发展过程中，货币被广泛使用，并有力地促进了商贸活动的开展。在货币的进化史上，货币本身的形式多种多样，由于它实际操作过程简单方便，大量被用于个体消费者和企业的商品交易中。在现金交易中，买卖双方处于同一位置，而且交易是匿名的。卖方不需要了解买方的身份，现金具有使用方便和灵活的特点，多数小额交易是由现金完成的。其交易流程一般是:一手交钱，一手交货。 支票方式多用于企业的商贸活动中，操作过程相对比较复杂，涉及商贸双方和中间的金融机构等多家单位。现金支付是每个生活在商品经济社会中的人都非常熟悉的支付方式，至今仍在商品流通领域占据很重要的地位。

这里所说的传统支付活动是指当前人们普遍使用的不同于电子支付的其他支付方式，主要包括以下两种支付手段——现金、支票。

1. 现金

现金交易方式是最古老的交易方式，直到今天还被人们广泛使用。现金支付有以下特点：

（1）支付过程受时间和空间的限制，现金支付要求买卖双方必须在同一时间、同一地点内完成交易过程，这种约束限制了现金支付的应用场合。

（2）不适于大宗交易，由于大宗现金的不易携带性以及由此而产生的不安全性，也大大限制了现金支付的应用。

（3）支付过程简单，所谓的“一手交钱，一手交货”正反映了现金交易的最大优势。在小额交易中，现金是最合适的支付手段。

2. 支票

这里的支票是一个广义的概念，它指的是支付过程中所使用的一类文书凭证，如汇票、本票和普通支票等。支票是为了克服现金支付的上述局限而产生的，它使支付突破了时间和空间的限制，并解决了大宗交易的支付问题，支票支付有如下特点：

（1）支票支付需要有银行的参与，买方或卖方需要通过银行处理支票，这也意味着它要为此付出一定的费用，从而加大了支付成本。

（2）支票支付可异时、异地地进行，这大大增加了交易实现的机会。

支付系统包括的主要因素有：货币、货币性负债，以及主要由货币管理当局或金融机构发行的、为记录、交流和转移使用者之间债务所属关系的一系列工具、系统和程序。现在，许多工业化国家都通过运用电子技术来操作大额银行间资金转账系统和与日俱增的零售支付系统。而电子货币则正在成为电子商务中支付的主要手段。由于发展电子支付的需要，人们创造发明了电子货币，并由此进一步推动了电子支付和电子商务的深化与发展。

（二）电子支付的参与者

电子商务电子支付系统指的是消费者、商家和金融机构之间，在 Internet 上，使用安全电子交易手段进行的商品或服务的交易，它使用新型的支付手段，完成数据流转，从而实现电子支付。电子商务的在线支付系统中包含了购物流程、支付工具、互联网安全技术、信用及认证体系以及现有的金融体系，是一个庞大的综合性系统。电子支付系统是电子商务系统的重要的部分，指的是消费者、商家和金融机构之间使用安全电子手段把支付信息通过信息网络安全地传送到银行或相应机构，以实现货币支付或资金流转的支付系统。

电子支付系统的参与者主要有：①金融机构或银行；②收款人或付款人，资金划出或接收的个人或团体；③支付网关；④ 金融专用网。它们的关系如图 5-1 所示。下面对图 5-1 所示模型做简要分析：

（1）开户行。模型中金融机构被分为两个部分，客户开户行（由付款方使用）和商家开户行（由收款方使用）。开户行在系统中的作用包括提供支付工具、提供银行信用及进行银行间的结算等。

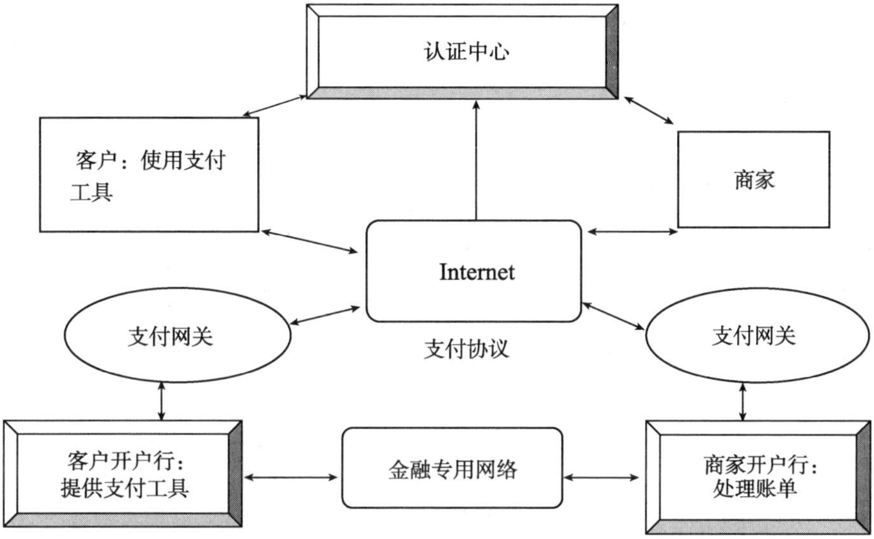

图 5-1 电子支付系统的参与者

（2）客户。这里的客户是指与商家之间有交易关系并存在未清偿的债务关系的一个当事方。通常为有获得商品或服务请求的消费者（B2C），或者是另一商家（B2B）。客户一般是支付体系运作的原因和起点。

（3）商家。商家一般是指交易中拥有债权的一方，或者说是提供商品及服务的一方。

（4）支付网关。它是开放式网络（如 Internet）与金融专用网之间的接口。支付网关直接影响到支付结算的安全和银行本身的安全，因此对其高效性和安全性都有着极高的要求。支付网关是一种商家授权和支付消息的支付交易获取平台。它提供支付服务，但不是收款和付款人的开户银行，它作为连接 Internet 与银行专用网的中介，将支付信息协议转换后，传入或传出金融专用网，实现资金划转与交割。支付网关的功能有：将 Internet 传来的数据包解密，并按照银行系统内部的通信协议将数据重新打包；接收银行系统内部反馈的响应消息，将数据转换为 Internet 传送的数据格式，并对其进行加密。在网上银行一节中有更详细的介绍。

（5）金融专用网络。它是银行间及银行内部的专用网络，它有着相对较高的安全性，我国已建立了较为先进、遍布全国的金融网络。

（6）认证机构。认证机构的作用是为交易当事方提供身份确认服务（通过发放数字证书等），它是电子支付系统中特有的一个当事方，起着不可替代的作用。

（7）电子支付工具及支付协议。电子在线支付的特点集中地体现在模型中的这两个方面，它们是实现电子商务的电子支付的关键，因此本章的重点将集中在上述两个方面。

（三）电子支付的特征

1. 电子货币产品在其技术实施方面有所不同

为了存储预付价值，卡基系统要用到专门的便携计算机硬件设施，具有代表性的是嵌入微处理器芯片的塑料卡，而基于软件的系统则利用安装在标准 PC 上的专用软件。电子支付采用现代技术通过数字流转来完成支付信息传输，支付手段均是数字信息；而传统的方式则是通过现金的流转、票据的转让以及银行的转账等实体形式的变化实现的。

2. 制度上的安排可能变动

明显的一点就是一种电子货币系统的运作中将包括四种服务提供者：电子货币价值的发行人、网络经营者、专门软硬件的供应商，以及电子货币业务的清算者。从政策角度看，最重要的提供者是发行人，因为电子货币是这些机构的资产负债表的债务责任。与之相比，网络经营者和软硬件的供应商只提供技术服务，而清算机构则是典型的银行或者是银行拥有的专业公司（它对电子货币提供服务与对其他非现金支付提供的服务没有区别）。很明显，在有很多个发行者时，但有些情况下只有一个发行者，其他机构从发行者处"购买"价值，然后将其"销售"给消费者。

3. 电子货币产品在价值转让方式上各有不同

有些电子货币系统允许消费者之间直接电子资金转账而根本不必涉及任何第三方如电子价值的发行者。更普遍的是，支付只允许从消费者到商家的方向进行，而商家必须依次兑换所记录的价值（例如，在每天日终他们将总值转账到银行，银行则把相应的资金记入贷方的银行账户）。

4. 与可转让性相关的是交易记录的程度

虽然有些系统设想只保存有限的个人交易记录或根本不保留记录，但大多数系统在中央数据库中登记消费者与商家之间的某些交易细节，这些记录能被监控。假如允许消费者与消费者之间直接进行交易，这些就只能在消费者自己的存储设施中记录，而且只有当消费者与电子货币系统的经营者连接时才能被集中监控（例如，将一张卡重新装入更多的价值时）。

5. 电子支付可以突破时间和空间的限制

电子支付可以完全突破时间和空间的限制，可以满足 24/7（每周 7 天，每天 24 小时）的工作模式，其效率之高是传统支付望尘莫及的。但支付系统的发展经历了漫长的过程（表 5-1）。

表 5-1 支付系统变革时间表

时 间	变 革
公元前 700 年	在土耳其西部出现最早的货币，用于缴税及雇用外籍兵团
1400 年	第一家银行在意大利和西班牙开设，承认对应于现金存款的支票方式
1694 年	英国银行（Bank of England）开幕，独占了银行票券的市场。它定义所有的存款证明并非均能立即在提领时取出存款的原则
1865 年	在英国银行的给付形式抽样调查中，显示有 97%是使用支票
1887 年	在 E. Bellamy 的小说 *Looking Backward* 中，出现“信用卡”的名词
1880~1914 年	黄金稳定的固定利率，使黄金成为当时的主要货币
1945 年	Bretton Woods 协议通过美元固定的价格连接货币与黄金的关系
1947 年	Flatbush 国家银行推出第一张可在纽约特定的商店使用的普通用途信用卡
1950 年	大额付费卡（diners club charge card）推出
20 世纪 50 年代中期	磁性油墨字体认证技术（MICR）的发展适时帮助了支票的处理，增加了以支票签封作为无现金付款方式的选择
1958 年	加州的 BankAmerica 银行第一次信用卡大宗邮寄动作
1967 年	Westminster 银行在伦敦装设第一部自动出纳机
1970 年	纽约票券交换所启用 CHIPS 票券交换所内部银行付款系统，提供及时在线的美元转移及交易结算
20 世纪 70 年代末期	Chemical 银行启用质子（pronto）系统，提供 3 000 个电脑终端机与客户端家庭以电话连接中央电脑系统。并提供一些服务：财务收支平衡的询问、Chemical 银行账户间的转账行为及能特约当地商店得以使用支票给付款用。第一代家庭银行普遍遇到的问题是：由谁给付家庭终端机的费用
1985 年	银行体系间的付款系统广泛使用 EDI
1994 年	由荷兰 DigCash 发行的数字现金开始上线试用
1995 年	Mondex 电子货币开始尝试在英格兰流通

二、电子货币

（一）电子货币概述

1. 概念

关于电子货币的定义很多，其中巴塞尔委员会 1998 年发布的关于电子货币的定义和国际清算银行的定义比较权威。巴塞尔委员会认为，电子货币是指零售支付机制中，通过销售终端，不同的电子设备之间及在公开网络（如 Internet）上执行支付的储值（stored value）和预付（prepaid）支付机制。国际清算银行把电子货币定义为以电子形式储存于消费者持有的电子设备，依现行货币单位计算的货币价值。

国内学者也在不同方面给电子货币下了定义，如有电子货币是采用电子技术和通信手段在市场上流通的、按照法定货币单位来反映商品价值的信用货币。具体地说，就是以电子化方式来代替传统金属、纸张等媒体进行资金存储、传送和交易的信用货币。电子货币是在银行电子化技术高度发达的基础上出现的一种无形货币。也就是说，电子货币是在银行、支票和纸币现有的网络之外通过大量流通的钱。电子货币实际上是一组由电子构成的特殊信息，它含有用户的身份、密码、金额、使用范围等内容。人们使用电子货币交易时，实际上交换的是相关信息，这些信息传输到开设这种业务的银行后，银行就可以为双方交易结算。

2. 特征

电子货币是在传统货币基础上发展起来的。电子货币和传统货币一样，二者都具有价值尺度、流通手段、支付手段、储藏手段和国际通货等职能。它们都反映了商品的价值，对商品交换起到媒介作用，并对商品流通都有调节作用。但是，电子货币同传统货币相比，二者的产生背景不同，电子货币可以说是货币发展发展的高级阶段。电子货币在流通领域的流通速度远大于传统货币的流通速度，电子货币在现代化的网络通信手段的支持下，加快了资金的周转速度，提高了资金的使用效益，进一步促进了商品经济的发展。

（1）集储蓄、信贷和非现金结算等多种功能为一体。在使用和结算过程中，电子货币简化了以往传统货币的复杂程序，不仅减少了印钞、发行、流通等费用支出，同时节省了社会劳动，并为客户提供更多的金融服务，促进了商品交易的实现。

（2）一些类型电子货币的使用和结算不受时间、地点、服务对象等的限制。人们在自己方便的时间内可以完成交易，无论所购商品是在国内还是国外；电子货币可以完全突破时间和空间的限制。

（3）以计算机技术为依托，进行储存、支付和流通。电子货币是用电子脉冲代替金属、纸张等媒体进行传输和显示资金的，通过芯片进行处理和存储，同时也没有传统货币的形状、大小、重量和印记。现阶段，电子货币的使用通常以银行卡（磁卡、智能卡）为媒体。

（4）使用简便、安全、迅速、可靠。电子货币的安全性不是依靠普通的防伪技术，而是通过用户密码、软硬件加密系统及路由器等网络设备的安全保护功能来实现的。

3. 职能

电子货币主要有存款、转账和兑现等功能，电子货币和传统货币一样，本质上都是充当一般等价物的特殊商品，而这种特殊商品在一定程度上体现了特殊的社会生产关系。它以全新的形式完成货币的各项职能。

从价值尺度看，电子货币以一定的货币单位及其倍数通过电子脉冲显示商品的价格及其价格总额。同时，这种显示也广泛地扩展到非商品的价值领域，一笔商品价款，债权债务，一笔货币结存等项资料，可以通过电脑及其他存读器显示出来。

从流通手段看，通过慢性子货币媒体的使用以及在电脑网络上发生货币信息的传输，实现商品和货币的对流，为持卡人在特约商号购物服务，这种货币信息的不断传输并引起转账划拨活动，正体现了电子货币的流通职能。当运用电子货币购物时，实际是一手交货一手交钱，这种便捷的购物活动无异于使用现金购物。

从支付手段职能看，电子货币不仅能以电子信号形式将客户存款记录在银行系统的记录介质上，而且可按照客户指令在不同账户间实现转账划拨，这种利用电子脉冲信号完成的转账结算，不仅方便快捷，而且安全可靠，在存款账户的基础上，当存款不足时客户可凭卡获得一定额度的善意透支，实际是获得了一笔消费贷款，体现出电子货币的支付手段职能。

从储藏手段职能看，电子货币的储藏和积累不仅表现在持有人账户的保证金、备用金上，也反映在各种结算收款上，当客户的电子货币账户同普通存款账户能够实现自动转账时，这种储藏手段范围将更为扩大。

从世界货币职能看，具有外汇支付功能的电子货币，尤其是在跨国电脑联网上的电子货币可以便捷地通过汇率换算模式在计算机上实现不同货币的兑换，在国际网络上进行跨国收付和结算，正所谓“一币在手，走遍全球”。

（二）电子货币可能带来的问题

1. 可能对货币总量需求和货币政策的制定产生潜在的影响

电子货币能够引起货币流通速度的改变，对于那些把货币总量作为其目标和指标的国家而言，货币流速的改变可以暂时减少货币总量尤其是狭义货币的有效性。电子货币对实施货币政策的影响将取决于是否对银行的准备金的需求或中央银行提供这些准备金的能力构成首要影响。对需求的影响可能产生于电子货币对存款替代，或者产生于银行对结算余额需求的大幅度削减［行间结算主要发生在中央银行的账簿上，大额行间资金转账结算的（包括金融市场产生的）价值使零售支付产生的价值相形见绌］。可以相信，广泛使用的替代品会使中央银行用于确定货币市场利率的程序复杂化。然而，由于期望电子货币主要用于替代现金而不是存款，对运营技术作重要调整的要求将非常不必要。

对供给的影响可能产生于电子货币对中央银行资产负债表规模的影响，这种影响将取决于电子货币替代现金的范围。由于现金在许多国家中是中央银行的一个很大的或最大的债务组成部分，电子货币的广泛发展可能大大缩小中央银行资产负债表的负债表。问题在于这种缩减在什么时候可能开始对货币政策的实施产生不利的影响。正常情况下，公开市场业务相对适度的规模使人联想到相对较小的资产负债表可能就足够了。然而，在特殊情形下，由于中央银行在其资产负债表上缺少足够的资金，可能会产生中央银行不能实现足够大的储备吸收操作。

2. 可能带来相关的法律问题

消费者、零售商以及发行者和经营者之间的各种契约关系和法律关系很复杂。至于何时支付是最终的，消费者或商家在结算发生之前是否承担信用风险、结算风险和其他风险，各个系统不尽相同。问题是所有有关各方的权利和义务是否确定和透明。例如，关于欺诈、伪造、事故（如损失或盗窃）、一个或多个参与者违约等可能产生于责任问题。法律对不能赎回的电子货币余额的处理是个很特别的问题。

现有的银行管理或其他管理是否适用于电子货币安排是个一般权益的法律问题。此外，当进行电子货币跨国支付时（特别是通过计算机网络运行的软件系统），在什么程度上确定电子货币体制的特定司法范围，假如最终要确定的话，可能是困难的。与中央银行相关的特定法律问题包括电子货币系统是否侵犯了银行发行货币的铸币权，此项权利通常得到立法保护，而且在现行立法条件下，中央银行能否自己发行电子货币。

所有开发中的电子货币系统实质上都需要机构间的清算和结算安排。许多电子货币系统计划使用现有的银行协定。行间清算结算系统的经营者和监督者需要保证此类系统在制度和经营协议、风险管理和结算办法方面具有足够的能力。

3. 电子货币系统的安全问题

电子货币系统的安全受到侵害的可能性直接关系到中央银行的利益，因为任何损失都将由发行者和系统经营者承担。侵害安全的情况会发生在消费者层、商家层或发行者层，而且侵害安全的企图会是：偷窃消费者或商家设备；制造与真实信息一样能被接受的假的设备或报文；在设备上修改存储的数据或包含在被传递过程中的信息，或修改产品的软件功能。攻击安全最可能是为取得钱财，也可能企图造成系统瘫痪。

所有的零售支付系统在某种程度上都容易受到攻击，但可采取措施控制潜在的风险。电子货币产品特有的安全特征可以用于保护电子货币产品。卡基系统的一个关键保护是将微集成电路芯片嵌入抗干扰的卡片中。确保卡基系统和软件系统两者安全的核心技术是采用加密技术对电子货币的设施和报文进行验证，保护设备上的数据免受未授权的修改。更进一步的问题是安全侵害可能很难被检查出来。中央系统的运营者主要在事务基础上监督电子货币系统中这类安全侵害。这种监督方法，对个人设施或中央数据库的记录维护以及跟踪个人交易情况，非常有益于电子货币产品的安全性。电子货币能直接在用户之间进行转账的范围，也可能与电子货币产品的安全性的评判相关，因为这类交易信息通常不完整，也很可能在很长时间后才被中央系统的运营者接收，这会使安全侵害检查更加难以察觉。

许多与电子货币安全性相关的特性也会影响其对洗钱和其他犯罪活动的吸引力。它对这类意图的作用会取决于，在多大程度上电子货币余额能够在无须同系统运营者交互的情况下进行转账，电子货币设施中所能保存的最大额度和保持记录的能力，跨国转移电子货币的便利程度。如果能很快地将来源于非法活动的钱转账到那些在法律上对洗钱限制较为薄弱的国家去，那么允许电子货币通过计算机网络方式进行跨国支付就会对罪犯非常具有吸引力。

第二节 电子支付的金融网络系统

支付的金融系统（payment system）也称清算系统、支付清算系统。它是一个国家或地区对伴随着经济活动而产生的交易者之间、金融机构之间的债权债务关系进行清偿的一系列组织和安排。具体地讲，它是由提供支付服务的中介机构，管理货币转移的规则；实现支付指令传送及资金清算的专业技术手段共同组成的，用以实现债权债务清偿及资金转移的一系列组织和安排。纵观各国经济发展的历史可以看到：货币、银行及支付系统是伴随着市场经济出现的，并成为连接一个国家或一个地区经济的纽带。

电子支付是一种通信频次大、数据量小、实时性要求高、分布很广的行为，因此电子支付的网络平台应是交换型的、安全保密的、可靠的通信平台，必须面向全社会对所有公众开放。电子支付网络平台有电话交换网、公用/专用数网、EDI 和 Internet，而 Internet 是电子支付的大众化网络平台。在传统通信网和专用网络上开展电子支付业务，由于终端和网络本身的技术难以适应业务量的急剧上涨等一些因素，用户面很难扩大，并使用户、商家和银行承受了昂贵的通信费用，Internet 就顺其自然地成为焦点。与此同时，与电子支付相关的技术、标准和实际应用系统不断涌现，在 Internet 上开展电子支付已成为现代支付系统的发展趋势。

一、SWIFT 网络系统

（一）SWIFT 系统

SWIFT 即环球同业银行金融电讯协会，是一个国际银行间非营利的国际合作组织，总部设在比利时的布鲁塞尔。该组织成立于 1973 年 5 月，1977 年 SWIFT 在全世界拥有会员国 150 多个，会员银行 5 000 多家，其全球计算机数据通信网在荷兰和美国设有运行中心，在各会员国设有地区处理站。SWIFT 系统日处理 SWIFT 电信 300 万笔，高峰达 330 万笔。SWIFT 的使用，使银行的结算提供了安全、可靠、快捷、标准化、自动化的通信业务。从而大大提高了银行的结算速度。由于 SWIFT 的格式具有标准化，目前信用证的格式主要都是用 SWIFT 电文。

SWIFT 网络由许多分布在世界各地的计算机和网络设备组成，这些设备在 SWIFT 网络中称为节点。SWIFT 网络采用功能分层控制的逻辑设计。

1. 系统控制处理机

整个 SWIFT 网络的控制集中在两个操作中心，一个在美国，一个在荷兰。网络的所有处理机（SCP，SP，RP）都集中在这两个操作中心。系统控制处理机（system control processor，SCP）负责整个 SWIFT 网络的正常运行，不断监测、直辖市、控制网络中的各种设备、线路和用户访问。在美国、荷兰的操作中心，各有两台 SCP，在任何时刻，只有一台 SCP 是处于激活状态，控制整个网络，其余三台 SCP 处于热备份状态，在激活 SCP 出现故障时，备份 SCP 被激活，保证了网络了安全可靠性。

2. 片处理机

片处理机（slice processor， SP）负责电报的存储转发和控制电报的路由选择。目前两个操作中心各有两台 SP 处于激活状态，同时每个激活的 SP 都有一台同型号的 SP 进行热备份。为适用发报量不断增长的需要，还要陆续增加 SP。 目前 SWIFT 采用 UNISYS 公司的 A 系列主机作为 SCP 和 SP。

3. 地区处理机

地区处理机（regional processor，RP）是连接 SWIFT 网络终端（computer based terminal，CBT）与 SWIFT 系统的安全有效的逻辑通道，运行在 RP 上的软件与运行在 CBT 上的接口软件通信，所有用户发出的电报都由 RP 对其格式、语法、地址代码等进行审核，合格后才能发往 SP，在电报即将出网进入 CBT 前，也暂时存放在 RP 上，等待送达接收用户。每台 RP 基本上承担一个国家的电报处理，所以称之为地区处理机，所有的 RP 都在美国和荷兰的两大操作中心内。

4. SWIFT 访问点和远程访问点

SWIFT 访问点（SWIFT access point，SAP）是连接 SWIFT 骨干网（SWIFT transport network，STN）的分组交换节点机，它们把 SWIFT 系统的各种处理机（SCP，SP，RP）和遍布世界的 SWIFT 用户连接到 STN 网上。目前，SAP 采用北方电讯公司的 DPN100 交换机，整个 SWIFT 骨干网有 150 台左右 DPN100 交换机（包括备份）。根据入网用户数量和发报量的大小，SAP 的配置不尽相同。除了少数用户数和发报量很大的国家和地区外，多数国家采用远程 SAP 方式，采用一个统计时分多路器，将几个用户连到一个多路器上，通过一条专线连到邻近国家或地区的 SAP 上，这个多路由器称为远程 SWIFT 访问点（remote SWIFT access point，RAP）。1995 年以前中国地区的远程 SWIFT 访问点在北京中国银行大楼内，几家专业银行通过一个统计时分多路器，复用一条 9 600 比特/秒的卫星线路连接到香港的 SAP 上。20 世纪 90 年代以后，中国 SWIFT 用户和发报量增长很快，原来的 RAP 已不能满足需要。1995 年，RAP 升档为 SAP，并迁入北京电报大楼内，同时在上海电信局内也设立同样型号的 DPN100。北京的 SAP 通过卫星线路连接到新加坡的 SAP，上海的 SAP 连接到香港的 SAP。北京和上海的 SAP 用 9 600 比特/秒的光缆互联，公共数据网 CHINAPAC 使用 19 200 比特/秒连接北京的 SAP，使国内 SWIFT 用户使用 SWIFT 更加安全可靠。

5. 用户与 SAP 的连接

根据发报量的大小、SAP 的位置，以及对费用的权衡，用户与 SAP 有三种连接方式：专线连接、通过公共电话线的拨号线连接、通过公共数据网连接。为了增加安全性，避免由于设在本国的 SAP 出现故障时引起用户通信中断，备份线路可直接连接到某个境外的 SAP。用户访问 SWIFT 系统需要有一套计算机系统与 SWIFT 系统相连接，这套计算机系统称 CBT，CBT 中运行的 SWIFT 接口软件与 SWIFT 系统通信。目前有多个计算机公司开发的运行在多种平台上的 SWIFT 接口软件。 CBT 支持一个或几个逻辑终端（LT），在一个物理的 CBT 支持几个 LT（即一个用户定义几个 LT）的情况下，SWIFT 系统将每个 LT 在逻辑上看成是互相独立的。一个 LT 必须登录到 SWIFT 系统，也就是必须与 SWIFT 系统的服务应用建立对话关系。SWIFT 提供的用户之间的电报交换功能是使用户进入两种 SWIFT 应用层才能实现的，这两种应用是：GPA（general purpose application）—— 提供用户与系统有关的各类电报，并能控制用户对 FIN 应用的访问；FIN（financial application）—— 包括全部用户之间的业务电报和 FIN 系统电报。

（二）国内银行的 SWIFT 应用现状

中国是 SWIFT 会员国。中国银行作为我国的外汇外贸专业银行于 1983 年 2 月加入 SWIFT，成为中国第一家会员银行，1985 年 5 月 13 日，中国银行正式开通 SWIFT。我国金融体制改革后，中国工商银行、中国农业银行、中国建设银行、中国交通银行也可以开展外汇外贸业务，这几个专业银行也加入了 SWIFT 组织，开通 SWIFT。这个时期是我国 SWIFT 发展的初级阶段，各行是采用 ST200 单机、单点形式与 SWIFT 连接，只限在各专业银行总行使用，收发的 SWIFT 报文需手工处理，

SWIFT 收发报量少，缺少应用接口，手工处理多，使用业务范围小。20 世纪 90 年代开始，我国所有可以办理国际金融业务的国有商业银行、外资和侨资银行以及地方银行纷纷加入 SWIFT，SWIFT 发报量增长很快，传统的电传方式收发电报正在逐年下降。1996 年我国 SWIFT 发报增长率为 42.2%，在 SWIFT 全球增长率排名第一，中国银行在 SWIFT 前 40 家大用户中排名 34 位。目前，中国银行每日 SWIFT 发报量达 3 万多笔，采用 SWIFT 方式进行收发电报已占到全行电信总收付量的 90%。很多银行建立了 SWIFT 网络，使其分行也可以使用 SWIFT，同时各应用系统与 SWIFT 有应用接口。SWIFT 网络是国际结算、收付清算、外汇资金买卖、国际汇兑等各种业务系统的通信主渠道，部分业务实现了自动化处理。

中国银行是国内第一家 SWIFT 会员，到 1998 年 4 月为止，SWIFT 推广到它的 200 家国内分支行，其中覆盖了可直接与代理行、海外联行办理国际结算业务的 124 家分支机构。中国银行 90%以上的电信采用 SWIFT 方式，传统的电传方式处理电信所占的比重越来越小。发报成本低廉是 SWIFT 通信方式的一大特点，因此 SWIFT 在中国银行的广泛推广为中国银行创造了很大的经济效益。中国银行从 1998 后 6 月 1 日起，将原来分散在可办理代理事务中采用标准化的 SWIFT 格式报文，使中国银行原有的非标准化的电传格式向标准化、格式化、行业务的各分行的所有 4 000 家代理行和该行的核押全部集中在总行管理的使用，将全辖需加核押的电报都通过总行进行收、发，国内各分行发往代理行的电文一律使用 SWIFT 标准格式，对非 SWIFT 成员的代理行，使用虚拟 BIC 代码，总行电信业务系统根据 BIC 代码进行识别，发往 SWIFT 成员的代理行用 SWIFT 方式发出，发往非 SWIFT 成员的代理行用电传方式发出。中国银行总行电传业务系统使得代理行电传密押集中管理，并强制国内各分支行在对外业规范化的 SWIFT 转变，同时促进中国银行的业务标准化、自动化。

中国银行的 SWIFT 网络，建立在中国银行专用物理网基础上，卫星线路和地面线路互为备份，安全可靠，是国际结算、收付清算、外汇资金买卖、国际汇兑等多种业务系统的通信主渠道。中国银行的收付清算系统是中国银行在全国推广的应用系统，它较全面地利用了 SWIFT 标准化格式的特点，实现收付清算的自动化处理，其特点表现在以下几个方面：

（1）风险监控。利用 SWIFT 格式报文的报尾 PDE/PDM 来防范因重发报而导致收报重复引起银行收付重复的风险：根据发行报的 SWIFT BIC 代码判断是否为资信不好的代理行，从而决定支付时限；根据 SWIFT 格式 32A 货币及金额决定系统的逐笔的支付额度控制以及结合发报行来决定某代理行的付款额度。

（2）处理自动化。根据 SWIFT 报文的 56A、54A 和 53A 或发报账户行来判断收款的国内自动转账借方；而根据 57A 和 72 场判断转账的贷方。这样就可以完成 SWIFT 标准格式的自动收付业务，而对于非标准格式则需手工干预。

（3）保障银行资金安全。国外发来的 SWIFT MT100 报文与 MT202/MT910 头寸报文通过自动配对，实现收款资金的检查；SWIFT MT950/940 对账单与国内转账各笔核对，保障银行资金安全。

（4）加强银行管理。收付清算系统将国外来报进行处理，使全部来报可以随时查看（不能修改），实现付款凭证的集中统一管理；对 SWIFT 标准格式报文各规定场的抽取，准确、快捷的反映资金收付信息和资金头寸，可以在任何时间了解国外代理行的资金头寸和国内分行的资金运用，加强了总行对国内外资金的管理。

二、美国的支付系统

（一）美国支付系统概况

美国的国家历史并不很长，当老牌的中央银行——英国的英格兰银行建立了票据交换所支付系统时，美国的支付结算还是相当落后的搬运结算（porters exchange）。美国东西海岸间还用长途汽车运送现金和票据，不仅效率低，而且风险大。美国的票据交换所晚于伦敦 80 年才出现。1853 年 10 月 11 日美国有 52 家银行在华尔街第 14 号地下室进行了首次票据交换，它标志着美国票据交换所支付系统的成立。但是美国在日后不断向欧洲金融业学习并凭借着强大的政治、经济和科技实力使美国电子支付系统的建立早于伦敦 14 年，在票据电子交换的基础上又经过多年的实践和完善，目前美国的支付系统以高科技、高水准和高效能著称于世。美国的中央银行——联邦储备体系，在政策制定、提供服务、监督管理、风险控制等多方面参与了美国政府清算安排，并在其中发挥了核心和主导作用。保障了美国金融体系的稳定运行，促进了美国社会和经济的发展。

（二）美国支付系统的特点

美国的支付系统是美国经济发展、金融业成长、法规建设、中央银行作用、科技进步的综合成果。其特点有以下几个方面。

1. 支付工具多样化，高科技化

美国非现金结算体系十分发达，信用卡、各种票据，尤其是商业支票、政府支票、旅行支票、邮政汇票、个人支票在美国流通较广。近年来，电子钱包、电子现金、电子支票、电话银行、电视银行、在线银行也得到了广泛的使用，极大地便利了美国各阶层经济及其他往来所产生的货币所有权的转移。

2. 支付体系庞大健全

美国金融市场规模巨大，支付媒介众多，支付系统的构建很好地匹配了市场和交易的需求。因此，美国有大额支付系统、小额支付系统、证券结算系统等。这些系统涉及了境内外众多的金融机构以及美国的货币市场、资本市场、外汇市场、金融衍生品市场，这些市场对支付结算又产生了强烈的相互依赖性，纵横交错的各种支付系统都各自发挥了很好的作用。

3. 支付系统众多、服务机制发达

在美国能够提供支付服务的机构和组织非常多，有商业银行、储蓄信贷协会、信用联社、银行卡公司、清算协会以及非银行金融机构，如美国邮政局等。它们的服务水准高，手段高度现代化，各类经济交易的资金结算快捷便利。不论是个人消费还是公用费用的支付都高效、安全、迅速。

4. 法律框架完备

美国对支付清算及相关活动的法律建设与管理非常重视，制约支付活动的法律规范较多。例如，1913 年的《联邦储备法》赋予了美国联邦储备委员会（以下简称美联储）运行美国支付系统的权利。联邦储备法规条例规定了美联储及其系统用户的权利与义务。美联储还通过发布操作细则等措施对支付清算活动加以监督。美国的私营清算机构也定有严格的组织章程和操作规则。可以说多如牛毛的各种法规对美国支付系统的运行起到了保驾护航的作用。

（三）美国主要的支付系统

1. 联邦资金转账系统

联邦资金转账系统（FEDWIRE）是全美境内美元支付系统，它是美国支付清算的主动脉，它归美联储所有，1913 年建立，FEDWIRE 将全美划分为 12 个联邦储备区、25 个分行和 11 个专门的支付处理中心，它将美国联储总部、所有的联储银行、美国财政部及其他联邦政府机构连接在一起，提供实时全额结算服务，主要用于金融机构之间的隔夜拆借、行间清算、公司之间的大额交易结算，美国政府与国际组织的记账债券转移业务等。个人和非金融机构可以通过金融机构间接使用 FEDWIRE，由于该系统有专用的实现资金转移的电码通信网络，权威性、安全性较高。此外它还承担着美联储货币政策操作及政府债券买卖的重要任务。它每日运行 18 个小时，每笔大额的资金转账从发起、处理到完成，运行全部自动化，FEDWIRE 还有一个簿记证券系统，其运行始于 1960 年，该系统运行的主要目的是降低证券交易成本，提高交割与结算效率以及安全系数。

2. 清算所同业支付系统

清算所同业支付系统（clearing house interbank payment system，CHIPS）是一个著名的私营跨国大额美元支付系统，于 1970 年建立，是跨国美元交易的主要结算渠道。通过 CHIPS 处理的美元交易额约占全球美元总交易额的 95%，因此该系统对维护美元的国际地位和国际资本流动的效率及安全显得十分重要。CHIPS 成员有纽约清算所协会会员、纽约市商业银行、外国银行在纽约的分支机构等。CHIPS 是一个净额支付清算系统，它租用了高速传输线路，有一个主处理中心和一个备份处理中心。每日营业终止后，进行收付差额清算，每日下午六时（纽约时间）完成资金转账。

3. 自动清算所系统

美国的自动清算所（automated clearing house，ACH）是覆盖全美的一个电子清算系统，用于银行间票据交换和清算，主要解决纸质支票的低效和安全问题。ACH 适用于工资发放、政府福利津贴、养老金的发放、保险费、消费者账单、抵押分期付款及利息的支付、企业间贷款结算等，主要为政府机构、公司、企业、消费者提供小额支付服务。

美国支付系统的自动化、信息化、网络化、无纸化程度很高，这与美联储的高度重视是分不开的，特别是美联储不断对主要的支付系统进行技术改造和安全防护。从而使美国支付系统的处理能力和效率始终走在世界的前列。

三、中国的国家支付体系

中国目前的支付系统，从总体上来讲，还不是一个效率高和安全可靠的支付系统，它没有能够较好地满足中国目前经济发展的需求，更难以适应未来的市场需要。这主要是因为中国正处在从中央计划经济向市场经济过渡阶段，中国目前的金融体制确立不久，作为市场经济和金融市场的基础设施的支付系统仍处于初级阶段，不仅支付系统的技术基础设施相对落后，而且还表现为支付体系的总体结构还有待合理化，相应的法律法规和技术标准还不完善以及对支付系统的各种风险还缺乏应有的认识。因此建立现代化的支付系统就成为金融体改革的当务之急。

1996 年 11 月 28 日在北京人民大会堂举行了中国现代化支付系统（CNAPS）项目合同签字仪式和新闻发布会。这标志着 CNAPS 项目从此进入了工程实施阶段。CNAPS 项目由中国人民银行筹建，得到了世界银行的支持。项目的总体设计始于 1991 年，世界银行和美、日、德、英、瑞士和中国六家中央银行的专家组成的国际专家组，先后在中国召开了七次国际专家会议，协助中国人民银行对项目的总体规划、系统目标和技术要求等进行了评议，完成了系统的业务和技术需求设计。英国 PA 咨询公司和美国 REAL 计算机公司的专家为中国人民银行完成项目需求设计和招标采购提供了技术咨询服务。CNAPS 项目的实施表明中国支付系统现代化建设进了一个新阶段。

CNAPS 项目的设计目标是：①建立起中国未来支付系统的技术基础设施，即连接支付应用系统处理中心和各家银行机构的全国通信网络和在网络节点上建成全国性和地区性处理中心。②开发出功能齐全的支付应用处理系统，其中包括大额实时支付系统、小额批量电子支付系统、银行卡授信系统以及政府债券簿记系统。目前的同城清算所将仍作为一个单独的分系统继续存在，并逐渐提高其自动化程度。③为了实现“一网多用”的目标，通信网络将保持独立于应用系统的设计原则，即它只负责提供文件和报文转输服务、鉴别服务、通用信息服务和用户目录，以便支持在系统参与者和各种应用系统之间高效率传递数据。只有这样才能实现各种银行应用系统（包括 FMIS 系统）共享通信网络和许多数据处理设备，减少投资。

CNAPS 大额资金转账系统是支付体系中的核心应用系统。由于其重要性，这一应用系统将由中央银行拥有并运行，采用 RTGS 模式，为行内跨行大额资金转账、资金市场交易、证券交易、外汇交易提供支付结算服务；并为同城清算、电子批量支付系统、银行卡支付、商业银行的电子资金汇兑系统提供日终（包括日内）净额结算。

由于大额支付应用系统要把全国各地区经济和金融中心连接在一起形成全国统一的市场并进而连接国际市场， 所以这个系统不再区分全国与地方、行内和跨行，就是说该应用系统的全国处理中心将处理在中央银行开立账户的系统直接参与者之间的全部大额支付交易。由于目前法定储备金要求比例较高；跨行日间资金市场尚未健全， 所以中央银行将对这个系统的参与者提供日间信贷，即允许账户在规定限额内出现日间透支，但不允许出现隔夜透支。中央银行对其提供的日间信贷和隔夜信贷将要收取费用，以促使系统的各参与者采取足够风险管理措施， 减少或避免账户出现透支。以下来探讨中国支付系统的现状及其特点。

1. 银行特制结构

中国已经基本上确立了适应市场经济发展的两层结构的银行体系。中国人民银行自 1985 年起成为中央银行。依据 1995 年的“中央银行法”规定，中国人民银行的主要职责是制定和实施货币政策、对银行和非银行金融机构进行监管以及维持国家支付系统的正常运行。中国人民银行的运作是通过分布在全国大约 2 500 家分/支行进行的。总行设在北京，在省、地市和县分别设立一、二级分行和支行。其分/支行设置如下：①44 家一级分行（省会城市和计划单列市）； ②320 家二级分行（地区中心城市）； ③2 200 家县支行（县城）。

每一级分/支行都对其辖区内的商业银行、合作银行等进行管理， 并对上级人民银行机构负责。这种结构反映了中央、省、地、县四级行政管理等级。自 1978 年到 1985 年先后组建了中国农业银行、中国工商银行、中国建设银行和中国银行四家大的国有商业银行。工、农、中、建四家大的国有商业银行的组织结构跟人民银行类似， 分为总行、省分行、地市分行和县支行四级管理。不同的是，各商业银行的分/支行以下还设立了许多营业网点，因而分支机构数目远比人民银行为多。除了四大家国有商业银行以外，还有许多全国、地方性综合银行城市合作银行、农村合作银行等为广大客户提供支付服务。

2. 中国支付系统概况

从概念上，中国目前的支付系统可以划分为以下五个相对独立的分系统，它们是：①同城清算所（LCH）：处理行内和跨行支付交易； ②三级联行系统:处理异地支付交易；③电子联行（EIS）：处理异地跨行支付的清算与结算；④支付卡授信系统；⑤邮政支付系统。

对每一个分系统都可以按照支付工具的种类和支付工具的清算和结算方法进行描述。虽然不同的支付工具其处理方式不尽相同，但支付清算系统的一个最根本的部分是所有异地跨行支付都首先经过同城清在商业银行之间进行跨行清算和结算，然后再进行所谓各商业银行系统内处理异地支付清算的联行（手工三级联行或电子资金汇总）系统。人们通俗地称这种异地支付的清算方式为“先横（跨行）后直（行内)”。但是， 由于上面叙述过的账户开设和管理办法，这种“先横后直”的处理方式不仅把一笔支付交易至少变成了两笔支付交易， 而且使处理程序复杂化了，人民银行的电子联行系统（EIS）正是为了克服这种不足而建立的异地跨行电子资金转账系统。

人民银行的电子联行系统：为了加速异地支付指令的传递和使跨行支付的清算与结算处理更加合理，人民银行于 1989 年开始建立处理跨行异地支付的 EIS 系统。目前这个系统已覆盖了全部人民银行一、二级分行和部分是支行。自 1995 年下半年开始的“天地对接”和“网络到县”工程使 EIS 系统发挥了更大作用。

EIS 系统的设计使异地支付（包括商业银行内各分行之间的支付和异地跨行支付）的处理流程更加合理，从而大大加快了异地支付的清算和结算过程。但是由于人民银行清算账户的开设和管理方式仍然没有改变，所有的账务处理仍然分散在人民银行各分行完成， EIS 系统只不过是把支付工具交换路程最远的一段“电子化”了。

支付卡授信系统：近几年来各大商业银行都发行了一定数量的支付卡，用于 ATM 提现和 POS 支付。这些支付卡基本上仍然采用磁条技术、授信方式为脱机电话授信。各商业银行发的卡尚不通用。自 1993 年以来，中央银行组织协调各大国有商业银行，对银行卡进行了统一规划，其指导思想:建立统一的基础设施（如通信网络和授信中心），各银行发行卡可以通用。目前已在部分省、市开始了银行卡试点工程。另外，采用IC卡技术的银行卡已在个别地方出现（如海南、福建）。

邮政支付系统：像许多国家一样，中国邮政支付系统在个人消费者支付汇款中起了重要作用。邮政局提供信汇和电报汇款，主要面向消费者个人客户。由于直到目前，消费者个人（绝大多数）尚没有基本的银行交易账户，信用卡提供的异地支付能力还很有限。汇款人通常要携带现金到附近邮局办理汇款手续，收款邮局通知收款人到指定邮局领取。邮政局还开办了邮政储蓄业务，消费者可以从其邮政储蓄账户汇出（或汇入）资金。各邮局之间的资金结算是通过开设在人民银行的特殊账户实现的。

第三节　电子支付工具

电子商务的核心是金融服务货币支付，电子商务是通过 Internet 所进行的商务活动，对于电子商务一个非常关键的要求就是要有一个安全高效的电子货币系统。自 1982 年 D.Chaum 发表第一篇关于电子货币系统的论文以来，在电子货币系统的研究方面已取得了很多研究成果。在许多国家，这些产品还处在发展的初期，对它所能带来的收益和风险尚无法定论。

典型的电子货币包括电子货币、电子支票和电子信用卡。两位美国学者——瓦里·科茨和史蒂芬·博诺里斯对电子货币的前景进行了调查。他们在《未来学家》杂志上撰文说，随着近年来 Internet 上的商业交易活动越来越繁忙，人们需要有一种适于网上交易的新型货币，这种新型货币就是电子货币。它可以存储在计算机的硬盘里，也可以存储在 IC 卡中，它能够以电子信息的形式通过计算机网络进行传输。

一、电子现金

电子现金（E-cash）又称为数字现金（digital cash），它可以被看做是现实现金的电子或数字模拟，电子现金以数字信息形式存在，通过互联网流通。但比现实现金更加方便、经济。它是以电子化形式存在的现金，把现金数值转换成一系列的加密数据序列，通过这些序列来表示现实中各种交易金额的币值。用户使用电子现金进行购物，需要在开展电子现金业务的银行设立账户并在账户内存钱，是一适合在 Internet 上进行小数额实时支付的系统，电子现金和信用卡不同。信用卡仅仅是一种支付手段，其最终还必须通过结算机构予以兑现；而电子现金和其他现金一样，本身就是钱。它最简单的形式包括三个主体：商家、用户、银行；四个安全协议过程：初始化协议、提款协议、支付协议、存款协议。

在电子现金系统中，每个人的钱都挂靠在自己现金系统的账号下，每一笔交易的结果都是从一个持卡人账户到另一个持卡人账户的“钞票”的迅速转移。电子现金比信用卡更方便，在进行电子购物时，可以通过Internet将钱转给卖主，也可以用来支付交互式电视台播放电影的费用，还可以在接受电子现金的商场、餐馆或者出租车那里取代传统日常生活的购物、吃饭、乘车等使用的现金或者支票。企业则可以储备一定数量的电子现金，用于购买办公用品或者用来直接进行交易，无须经过银行及电子资金转账系统。银行可以发行这样的现金，或者从用户的账户上直接划拨出与现金价值相等的等值电子（称之为代币）。银行在将代币发送到用户的计算机之前，需要为每个代币上加盖电子印章；而当用户需要支付电子现金时，只需将适当数目的代币传输到卖主那里，卖主再将代币发送到银行进行确认。为了保证每张代币仅被使用一次，银行在每张代币被花出去时，都记录其序列号码；如果一张正被支付的代币的序列号码以及在数据库中，银行就检测到某人正在试图将一张代币花上多次，则通知卖主该代币没有使用价值。

第一个电子现金方案是由D. Chaum在1982年提出，他利用盲签名技术来实现，可以完全保护用户的隐私权。但这种完全匿名的电子现金也为许多不法分子提供了方便，他们利用电子现金的完全匿名性进行一些违法犯罪活动，例如，贪污、非法购买（如购买毒品、军火等）、敲诈勒索等。警方即便拿到赃款，也不能抓出犯罪分子。基于这个原因，合理的电子现金系统应该是不完全或条件匿名的。1995年，Stadler等提出了公平盲签名（fair blind signature）的概念，可以用于条件匿名的支付系统。1996年，Camenisch等和 Frankel等分别独立地首次提出了公平的离线电子现金（fair off-line electronic cash）的概念，同时给出了两个方案。公平电子现金中的用户的匿名性是不完全的，它可以被一个可信赖的第三方（TTP）撤销，从而可以防止利用电子现金的完全匿名性进行的犯罪活动。

（一）电子现金的分类

电子现金系统从不同的角度可以有以下几种分法：

（1）电子现金系统根据其交易的载体可分为基于账户的电子现金系统和基于代金券的电子现金系统；

（2）根据电子现金在花费时商家是否需要与银行进行联机验证分为联机电子现金系统和脱机电子现金系统;

（3）根据一个电子现金是否可以合法的支付多次将电子现金分为可分电子现金和不可分电子现金。

（二）电子现金具有的基本特性

（1）独立性。电子现金的安全性不能只靠物理上的安全来保证，要通过密码技术来保证，因此具有独立性的特征。

（2）不可重复花费。不可重复性是指电子现金只能使用一次，重复花费能被容易地检查出来。

（3）匿名性。银行和商家相互勾结也不能跟踪电子现金的使用，就是无法将电子现金的用户的购买行为联系到一起，从而隐蔽电子现金用户的购买历史。

（4）不可伪造性。用户不能造假币，包括两种情况：一是用户不能凭空制造有效的电子现金；二是用户从银行提取 N 个有效的电子现金后，也不能根据提取和支付这 N 个电子现金的信息制造出有效的电子现金。三是身份验证是由电子现金本身完成的。电子现金银行在发放电子现金时使用了数字签名。商家在每次交易中，将电子现金传送给电子现金银行，由电子现金银行验证用户支持的电子现金是否有效（伪造或使用过等）。

（5）可传递性。可传递性是指用户能将电子现金像普通现金一样，在用户之间任意转让，且不能被跟踪。

（6）可分性。电子现金不仅能作为整体使用，还应能被分为更小的部分多次使用，只要各部分的面额之和与原电子现金面额相等，就可以进行任意金额的支付。

（三）电子现金支付过程的四个步骤

电子现金支付过程的四个步骤分别是：

（1）用户在电子现金发布银行开立电子现金账号，用现金服务器账号预先存入的现金来购买电子现金证书，这些电子现金就有了价值，并被分成若干成包的“硬币”，可以在商业领域中进行流通。

（2）使用计算机电子现金终端软件从电子现金银行取出一定数量的电子现金存在硬盘上，通常少于 100 美元。

（3）用户与同意接收电子现金的厂商洽谈，签订订货合同，使用电子现金支付所购商品的费用。

（4）接收电子现金的厂商与电子现金发放银行之间进行清算，电子现金银行将用户购买商品的钱支付给厂商。

（四）电子现金支付方式存在的问题

电子现金支付方式存在的问题表现在以下几个方面：

（1）只有少数商家接受电子现金，而且只有少数几家银行提供电子现金开户服务。

（2）成本较高。电子现金对于硬件和软件的技术要求都较高，需要一个大型的数据库存储用户完成的交易和电子现金序列号以防止重复消费。因此，尚需开发硬软件成本低廉的电子现金。

（3）存在现金兑换问题。由于电子硬币仍以传统的现金体系为基础，如德国银行中能以德国马克的形式发行电子现金，法国银行以法郎为基础发行电子现金，因此从事跨国贸易就必须要使用特殊的兑换软件。

（4）风险较大。如果某个用户的硬盘损坏，电子现金丢失，钱就无法恢复，这个风险许多消费者都不愿承担。更令人担心的是电子伪钞的出现，美国联邦储备银行电子现金专家 P. Ledingham 在他的论文《电子支付实施政策》一文中告诫说：“似乎可能的是，电子‘钱’的发行人因存在伪钞的可能性而陷于危险的境地。使用某些技术，就可能使电子伪钞获得成功的可能性将非常低。然而，考虑到预计的回报相当高，因此不能忽视这种可能性的存在。一旦电子伪钞获得成功，那么，发行人及其一些客户所要付出的代价则可能是毁灭性的。”

尽管存在种种问题，电子现金的使用仍呈现增长势头。Jupiter 通信公司的一份分析报告称，1987 年，电子现金交易在全部电子交易中所占的比例为 6%，到 2000 年年底，这个比例将超过 14%，在 10 美元以下的电子交易中所占的比例将达 60%。因此，随着较为安全可行的电子现金解决方案的出台，电子现金一定会像商家和银行界预言的那样，成为未来网上贸易方便的交易手段。

（五）电子现金的解决方案

1. 电子现金

电子现金最早是由数字公司（Digicash）推出，后被数字现金技术公司（Ecash Technologies）收购。德国的德意志银行（Deusche Bank）、瑞士的网络支付 AG 银行（NetPay AG）、澳大利亚的圣·乔治银行（St.George Bank）均曾开展电子现金的相关业务。一些书店、娱乐场和在线报纸都接受电子现金以交换商品，游戏和信息。电子现金曾是一个十分成功的电子现金解决方案。电子现金采用公用密钥以及数字签名技术，保证了电子现金在传送过程中的安全性和购物时的匿名性，由于其使用过程几乎与用现金付款一样简单，很受用户的欢迎。为了使用电子现金，顾客必须在一家参与银行开一个账户。然后还要账户存储一定数量的钱，顾客会得到以电子现金形式存在的钱，这些钱可以存储在顾客的硬盘上。这些钱是以代币的形式存储的，顾客从银行所获得的电子现金也可转到一特殊的银行账户，然后用这个账户来支付与贸易商之间的金融交易。顾客可以用存储在硬盘上的文件进行付款想接受

Digicash 的银行设立一个账户，以便兑换已接受的现金。对 Digicash 模型来说，交易费用为零。电子现金系统是一个单向代币系统，它只允许现金使用一次。在顾客和贸易商之间只能执行一个交易。而且贸易商不能用它来支付其他东西，这些现金必须送回银行进行兑现。顾客之间的对等交易是可行的，但是在过程中需要一家银行来兑换代币，每个代币都不能包含它所代表的金额。银行能够在不知道使用者的情况下对电子现金进行验证，而且还允许电子现金保持匿名性。到 1998 年，有 150 多个 Internet 站接受 Digicash 现金，直到 Digicash 在 1998 年年末宣布破产。虽然他们试图寻找新的投资者用一个更好的商业模型来重建该服务，但是信用卡交易最终还是破坏了 Digicash 业务。

2. NetCash

NetCash（http://www.ISI.edu）是要记录的匿名电子现金支付系统。它是由南加利福尼亚大学生在 1995 年开发的，而且是现在已不再使用。虽然 NetCash 是一个非常好的方案，但是由于它出现的时间太早，难以取得成功。它要求一个复杂的付款基础设施，在早期对许多 Internet 用户来说是很难实现和使用的。主要特点是设置分级现金服务器来验证和管理电子现金，其电子交易的安全性得到保证。NetCash 系统动作的中心是一个现金服务器。现金服务器是一个经政府许可的发行电子现金的机构，该机构存有现金，以保证支付，并在许多方面和银行的作用相同。政府机构还需要建立一个中心认证机构，用于向现金服务器发入公钥和数字签字密封。NetCash 系统产生的电子现金有以下字段：①现金服务器名称：负责产生这个现金的银行名称和 IP 地址；②截止日期：电子现金停止使用的日期；③顺序号：银行需记录尚未兑现的有效账单的顺序号；④币值：这个电子现金的数额及现金类型。

3. CyberCoin

CyberCoin 是应用于微业务的电子支付系统。它使得持币者和顾客可以通过 Internet 销售和购买数字产品。CyberCoin 有 0.25~10 美元的面额，由于这些面额太小，因此在用信用卡购物时不能使用。在一个专门的 Internet 服务器上为每个顾客和贸易商提供了专门的现金社会容器（Cash-containers）用作 CyberCoin 账户。利用 CyberCoin 钱包，可以将钱转移到 CyberCoin 账户中。为了可用该钱包进行付款，需要从 Web 浏览器向钱包发送一个特殊指令，这一指令要求顾客接受付款，钱就从顾客账户过到贸易商账户。通过加密使通信安全化。订单发送到贸易商，贸易商将贸易商数据添加到订单中，并将已完成的订单发送给 CY 网关，然后由该网关完成账户间的转账。NetCash 和 CyberCoin 均曾被广泛使用。1997 年美国第一联盟银行用 CYBER 发起了一个典型试验，甚至在银行自己的 Internet 站点上建立了一个商业广场。在这里人们可以购买到它。到 1998 年，由于出现了新的电子支付系统，开发者终于放弃了 Netcash 和 Cybercoin，同时商店也停止了对它们的使用。

CyberCash 为小量的电子化货币交割提供 CyberCoin 服务。CyberCoin 与 DigiCash 较为相似。银行的正常账号上的钱先划到 CyberCoin 的“钱包”里，然后在不同的交易中使用。与 CyberCash 提供的信用卡处理服务有些不同，CyberCoin 是向业主收费的。首先是 995 美元的初装费，另外每笔交易 CyberCoin 收取 10 美分，外加每笔交易额的 4%，这样每月至少收取 25 美元的费用。 DigiCash 公司的电子货币和 CyberCash 公司的 CyberCoin 都可以使业主处理 25 美分以下的交易并从中获益。但电子货币并不是没有问题，与信用卡相比，只有极少地方接受电子货币。另外，DigiCash 公司发行的电子货币同真正货币一样，也有丢失的可能。如果用户的硬盘被毁，又没有及时备份，那么用户就相当于丢了 20 美元。

二、电子钱包、IC 卡

电子钱包是顾客在电子商务购物活动中常用的一种支付工具，是在小额购物或购买小商品时常用的新式钱包。它是一个可以由持卡人用来进行安全电子交易和储存交易记录的软件，就像生活中随身携带的钱包一样。它是一种应用软件，通常设置在用户终端的计算机上。使用电子钱包购物，通常需要在电子钱包服务系统中进行。电子商务活动中，电子钱包的软件通常都是免费提供的，可以直接使用与自己银行账号相连接的电子商务系统服务器上的电子钱包软件,也可以从 Internet 上采用各种保密方式利用 Internet 上的电子钱包软件。电子钱包内可以装入电子信用卡、在线货币等，用户可以用电子钱包管理器改变保密口令或保密方式，查看自己信用卡上收付往来的账目、清单和数据。目前，世界上有 VISA cash 和 Mondex 两大电子钱包服务系统，其他电子钱包服务系统还有 MasterCard cash、EuroPay 的 Clip 和比利时的 Proton 等。

在电子商务服务系统中设有电子货币和电子钱包的功能管理模块，称为电子钱包管理器，顾客可以用它来改变保密口令或保密方式，用它来查看自己银行账号上的收付往来的电子货币账目、清单和数据。在电子钱包内只能完全装电子货币，这些电子支付工具都可以支持单击式支付方式。电子商务服务系统中还有电子交易记录器，顾客通过查询记录器，可以了解自己都买了些什么物品，购买了多少，也可以把查询结果打印出来。使用电子钱包的顾客通常在银行里都有自己的账户。在使用电子钱包时，将有关的应用软件安装到电子商务服务器上，利用电子钱包服务系统就可以把自己的各种电子货币或电子金融卡上的数据输入进去。在发生收付款时，如果顾客要用电子信用卡付款，例如，用 Visa 卡或者 MasterCard 卡等收付款时，顾客只要单击一下相应项目（或相应图标）即可完成，人们常将这种电子支付方式称为单击式或电击式支付方式。使用电子钱包的顾客通常要在有关银行开立账户。这种电子支付方式称为单击式或点击式支付方式。在电子钱包内只能装电子货币，即装入电子货币、电子零钱、安全零钱、电子信用卡、在线货币、数字货币等。这些电子支付工具都可以支持单击式支付方式。在电子商务服务系统中设有电子货币和电子钱包的功能管理模块，叫做电子钱包管理器（wallet administration）。

（一）电子钱包的功能

（1）电子安全证书的管理。其包括电子安全证书的申请、存储、删除等。

（2）安全电子交易。进行 SET 交易时辨认用户的身份并发送交易信息。

（3）交易记录的保存。保存每一笔交易记录以备日后查询。

例如，持卡人在使用长城卡进行网上购物时，卡户信息（如账号和到期日期）及支付指令可以通过电子钱包软件进行加密传送和有效性验证。电子钱包能够在 Microsoft、Netscape 等公司的浏览器软件上运行。持卡人要在 Internet 上进行符合 SET 标准的安全电子交易，必须安装符合 SET 标准的电子钱包。

（二）利用电子钱包在网上购物的步骤

（1）顾客（即购物消费者）坐在自己的计算机前，通过 Internet（大众公用网络）查寻自己想购买的物品。

（2）顾客在计算机上输入了订货单，包括从哪个销售商店购买什么商品，购买多少，订货单上还注明将此货物在什么时间送到什么地方以及交给何人等信息。

（3）通过电子商务服务器与有关商店联系并立即得到应答，告诉顾客所购货物的单价、应付款数、交货等信息。

（4）顾客确认后，用电子钱包付钱，将电子钱包装入系统，单击电子钱包的相应项或电子钱包图标，电子钱包立即打开，输入自己的保密口令，顾客确认是自己的电子钱包并从电子钱包中取出其中的一张电子信用卡来付款。

（5）电子商务服务器对此信用卡号码采用某种保密算法算好并加密后，发送到相应的银行去，同时销售商店也收到了经过加密的购货账单，销售商店将自己的顾客编码加入电子购货账单后，再转送到电子商务服务器上去，这里要注意商店对顾客信用卡上的号码是看不见的，不可能知道，也不应该知道，销售商店无权也无法处理信用卡中的钱款。因此，只能把信用卡送到电子商务服务器上去处理，经过电子商务服务器确认这是一位合法顾客后，将其同时送到信用卡公司和商业银行，在信用卡公司和商业银行之间要进行应收付款钱数和账务往来的电子数据交换和结算处理。信用卡公司将处理请求再送到商业银行请求确认并授权，商业银行确认并授权后送回信用卡公司。

（6）如果经商业银行确认后拒绝并且不予授权，则说明顾客的这张信用卡上的钱不够用了或者是没有钱了，即已经透支。遭到商业银行拒绝后，顾客可以再单击电子钱包的相应项再打开电子钱包，取出另一张电子信用卡，重复上述操作。

（7）如果经商业银行证明这张信用卡有效并授权后，销售商店就可付货。与此同时，销售商店留下整个交易过程中发生往来的财务数据，并且出示一份电子收据发送给顾客。

（8）上述交易成交后，销售商店就按照顾客提供的电子订货单将货物在发送地点交到顾客在电子订货单中指明的收货人手中。

在上述的电子钱包的购物过程中间虽经过信用卡公司和商业银行等多次进行身份确认、银行授权、各种财务数据交换和账务往来等，但这些都是在极短的时间内完成的。实际上，从顾客输入订货单后开始到拿到销售商店出具的电子收据为止的全过程仅用 5～20 秒的时间。这种电子购物方式十分省事、省力、省时。而且对于顾客来说，整个购物过程自始至终都是十分安全可靠的。由于顾客的信用卡上的信息别人是看不见的，因此保密性很好，用起来十分安全可靠。另外，有了电子商务服务器的安全保密措施，就足以保证顾客去购物的商店必定是真的，不会假冒的，从而保证顾客安全可靠地购到货物。总之，这种购物过程彻底改变了传统的面对面交易和一手交钱一手交货等购物方式，是一种很有效的而且非常安全可靠的电子购物过程，是一种与传统购物方式根本不同的现代高新技术购物方式。

目前，IC 卡电子钱包的应用也已开始，并有着很好的使用前景。客户买到一个称作电子钱包的 IC 卡，就像是买到一个含有一定货币的钱包一样。可以使用电子钱包购物，交付各种款项，甚至与另一位持有这种电子钱包的人在某种特定设备上进行转账交易。在有的系统，还可以用电子钱包来进行家庭购物和作为家庭银行交易使用。因为 IC 卡比较安全，即使遗失别人也根本无法使用，因而找回来的机会就很大，被抢被盗的可能性较小；它也非常方便，便于携带和使用。有的电子钱包还可以在使用完或接近使用完后，重新注入资金。例如，香港汇丰银行和恒生银行推出的 Mondex 电子钱包，已经用于香港的几个主要购物中心。每个 IC 卡电子钱包具有一定的金额上限，并可以同时使用几种货币。由于其安全性较高，并可以重新注入资金，向用户收取的费用少于信用卡，因此很受人们欢迎，这种电子钱包可以通过 ATM 获特别设计的 Mondex 电话进行转账，将资金注入到钱包中，也可以在这些设备上读出卡上的金额。电子钱包在特约商店购物使用时非常方便，只在专用的 POS

上输入应付金额，便可以自动扣除。银行还可以通过相应设备显示钱包中的余额。电子钱包之间也可以相互转账，在设备上将两张欲进行转账的卡同时插入，进行一定操作就可以将一定金额从一张卡上转到另一张卡中。持卡人还可以通过设备进行最近交易的查询、更改私人密码、对卡进行加锁或解锁等操作。由于电子钱包比较接近货币使用，因此有可能取代日常的现钞和硬币，将会在广泛的商业活动中作为交易结账使用，并在 Internet 中发挥重要作用。

（三）英国的 Mondex 卡

英国在 1995 年 7 月最先把 Mondex 卡发展成为电子钱包，该电子钱包不仅可以在自动提款机上提取货币，转账，而且具有一般信用卡功能，还能从银行账户的存款拨出部分金额转入随身携带的卡片上储存。英国西敏寺（National-Westminster）银行开发的电子钱包 Mondex 是世界上最早的电子钱包系统，于 1995 年 7 月首先在有“英国的硅谷”之称的斯温顿（Swindon）市试用。起初，名声并不那么响亮，不过很快就在斯温顿打开了局面，被广泛应用于超级市场、酒吧、珠宝店、宠物商店、餐饮店、食品店、停车场、电话间和公共交通车辆之中。这是由于电子钱包使用起来十分简单，只要把 Mondex 卡插入终端，三五秒钟之后，卡和收据条便从设备付出，一笔交易即告结束，读取器将从 Mondex 卡中所有的钱款中扣除掉本次交易的花销。此外， Mondex 卡还大都具有货币所具有的诸多属性，如作为商品尺度的属性、储蓄的属性和支付交换的属性，通过专用终端设备还可将一张卡上的钱转移到另一张卡上，而且，卡内存有的钱一旦用光，还可通过专用 ATM 机将其本人在银行账户上的存款调入卡内。自 1995 年 7 月电子钱包面世以来，电子钱包已经在英国的斯温顿、亚洲的香港、加拿大的多伦多和新西兰等 10 多个国家和地区进行了试用。1998 年 Mondex 在美国纽约试用，还将以合同连锁方式在其他城市进行实验，参加的银行有曼哈顿银行、芝加哥银行和法兰西银行等。澳大利亚的国家银行预定将在 1998 年引入 Mondex，南非和以色列等国家也制订了相同计划。

截至目前，英国、美国、加拿大、澳大利亚、新西兰、南非等国家的银行，都在开发本国独特的电子货币。美国也并非只有 Mondex 一种电子货币，也有其他公司开发的使用不同技术体系的电子货币在发行，如 Visa Card 公司在 1996 年亚特兰大奥运会期间，就发行了 200 万张智能卡（内含的钱数分别为 10 美元、20 美元、50 美元、100 美元），特约商店有 2 300 家，共进行了 20 万次的付款，总计超过 110 万美元。日本也有不少机构早就打算引进电子钱包，实验计划一订再订，但一直未能实现，其原因用日立公司新金融系统推进总部部长的话来说就是：“日本很多银行与万达电子钱包的合作，有着与其他国家不同的独特的金融网络。” 若要应用电子钱包，日本方面就必须投入“数以万亿日元”的巨资对现有的金融网络进行改造。

三、电子支票

Web 上的商务活动尚处于幼婴阶段，每天都会出现新的付款方式。另外一种新事物是电子支票。它可以允许用户使用一种不是写在纸上，而是写在屏幕上的支票从银行账号上提款，如图 5-2 所示。CyberCash 公司就提供一种叫做 PayNow 的电子支票服务。

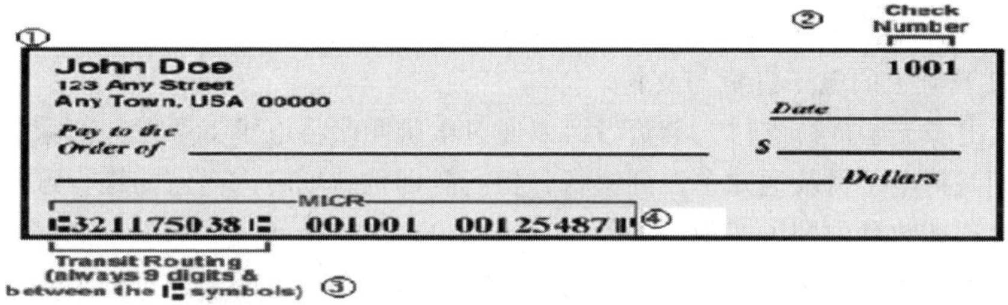

① 使用者姓名及地址；②支票号；③传达路由号（9 位数）；④账号

图 5-2 电子支票界面

电子支票是一种借鉴纸张支票转移支付的优点，利用数字传递将钱款从一个账户转移到另一个账户的电子付款形式。电子支票系统指的是电子资金的传输，它包含三个实体：即购买方、销售方和金融机构。当购买方与销售方完成一次交易处理后，销售方要求付款。此时，购买方从金融机构那里获得唯一的一个付款证明（相当于一张支票），这个电子形式的付款证明表示购买方账户欠金融机构的钱。购买方在购买时，将这个付款证明交给销售方，销售方再转交给金融机构。整个事务处理过程同传统的支票查证过程类似。当作为电子方式进行时，付款证明是一个由金融机构出示证明的电子流。更重要的是，付款证明的传递、账户的负债和信用几乎是同时发生的。如果购买方和销售方没有使用同一家金融机构，通常需要由国家中央银行或者国际金融组织协同控制。

电子支票方式的付款可以脱离货币和纸张进行。购买方通过计算机或 POS 终端机获得一个电子支票付款证明，而不是传递支票或者直接在柜台前付款。电子支票系统目前采用的是专用的网络系统，国际金融机构通过自己的专用网络、设备和软件以及完整的一套用户标识、标准报文、数据验证等规范化协议完成数据传输，并控制数据安全。这种方式已经较为完善，下一步的主要工作是如何将业务从专用网络扩充到 IP 网络 Web 方式下操作，并进一步向 Internet 上过渡。

与传统的纸支票和其他形式的支付相比，电子支票有以下优点：

（1）节省时间。电子支票的发行不需要填写。邮寄或发送而且电子支票的处理也很省时。在用纸支票时，卖方必须收集所有的支票并存入其开户行。用电子支票，卖方可以即时送给银行由银行入账。

（2）减少了处理纸支票的费用。

（3）减少了支票被退回情况的发生。电子支票的设计方式使得商家在接收前，先得到客户开户行的认证，类似于银行本票。

（4）电子支票在用于支付时，不用担心丢失或被盗用，如果被盗用，接收者可以要求支付者停止支付。电子支票适于各种市场，可以很容易地与 EDI 应用结合，推动 EDI 基础上的电子订货与支付。

使用电子支票进行支付，消费者可以通过电脑网络将电子支票发向商家的电子信箱，同时把电子付款通知单发到银行，银行随即把款项转入商家的银行账户。这一支付过程在数秒内即可实现。然而，这里面也存在一个问题，那就是如何鉴定电子支票及电子支票使用者的真伪？因此，就需要有一个专门的验证机构来对此做出认证，同时，该验证机构还应像认证中心那样能够对商家的身份和资信提供认证。

（一）电子支票系统的运作过程

电子支票交易的过程，可以分为以下几个步骤：

（1）消费者和商家达成购销协议并选择用电子支票支付。

（2）消费者通过网络向商家发出电子支票，同时向银行发出付款通知单。

（3）商家通过验证中心对消费者提供的电子支票进行验证，确认无误后将电子支票送交银行索付。

（4）银行在商家索付时通过验证中心对消费者提供的电子支票进行验证，在确认无误后即可向商家兑付或进行转账。

（二）电子支票网上解决方案

电子支票型电子货币系统主要包括 Netbill 系统、美国金融服务技术联合会（Financial Service Technology Consortium，FSTC）实施的电子支票项、Netcheque、Echeck 系统等。纸基支票在现实生活的广泛应用和处理纸基支票的高成本，以及 B2B 网上商务对电子支票的需求，推动了对支票型网上支付系统的研究和开发。目前已存在多种电子支票系统，电子支票支付流程图如图 5-3 所示。

1. Netbill 方案

Netbill 是美国 Carnergie Mellon 大学开发的一种支付系统。如图 5-4 所示，系统参与者包括客户，商户以及为他们保持账户数据的 Netbill 服务器。这些账户可与金融机构中的传统账户相连。客户 Netbill 账户可以从其银行转账来注入资金，而商户

Netbill 账户中的资金可以存入其银行账户。Netbill 系统设计主要面对信息产品的网上销售。

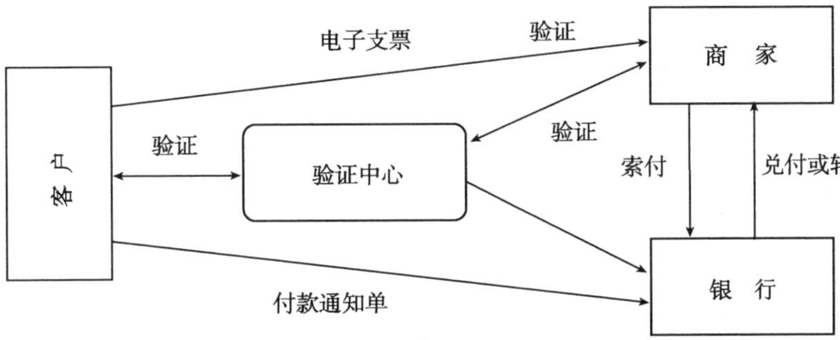

图 5-3　电子支票支付流程图

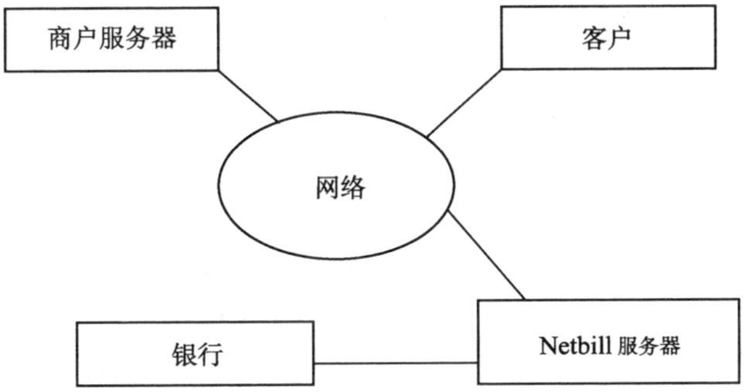

图 5-4　Netbill 支票解决方案

资料来源：李琪. 金融电子商务. 高等教育出版社，2004

Netbill 通过向商户和客户提供配套使用的工具软件的方法提供对整个系统的支持，其中包括一系列安全措施，客户端软件支票簿，商户端软件称作“收款机”，分别负责客户应用，商户应用通信。两者所有通信均经过加密处理，以防止入侵者。Netbill 电子支票的网上支付流程如下：

（1）客户向商户请求正式的报价单，启动 Netbill 交易；

（2）在收到报价单请求后，商户定出价格，并返回报价单；

（3）如果客户接受所报价格，则应指示其支票簿向商户收款机发送购买请求；

（4）当收到购买请求后，收款机从商户应用中取出产品，并采用一个密钥来加密该产品。在计算出密码校验以后，将结果传送至客户支票簿；

（5）在收到加密信息后，支票簿验证校验随后，支票簿向商户收款机送回一份签名的电子支付订单；

（6）收款机对电子支付订单进行背书，然后将之发送至 Netbill 服务器；

（7）Netbill 服务器在验证价格、核验和等符合规定之后，借记客户账户恰当的数额，Netbill 服务器记录该笔交易并且保存一次性密钥的复制件，然后，再将包含有同意或拒绝信息的数字签名信息发送给商户；

（8）商户对 Netbill 服务器做出回答，如果同意，即同时将解密密钥发送给客户支票簿。

2. FSTC 电子支票系统方案

目前已设计开发出了多种电子支票，FSTC 电子支票是其中一种，FSTC 是美国的银行、大学、研究机构和政府部门联合成立的非营利性组织，它是国际上提供电子支票相关规范和标准的一个权威性组织。1995 年 9 月，FSTC 提出了一个示范性的电子支票概念，它实施的电子支票支付系统项目的主要内容是：使用加密技术将支票内容，如支付人和支付金额等数据进行加密，然后用电子邮件等方式进行结算。

商业银行要向为自己的客户提供签发和受理电子支票服务，需要添置相应的基础设施，在 FSTC 系统中称作“电子支票处理器”（EPH），由三部分组成：

（1）EPH 前端。用于和互联网相连，并处理互联网通信协议，同时担当着 EPH 的安全防卫线责任。互联网上的其他机器只能和它直接通信。

（2）EPH 服务器。核心部分，主要完成安全信封信息的处理，包括发起支票相关各方身份的认证，支票信息的提取，向核心系统发出去支付兑付指令等。

（3）PHH 证书服务器。功能就是向银行客户发放证书，并提供证书验证或证书撤销等维持证书体系正常运转的服务，由多家银行证书服务器构成的认证体系已形成。

另外，FSTC 确定了四种不同的地支付方案：

（1）“锁箱方案”。收款人不能接收电子支票（未配置“智能辅币机”），通过委托收款人银行代管账户的方法接收电子支票。

（2）“资金转账”方案。收款人不能“背书”电子支票，收款人银行不能开展电子支票业务（未配置 EPH 设施），该方案与目前普遍使用的银行直接贷记功能十分类似，资金实际上通过行间资金转账完成。

（3）“兑现和转账”方案。尽管收款人可以接收电子支票，收款人银行不能处理电子支票（未配置 EPH 设施），收款人接收的电子支票需要付款人银行确认并兑现。

再通过传统行间电子资金转账系统汇入收款人银行，贷记收款人账户。

（4）“存款和清算”方案。该方案是传统纸支票方案的互联网翻版，需要双方参与银行都具有 EPH 设施（能够处理电子支票），参与客户都有“智能辅币机”（能够签发或背书电子支票）。

3. Echeck

现在正在美国财政部做实验。由于涉及较少的人工步骤，Echeck 电子支票在从真实世界到虚拟世界过程中对支票付款系统起到了杠杆作用。在现在的商业实践中，Echeck 处理技术相对简便。这个电子支票系统十分安全，它可以被所有的银行客户所使用。

（三）电子支票在美国的发展

1996 年，美国通过的《改进债务偿还方式法》成为推动电子支票在美国应用的一个重要因素。该法规定，自 1999 年 1 月起，政府部门的大部分债务将通过电子方式偿还。1998 年 1 月 1 日，美国国防部以及由银行和技术销售商组成的旨在促进电子支票技术发展的金融服务技术财团通过美国财政部的财政管理服务支付了一张电子支票以显示系统的安全性。近期，向 Internet 站点提供后端付款和处理服务的 PaymentNet 将开始处理电子支票。采用 SSL 标准保证交易安全，美国最大的支票验证公司 Telecheck 通过对储存在数据库中的购物者个人信息及风险可靠度进行交叉检验来确认其身份。CheckFree 公司一年内处理了 8 500 万宗电子交易，总额达 150 亿美元。不过，目前还没有人试过在电子商务站点通过 Internet 直接使用支票。只有美国银行支持的支票才能在 Internet 上被接受，因为在线检验需要依赖美国的支票兑现基础设施。

尽管电子支票可以大大节省交易处理的费用，但是，对于在线支票的兑现，人们仍持谨慎的态度。电子支票的广泛普及还需要有一个过程。

四、信用卡

（一）信用卡的简介

信用卡型电子货币是最常用的电子货币，是电子支付中最常用的工具。信用卡的起源可追溯到 19 世纪 80 年代，当时只是作为商店进行赊销购物凭证。世界上最早的信用卡是美国富兰克林国民银行于 1952 年发行的信用卡。在 Internet 上，信用卡付款是最普通和首选的付款方式。与其他形式的付款相比较，具有以下这些优点。信用卡被广泛发行，使用简单，而且信用卡被全世界接受，信用卡系统提供了良好的消费者保护。

在信用卡付款系统中有四个角色：顾客、贸易商、发行商和捕获器。为了保证信用卡付款的安全，在过去的几年已经建立起了两个标准：SSL 和 SET。改善信用卡事务处理安全性的一个途径就是在买方和卖方之间启用第三方代理，目的是使卖方看不到买方信用卡信息，避免信用卡信息在网上多次公开传输而导致的信用卡被窃取。

在信用卡业务中，消费者必须首先通知商家其信用卡号码，以证实自己有支付能力，商家可以通过银行进行验证，然后使用购物单，并要求用户签名。最后，商家将购物单送到银行进行资金兑换，银行则通知消费者关于本次购物支付的详细记录。在 Internet 上的信用卡业务同以往基本相同，但由于支付过程自动实现，这就对买卖双方的身份认证和交易安全提出了很高要求。

当在 Internet 的网上商店上进行在线销售产品和服务时，国外很多地方都采用了网上信用卡实时清算系统进行资金支付，如著名的网上书店 Amazon 等。目前，随着国内一些商家开始意识到通过 Internet 推销产品的优越性，网上信用卡实时清算已经逐渐引起人们的重视。在电子商务中，最简单的信用卡支付形式是让用户提前在某个机构或者公司登记一个信用卡账号和口令，当用户通过 Internet 在该公司购物时，用户只需将账号和口令传送到该公司；而完成购物后，用户会收到一个确认本次购买是否有效的电子邮件。如果用户对电子邮件的应答为有效，公司就从用户的信用卡账户上扣除该笔交易的费用。目前，更为安全的方式是在 Internet 上通过 SET 协议进行网络支付，具体方式是用户在网上发送信用卡号码和密码，通过加密发送到银行进行支付，而在支付过程中需要进行用户、商家以及付款要求等合法性验证。

世界上有五大国际信用卡集团，它们发行的信用卡分别是：威士卡（VISA Card，以前称为维萨卡）、万事达卡（Master Card）、运通（American Express）卡、大莱卡（Diner's Card）和 JCB 卡。这些国际信用卡是可以在全世界使用的"世界性电子货币"，是具有多种功能和多种附加值的国际信用卡。对于消费者（持卡人）来说，在他持有某一种国际信用卡后，例如，持有威士卡或者万事达卡等信用卡后，他就可以利用电子商务服务器的服务功能在全世界各地使用这种国际信用卡进行购物和支付账款。在美国，顾客可以利用具有电子商务服务器的网络，将自己持有的信用卡与一些商业银行和信用卡公司连接起来，相应地进行信用卡业务处理。现在已经有很多商家和企业都在利用这种电子商务服务器的服务功能开展银行金融服务业务，一些商业银行和金融机构也在利用电子商务服务器的服务功能，以便保证自己能够安全保密可靠地在 Internet 上开展银行金融业的服务工作。

（二）银行卡支付方案

银行卡支付方案的基本特点是直接以银行卡作为支付工具，账户余额（或信用额度）作为支付对象。因此，银行卡支付方案重在解决网上支付给客户和银行的安全问题。银行卡支付方案使用最普遍，应用最成功的解决方案。下面通过 CyberCash 信用卡支付系统和 CHINAPAY 借记卡网上支付系统为例，说明银行卡支付方案的实现过程。

1. CyberCash 信用卡支付系统

CyberCash 公司成立于 1994 年 8 月，专门致力于为互联网上的金融交易提供软件和服务解决方案，曾经开发了多种网上支付工具。CyberCash 支付系统于 1995 年 4 月开始运行，其合作商户主要将其用作销售生活耐用品。CyberCash 支付系统的网络及运作模型如图 5-5 所示。

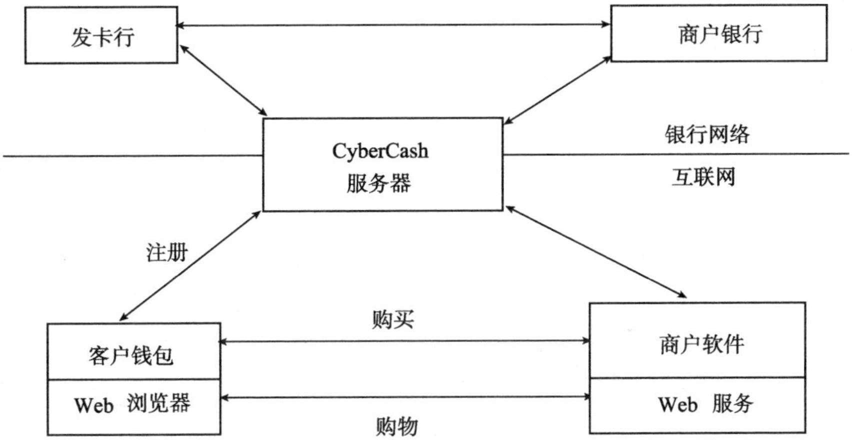

图 5-5 CyberCash 支付系统模型

资料来源：李琪. 金融电子商务. 高等教育出版社，2004

图 5-5 中上部是由商业银行构成的网络系统，主要用于银行同业之间联网支付，是传统支付体系的网络版。图中下部是由 CyberCash 公司的特约商户和顾客构成的互联网虚拟世界。模型的中间部分是 CyberCash 服务器，它的作用在于将商业银行网络支付体系和互联网社会连接起来。CyberCash 支付流程，也是银行卡的一般的支付流程如下：

（1）在实际商品、相关服务与资金流动发生之前，由客户通过安全方式将信用卡信息传送给商户。

（2）商户验证客户身份为信用卡账户所有者。

（3）商户把信用卡收费信息和数字签名发送给其银行或在线信用卡处理器。

（4）使用第三方进行验证的支付。即买卖双方都使用电子邮箱和第一虚拟银行的 FV 账户，来确保信用卡号码不在互联网络上传输，进而避开信用卡方面的安全问题。

（5）银行或处理方把信息送给客户银行进行授权。

（6）客户银行为商户返回信用卡数据、收费确认和授权。

（7）网上信用卡支付完成。

应该指出的是，为了使银行卡在网上支付过程中真正实现交易安全和支付的不可否认性，采用 SET 是不可缺少的步骤。SET 是专门用于加密信用卡支付的协议。支付安全的目标是为了提供有关持卡人、商户和收单行的身份验证手续，提供支付数据的机密性，保持支付数据的完整性以及为相应的安全服务涉及的算法和协议进行定义。

2. ChinaPay 借记卡网上支付系统

银联电子支付有限公司（ChinaPay E-Payment Service Co.， Ltd.），于 2002 年 6 月正式揭牌成立，总部设在上海，在北京设有办事处。公司前身为上海腾欣科技有限公司（ChinaPay），早在 2000 年 6 月即已成立，是电子商务领域中从事专业网上支付服务的先行者。公司拥有面向全国的统一支付网关，专业从事网上电子支付服务，是中国银联旗下的网络方面军。

银联电子支付有限公司（简称 ChinaPay）作为中国银联的网络方面军，拥有中国银联的统一支付网关，其专业产品 OneLinkPay 解决了网上银行卡的支付问题。OneLinkPay 主要针对网上支付系统而设计，采用了先进的安全数据加密技术，可以同时为商户提供安全有效的网络连接，支持多种操作平台和支付工具。支付过程如图 5-6 所示。ChinaPay 的支付流程一般为：

（1）消费者浏览商户网站，选购商品，放入购物车，进入收银台；

（2）网上商户根据购物车内容，生成付款单，并调用 ChinaPay 支付网关商户端接口插件对付款单进行数字签名；

（3）网上商户将付款单和商户对该付款单的数字签名一起交消费者确认；

（4）一旦消费者确认支付，则该付款单和商户对该付款单的数字签名将自动转发 ChinaPay 支付网关；

（5）支付网关验证该付款单的商户身份及数据一致性，生成支付页面显示给消费者，同时在消费者浏览器与支付网关之间建立 SSL 连接；

（6）消费者填写银行卡卡号、密码和有效期（适合信用卡），通过支付页面将

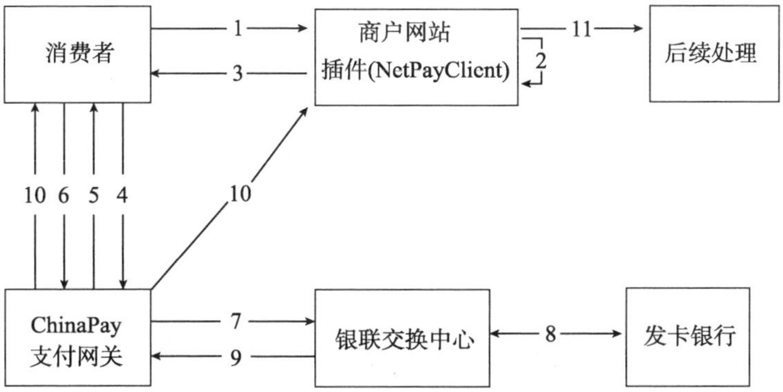

图 5-6 ChinaPay 支付过程

支付信息加密后提交支付网关；

（7）支付网关验证交易数据后，按照银行卡交换中心的要求组装消费交易，并通过硬件加密机加密后提交银行卡网络中心；

（8）行卡交换中心根据支付银行卡信息将交易请求路由到消费者发卡银行，银行系统进行交易处理后将交易结果返回到银行卡交换中心；

（9）行卡交换中心将支付结果回传到 ChinaPay 支付网关；

（10）支付网关验证交易应答，并进行数字签名后，发送给商户，同时向消费者显示支付结果；

（11）商户接收交易应答报文，并根据交易状态码进行后续处理。

通过 ChinaPay 支付网关的解决方案，可以清楚地看出互联网支付和广义上的网络支付的关系，ChinaPay 依赖的正是广义的基于网络的银行间支付体系。通过互联网支付的特殊之处在于网络数据安全和网络各方身份确证。

（三）我国信用卡业务的迅速兴起与发展

在我国市场上流通的外币信用卡主要有七种，除了有 VISA Card、Master Card、American Express、Diner's Card 和 JCB Card 这五大国际信用卡外，还有百万卡（Million Card）和发达卡（Federal Card）。外币信用卡通常主要用于存款、取款、购物消费、交通通信、娱乐旅游等，也可以用于缴纳税款、交付租金、购房置地、发放工资和获得各种服务等。信用卡不仅具有现金支付功能和支票支付功能，还有信贷功能，所以，世界上的一些发达国家都把发展信用卡作为实现金融电子化和“无现金社会”的重要工具。

在我国，1978 年中国银行广州分行率先与香港东亚银行签订了代理信用卡业务，

1980年中国银行先后与上述国外七家信用卡公司签订了受理信用卡取现和直接购货业务协议。这 7 种国际信用卡有 VISA Card、Master Card、American Express、Diner's Card、JCB Card、Million Card 和 Federal Card。我国专业银行代理信用卡业务主要内容有代理发展商户、代理授权业务、代理收单结算业务和代理取现业务等，按双方协议规定进行利润分成。我国专业银行与国外银行进行谈判和签约的权限在总行，各个分支行在总行规定的范围内进行具体操作，遇到问题向总行报告。专业银行代理信用卡业务，为在我国广泛推行信用卡业务积累了丰富和宝贵的经验。

中国正在以令人吃惊的速度进入网络化时代。1995 年中国才刚刚建成自己的公用互联网，但仅仅几年的时间，上网用户已超过 1 000 万人，至 2002 年 6 月 30 日，已达到 4 580 万人。尽管网络出口已扩大了 100 倍，但仍不能满足国内日益增长的上网需要。国内通信网络的不完善使得智能卡这种电子支付方式比较适合中国的国情，因此，于 1993 年起在全国范围内开展的“金卡工程”中，权威专家建议，根据我国国情以及国际发展趋势，可采用 IC 卡一步到位。我国“金卡工程”的目标和任务是从 1993 年起，用 10 年左右的时间，在 3 亿城市人口中推广普及金融交易卡，实现支付手段的革命性变化，跨入电子货币时代。其总体构想是建立全国统一的金卡专用网、金卡服务中心和金卡发行体系。1997 年，中国的智能卡发卡总量已达 6 000 万张，预计到 2000 年将超过 1 亿张。今年，世界第三、欧洲最大的智能卡供应商 Bull 公司同中国的深圳城市合作银行达成了一笔交易，由 Bull 公司为深圳城市合作银行设计实施一种基于智能卡（包括电子钱包及借贷功能）的付款系统，Bull 并将提供数万张卡以及用于向卡中加入电子货币和进行付款的终端。此举表明，中国在向支付电子化方面迈出了实质性的一步。可以预期，到 2010 年，从商品购买到个人存款等，国人将可以携带智能金卡四处漫游。但是，目前我国智能卡的推广应用中还存在一些障碍，主要表现为：智能卡制作成本较高；不能实现一卡多能、一卡多用；不同种类的智能卡和读写器之间不能跨系统操作等。

第四节　主要的电子支付应用软件

一、IBM 的 CommercePOINT 解决方案

电子商务正在为了适应全球化市场的变化而迅猛发展，它可以使商家与供应商更紧密地联系，更快地满足客户的需求，也可以让商家在全球范围内选择最佳供应商，在全球市场上销售产品。电子商务利用 Internet 技术解决客户的业务问题，如连接分布在各处的工作组，接触新的客户，通过完善的客户服务，提高用户对产品的

信任程度，提高企业的效率。目前，越来越多的公司利用 Internet 开展商务活动，并已经获得明显的投资回报。

电子商务的兴起，为许多公司的发展和扩张带来了商机。各式各样的电子商务解决方案层出不穷，从中看出，电子商务确实已成了 Internet 上的焦点。IBM 公司在电子商务上的战鼓擂得最响。该公司具有一个比较全面的解决方案，IBM 公司提出，实现电子商务，不仅仅是提供硬件和软件的问题，而且要将有效的解决方案与客户已有的硬件和软件集成在一起。在发展电子商务的各个阶段，IBM 都有完整的产品系列，其中包括 Domino/Lotus 系列产品，即 Domino/LotusMail 服务器，Lotus Go 高性能、安全和可伸缩的 Web 服务器等，它们可提供完整的 Internet 解决方案；IBM CommercePOINTPayment（安全支付产品）、IBM NetCommerce（电子商城）和 IBM RegistryforSET（认证中心）系列产品，能帮助客户建立强大的、动态的、可伸缩的和灵活的系统，最终实现在线交易。

（一）IBMCommercePOINTPayment

IBMCommercePOINTPayment 解决方案的支持软件有 CommercePOINTeTill（电子收款机）、CommercePOINTWallet（电子钱包）和 CommercerPOINTGateway（付款网关）。

1. CommercePOINTeTill

CommercePOINTeTill 是 Internet 上的收款机，也是 Internet 交易解决方案的关键，属于 IBM 的 SET 家族产品。VISA 与 MasterCard 一同开发的 SET 是保护电子交易的产业标准，它是一种开放的多功能协定，为了保护利用 Internet 的信用卡付款，SET 提供了信息的完整性、所有金融资料的认证及机密信息的加密。要成功地建制 SET 环境，包含消费者的浏览器、商家的电子商务服务器以及收单银行的处理器都必须拥有 SET 模组。CommercePOINTeTill 便是这样的一组产品，它提供消费者、商家与银行进行安全电子交易的能力，它的最大优点在于 eTill 结构能在 Internet 发展出新的付款方式时，随时采用新方法。eTill 管理付款流程内的从与顾客通信到通知金融机构的所有动作。它能保留交易记录，有助于做出短期回复及报表。eTill 还包含有处理数位认证的元件。CommercePOINTeTill 可以根据行业、贸易方式及其技术状况的不同要求进行修改。

2. CommercePOINTWallet

CommercePOINTWallet 是 IBM 的 SET 解决方案之一，可对购买人的信用卡提供全面性的保护。CommercePOINTWallet 是一个付款处理应用模式，提供对购买人信用卡的全面保护。它为信用卡处理器提供协定转换及安排交易途径，并为顾客提供信用卡的储存、管理及购物所需的证明；它回应厂家送出的付款通知，指示卡片持有人选择付款银行的信用卡；它验证商家，而且提供安全的交易（因为除了付款银行之外，任何人都无法知道信用卡号码）；CommercePOINTWallet 还允许商家确认付款核准的情况、安全地执行交易处理。在它的工作方式下，它能验证商家，反过来，商家也可以对付款核准情况进行确认。CommercePOINTWallet 提供三种格式，让顾客查看他们的账号：图书式信用卡、详细的文字模式或小示意图。选定的信用卡可以进行增加、编辑或删除。信用卡及凭证输入 Wallet 后，顾客就可以从在线网络安全地订货。交易完成时，将会有一个 ReceiptofOrder 视窗显示出商家已收到并认可的采购要求。

3. CommercePOINTGateWay

CommercePOINTGateWay 是采用 SET 标准的付款处理应用程序，它为信用卡处理器提供协定转换并安排交易路径。商家可以通过它确定顾客是否同意付款，付款处理流程是不是已采用安全的方式执行。顾客也受到类似的保护。CommercePOINTGateWay 支持信用卡持有人与商家及银行间的现有关系。同时，顾客也能受到类似的保护。CommercePOINTGateWay 免除了接收信息与相关协定的依存关系，并且把接收到的信息传至适当的应用程序，因此能够支持多个来源采用的多种协定。

（二）IBM Net.Commerce

IBM Net.Commerce 软件是 CommercePOINT 的产品之一，它具备了企业对企业及企业对客户电子商务所需要的弹性、可扩充性、强大功能、延展性且随时可应用于全世界的特点，使得 Net.Commerce 成为企业制定其短期与长期成长率的 Internet 营运策略的基础。

IBM Net.Commerce 是支持 AIX、WindowsNT 及 SunSolaris 的套装软件，由 SiteManager、StoreManager 和 TemplateDesigner 等元件组成，可用来设计和管理电子商城（或商店）。SiteManager 是一套在线管理模式，它给出 Internet 商城的定义，并提供对它的管理功能。网络管理员可以利用 SiteManager 存取商店产品信息。SiteManager 可以开启 TemplateDesigner，为网站建立网页。StoreManager 是个易于使用的网上管理模式，为虚拟商店建立相互交流的目录。它可以开启 TemplateDesigner 为商店建立网站。TemplateDesigner 是个 Java 式的网址网页设计工具。消费者进入由 Net.Commerce 建置的电子商场后，能随时浏览设计精美且具有互助交谈式的目录，而且只需通过鼠标的操作就可将所购货品放在“购物手推车”中，直到完成所有的订购程序。Net.Commerce 还能为消费者提供完整的安全交易付款，让客户享有简易、安全、即时和轻松的电子购物。

（三）IBM RegistryforSET 认证中心

网络交易的安全性是当前发展电子商务的关键，IBMRegistryforSET 应时而生，为信用卡持有人、厂商及收单银行提供了凭证管理的基本环境，辅助 Internet 上使用 SET 协议的交易安全。IBM RegistryforSET 允许发卡银行对其信用卡持有人发出凭证、取款机构对其商家发出证明，在 SET 结构内建立身份确认机制。RegistryforSET 在服务器上执行，建立并管理伴随 SET 协定的证明。它可以同时扮演持卡人认证中心（cardhder certificate authority，CCA）、商家认证中心（merchant CA，MCA）、付款网关认证中心（payment gateway CA，PCA）的身份。它可以在多部电脑上执行，扮演单一的认证中心，或是在同一部电脑上，扮演多个认证中心。RegistryforSET 能够支持在线申请，这些申请将通过用户自订的界面进行核准。该界面能立刻处理凭证的申请，如果核准应用程序需要进一步检查，核准就会延后。RegitsryforSET 有三个主要的元件：Administrator、Approver 和 SETCAServer。Administrator 提供服务器运行管理和 RegistryforSET 密码与密钥的安全管理。Approver 是接收、检验 SET 证明申请的应用程序和专属界面。SETCAServer 处理在线或不在线的 SET 证明申请与签名，并发布申请。

二、InstaBUY 网上支付系统软件

几年前推出电子货币 CyberCoin 的 CyberCash 公司，近年推出一种新的网上支付系统，称为 InstaBuy。InstaBuy 的基本思想是：将电子货币与往常一样放在普通的信用卡里；当客户第一次在网上一家提供 InstaBuy 服务的商场里购物支付时，要填写一张有关信用卡以及个人资料的表格；以后无论在网上哪一家 InstaBuy 商场购物，无须再填写表格，软件能自动提示第一次填写的表格。CyberCash 公司宣称，采用这种电子货币系统，可实现“单击购物”（one-click shopping），大大方便了顾客与商家。客户与商家使用 InstaBuy 需要分别在自己的计算机上装上客户钱包与商家服务器软件。为了扩大 InstaBuy 的应用范围，CyberCash 与美国两家大的信用卡银行合作，一家是第一美国银行，另一家是 MBNA。这些信用卡银行可将 InstaBuy 的客户钱包软件免费送给每个信用卡持卡人，鼓励其使用。另外，CyberCash 将实现 InstaBuy 的商家服务器软件与该公司开发的、目前在商场获得广泛使用的 CashRegister 软件捆绑在一起，让这些商场能提供 InstaBuy 服务。目前，第一联合银行、第一美国银行与密歇根国家银行等已开始试用 InstaBuy 支付系统。

从以上介绍可以看到，在全球范围内，用于网上购物的电子货币还处于试验阶

段。两种最早推出的电子货币 CyberCoin 与 DigiCash，先后在近年在北美停止使用。这一事实说明，电子货币目前还很脆弱，这里固然有技术因素，更多的可能还是人们的支付习惯问题。用惯了信用卡的美国人，恐怕很少会对新生的电子货币投以青睐。然而，对于像我们这样一个信用卡还远远没有普及、电子商务还处于萌芽时期的国家，采用像电子现金那样不用信用卡、无须复杂验证的电子货币作为网上购物用的货币，也许会给广大的 Internet 网民提供更多的网上购物机会，对发展电子商务无疑会产生积极的推动作用。

第五节　网上银行

一、网上银行概述

（一）网上银行的概念

从字面上来看，网上银行的含义并不难理解，但要解释清楚其理论内涵却不容易。即使是一些专业研究银行问题的专家和机构，他们对网上银行的概念也不是统一的。

例如，1998 年巴塞尔银行监管委员会对网上银行的定义是这样的：网上银行是指那些通过电子通道，提供零售与小额支付产品和服务的银行，这些产品和服务包括存贷、账户管理金融顾问、电子账单支付以及其他一些诸如电子货币等电子支付的产品和服务。这一定义的最大贡献在于，它将网上银行的活动与传统银行的活动分成了两个相对独立的层面，使网上银行的研究摆脱了具体技术和业务方面的局限性。2000 年 10 月，巴塞尔银行监管委员会又发布了新的《电子银行集团活动白皮书》对网上银行的定义进行了新的补充，指出网上银行是利用电子手段为消费者提供金融服务的银行，这种服务包括零售业务也包括批发和大额业务。

中国香港特别行政区金管局于 2000 年 5 月发布了《虚拟银行的认可》指南，对“虚拟银行”的概念进行了说明。在该指南中，“虚拟银行是指主要通过互联网或其他电子传送渠道提供银行服务的公司，但不包括利用互联网或其他电子方式作为向客户提供产品或服务的另一个途径的现有持牌银行”。美联储于 2000 年提出了一个关于网上银行的内部定义：网上银行是指利用互联网作其产品，服务和信息的业务渠道，向其零售和公司客户提供服务的银行。

网上银行从概念上讲存在两种模式。一种是完全依赖于 Internet 发展起来的全新电子银行，这类银行几乎所有的业务交易都依靠 Internet 进行。网上银行的另一种发展模式是目前的传统银行运用 Internet 服务，开展传统的银行业务交易处理服务，通过 Internet 发展家庭银行、企业银行等业务。前一种模式的典型例子是在 1996 年，美国三家银行联合在 Internet 上成立了全球第一家网上银行——Security First Network Bank（SFNB）。这家网上银行建在 Internet 上，只有员工 10 人，没有建筑物，只有一个网址。以后会有更详细的介绍。

（二）网上银行产生的原因

网上银行的目的简单说是 5W，也就是实现为任何人（whoever）、随时（whenever）随地（wherever）与任何账户（whomever）用任何方式（whatever）的安全支付和结算。网上银行强大的功能和潜在的优越性，将远远超出普通银行；网上银行无须固定场所，便于管理和维护；客户则可以在自己的计算机网络终端上解决自己的银行服务需求。尽管在 20 世纪 80 年代后期已经出现了网上银行的雏形，但网上银行的迅猛发展是 1993 年以后的事，综合起来有几个方面的原因。

（1）电子商务技术的发展催生了网上银行，电子商务是伴随互联网的普及而产生的新型贸易方式，是当代信息技术和网络技术在商务领域广泛应用的结果。网络经济的深化和电子商务的发展，既要求银行为之提供相互配套的网上支付系统，也要求网上银行提供与之相互适应的虚拟金融服务。

（2）网络和信息技术为网上银行提供了技术基础。计算机技术、网络技术和信息技术的飞速发展，以及网络的安全保密技术不断完善，为网上银行出现和发展提供了技术基础，安全保障和市场需求条件。

（3）网上银行发展的根本原因是来自对服务成本和获取行业竞争优势的考虑。基于互联网的金融服务品种的分销渠道，如表 5-2 所示。这不仅对商业银行的经营管理成本形成持续替代效应，而且通过对商业银行经营管理成本的转移，提高了商业银行在同行业竞争中的地位。

（三）网上银行的电子支付

电子支付是一种通信频次大、数据量较小、实时性要求较高、分布面很广的电子通信行为，因此电子支付的网络平台通常是交换型的、通信时间较短的、安全保密好的、可靠的通信平台，必须面向全社会，对所有公众开放。电子支付的网络平台有 PSTN、公用数据网、专用数据网、Internet 和 EDI 等。最早的电子支付网络平台主要有 PSTN、X.25 和 X.400 网络等，后来出现了 X.435、X.500 等网络平台，这些网络平台的普及面明显跟不上业务发展的需要，当前的发展趋势主要是 Internet 电子支付网络平台。Internet 网络银行的购物与电子支付基本过程如下：

表 5-2　不同机构给出的不同分销金融业务单位成本的比较（单位：美元）

机构	美国商务部	Jupiter 电信数据集团	英艾伦米尔顿国际管理顾问公司	其他机构
分行	1.07	1.07	1.08	1.25
邮件	—	0.73	—	—
电话	0.52	0.52	0.54	0.40
ATM	0.27	0.27	—	0.80
个人电脑银行	0.015	—	—	0.10
网上银行	0.01	0.01	0.13	0.01

（1）顾客接入 Internet，通过浏览器在网上浏览销售中心的商品，选择货物，填写订单，交给销售中心；

（2）销售中心接到订单后，经过审批向配送中心发出发货请求，由配送中心向顾客进行送货；

（3）顾客收到商品后，进行商品的清点核对，并对验收单进行签字验收，再将收货单进行数字签名后，发送给销售中心进行挂账处理；

（4）当需要付款时，由顾客根据订货以及接货验收情况，将结款信息进行签名，并生成付方密码，传送给销售中心；

（5）销售中心接收到顾客的结款请求时，将自身的银行账号以及收款金额等信息生成收方密码，发送给商家的开户银行；

（6）商家的开户银行将该笔交易信息通过人民银行金融区域网及其网上的电子实时支付与清算系统与顾客的开户银行进行清算，将款从顾客的账号上划拨到商家的银行中；

（7）双方的开户银行将交易成功信息发送给各自的用户，电子支付全部完成；

（8）商家向顾客发送电子发票，网上交易全部完成。

（四）网上银行的技术构成——支付网关

从技术角度看，网络银行至少需要由四个部分组成：商户系统、电子钱包、支付网关和安全认证。其中后三者是开展电子银行服务的必要条件，也是电子银行运行的基本技术要求。这里重点介绍一下支付网关。

支付网关是连接银行专用网络与 Internet 的一组服务器，其主要作用是完成两者之间的通信、协议转换和进行数据加、解密，以保护银行内部网络的安全。支付网关的功能主要有：将 Internet 传来的数据包解密，并按照银行系统内部的通信协议将数据重新打包；接收银行系统内部反馈的响应消息，将数据转换为 Internet 传送的数据格式，并对其进行加密。实际上，支付网关起着一个数据转换与处理中心的作用。

支付网关是隔离银行系统与 Internet 的网关，起着安全屏障的作用。它能保证 Internet 与商家的主机之间进行的信息传递，支持各种 Internet 支付协议和安全协议，信息交换，协议转换以及本地授权和结算处理。利用支付网关，可以很容易地实现支付协议信息的转换，并可以同时对大量 Internet 商家服务器的交易进行管理。

支付网关可以保障电子商务活动的支付安全，有利于从根本上解决支付的安全问题，为电子商务的发展清除了一个障碍，为了充分发展支付网关的安全功能，必须使支付网关处于一个安全的网络系统中，或者说支付网关的安全取决于所在环境的安全。

1. Payment Gateway

（1）Payment Gateway 是一套支付网关产品，也是一个基于 UNIX 环境的授权和数据获取的前端主机系统。它主要在网络层级其上层进行操作，一端与商家站点相墨守成规，另一端与银行金融专用网相连。它不仅支持来自物理环境的支付交易，也支持来自虚拟的 Internet 环境的支付交易。SSL 和 SET 安全协议保证了 B2B 或 B2C 交易的安全。

（2）Payment Gateway 接收持卡人，商家传来的支付信息，处理持卡人身份认证，商家商业合法性校验，商家交易授权，消息路由和协议转换等，然后将支付信息传入银行金融专用网进行实时清算。最后将银行处理结果按逆方向给支付方传递。

（3）考虑到为保持一定的系统事务处理成功率、商家交易挂起请求等原因，Payment Gateway 允许采用批处理方式；出于安全性可靠性方面的考虑，支付网关与银行汇票专用网也可以不直接相连，而采用批处理方式，定时、分批将交易数据导出。

2. 主要特性

（1）支持广泛的支付交易。Payment Gateway 支持授权交易（authorization）和授权交易的撤销（authorization reversals），引起资金运动（capture）的已发货订单交易处理和无效交易等多种支付交易。

（2）支持多主机路由。Payment Gateway 具有很强的主机路由能力。在最基本层上，Payment Gateway 可以实现 on-us 和 not on-us 这两类交易路由的分离。在其下一层上，依据卡的 PIN，将交易路由到不同的主机支付系统。

（3）支持多种支付格式。Payment Gateway 不仅对 POS 系统而且对后端主机系统都有支持多种信息格式。Payment Gateway 具有模块化的 POS 通信层，在对主机不做任何改变的情况下，允许系统追加附加的格式。

（五）网上银行所能提供的银行服务

网上银行可进行的业务包括传统的商业银行业务，也负担着电子商务过程中极其重要的在线支付功能。

1. 传统商业银行业务

网络银行可以在网上为客户提供 24 小时的实时服务，包括：转账结算，汇总，代理公共收费，发放工资，查询个人账户等，还可进行商业银行的新增业务，如信息发布、查询服务、证券清算、外币业务、信息咨询服务、消费信贷等。

2. 在线支付

这将成为网络银行网上金融服务最重要的一部分。在网上进行的交易将全部通过网络银行支付，包括 B2C 商务模式下的购物、订票、证券买卖等零售交易，也包括 B2B 商务模式下的网上采购等批发交易，以及金融机构间的资金融通和清算。

目前，世界上已经实现的网上银行都包括开户、存款、支付账单以及各种转账服务等类型业务。网上银行每天会产生一次交易汇总表供客户查询及核对，客户所开出的本行支票交换兑现后，银行会将支票的真实影像载入账户，供发票人确认；如需存取货币，仍能够就近利用金融卡在 ATM 上提取。网上银行是信息革命、知识经济推动金融电子化的结果，它依托迅猛发展的计算机网络与通信技术，利用渗透到世界各地的 Internet，抛弃了银行由店堂前台开始的传统业务流程，将银行的业务直接在 Internet 上推出。同以往电子银行的主要区别在于，客户无须购买任何软件，也不需要在自己的计算机上储存任何资料，只要能够连上 Internet 就可以从事各种金融交易活动。

二、典型的网上银行

（一）美国安全第一网上银行

1994 年 4 月美国的三家银行联合在 Internet 上创建了美国第一联合国家银行，这是新型的网络银行，也称为美国安全第一网络银行或美国证券第一网络银行，是得到美国联邦银行管理机构批准，在 Internet 上提供银行金融服务的第一家银行，也是在 Internet 上提供大范围和多种银行服务的第一家银行，其前台业务在 Internet 上进行，其后台处理只集中在一个地点进行。该银行可以保证安全可靠地开办网络银行业务，业务处理速度快、服务质量高、服务范围极广。1995 年 10 月美国第一联合国家银行在网络上开业。开业后的短短几个月， 即有近千万人次上网浏览，给金融界带来极大震撼。于是更有若干银行立即紧跟其后在网络上开设银行，随即此风潮逐渐蔓延全世界，网络银行走进了人们的生活。1996 年年初，美国第一联合国家银行在 Internet 上全面正式营业和开展银行金融服务，用户可以采用电子方式开出支票和支付账单，可以上网了解当前货币汇率和升值信息，而且由于该银行提供的是一种联机服务，因此用户的账户始终是平衡的。该行最近已经完成了对 Newark 银行和费城 First Fidelity 银行的兼并，从而成为美国第六大银行，拥有 1 260 亿美元资产，有近 2 000 家分行，已经有 1 100 万用户，分布在美国沿佛罗里达州、康涅狄格州及华盛顿地区等 12 个州内。美国第一联合国家银行面向美国的中低收入家庭，提供多种服务，其中包括低现付抵押和无低现额支票账户服务等。从 1998 年 1 月份起，美国第一联合国家银行通过 Internet 为用户提供一种称之为 Web Invison 的服务。Web Invison 系统是建立在美国第一联合国家银行 PC Invison 之上的一种金融管理系统。利用该系统，用户能够通过 Internet 访问自己最新的账目信息，获取最近的商业报告或通过直接拨号实时访问资金状况和投资进展情况，不需要在用户端安装特殊的软件。Web Invison 系统主要是面向小企业主和财会人员设计的。这些人可以利用 Web Invison 系统了解公司资金的最新情况，还可以利用 Web Invison 系统使用它们的电子邮件与美国第一联合国家银行联系，访问全国或地区性的各种经济状况和各种相关数据。

1. 美国安全第一网络银行的 Web Invison 系统

美国安全第一网络银行是在 Data Force International 软件公司的协助下，开发 Web Invison 系统的。该系统使用 SUN 公司的计算机作硬件平台，系统的用户使用个人计算机上的网络浏览器（Netscape），通过 Internet 就可以直接进入银行主页。在银行一端，由一台 SUN 公司的 SPARC Server 服务器提供用户与银行信息系统主机之间的接口。即 SPARC Server 服务器负责将银行信息系统主机的数据转换成 HTML 格式后送往用户端或将用户端超文本置标语言格式文件转换后送往主机进行管理。在 Web Invison 系统中，一台网络浏览器（Netscape）服务器专门用于加密。SUN 公司的设备能够与该服务器兼容。美国第一联合国家银行正在由一个地区性银行发展成为全国性银行，因此，利用 Internet 将银行的服务扩展到全国各地是银行发展战略的一个重要组成部分。美国第一联合国家银行正在作自身调整，不仅作为一个银行，而且还要作为一个金融服务公司，把着眼点放在许多非传统的金融银行服务方面，例如，提供电子商务用户的资金市场服务以及为零售用户拆借资金服务和中介服务等。为此，美国第一联合国家银行将广泛开发在 Internet 上的各种业务应用。

2. 美国安全第一网络银行展现在客户面前的各种网络银行“柜台”服务

（1）信息查询（information）：可查询各种金融产品种类、银行介绍、最新消息、一般性问题、人员情况、个人理财、当前利率等；

（2）利率牌价（rates）：可以直接查看利率牌价；

（3）服务指示（demo）：可以告诉客户如何得到银行的服务，包括电子转账、信用卡、网上查询及检查等；

（4）安全（security）服务：告诉客户如何保证安全以及银行采取的一些安全措施；

（5）客户服务（customer service）：由银行客户服务部的人员解答各种问题；

（6）客户自助（customers）：客户在办理业务时，需要输入用户名及其密码方可进入系统等。

3. 美国安全第一网络银行的金融业务服务

（1）SFNB 的存款信息：迅速轻松地得到客户所需要的在 SFNB 账户上存款信息；

（2）SFNB 总裁的信：向客户描述了如何使用 SFNB 的网上服务来省钱；

（3）SFNB 网上服务欢迎你：当客户第一次进入银行时开设账户时，它告诉你如何开设账户存取账户、付款、核查账户；

（4）SFNB 在线表单：订购存款单和信封，建立 ACH 存款，再订购支票和改变地址信息；

（5）SFNB 无风险保证：SFNB 承诺可以保证用户的交易 100%无风险；

（6）SFNB 的私人政策：了解 SFNB 的私人信息的保密情况等。

美国安全第一网络银行的金融产品业务和服务还在发展和扩大，它为全世界的银行和金融机构树立了榜样，也为全世界的银行金融业网络银行的创建与发展积累了丰富的经验。

（二）Bank of America

Bank of America 的网上业务主要集中在家庭银行（home banking）和在线银行（bank online）上。家庭银行使用户可以通过个人计算机，在家中 24 小时中任意方便时间里进行银行业务。用户只需使用键盘或鼠标就可以进入 Bank of America 相连的支票、储蓄、货币市场、存款账户等业务中，也可以检查当前账户余额，划拨资金，下载个人喜好的理财软件，并可以使用家庭银行的“付账（pay bill）”支付每月的小笔开支。

家庭银行能够方便地及时进行在线支付账单，用户可以一天 24 小时随时存取活期账户并进行结清，同时，使用家庭银行结算支票也非常容易，一旦进入家庭银行，用户就能查看上次交易结束时，有哪些支票汇入自己的账户中。家庭银行中的理财软件可以有效规划用户的全部金融事务，包括跟踪和分析花费状况，准备纳税，甚至计划上学或为退休作准备。而在线银行则更为方便，它帮助用户直接存取账户，在线处理各项金融事务，使用户清楚地了解如何使用资金以及如何为将来储蓄。

（三）Citicorp 花旗集团（花旗银行）

Citicorp（or Citibank）是美国最大的金融服务机构，在全世界 90 个国家和地区为近 4 500 万个客户提供服务。Citicorp 的网上服务主要是“直接存取（direct access）”，这是一种方便而安全的联机理财的好方法，同时提供的服务均为免费（免月费用，免费支付账单，免费划转资金，免费股票报价，免费客户服务）。Citibank 提供的服务主要有签名进入，私人秘密与安全，开户，用户指南，相关协议等。如果用户已经在 Citibank 开设账户，只需进入浏览器检查（check brower）中查看自己使用的浏览器是否与 direct access 一致，便可马上开展网上业务。

Citibank 通过严格的安全保密措施，保护客户所有的信息，它最小限度地使用顾客信息以防不测。同时，Citibank 还向客户推荐产品服务和其他机会，并有效地管理各项业务。为了提供更好服务，Citibank 有时使用 Cookie，它是指存储在客户计算机的网络浏览器上并可以恢复的部分信息，且只能由设置 Cookie 的站点读取。例如，保存密码，以便不用每次访问 Citibank 站点时都重新输入密码。用户可以建立网络浏览器通知 Citibank 是否设置 Cookie，以及设置的时间。

（四）First City Bank & Trust

First City Bank&Trust 侧重于家庭银行业务。任何时候，First City Bank&Trust 都可以将客户的账户权通过 Internet 转交给家庭或商业，客户可以直接拨号或电话上网。First City Bank&Trust 为客户提供家庭支付软件，客户可以得到服务，如支付账款；获得最新的贷款余额以及支票账户和储蓄账户的余额；查看账户上的历史业务记录；对支票设置停止支付；获得贷款支付信息；在账户之间划拨资金；通过电子邮件同 First City Bank&Trust 进行交流；以及其他的商业服务。

从应用上看，网上银行的实现并不是技术上问题，大众更为关心的是网上银行的安全和管理。毫无疑问，网上银行的安全要比传统银行的安全问题更为人瞩目，这主要是由于 Internet 不受时间和空间的限制，很难预料可能的危险和隐患到底来自何时何处。现有系统大都采用 SSL、SET、CA 等措施来保证网上交易安全，而具体实现上，这些措施则包括：存取账户要求一个独一无二的用户标识和密码，只有客户才能知道并有权进行修改；在计算机和网上银行等之间的数据传输使用 SSL 技术等加密，从各种角度维护客户的合法权益。随着电子商务的发展，网上业务成为金融业发展的重要方向。正如 VISA 所指出的那样：“Internet 将会在很短的时间内成为优化传递金融信息的极好渠道。最终，所有银行将出现在网上，并且大多数银行将在 3 年内拥有能够进行大多数传统银行事务处理的高级 Web 站点。”虚拟银行以技术代替了人工，以虚拟空间代替了物理空间，从而具有交易成本低、方便、迅捷等特点，是未来银行、金融业发展的方向。

三、网上银行的发展

（一）国外网上银行的发展

随着国际经济一体化和银行金融业国际化而带来的激烈的国际竞争，是各国银行业纷纷发展和推行实行电子商务和网络银行的外在动力，而银行金融业创新发展的内在需求，则是其发展电子商务和网络银行的内在动力。银行要想在21世纪立于不败之地，加快网络银行和电子商务的进程则是各国银行的战略性选择。全球已经有多家银行推出或着手准备提供网络银行的服务内容。银行在Internet上提供的服务可以分为静态信息、动态信息、账户信息和在线交易四个阶段。现在，绝大部分银行的服务还只停留在第一阶段。据介绍目前全球1 000多家银行几乎全部联入了Internet，在Internet上建立了自己的网站，制作了网页，其中约有100多家可提供在线银行金融业务和服务，提供动态网页和动态信息的网络银行正在迅速增多。美国和欧洲是网络银行发展最为迅速的地区，其网络银行数量之和约占世界市场的90%以上。在北美，IBM联合15家银行，投资了1亿美元开发网络银行系统。美国第一安全网络银行建立了全球第一家无任何分支机构的网络银行，并于1995年10月开始运作。美国美洲银行等也推出了网上家庭银行。在欧洲地区，银行站点设立较多的国家分别为法国、奥地利、德国、英国、意大利和瑞典。中国香港汇丰银行现正和微软合作开发网上企业银行项目。1998年1月CFB银行与HP公司合作建成中国台湾首家网络银行系统。表5-3为美国网上银行客户增长趋势情况。

表5-3　美国网上银行客户增长趋势(单位：万人)

年份	客户数	年份	客户数
1995	20	1999	530
1996	150	2000	720
1997	240	2001	1 140
1998	380	2002	1 810

资料来源：Faulkner & Gray. Forrester Research and Goldman Sachs

（二）国内的网上银行

国内现已有中国银行、招商银行、中国建设银行正式推出网络银行服务。中国工商银行也在网上进行宣传开展多种网上服务。

招商银行“一网通——网上银行”，如图 5-7 所示。招商银行于 1997 年正式开通了招商银行网站，分别与 1998 年 4 月和 1999 年 4 月在深圳地区和北京地区推出了网络银行业务。招商银行在网上建立网址的同时就设置了招商银行天地、招银动态、公告版等栏目。目前招商银行开办网络银行的城市已经有 20 个，服务内容包括网上企业银行、网上个人银行、网上支付三个系统。

图 5-7 招商银行一网通

1. 个人银行

个人银行以方便、快捷、安全的方式处理客户个人账务，适用于个人和家庭。客户只要在招商银行开立了普通存折或一卡通账户，即可通过 Internet 查询客户的账户余额，当天的交易和历史交易、转账、缴费和修改密码、计算按揭贷款月代供等个人业务的处理。

2. 企业银行

企业银行服务是招商银行网上银行——“一网通”的重要组成部分，是指通过 Internet 网络或其他公用信息网将客户的电脑终端连接至招商银行，实现将银行服务直接送到客户办公室或家中的银行对公服务系统，使客户不出门就可享受招商银行的服务。招商银行“一网通——网上银行”的企业银行服务提供的业务功能主要有：①账务查询：包括查询账户余额明细以及账户交易明细等信息；②内部转账：用于在招商银行开户的本单位账户之间的资金划拨；③对外支付：用于向在招商银行或其他开户银行的其他企业付款，并可处理国内信用证等相关业务，如图 5-8 所示；④发放工资：用于向本单位员工发放工资；⑤金融信息查询：提供实时证券行情、利率汇率、国际金融信息等丰富多样的金融信息；⑥银行信息通知：银行通过“留言板”将信息通知特定客户，如定期存款到期通知、贷款到期通知、开办新业务通知、利率变动通知等；⑦子公司账务查询、集团公司可根据协议查看子公司的账务信息方便监控；⑧集团公司对子公司收付两条线的管理。

（三）网络银行的发展潮流势不可挡

网络银行是 Internet 上的重要应用。虽然网络银行在全世界推出的时间还不长，

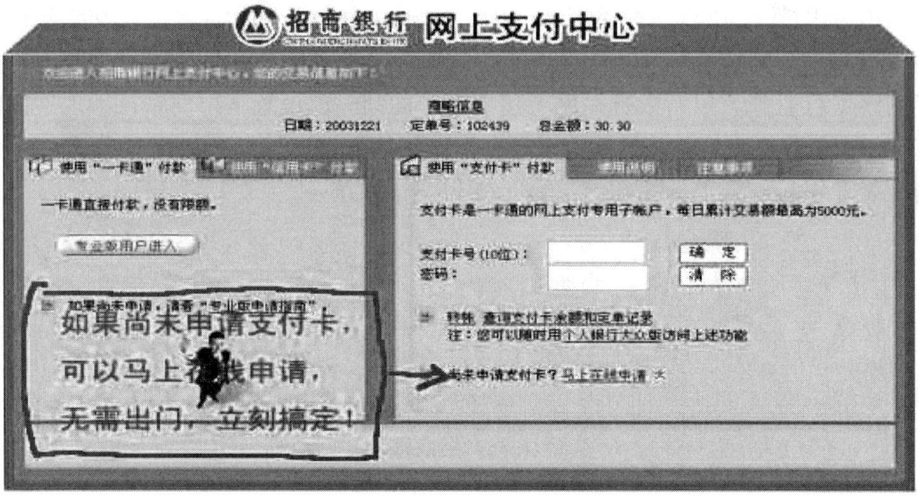

图 5-8 招商银行网上支付界面

但已成为一股不可阻挡的潮流。目前，国内所有银行都在 Internet 上建立了自己的网站，制作了自己的主页，已经推出了或正在推出自己的网络银行或网络银行业务与服务。网络银行的发展潮流势不可挡。网络银行也是 21 世纪银行的发展方向，是需要人们共同努力登攀的金融电子化高峰。尽管目前中国银行的"综合网络业务系统"还不能为客户提供全方位的银行业务服务，但其发展很快，其前景美好。在世界上，各国有实力的大银行都在争先恐后地创建网络银行。除了美国第一安全网络银行外，其他美国银行和许多国家的银行也推出了自己的网络银行，例如，新加坡和其他一些国外银行先后也推出一些网络银行业务，总的说来，这些网络银行也都不是尽全尽美、尽如人意的，它距离客户要求的服务还有很大实质性的差距，还需要不断改进和发展。网络银行已经来到我们的面前，我们不仅要欢迎它，更要为它的全面实施做出更大的努力和贡献。近年来，我国银行电子商务的基础建设已取得可喜成绩。中国金融数据通信网络的基本框架已经建成，卫星通信网已建有两个主站和 646 个地面卫星小站。全国电子联行系统已有 1 000 多个收发报行，连接商业银行 10 000 多个通汇网点，大大加快了全国异地资金的处理能力。支付清算系统已成立了全国银行卡信息交换总中心和金融清算总中心，新的支付管理机制正在积极推进之中，新创建的认证中心正在试行等，可以相信，我国的网络银行必将得到高速发展、广泛普及和应用。

[案例分析] 央行推出“超级网银”，现已上线使用

“超级网银”所谓何物?

超级网银在中国又被称为“第二代支付系统”，按照央行官方网站的解释，“第二代支付系统能为银行业金融机构提供灵活的接入方式、清算模式和更加全面的流动性风险管理手段，实现网银互联，支撑新兴电子支付的业务处理和人民币跨境支付结算，实现本外币交易的对等支付 （PVP）结算”。按照时间表，央行开发的第二代支付系统将于 2011 年 11 月整体上线，但其中的重要组成部分——连接各商业银行总行网银端口的第二代网银系统在 2010 年 8 月 31 日上线。

互联网的勃兴和新兴电子支付的发展，令央行第一代人民币跨行支付系统改造升级迫在眉睫。传统的支付系统已无法满足需求的不断增长。一般的支付业务，当付款人需要向他行账户付款时，该笔款项将从付款行网上银行系统，经过付款人开户银行行内业务系统、人民银行现代化支付系统、收款人开户银行行内业务系统等多个环节。支付业务指令须经过多个节点、多个系统间的转换，效率低、成本高。

“超级网银”上线当日，央行在接受媒体采访时表示，“网上支付跨行清算系统”（即“超级网银”）已于 8 月 30 日正式上线。首批通过央行测试的 27 家银行将于近期陆续接入该系统，消费者将可以在其网银上实现跨行查询、跨行转账实时到款以及跨行扣款等功能。

“超级网银”有何用?

从中国银行发布的官方信息，我们了解到：“超级网银”能为个人和单位用户提供跨行实时的资金汇划、跨行账户和账务查询，以及当下支付系统所无法实现的跨行扣款、第三方支付、第三方预授权等业务功能，为商业银行在电子商务、跨行资金管理等方面为客户提供创新服务奠定有力基础。

“超级网银”在开发之初的功能定位主要面向商业银行的集团客户，部分功能酝酿向个人客户开放，届时客户可与银行签订协议，确定授权，开通实时跨行转账以及跨行账户查询功能。

“超级网银”PK“传统网银”

使用传统网银，想知道自己在各家银行账户情况如何，需进行多次登陆、查询操作。而 Super-Bank 通过统一的操作界面，查询管理多家商业银行开立的结算账户资金余额和交易明细，一个招行 U-KEY 完成所有银行网银登陆。使用 Super-Bank，可直接向各家银行发送交易指令并完成汇款操作。Super-Bank 并有强大的资金归集

功能，可在母公司结算账户与子公司的结算户之间建立的上划下拨关系。超级网银目前没有独立的网络接入，而是嵌入在各大商业银行的网银中，有一个他行转账及查询的选项。那么，“超级网银”和传统网银相比，对于个人和企业客户来说，在哪些方面有着更为明显的优越性呢？

首先，超级网银操作更简单、更安全。目前五花八门的电子系统都设置了密码。对于老百姓来说，记住名目繁多的密码也不是件容易事。如果一个人有很多银行网银的话，就需要管理很多证书、U 盾等。此外，要查询自己账户信息，还要分别登录不同开户银行网站，很是烦琐。

据央行介绍，与传统网银的“多个账户需多次登录”有所不同，“超级网银”将实现相关商业银行网银端口的连接，个人或企业可通过统一的操作界面，查询、管理在多家商业银行开立的结算账户资金余额和交易明细等，通过该系统，用户最终可实现跨行账户管理、跨行资金汇划等金融活动。

其次，超级网银效率更高。使用新网银系统，市民办理跨行转账不但可实时到账，还可当下即获知转账信息。原先使用传统网银确认转账信息，需要等待几小时甚至几天时间，现在得到信息反馈只需要等待几秒钟。而且央行新系统会连续运转，市民 7×24 小时随时都可以办理这项业务。

至于所有消费者都关心的收费问题、网银业务的服务费用，一般来讲，都会比柜面业务低一些。但目前纵观各家银行传统网银的收费标准则高低不齐。而“超级网银”定位于零售支付系统，不直接面向网银客户收费。有媒体报道，新系统的计费原则是 “谁发起，谁付费”，计费对象是接入系统的各家金融机构和第三方支付机构，但不会直接面向网银客户收费。而原有的传统网银，对于各家银行来说，则是各家有各家的收费标准。

中央财经大学教授郭田勇在接受媒体采访时表示：“系统的推出有望让消费者享有更方便、更实惠的金融服务。长期来看，随着上线银行的增多，网上金融业务金额将逐渐增加，这有助于降低单笔网银交易成本，消费者需支付的手续费也将有下调空间。”

老百姓关心“超级网银”什么？

“超级网银”作为新一代的支付系统，在上线前受到了各方关注和媒体热炒，并且博得了很多网友的支持呼声，网友表示对其有一定的了解，其中不乏甚为期待者。他们表示如果“超级网银”全面向市民推出，其相关业务普及个人用户也可以享受，而且真正方便实惠的话，他们会毫不犹豫选择去体验和使用。

新生事物的出现总会遇到各种问题，“超级网银”也显得有些“后劲不足”。上线一段时间以来，由于“超级网银”相关系统处于试运行阶段，银行推广力度不大，市民对其认知度也不高，而且使用的便利性不足成为一些体验者的共识，导致其运行以来较为平淡，甚至略显冷清。

试点即将满月的“超级网银”毕竟还处在“摸索阶段”，并且在上线期间暴露出了使用受限、手续烦琐、收费不一、缺乏保障等不足，而支付宝凭借其长期累积的显著的功能优势、巨大的市场份额和超高的人气指数，至少现在不必担心座位不保。

专家表示，一项金融创新是否有生命力，归根结底在于其有没有为消费者、为社会创造价值。事实上无论是第三方支付系统还是“超级网银”，只有让消费者在使用过程中感到安全、便捷、放心的产品，才会最终赢得消费者的信赖，保障消费者的正当权益才是最关键的。中国本土的企业似乎也遭遇了“本土化”的挑战，“超级网银”与第三方支付究竟会分出胜负，还是和谐并存，让我们拭目以待。

思考题：

1. 超级网银存在哪些安全隐患？
2. 超级网银对传统银行业和第三方支付平台有哪些影响？

[习 题]

一、单选题

1. 现金交易的流程是（　　）。
   A. 一手交货，一手打欠条　　B. 一手交货，下次交钱
   C. 一手交货，一手用银行卡支付　　D. 一手交钱，一手交货
2. （　　）是电子商务系统的重要的部分，指的是消费者、商家和金融机构之间使用安全电子手段把支付信息通过信息网络安全地传送到银行或相应机构，以实现货币支付或资金流转的支付系统。
   A. 现金支付系统　　B. 网银支付系统
   C. 第三方支付系统　　D. 电子支付系统
3. 电子货币与传统货币相比（　　）。
   A. 电子货币是货币发展的高级阶段　　B. 功能完全相同
   C. 只是称呼不一样而已　　D. 产生的背景完全相同
4. 中国人民银行的总行设在（　　）。
   A. 北京　　B. 深圳　　C. 上海　　D. 广州

5. 哪一个不是中国目前的支付系统可以划分的相对独立的分系统？（　）
A. 同城清算所　B. 支付宝支付　C. 邮政支付系统　D. 支付卡授信系统
6. 第一个电子现金方案是由（　）在 1982 年提出，他利用盲签名技术来实现，可以完全保护用户的隐私权。
A. Chaum　B. Stadler　C. Camenisch　D. Frankel
7. 网上银行发展的根本原因是来自对（　）的考虑。
A. 服务成本和获取行业竞争优势　B. 电子商务技术
C. 网络　D. 信息技术
8. 以下哪一个不是开展电子银行服务的必要条件，却是电子银行运行的基本技术要求？（　）
A. 商户系统　B. 电子钱包　C. 支付网关　D. 安全认证
9. 网上银行同以往的电子银行的区别（　）。
A. 客户无须购买任何软件
B. 需要在自己的计算机上储存相关资料
C. 不能够连上 Internet 也可以从事各种金融交易活动
D. 没有区别
10. （　）是美国最大的金融服务机构。
A. Bank of America　B. SFNB　C. First City Bank&Trust　D. Citicorp

二、多选题

1. 传统的支付方式主要包括哪几种支付手段？（　）
A. 支票　B. 银行卡　C. 现金　D. 信用卡
2. 电子支付系统的参与者主要有（　）。
A. 收款人或付款人　B. 金融机构或银行
C. 支付网关　D. 金融专用网
3. 电子货币的职能（　）
A. 价值尺度　B. 流通手段　C. 国际通货　D. 支付手段
4. 下列说法不正确的是（　）。
A. 电子货币没有储藏手段职能　B. 电子货币没有支付手段的功能
C. 电子货币不能当作一般的等价物使用　D. 电子货币有支付手段的功能
5. 电子现金系统根据其交易的载体可分为（　）。
A. 基于账户的电子现金系统　B. 基于代金券的电子现金系统
C. 联机电子现金系统　D. 脱机电子现金系统

6. 电子钱包的功能（　　）。

A. 支付　　B. 交易记录的保存

C. 电子安全证书的管理　　D. 安全电子交易

7. 从技术角度看，网络银行至少需要由哪几个部分组成？（　　）

A. 商户系统　　B. 电子钱包　　C. 支付网关　　D. 安全认证

8. Bank of America 的网上业务主要集中在（　　）。

A. 家庭银行　　B. 在线银行　　C. 企业银行　　D. 政府银行

三、简答题

1. 简述电子货币的概念。
2. 简述电子货币的使用过程中可能带来哪些问题。
3. 简述电子现金的基本特性。
4. 简述电子现金支付的步骤和存在的问题。
5. 简述电子钱包的概念。
6. 简述与传统的纸支票和其他形式的支付相比，电子支票的优点。
7. 简述支付网关的概念和功能。

[习题解答]

单选题：DDAABAAAAD

多选题：AC　ABCD　ABCD　ABC　AB　ABCD　ABCD　AB

简答题：略

HAPTER 6

第六章　电子商务与物流

[内容提要]

物流是一个十分现代化的概念，它对商务活动的影响日益明显，并越发引起人们的注意。本章从物流的基本理论介绍开始，介绍了电子商务中物流的作用，进而追踪电子商务物流发展的最新动态，对供应链管理、第三方物流、第四方物流进行详细的介绍，并结合案例进行分析。

[学习要点]

1. 了解物流的概念、分类，理解物流的作用和功能；

2. 掌握物流在电子商务中的作用，掌握电子商务下物流的特点，熟悉电子商务企业的物流模式，理解电子商务时代对物流的要求；

3. 熟悉电子商务物流大致可以分为哪几类，熟悉条码技术的特点，理解条码技术在物流领域的应用，了解 GIS 的概念，理解 GIS 在物流领域的应用，掌握 GPS 的概念，掌握 GPS 技术在物流业的应用；

4. 掌握第三方物流的含义，了解第三方物流的发展状况，理解第三方物流给企业带来的益处，掌握第三方物流的服务内容，理解第三方物流的问题和发展趋势，理解第四方的概念；

5. 熟悉美国电子商务的物流模式，理解美国推进物流信息化的启示，熟悉中国物流联盟网的服务内容。

第一节 物流基本理论

一、物流的概念

物流（physical distribution, PD）一词源于国外，最早出现于阿奇·萧写于 1915 年的《市场流通中若干问题》一书中，他指出“物流是与创造需求不同的一个问题”。1935 年，美国销售协会阐述了实物分配的概念，即“实物分配是指在销售过程中的物质资料和服务，从生产场所到消费场所的流动过程中所伴随发生的种种经济活动”。德国学者 R.尤尼曼认为：“物流学是研究对系统的物料流（material flow）及有关的信息流（information flow）进行规划与管理的科学理论。” 日本学者林周二对物流的定义比较详细，他认为“物流是包含物质资材的废弃与还原，连接供给主体与需求主体，克服空间和时间距离，并且创造一部分形质效果的物理性经济活动，具体包括运输、保管、包装、装卸搬运、流通加工等活动以及有关的信息活动”。

物流问题不仅停留在学术界，企业界也提出了他们的看法。在 20 世纪初，西方一些国家已出现生产大量过剩、需求严重不足的经济危机，因此企业界提出了销售和物流的问题，不过此时的物流主要指的是销售过程中的物流。

第二次世界大战中，围绕战争供应，美国军队建立了“后勤（logistics）”理论，并将其用于战争活动中。其中所提出的“后勤”是指战时物资补给的费用更低、速度更快、服务更好。后来“后勤”一词在企业中广泛应用，随之出现了“商业后勤”、“流通后勤”的提法，这时的后勤包含了生产过程和流通过程的物流，因而是一个包含范围更广泛的物流概念。

第二次世界大战后，西方经济进入大量生产、大量销售的时期，降低流通成本的矛盾引人注目，实物分配的概念更为系统化。日本的物流概念是 1956 年直接从英文 physical distribution 翻译过去的，1956 年日本派团考察美国的流通技术，引进了物流的概念。20 世纪 50 年代实物分配的概念在日本被译为“物的流通”。日本著名学者、被称为物流之父的平原直就用“物流”这一更为简洁的表达方式代替“物的流通”，之后迅速地被广泛使用。实际上，我国许多文献也是按实物分配的概念来阐述物流的。

当然，我国还有学者将 iogistics 一词译为后勤学，但大多数学者仍将其译为物流或物流学。目前国内外对物流的定义很多，其中《物流术语》中关于“物流”的定义较为全面和权威。

“物流（iogistics）是指物品从供应地向接收地的实体流动过程。根据实际需要，将运输、储存、装卸、搬运、包装、流通加工、配送、信息处理等基本功能实施的有机结合。”

可以肯定，物流的概念包含以下要点：第一，物流的研究对象是贯穿流通领域和生产领域的一切物料流以及有关的信息流，研究目的是对其进行科学规划、管理与控制；第二，物流的作用是将物资由供给主体向需求主体转移（包含物资的废弃与还原），创造时间价值和空间及空间价值，并且创造部分形质效果；第三，物流的活动包含运输、保管、装卸搬运、包装、流通加工以及有关的信息活动等。

二、物流的分类

社会经济领域中的物流活动无处不在，对于各个领域的物流，虽然其基本要素都存在且相同，但由于物流对象、物流目的和物流范围、范畴的不同，形成了不同的物流类型。

1. 从物流的层次和作用分类

按作用的层次和作用的环节，物流可分为社会物流、行业物流和企业物流，其中企业物流又可以进一步细分为企业生产物流、企业供应物流、企业销售物流、企业回收物流、企业废弃物流等。

1）社会物流

社会物流是指超越一家一户的、以一个社会为范畴面向社会为目的的物流，它是指流通领域所发生的物流，是全社会物流的整体，所以又称为大物流或宏观物流。这种社会性很强的物流往往是由专门的物流承担人承担的，社会物流的范畴是社会经济大领域。社会物流研究再生产过程中随之发生的物流活动和国民经济中的物流活动；研究如何形成服务于社会，同时面向社会又在社会环境中运行的物流；研究社会中物流体系结构和运行，因此带有宏观性和广泛性。社会物流的一个标志是：它是伴随着商业活动发生的，也就是说物流过程和所有权的更迭是相关的。

2）行业物流

同一行业的企业是市场上的竞争对手，但在物流领域中常常相互协作，共同促进物流系统的合理化。例如，日本的建设机械行业，提出的行业物流系统化的具体内容有：各种运输手段的有效利用；建设共同的零部件仓库，实行共同集中配送；建立信息化及设备共享的共同流通中心；建立技术中心，共同培养操作人员和维修人员；统一建设机械的规格等。又如在大量消费品方面采用统一传票、统一商品规格、统一法规政策、统一托盘规格、统一陈列柜和包装等都是行业物流合理化的结果。行业物流合理化的结果使参与的各个企业都得到相应的利益，因此，各行业协会应该把本行业的物流作为重要的研究课题之一。

3）企业物流

企业是社会提供产品或某种服务的经济实体。一个工厂要购进原材料，经过若干个工序的加工，形成产品销售出去。一个运输公司依据客户的要求将货物运送到指定地点。在企业经营范围内由生产或服务活动所形成的物流系统称为企业物流。企业物流又可以分为以下具体的物流活动：

（1）企业生产物流。企业生产物流指企业在生产工艺中的物流活动。这种物流活动是与整个生产工艺过程伴生的，实际上已构成了生产工艺过程的一部分。企业生产过程的物流大体为：原料、零部件、燃料等辅助材料从企业仓库或企业的“门口”开始，进入到生产线的开始端，再进一步随生产加工过程一个一个环节地流动，在流动的过程中，本身被加工，同时产生一些废料、余料，直到生产加工终结，再流至产成品仓库，便终结了企业生产物流过程。

（2）企业供应物流。企业为保证本身生产的节奏，不断组织原材料、零部件、燃料、辅助材料等的供应的物流活动，这种物流活动对企业生产的正常、高效进行起着重大作用。企业供应物流不仅是一个保证供应的目标，还是以最低成本、最少消耗和最大的保证来组织企业供应物流为目标的。

（3）企业销售物流。企业销售物流是企业为保证本身的经营效益，不断伴随销售活动，将产品所有权转给用户的物流活动。在现代社会中，市场是一个完全的买方市场，因此，销售物流活动便带有极强的服务性，以满足买方的需求，最终实现销售。在这种生产前提下，销售往往以送达用户并经过售后服务才算终止，因此，销售物流的空间范围很大，这便是销售物流的难度所在。在这种前提下，企业销售物流的特点便是通过包装、送货、配送等一系列物流实现销售，这就需要研究送货方式、包装水平、运输路线等并采取各种诸如少批量、多批次、定时、定量配送等特殊的物流方式达到目的，因此，其研究领域是很宽的。

（4）企业回收物流。企业在生产、供应、销售的活动中总会产生各种余料和废料，还有作为包装容器的纸箱、塑料筐等，这些物品的回收是需要伴随物流活动的，而且，在一个企业中，回收物品处理不当，往往会影响整个生产环境，甚至影响产品质量，也会占用很大空间，造成浪费。

（5）企业废弃物流。企业废弃物流是指对企业排放的无用物进行运输、装卸、处理等的物流活动。生产和流通系统中所产生的无用废弃物，这些无用废弃物如不妥善处理，不仅会造成环境污染，还会妨碍生产的持续开展。一般来说，废弃物流没有经济效益，但社会效益较大。为了减少资金消耗，提高效率，更好地保障生活和生产的正常秩序，对废弃物资综合利用的研究很有必要。

2. 从物流的地域范围来分类

按物流活动作用的空间范围可将物流分为区域物流、国内物流和国际物流。

1）区域物流

所谓区域物流，有不同的划分原则。例如，按行政区域划分，有华南地区、华东地区、华北地区等；按经济圈划分，有长江三角洲地区、珠江三角洲地区、京津塘地区等。区域物流系统对于提高该地区企业物流活动的效率，以及保障当地居民的生活福利环境，具有不可缺少的作用。研究区域物流，应根据地区的特点，从本地区的利益出发，组织好物流活动。例如，在某城市建设一个大型物流中心，显然这对于当地物流效率的提高、降低物流成本、稳定物价有很大的作用，但也会由于供应点集中、货车来往频繁，产生废气噪声、交通事故等消极问题。因此，物流中心的建设不单是物流问题，还要从城市规划、地区开发计划出发，统一考虑，妥善安排。

2）国内物流

相对于区域物流而言，国内物流是发生在一个国家范围内的物流活动。由于国家主权的权威性和独立性，政府在一国领土内拥有毋庸置疑的政治、经济控制能力，国内物流活动处于同一法律、规章、制度之下，加上受相同文化及社会因素影响，各地经济发展水平比较接近，企业处于基本相同的科技水平和装备水平之中，因而，各国物流往往有其自身的特点。物流行业有一般性的运行规律，有自己的共性，但不同的国家其物流也有其特点和特殊性，例如，日本作为岛国，其物流体系中海运占有非常突出的地位，同时因为国土狭小，覆盖全国的配送系统也有独特之处。美国物流中，高速公路集装箱运输的作用非常突出，远远超过铁路运输的作用；欧盟各国由于一体化经济和政治进程的推动，物流业中各国分工的特点也比较突出。通过这种比较研究可不但对认识各国的物流特点有帮助，而且对博采众长、学习借鉴各国成功经验、促进本国物流业发展有显著作用，日本便是在认真研究美国物流经验的基础上，通过吸收、消化，发展起本国独具特色的物流体系。

我国物流系统的发展必须从全局着眼，对于部门分割、地区分割，所造成的物流障碍应该清除。在物流系统的建设投资方面也要从全局考虑，使一些大型物流项目能尽早建成，为国民经济的良好运行提供支持。

3）国际物流

国际物流是伴随国际投资、贸易活动和其他国际交流所发生的物流活动。由于第二次世界大战后国际投资和贸易壁垒减少，国际分工日益深化，国际贸易规模迅速扩大，经济全球化和区域经济一体化速度大大加快，国际物流成为现代物流系统中发展最快、规模最大的一个领域，互联网这一新型无国界信息媒介的扩展和电子商务的推广应用，将进一步推动国际物流的效率提高、规模扩大。

3. 按物流的内容来分类

1）一般物流

一般物流是指具有普遍适应性的物流活动，由于物流活动是全社会各行业和居民生活都离不开的活动，因此，物流系统的建立，物流活动的开展必须具有较强的普遍适用性。建立社会物质系统的基础和出发点应立足于此，否则，物流系统有很大的局限性、很低的适应性，物流活动对国民经济和社会的作用便大大减弱了。一般物流着眼于物流的一般规律，建立普遍适用的物流标准化系统，研究物流的共同功能要素，研究物流系统与其他系统的轻松衔接，研究物流信息系统及管理体制的同一性等。

2）特殊物流

特殊物流是指在专门领域、特殊行业发生的物流活动。特殊物流在遵循一般物流规律基础上，还有自身的特殊制约因素、特殊应用领域、特殊管理方式、特殊劳动对象、特殊装备特点等。特殊物流活动的产生是社会分工深化、物流活动专业化和精细化的产物，特殊物流的研究对推动现代物流的发展有积极作用。按劳动对象的特殊性，物流可划分为石油及成品物流、煤炭物流、危险品物流等；按服务方式不同有“门到门”的一贯物流、配送等。

三、物流的作用

1. 保证生产的顺利进行

在市场经济中，商品生产者只有通过流通领域把产品售出，才能补偿成本，获得利润，维持简单再生产或进行扩大再生产，而物流是交换顺利完成的必备条件。生产商一方面要出售已生产好的产品，即通过流通而实现产品的价值补偿和增值，另一方面还要从市场获取自己所需的生产工具、零部件和原材料等，这种生产消费需求也必须通过物流活动来满足。没有物流，现代生产就无法进行，物流的规模和技术水平在一定程度上制约着生产的发展。

2. 满足居民的生活消费需求

居民的生活消费用品，绝大多数都要通过物流渠道从市场获得。要满足居民不断提高的消费品需求，生产部门必须生产出质量更好、数量更充足、品种更丰富的商品，同时物流部门必须提供高效、快捷的储运服务，才能把满足消费者需求的产品及时快捷、准确无误地运送到消费者手中，因此物流的能力和技术装备决定了消费者可选择的商品品种范围，物流的质量决定了消费者购买商品的方便性、安全性和满意程度，物流的效率也在一定程度上影响了消费者采购商品的资金成本与时间成本。总之，物流业的发展水平直接影响到市场所能提供的消费品数量、品种、档次及价格，从而影响着居民消费的层次、质量及丰富程度。

3. 调节产需，平衡供求

国民经济运行是一个动态的过程，资源、技术及消费需求的变化会不断造成经济运行中的不平衡，从而要求阶段性的供求调整。由于生产和消费本身的特点造成的积极性与常年性的矛盾也需要物流活动来解决，物流业的仓储功能使其可以进行数量调控，发挥经济运行的调节器作用。

4. 促进竞争

企业只有不断降低自己的生产成本，使其低于社会平均成本，才能通过市场交换获取更多的利润，反之将会被市场竞争所淘汰。商品生产企业在商品质量、品种、价格和销售服务等方面的竞争都要通过流通环节进行，而物流业的发展会促进商品流通规模扩大，商品自由流动将促使统一市场的形成，进而使所有生产厂商展开公平竞争，这将促进社会整体生产效率的不断提高和资源向优势企业的集中。

5. 价值增值

物流活动包括直接改变商品的时间及空间形态的劳动以及部分加工劳动。运输劳动通过改变商品的地理位置而增加商品的空间效用，解决生产与消费在空间距离上的矛盾；存储劳动则通过保存和延续商品的使用价值增加商品的时间效用，解决生产与消费在时间上的矛盾。商品的空间与时间这两方面效用的增加，既是商品使用价值的增加，同时也凝结了物流劳动所实现的价值增值，物流劳动在创造时空效用的同时，还保证了商品交换地域上的广度和时间上的效率。同时，物流领域的加工劳动，如对商品分拣、分批、修理、再包装等，也增加了商品的价值。

四、物流的功能

1. 运输功能

运输是物流的主要功能要素之一。目前，仍有不少人将运输等同于物流，其原因是物流中很大部分责任是由运输担任的。按物流的概念，物流是“物”的物理性运动，这种运动不但改变了物的时间状态，也改变了物的空间状态。而运输承担了改变空间状态的主要任务，运输是改变空间状态的主要手段，运输再配以搬运、配送等活动，就能圆满完成改变空间状态的全部任务。

运输是“第三利润源”的主要源泉。“第三利润源”的说法出自日本。从历史发展来看，人类经济活动先后出现过两个大量提供利润的领域：第一个是物质资源投入领域；第二个是生产部门的劳动生产率领域。在这两个利润潜力越来越小、利润挖掘越来越困难的情况下，物流领域的潜力被人所重视，称为“第三利润源”。单从运费来看，运费在全部物流费用中占的比例最高，一般综合分析计算社会物流费用，运输费用在全部物流费用中占约 50%的比重，许多产品的运费甚至高于产品的生产成本。

2. 储存功能

储存功能包括存放、保管、保养、维护等活动，是物流解决商品供给与需求之间的时间差异，创造“时间效用”的主要功能要素。由于设置仓储设施的出发点不尽相同，有些仓库是为了便利商品流转设立的，有些仓库是为建立商品储备设立的。对储存活动的管理，要明确仓库以流通为主还是以储备为主，合理确定保管制度和流程，确定合理的库存数量，对库存物品采取区别管理方式，力求提高保管效率，降低损耗，加速物资和资金的周转。

3. 配送功能

配送活动不单是一种运输形式，而且是一种综合性商业服务方式，它集库存、配货、分拣、装卸、搬运、运输等经营、服务活动于一身，是一种新型物流方式。

电子商务企业主要依托物流配送中心的物流服务，而物流中心的主要设施是仓库及附属设备。需要注意的是，电子商务服务提供商的主要目的不是在物流配送中心储存商品，而是通过储存保证市场分销活动的开展，同时尽可能减少库存占压的资金，降低储存成本。

4. 装卸搬运功能

装卸搬运是对运输、保管、包装、流通加工等物流活动进行衔接的货物移动活动，以及在保管等活动中为进行检验、维护、保养所进行的货物移动活动。在全部物流活动中，装卸活动是最频繁发生的，因而是产品损坏的重要原因。

为了加快商品的流通速度，无论是传统的商务活动还是电子商务活动，都必须具备一定的装卸搬运能力，第三方物流服务提供商应该提供更加专业化的装载、卸载、提升、运输、码垛等装卸搬运服务。对装卸活动的管理，主要是确定恰当的装卸方式，力求减少装卸次数，合理配置及使用装卸机具，提高装卸搬运作业效率，缩短订货周期，减少作业对商品造成的破损，取得节能、省力、高效的经济效果。

5. 包装功能

包装功能包括在物流过程中对商品进行换装、分装、再包装等活动。物流企业通过对销售包装进行组合、拼装、加固，可以形成更适于物流配送的组合包装单元。对包装活动的管理，根据物流方式和销售要求来确定，要全面考虑对产品的保护作用、促销作用、提高装卸效率的作用、拆装的方便、包装费用节省、废包装易于回收处理等因素。包装管理要根据整个物流过程的经济效果，具体决定包装材料、强度、尺寸及包装方式等。

6. 流通加工功能

流通加工是流通过程的辅助加工活动，物流企业为了弥补生产过程中加工程度的不足或市场不确定性的影响，更有效地满足用户需求，更好满足用户需求，更好地衔接产需，往往需要进行一定的加工活动。流通加工的主要目的是方便生产或销售，如专业物流中心常与固定的制造商或分销商长期合作，为制造商或分销商完成一定的加工作业，如贴商品标签，制作并粘贴条形码等。

7. 信息功能

物流信息功能包括进行各项物流活动有关的计划、预测、动态（运量、收、发、存数）的信息及有关的费用信息、生产信息、市场信息的收集活动。对物流信息活动的管理，要求建立信息系统和信息渠道，正确选定信息科目和信息的收集、汇总、统计、使用方式，以保证其可靠性和及时性。尤其是信息技术、网络技术在现代物流系统的广泛应用，将各个物流环节的物流作业信息进行实时采集、分析、传递，并向货主提供各种作业信息及咨询信息的可能性大大提高。

第二节　电子商务与物流

电子商务是各参与方以电子方式而不是直接以物理接触方式完成的交易业务。这里的电子方式包括电子订货系统、电子支付系统、电子邮件、网上电子公告系统、条形码、图像处理、智能卡等。在电子交易过程中要涉及信息流、商流、资金流、物流的流动，以及这些相关要素的有效整合，可见，电子商务与物流的关系是一种互为条件、互为动力的关系。

一、物流在电子商务中的作用

1. 保障生产顺利进行

无论在传统的贸易方式下，还是在电子商务下，生产都是商品流通之本，而生产的顺利进行需要物流活动支持。合理化、现代化的物流，通过降低费用从而降低成本、优化库存结构、减少资金占压、缩短生产周期，保障了生产的高效进行。相反，缺少了现代化的物流，生产将难以顺利进行，那么，无论电子商务是多么便捷的贸易形式，仍无法体现其优势所在。

2. 物流服务于商流

在电子商务环境下，消费者通过上网点击购物，完成了商品所有权的交割过程，即商流过程。但电子商务的活动并未结束，只有商品和服务真正转移到消费者手中，商务活动才算结束。在整个电子商务的交易过程中，物流实际上是以商流的后续者和服务者的姿态出现的。没有现代化的物流，如何轻松的商流活动都将是一纸空文。

3. 物流是实现“以顾客为中心”理念的根本保证

电子商务的出现，在最大限度上方便了最终消费者。他们完全可以在家里，通过互联网搜索、查看、挑选，就可以完成他们的购物过程。但试想，他们所购商品迟迟不能送到，或者商家所送商品并非自己所购，那消费者还会选择网上购物吗？物流是电子商务中实现“以顾客为中心”理念的最终保证，缺少了现代化的物流技术，电子商务给消费者带来的购物便捷等于零，消费者必然会转向他们认为更为安全的传统购物方式，那网上购物就没有存在的必要了。

二、电子商务下物流的特点

电子商务时代的来临，给全球物流带来了新的发展，使物流具备了一系列新的特点，这些特点主要表现在以下几个方面。

1. 信息化

现在商务时代，物流信息化是电子商务的必然要求。物流信息化表现为物流信息的商品化、物流信息收集的代码化、物流信息处理的电子化、物流信息传递的标准化和实时化、物流信息存储的数字化等。因此，条码技术、数据库技术、电子订货系统、电子数据交换、快速反应及有效客户反应、企业资源计划等技术与观念在我国的物流中将会得到普遍的应用。信息化是一切的基础，没有物流的信息化，任何先进的技术设备都不可能应用于物流领域，信息技术及计算机技术在物流中的应用将会彻底改变世界物流的面貌。

2. 自动化

自动化的基础是信息化，自动化的核心是机电一体化，自动化的外在表现是无人化，自动化的效果是省力化。物流自动化可以扩大物流作业能力，提高劳动生产率，减少物流作业的差错等。物流自动化的设施非常多，如条码/语音/射频自动识别系统、自动分拣系统、自动存取系统、自动导向车、货物自动跟踪系统等。

3. 网络化

物流领域网络化的基础也是信息化，这里的网络化有两层含义：一是物流配送系统的计算机通信网络，包括物流配送中心与供应商或制造商的联系要通过计算机网络，另外与下游顾客之间的联系也要通过计算机网络通信。例如，物流配送中心向供应商提出订单这个过程，就可以使用计算机通信方式，借助于增值网上的电子订货系统（EOS）和 EDI 来自动实现；物流配送中心通过计算机物流收集下游客户的订货的过程也可以自动完成。二是组织的网络化，即组织 Intranet。例如，中国台湾的电脑制造业在 20 世纪 90 年代创造出了“全球运筹式产销模式”，这种模式的基本特点是按照客户订单组织生产，生产采取分散形式，即将全世界的电脑资源都利用起来，采取外包的形式将一台电脑的所有零部件、元器件、芯片外包给世界各地的制造商去生产，然后通过全球的物流网络将这些零部件、元器件和芯片发往一个物流配送中心进行组装，由该物流配送中心将组装的电脑迅速发给订户。这一过程需要高效的物流网络支持，当然物流网络的基础是信息和计算机网络。

4. 智能化

这是物流自动化、信息化的一种高层次应用，物流作业过程大量的运筹和决策，如库存水平的确定、运输路径的选择、作业控制、自动分拣机的运行、物流配送中心经营管理的决策支持等问题都需要借助于大量的支持才能解决。在物流自动化的进程中，物流智能化是不可回避的技术难题。为了提高物流现代化的水平，物流的智能化已成为电子商务下物流发展的一个新趋势。

5. 柔性化

柔性化本来是为实现“以顾客为中心”理念而在生产领域提出的，但需要真正做到柔性化，即真正地根据消费者需求的变化来灵活调节生产工艺，没有配套的柔性化的物流系统是不可能达到目的的。20 世纪 90 年代，国际生产领域纷纷推出弹性制造系统（flexible manufacturing system，FMS）、计算机集成制造系统（computer integrated manufacturing system，CIMS）、制造资源系统（manufacturing requirement planning，MRPⅡ）、企业资源计划以及供应链管理的概念和技术，这些概念和技术的实质是要将生产、流通进行集成，根据需求端的需求组织生产，安排物流活动。因此，柔性化物流正是适应生产、流通与消费的需求而发展起来的一种新型物流模式。这就要求物流配送中心要根据消费需求“多品种、小批量、多批次、短周期”的特色，灵活组织和实施物流作业。

另外，物流设施、商品包装的标准化，物流的社会化也都是电子商务下物流模式的新特点。

三、电子商务企业的物流模式

电子商务的具体实施有多种模式可以选择。由于从事的专业不同，ISP、ICP 及其他信息服务提供商更多地从如何建立电子商务信息服务网络、如何提供更多的信息内容、如何保证网络的安全性、如何方便消费者接入、如何提高信息传输速度等方面考虑问题。而网上购物的物流支持体系的建立则涉及另一个不同的领域，完整的电子商务应该能够顺利完成商流、物流、信息流和资金流四方面的交流，在商流、信息流、资金流都可以在网上快速完成的情况下，现代物流体系的建立被看做是电子商务发展的决定性业务环节。我国的电子商务物流体系可以考虑以下几种组建模式。

1. 电子商务与普通商务活动共用一套物流系统

对于已经开展普通商务的公司，可以建立基于 Internet 的电子商务销售系统，同时可以利用原有的物流资源，承担电子商务的物流业务。拥有完善流通渠道的制造商或经销商开展电子商务业务，比 ISP、ICP 经营者更加方便。

2. 自己组建物流企业

目前，国内的物流公司大多是由传统的储运公司转变过来的，还不能满足电子商务的物流需求，因此，国内一些企业与国外的信息企业合资组建电子商务公司时解决物流配送问题的办法往往是自己组建物流企业。国外企业希望借助他们在国外开展电子商务的先进经验在中国开展物流业务，但因为电子商务的信息业务与物流业务是截然不同的两种业务，企业必须对跨行业经营产生的风险进行严格的评估，新组建的物流公司必须按照物流的客观规律运作才能成功。在电子商务发展初期阶段、物流配送体系不够完善的情况下，不要把电子商务的物流服务水平定得太高。可以注意培养和扶持物流服务供应商，让专业物流服务商为电子商务提供物流服务。

3. 外包给专业的物流公司

将物流外包（out-sourcing）给第三方物流公司是跨国公司管理物流的通行做法。按照供应链的理论，将不是自己核心业务的业务外包给从事该业务的专业公司去做，从原材料供应到生产和销售等各个环节的各种职能，都由在某一领域具有专长或核心竞争力的专业公司互相协调和配合来完成，这样形成的供应链具有更强大的竞争力。例如，Dell 把物流外包给联邦快递（FedEx）；Amazon 在美国国内的电子商务物流业务由自己承担，美国以外的物流业务则外包给 UPS 去做。将物流配送业务外包给第三方物流公司是电子商务经营者组织物流的较为可行的方案。但我国的第三方物流企业目前还比较落后，要适应电子商务的发展需求还必须进行改造。

4. 第三方物流企业建立电子商务系统

区域性、全国性或全球性的第三方物流企业具有物流网络上的优势，这些企业发展达到一定规模后，会将其业务沿着主营业务向供应链的上游或下游延伸，向上延伸到制造业，向下延伸到销售业。例如，1999 年美国联邦快递这家世界上最大的快递公司决定与一家专门提供 B2B 和 B2C 解决方案的 Intershop 通讯公司合作开展电子商务业务，FedEx 一直认为自身公司从事的不是快递业而是信息业，公司进军电子商务领域的理由有两个：① 该公司已经有覆盖全球 211 个国家的物流网络；② 该公司内部已经成功地应用了信息网络（powership network），可以使消费者在全球通过 Internet 浏览跟踪其发运包裹的状况，这样信息网络和物流网络的结合完全可以为消费者提供完整的电子商务服务。

像 FedEx 这样的第三方物流公司开展电子商务销售业务，它完全有可能利用现有的物流和信息网络资源，使两个领域的业务经营都实现专业化，充分利用公司的资源。

四、电子商务环境对物流的要求

电子商务时代对物流的要求与传统经营方式下对物流的要求有显著区别，物流企业应适应电子商务时代的要求不断寻求创新。电子商务时代对物流要求主要表现为以下几个方面。

1. 供应链管理

在企业实施电子商务后，企业内、外部之间的物流运作必须改变过去那些各自为政的局面，实行供应链管理。供应链管理就是对整个供应链中各参与组织、部门之间的物流、信息流与资金流进行计划、协调与控制等，其目的是通过优化提高相关过程的速度和确定性，使所有相关过程的净增值最大化，以求提高组织的运作效率和效益。实行供应链管理可使各成员企业之间的业务关系得到强化，可显著提高物流的效率，降低物流成本，大大提高企业劳动生产率。电子商务为供应链管理的实现创造了条件，Internet 可使企业与外部组织之间形成实时联系，同时也拓展了业务伙伴的地理范围，对形成企业的核心竞争力具有重要意义。

2. 零库存生产

电子商务的运作一般要求企业通过网络接收订单，随后按照订单要求组织生产，与传统的“先生产，后销售”的做法完全不同。零库存生产要求企业的每一个生产环节都必须从下一个环节的需求时间、数量、结构出发来组织好均衡生产、供应和流通，并且无论是生产商、供应商还是物流企业或零售商都应对各自的下游客户作精确的需求预测。电子商务既为零库存生产创造条件，也要求企业通过零库存的生产来创造效益。

3. 信息化和高技术化

物流的信息化是电子商务物流的基本要求，没有物流的信息化，要做到物流的高效运作是不可能的。物流信息化必须由物流的高技术化作保证，这里所谓高技术化是指在物流系统应用现代技术、实现物流处理的自动化和智能化。

4. 物流配送的全球化

电子商务的运作本身是跨国界的。电子商务为众多企业拓展市场的同时，也对企业的物流配送提出了全球化范围的要求。物流全球化势必要求物流组织的网络化，也即物流企业必须在全球范围内设立物流组织，形成反应灵敏、步调一致、信息沟通快捷的物流运作体系，以尽可能低的成本和尽可能短的时间为全球客户提供优质的物流服务。

5. 物流服务的多功能化与社会化

电子商务的实现往往要求物流企业提供全方位服务，使物流成为连接生产企业与最终用户的重要环节。要求把物流的各个环节作为一个完整的系统进行统筹协调、合理规划，使物流服务的功能多样化，更好地满足客户的要求。随着电子商务的发展，物流服务的社会化趋势也越来越明显。在电子商务条件下，特别是对小企业来说，在网上订购、网上支付实现后，关键问题就是物流配送，如果完全依靠自己能力来承担则会力不从心，特别是面对跨地区、跨国界的用户更是如此。因此，物流的社会化是适应电子商务发展的一个趋势。

总之，电子商务环境下经济环境的变化对物流提出更高要求。物流企业应适应电子商务环境的要求不断创新、发展，才不会被时代所淘汰，并对电子商务的健康发展起到积极的推动作用。

第三节 电子商务物流技术

电子商务物流技术涉及面很广，大体可以归为三类：第一类是自动识别技术，如条码技术、射频识别技术等；第二类是信息交换及管理技术，如计算机网络技术、数据库技术、EDI 技术等；第三类是自动跟踪技术，如地理信息系统技术（geographical information system, GIS）、全球定位系统技术（global positioning system, GPS）等。由于第二类技术在相关章节有详细介绍，在这一部分主要介绍条码技术和自动跟踪技术。

一、条码技术

条码技术是在计算机的应用实践中产生和发展起来的一种自动识别技术。它是为实现对信息的自动扫描而设计的，可以实现快速、准确而可靠地采集数据，解决了数据录入和数据采集的“瓶颈”问题，为供应链管理提供了有力的技术支持。条码技术为我们提供了一种对物流中的物品进行标识和描述的方法，借助自动识别技术、POS 系统、EDI 等现代技术设备，企业可以随时了解有关产品在供应链上的位置，并及时做出反应。如在前面介绍的供应链管理方法如 QR、ECR、EOS 等都离不开条码技术的应用。条码是实现 POS 系统、EDI、电子商务的技术基础，是电子商务供应链管理的重要技术手段。

1. 条码技术的特点

条码技术是迄今为止最经济、实用的一种自动识别技术。条码技术与其他自动识别技术相比具有以下特点：

（1）输入速度快。与键盘输入相比，条码输入的速度是键盘输入的20倍，并且能实现“即时数据输入”。

（2）可靠性高。利用键盘输入数据的出错率为0.333%，利用光学字符识别技术出错率为1‰，而采用条码技术误码率低于0.01‰。

（3）采集信息量大。利用条码扫描，一次就可以采集十几位字符的信息，而且可以通过选择不同码制来增加字符的密度，使录入的信息量成倍增加。

（4）设备结构简单，成本低廉。条码标签易于制作，对设备和材料没有特殊要求，识别设备操作容易，不需要特殊培训，节省企业成本，提高经济效益。

（5）灵活实用。条码标识既可以作为一种识别手段单独使用，也可以和有关识别设备组成一个系统实现自动化识别，还可以和其他控制设备联系起来实现自动化管理。

2. 条码技术在物流领域的应用

条码技术从诞生的第一天起就与物流结下了不解之缘。条码技术像一条纽带，把产品生命期中各阶段发生的信息联结在一起，可跟踪产品从生产到销售的全过程。条码技术在物流系统中的应用，主要在以下几个方面：

（1）生产线自动控制系统。现代大生产日益计算机化和信息化，自动化水平不断提高，生产线自动控制系统要正常运行，条码技术的应用就成为不可或缺的了。因为现代产品性能日益先进，结构日益复杂，零部件数量和种类众多，传统的人工操作既不经济也不可行。例如，一辆汽车要由成千上万个零部件装配而成，不同型号、款式，所需要的零部件的品种和数量也不同，如果使用条码技术对每一个零部件进行在线控制，就能避免差错、提高效率、确保生产顺利进行。使用条码技术成本低廉，只需要先对进入生产线的物品赋码，在生产过程中通过安装于生产线的条码识读设备，获取物流信息，从而随时跟踪生产线上每一个物流的情况，形成自动化程度高的电子车间。

（2）信息系统。目前条码技术应用最为广泛的领域是商业自动化管理，即建立商业POS系统，利用现金收款机作为终端机与主计算机相连，借助于识读设备为计算机录入商品上的条码符号，计算机从数据库中自动查询对应的商品信息，显示出商品名称、价格、数量、总金额等，反馈给现金收款机开出收据，迅速准确地完成结算过程，从而节省顾客购买结算时间，更为重要的是它使商品零售方式发生了巨大的变革，由传统的封闭柜台式销售变为开架自选销售，大大便利了顾客采购商品；同时计算机还可以根据购销情况对货架上各类商品的数量、库存进行处理，及时提出进、销、存、退的信息，供商家及时掌握购销行情和市场动态，提高竞争力，增加经济效益；对于商品制造商来说则可以及时了解产品销售情况，及时调整生产计划，生产适销对路的商品。

（3）仓储管理系统。现代仓储管理所要面对的产品数量、种类和进出仓频率都大为增加，继续原有的人工管理不仅成本高昂，而且难以为继，尤其是对一些有保质期控制的产品的库存管理，库存期不能超过保质期，必须在保质期内予以销售或进行加工生产，否则就有可能因其变质而遭受损失。利用条码技术，这一难题就迎刃而解，只需在原材料、半成品、成品入库前先进行赋码，进出仓时读取物品上的条码信息，从而建立仓储管理数据库，并提供保质期预警查询，使管理者可以随时掌握各类产品进出仓和库存情况，及时准确地为决策部门提供有力的参考。

（4）自动分拣系统。现代社会物品种类繁多，物流量庞大，分拣任务繁重，利用条码技术实行自动化管理就尤为必要。运用条码技术对邮件、包裹、批发和配送的物品进行编码，通过条码自动识别技术建立自动分拣系统，就可以大大提高效率，降低成本。我国的邮政系统是最早配备自动分拣系统的单位之一，该系统的流程是：在投递窗口将各类包裹的信息输入计算机，条码打印机按照计算机的指令自动打印条码标签，贴在包裹上，然后通过输送线汇集到自动分拣机上，自动分拣机通过全方位的条码扫描器，识读、鉴别包裹，并将它们分拣到相应的出口流槽，这样就可以大大提高效率，减少差错。

（5）售后服务系统。产品的售后服务往往决定着其市场销售情况和市场占有率。因此对产品的生产者和销售者来说，搞好客户管理和售后服务就非常重要。利用条码技术进行客户管理和售后服务管理不仅简单易行，而且成本低廉，厂商只需要在产品出厂前进行赋码，各分销商在销售时读取产品上的条码，向厂商及时反馈产品流通的信息和客户信息，建立客户管理和售后服务管理系统，随时掌握产品的销售状况和市场信息，为厂商及时进行技术革新和花色品种更新，生产适销对路的商品提供可靠的市场依据。可见，条码技术这种自动识别技术，大大提高了数据采集和识别的准确性和速度，实现物流的高效率运作。

二、自动跟踪技术

（一）GIS

1. GIS 的概念

GIS 是 20 世纪 60 年代开始迅速发展起来的地理学研究新成果，是结合地理学、计算机科学、测绘遥感学、城市科学、环境科学、信息科学、管理科学等形成的一门交叉的新兴学科。GIS 系统是多学科集成并应用于多领域的基础平台，这种集成是对信息的各种加工、处理过程的应用、融合和交叉渗透并实现各种信息的数字化过程，具有数据采集、输入、编辑、存储、管理、空间分析、查询等功能，为系统用户进行预测、监测、规划管理和决策提供科学依据。

GIS 系统以地理空间为基础，利用地理模型的分析方法及时提供多种空间、动态的地理信息，从而为有关经济决策服务。GIS 在物流领域应用，便于企业合理调配和使用各种资源，提高运营效率和经济效益。

2. GIS 技术在物流业的应用

GIS 最明显的作用就是能够把数据以地图的方式表现出来，把空间要素和相应的属性信息组合起来就可以制作出各种类型的信息地图。它不仅仅是一种查询信息的方法，也是一种挖掘信息模式的技术。GIS 在物流领域中的应用主要是利用 GIS 强大的地理数据功能来完善物流分析技术，合理调整物流路线和流量，合理设置仓储设施，科学调配运力，提高物流业的效率。GIS 技术在物流业的应用主要体现在以下四个方面：

（1）车辆路线模型。车辆路线模型用于解决一个起始点、多个终点的货物运输中如何降低物流作业费用，并保证服务质量的问题。其包括决定使用多少车辆、每辆车的行驶路线等。

（2）网络物流模型。网络物流模型用于解决寻求最有效的分配货物路径问题，也就是网络网点布局问题，如将货物从 *N* 个仓库运到 *M* 个商店，每个商店都有固定的需求量，因此需要确定由哪个仓库提货送到哪个商店，并且使运输成本最小。

（3）分配集合模型。分配集合模型可以根据各个要素的相似点把同一层上所有或部分要素分为几个组，用以解决确定服务范围和销售市场范围等问题。例如，某公司要设立 *X* 个分销点，要求这些分销点要覆盖某一地区，而且要使每个分销点的顾客数目大致相等。

（4）设施定位模型。设施定位模型用于确定一个或多个设施的位置。在物流系统中，仓库和运输线共同组成了物流网络，仓库处于网络的节点上，节点决定着线路，如何根据供求的实际需要并结合经济效益等原则，在既定区域内设立多少仓库，每个仓库的位置、规模以及仓库之间的物流关系等，运用此模型均能很容易地得到解决。

（二）GPS

1. GPS 简介

GPS，最早是由美国军方在 20 世纪 70 年代初由“子午仪卫星导航定位”技术发展起来的，是具有全球性、全能性（海陆空）、全天候性优势的导航定位、定时、测速系统。GPS 由空间卫星系统、地面监控系统和信号接收系统三大子系统构成。

2. GPS 在物流领域的应用

（1）货物跟踪。GPS 计算机信息管理系统可以通过 GPS 和计算机网络实时地搜集列车、集装箱及所运货物的动态信息，实现对陆运、水运货物的跟踪管理。只要知道货车的车型、车号或船舶的编号就可以立即从铁路网或水运网中找到该货车或船舶，知道它们现在所处位置，距离运输目的地的里程，以及所有装运货物的信息。运用这项技术可以大大提高运营的精确性和透明度，为货主提供高质量的服务。

（2）与 GIS 结合解决物流配送。物流包括订单管理、运输、仓储、装卸、传递、报关、退货处理、信息服务及增值业务，全过程控制是物流管理的核心问题。供应商必须全面、准确、动态地把握散布在全国各个中转仓库、经销商、零售商以及汽车、火车、飞机、轮船等各种运输环节之中的产品流动状况，并据此制订生产和销售计划，及时调整市场策略。因此，对大型供应商而言，没有全过程的物流管理就不能建立有效的分销网络。对于大型连锁零售商来说，没有全过程的物流管理就谈不上建立供应配送体系。对于第三方物流服务商，仓储物流中心，没有面向全过程的物流管理服务就很难争取到客户的物流业务。对普通用户来说，没有快速、准确、安全、可靠的物流配送服务，网上采购和网上购物几乎是不可想象的。

物流配送的过程主要是货物的空间位置移动过程，在物流配送过程中，要涉及货物的运输、仓储、装卸、送达等业务环节，对各个环节涉及的问题如运输路线的选择、运输车辆的调度和投递路线选择等进行有效管理和决策分析，有助于物流配送企业有效地利用现有资源，降低消耗，提高效率。事实上，上述每个环节都涉及地理要素，可以通过 GIS 技术的应用来解决问题，提高运作效率。因此，GIS 和 GPS 技术是全程物流管理中不可缺少的组成部分。

第四节　第三方物流

一、第三方物流的含义

第三方物流在 20 世纪 80 年代后期由欧美提出的。在 1988 年美国物流管理委员会一项顾客服务调查中，首次提到“第三方服务提供者”一词。目前对第三方物流解释很多，有学者认为第三方物流是物流实际需求方和物流实际供给方之外的第三方部分或全部利用供给方资源通过合约向需求方提供物流服务，也有人称之为合同物流或契约物流。第三方物流是供方与需方以外的第三方通过整合物流提供商已有资源为物流需求方提供物流运作、物流管理、物流咨询策划等活动，以达到降低物流成本、提高物流运作效率目的。第三方物流更具有专业性、战略性、整合性，这是第三方物流精髓所在。目前第三方物流的概念已广泛地被西方流通行业所接受。

（1）第三方物流产生是社会分工的结果。在业务外包等新型管理理念的影响下，各企业为增强市场竞争力，而将企业的资金、人力、物力投入到其核心业务上去，寻求社会化分工协作带来的效率和效益的最大化。专业化分工的结果导致许多非核心业务从企业生产经营活动中分离出来，其中包括物流业。将物流业务委托给第三方专业物流公司负责，可降低物流成本，完善物流活动的服务功能。

（2）第三方物流的产生是新型管理理念的要求。进入 20 世纪 90 年代后，信息技术特别是计算机技术的高速发展与社会分工的进一步细化，推动着管理技术和思想的迅速更新，由此产生了供应链、虚拟企业等一系列强调外部协调和合作的新型管理理念，既增加了物流活动的复杂性，又对物流活动提出了零库存、准时制、快速反应、有效的顾客反应等更高的要求，使一般企业很难承担此类业务，由此产生了专业化物流服务的需求。第三方物流的思想正是为满足这种需求而产生的。它的出现一方面迎合了个性需求时代企业间专业合作（资源配置）不断变化的要求，另一方面实现了进出物流的整合，提高了物流服务质量，加强了对供应链的全面控制和协调，促进供应链达到整体最佳性。

（3）改善物流与强化竞争力相结合的管理意识。物流研究与物流实践经历了成本导向、利润导向、竞争力导向等几个阶段。将物流改善与竞争力提高的目标相结合是物流理论与技术成熟的标志。这是第三方物流概念出现的逻辑基础。

（4）物流领域的竞争激化导致综合物流业务的发展。随着经济自由化和贸易全球化的发展，物流领域的政策不断放宽，同时也导致物流企业自身竞争的激化，物流企业不断地拓展服务内涵和外延，从而导致第三方物流的出现。这是第三方物流概念出现的历史基础。

在过去几十年中，物流对企业在市场上能否取胜的决定作用变得越来越明显。从本质上说，企业在市场上的表现主要是由产品的质量、价格以及产品的供给三个因素决定，其中任何一个因素对企业的竞争能力都起着重要的影响作用，而这三个因素都分别直接受到物流的影响。世界经济将在纵向上对工业、供应商、顾客、贸易和物流公司进行重新分工，介入生产以及销售环节的物流公司的出现将是物流业发展的必然趋势。第三方物流给供应链各参与者带来了很多好处和方便，因而受到了极大的欢迎，市场潜力巨大，必将成为下一世纪物流业的主流。

二、第三方物流发展状况

第三方物流是在物流渠道中由中间商提供的服务，中间商以合同的形式在一定期限内，提供企业所需的全部或部分物流服务。第三方物流提供者是一个为外部客户管理、控制和提供物流服务作业的公司，他们并不在产品供应链中占有一席之地，仅是第三方，但通过提供一整套物流活动来服务于产品供应链。

在美国，第三方物流业被认为尚处于产品生命周期的发展期；在欧洲，尤其在英国，普遍认为第三方物流市场有一定的成熟程度。欧洲目前使用第三方物流服务的比例约为76%，美国约为58%，且其需求仍在增长。研究表明，欧洲24%和美国33%的非第三方物流服务用户正积极考虑使用第三方物流服务；欧洲 62%和美国72%的第三方物流服务用户认为他们有可能在3年内增加对第三方物流服务的运用。一些行业观察家已对市场的规模做出估计，整个美国第三方物流业有相当于 4 200亿美元的市场规模，欧洲最近的潜在物流市场的规模估计约为9 500亿美元。

从表6-1 可看到，在欧洲市场上第三方物流收入占物流总收入的比重平均达到24.42%。在物流服务市场上，欧洲的第三方物流公司分为不同的层次，面向不同的目标市场，提供不同层次的服务，但基本可分为四类：第一类，服务范围广泛的大

表 6-1　欧洲第三方物流市场概况表

国家	国内物流费用 /10^2 万美元	第三方物流收入 /10^2 万美元	物流总支出 /10^2 万美元	第三方物流收入占物流总支出比例/%
德国	26 528	8 047	34 602	23.33
法国	18 784	6 911	25 695	26.90
英国	15 485	8 150	23 635	34.48
意大利	12 002	1 771	13 873	12.77
西班牙	5 655	1 241	6 896	18.00
荷兰	4 848	1 620	6 468	25.05
比利时	2 914	971	3 885	24.99
奥地利	2 746	637	3 383	18.83
瑞典	2 610	373	3 374	22.02
丹麦	2 175	543	2 718	19.98
芬兰	1 662	415	2 077	19.98
爱尔兰	734	238	972	24.49
葡萄牙	673	137	811	16.89
希腊	690	85	775	10.97
卢森堡	119	40	159	25.16
总计	9 726	31 570	129 296	24.42

资料来源：第三方物流在欧洲独领风骚. http://www.ec56.com，2000-10-18。

型物流企业。最高一层的大型物流企业为制造商提供了范围广泛的服务，包括制作不同的标签和包装，帮助这些制造商在欧洲不同市场进行销售。在这一层次里，有一些领先和经营良好的欧洲物流公司，也有总部设在美国的物流公司，如 UPS 环球物流。第二类，从事传统物流的欧洲公司。这些企业拥有自己的资产，经营卡车货运、仓储、报关等。这些公司的技术不高，并且资源有限，大多数业务起源于处理欧洲各国海关之间复杂的业务（目前这些业务已经消失）。这些公司最终会合并或离开这个行业。第三类，新兴的第三方物流公司。除大型跨国物流公司和地区较小的物流企业，一种完全新兴的欧洲第三方物流比其他的货运服务商发展更快。例如，欧罗凯集团、德国汉堡主要的集装箱经营者，除在欧洲拥有仓储和配送能力以外，还为零售商和制造商提供复杂的物流服务，最普遍的一种增值服务是加速接运分送，增加库存周转次数。被加速发运的货物用于紧急订货，同时较低成本的货物到达正好衔接那些紧急订货售完。这样可为零售商增加大约 10%的存货投资回报。第四类，大型国有机构的第三方物流。欧洲另一个快速增长的第三方物流企业是一些大型的国有机构，如国家铁路公司和港务局等。

由此可见，全世界的第三方物流市场具有潜力大、渐进性和高增长率的特征。这种状况使第三方物流业拥有大量服务提供者，大多数第三方物流服务公司是从传统的“内物流”业为起点而发展起来的，如仓储业、运输业、空运、海运、货运代理和企业内的物流部等，他们根据顾客的不同需要，通过提供各具特色的服务取得成功。美国目前有几百家第三方物流供应商，其中大多数公司开始时并不是第三方物流服务公司。而是逐渐发展进入该行业的。

在西方发达国家第三方物流的实践中，有以下几点值得注意：第一，物流业务的范围不断扩大。一方面商业机构和各大公司面对日趋激烈的竞争不得不将主要精力放在核心业务，将运输、仓储等相关业务环节交由更专业的物流企业进行操作，以求节约和高效；另一方面物流企业为提高服务质量，也在不断拓宽业务范围，提供配套服务。第二，很多成功的物流企业根据第一方、第二方的谈判条款，分析比较合理的操作成本和代理费用，灵活运用自理和代理两种方式，提供客户定制的物流服务。第三，物流产业的发展潜力巨大，具有广阔的发展前景。

第三方物流引入我国时间很短，第三方物流以其独特的优势吸引了越来越多企业的关注。随着中国市场经济体制的日趋完善和市场竞争的日益激烈，商家之间的价格战也愈演愈烈，为了保持较高的利润，如何降低成本成为当务之急。而第三方物流这种以合同制提供系统全套物流的方式，可以使商品减少库存及运输的费用，成为商品“第三利润”的来源。我国的第三方物流还处于起步阶段，但是发展迅速，市场潜力非常大。

三、第三方物流给企业（顾客）带来的益处

第三方物流给企业（顾客）带来的益处体现在以下几个方面。

1. 集中业主

集中业主使企业能够实现资源优化配置。将有限的人力、财力集中于核心业务，进行重点研究，发展基本技术，开发出新产品参与世界竞争。

2. 节省费用，减少资本积压

专业的第三方物流提供者利用规模生产的专业优势和成本优势，通过提高各环节能力的利用率实现费用节省，企业能从分离费用结构中获益。根据对工业用车的调查结果，企业解散自有车队而代之以公共运输服务的主要原因就是为了减少固定费用，这不仅包括购买车辆的投资，还包括和车间仓库、发货设施、包装器械以及员工有关的开支。

3. 减少库存

企业不能承担多种原料和产品库存的无限增长，尤其是高价值的部件要被及时送往装配点，实现零库存，以保证库存的最小量。第三方物流提供者借助精心策划的物流计划和适时运送手段，最大限度地减少库存，改善了企业的现金流量，实现成本优势。

4. 提升企业形象

第三方物流提供者与顾客之间的关系不是竞争对手，而是战略伙伴，他们为顾客着想，通过全球性的信息网络使顾客的供应链管理完全透明化，顾客随时可通过Internet了解供应链的情况；第三方物流提供者是物流专家，他们利用完备的设施和训练有素的员工对整个供应链实现完全的控制，减少物流的复杂性；他们通过遍布全球的运送网络和服务提供者大大缩短了交货期，帮助顾客改进服务，树立自己的品牌形象。第三方物流提供者通过“量体裁衣”式的设计，制定出以顾客为导向、低成本高效率的物流方案，使顾客在同行者中脱颖而出，为企业在竞争中取胜创造了有利条件。

5. 货主企业采用第三方物流方式对于提高企业经营效率具有重要作用

首先，可以使企业专心致志地从事自己所熟悉的业务，将资源配置在核心事业上。其次，第三方物流企业作为专门从事物流工作的行家里手具有丰富的专业知识和经验，有利于提高货主企业的物流水平。第三方物流企业是面向社会众多企业提供物流服务，可以站在比单一企业更高的角度。随着市场外部环境的变化，企业的生产经营活动也变得越来越复杂，要实现物流活动的合理化仅仅将物流系统范围局

限在企业内部已远远不够。建立企业间，跨行业的物流系统网络，将原材料生产企业、制品生产企业、批发零售企业等生产流通全过程上下游相关企业的物流活动有机结合起来，形成一个链状的商品供应系统，是构筑现代物流大系统的要求。第三方物流企业通过其掌握的物流系统开发设计能力、信息技术能力，成为建立企业间物流系统网络的组织者，完成个别企业，特别是中小企业所无法实现的工作。以上种种原因，极大地推动了第三方物流的发展，使第三方物流成为21世纪物流发展的主流。

四、第三方物流的服务内容

第三方物流所提供的服务内容范围很广：它可以简单到只是帮助客户安排一批货物的运输，也可以复杂到设计、实施和运作一个公司的整个分销和物流系统。第三方物流企业与传统运输、仓储企业的最大区别就在于传统企业所能提供的仅是单一、脱节的物流要素而第三方物流企业则能够将各个物流要素有机整合起来，提供系统化、系列化的增值服务。

从具体的服务内容来看，第三方物流服务可以分为常规服务和增值服务。

1. 常规服务

常规服务就是提供物流的几大基本功能要素，即提供仓储、运输、装卸搬运、包装、配送等服务，它们提供了空间、时间效用以及品种调剂效用。常规服务大多是与完成货物交付有关的服务，主要依靠现代物流设施、设备等硬件来完成，是资本和劳动密集型的服务，具有标准化的特征。

2. 增值服务

第三方物流的增值服务是根据客户的需要，为客户提供的超出常规的服务，或者是采用超出常规的服务方法提供的服务。创新、超常规、满足客户需要是增值性物流服务的本质特征。增值服务主要是借助完善的信息系统和网络，通过发挥专业物流管理人才的经验和技能来实现的，依托的主要是第三方物流企业的软件基础，因此是技术和知识密集型的服务，可以提供信息效用和风险效用。这样的服务融入了更多的精神劳动，能够创造出新的价值，因而是增值的物流服务。从增值服务产生的情况来看，又可分为两部分：一是在物流常规服务的基础上延伸出来的相关服务，二是更高级的增值服务。

（1）从仓储、运输等常规服务的基础上延伸出来的增值服务。这种增值服务主要是将物流的各项基本功能进行延伸，伴随着物流运作过程实施，从而将物流各环节有机衔接起来，实现便利、高效的物流运作。例如，仓储的延伸服务有原料质检、库存查询、库存补充及各种形式的流通加工服务等，运输的延伸服务如选择国际、国内运输方式、运输路线，安排货运计划，为客户选择承运人，确定配载方法，货物运输过程中的监控、跟踪，门到门综合运输、报关、代垫运费、运费谈判、货款回收与结算等。配送服务的延伸有集货、分拣包装、配套装配、条码生成、贴标签、自动补货等。这种增值服务需要有协调和利用其他物流企业的资源的能力，以确保企业所承担的货物交付任务能以最合理的方式、尽可能小的成本来完成。

（2）实现一体化物流和供应链集成的增值服务。第一个层次的增值服务实际上是物流功能的自身延伸，而物流一体化的增值服务则是向客户端延伸的服务，通过参与、介入客户的供应链管理及物流系统来提供服务，这种服务能够帮助客户提高其物流管理水平和控制能力，优化客户自身的物流系统，加快响应速度，为企业提供制造、销售及决策等方面的支持。例如，库存管理与控制、采购与订单处理、市场调研与预测、产品回收、构建物流信息系统、物流系统的规划与设计、物流系统诊断与优化、物流咨询及教育培训等。这类服务往往是第三方物流企业发挥更大的主动性去挖掘客户的潜在需求而开发出来的，需要更多的专业技能及经验，具有更大的创新性和增值性，是高技术、高素质的服务。这种高层次的增值服务需要建立在双方充分合作信任的基础上。

五、第三方物流存在的问题及发展趋势

根据有关研究机构对 51 家世界上领先的第三方物流服务提供者的调查,最常见的第三方物流服务内容如表 6-2 所示。

表 6-2　最常见的第三方物流服务内容

序号	服务项目	服务提供者的百分比单位/%
1	开发物流策略/系统	97.3
2	电子数据交换能力	91.9
3	管理表现汇报	89.2
4	货物集运	86.5
5	选择承运人、货代、海关代理	86.5
6	信息管理	81.1
7	仓储	81.1
8	咨询	78.4
9	运费支付	75.7
10	运费谈判	75.7

可以看出，第三方物流的服务内容大都还集中于传统意义上的运输、仓储范畴

之内，运输、仓储企业对这些服务内容有着比较深刻的理解，对每个单项的服务内容都有一定的经验，关键是如何将这些单项的服务内容有机地组合起来，提供物流运输的整体方案。电子商务的发展产生了新的“物流瓶颈”，优质的物流服务是电子商务进一步发展的基础。虽然，第三方物流解决了企业物流某些方面的问题，如节约了物流的成本，提高了物流效率。但是，物流作为一个社会化系统产业来说，为了使整个地区、国家乃至全球范围内物流高效率运作，第三方物流的力量显然不足以整合社会所有的物流资源，解决当今物流瓶颈，达到最大效率。另外，由于现代物流产业发展需要一批高技术、高素质人才来支撑，分工进一步细化，第三方物流向专业化发展趋势明显。因此，第三物流从解决一定范围内企业物流应该说是有效的，但是解决经济发展中物流瓶颈以及电子商务中新的物流瓶颈是远远不够的。

于是，就有人提出了第四方物流（4PL）的概念，把它定义为“是一个供应链集成商，通过调集和管理组织自己的以及具有互补性的服务提供商的资源、能力和技术，以提供一个综合的供应链解决方案”。从概念上来看，第四方物流是有领导力量的物流提供商，它可以通过整个供应链的影响力，提供综合的供应链解决方案，为其顾客带来更大的价值。它不仅控制和管理特定的物流服务，而且对整个物流过程提出解决方案，并通过电子商务将这个过程集成起来。第四方物流正日益成为一种帮助企业实现持续运作成本降低和区别于传统的外包业务的真正的资产转移。它实际上是一种虚拟物流，是依靠业内最优秀的第三方物流供应商、技术供应商、管理咨询顾问和其他增值服务商，整合社会资源，解决物流信息充分共享、社会物流资源充分利用问题，为用户提供独特的和广泛的供应链解决方案。

因此，第四方物流的特点之一是其提供了一整套完善的供应链解决方案，以有效地适应需方多样化和复杂的需求，集中所有的资源为客户完善地解决问题。它不仅集成了管理咨询和第三方物流服务商的能力，更重要的是，一个前所未有的、使客户价值最大化的统一的技术方案的设计、实施和运作，只有通过咨询公司、技术公司和物流公司的齐心协力才能够实现。第四方物流的特点之二是通过其对整个供应链产生影响的能力来增加价值，即其能够为整条供应链的客户带来利益。

第五节　电子商务物流管理案例

一、美国电子商务物流模式

美国的物流配送业发展起步早，经验成熟，尤其是信息化管理程度高，对我国物流发展有很大的借鉴意义。

1. 美国物流配送中心的类型

从 20 世纪 60 年代起，商品配送合理化在发达国家普遍得到重视。为了向流通领域要效益，美国企业采取了以下措施：一是将老式的仓库改为配送中心；二是引进电脑管理网络，对装卸、搬运、保管实行标准化操作，提高作业效率；三是连锁店共同组建配送中心，促进连锁店效益的增长。美国连锁店的配送中心有多种，主要有批发型、零售型和仓储型三种类型。

1）批发型

美国加州食品配送中心是全美第二大批发配送中心，建于 1982 年，建筑面积 10 万平方米，工作人员 2 000 人左右，共有全封闭型温控运输车 600 辆，1995 年销售额达 20 亿美元。经营的商品均为食品，有 4 万多个品种，其中有 98%的商品由该公司组织进货，另外 2%的商品是该中心开发加工的商品，主要是牛奶、面包、冰激凌等新鲜食品。

加州食品中心实行会员制，各会员超市因店铺的规模大小不同、所需商品配送量也不同，而向中心交纳不同的会员费。会员店在日常交易中与其他店一样，不享受任何特殊的待遇，但可以参加配送中心定期的利润处理。该配送中心本身不是盈利单位，可以不缴营业税。所以，当配送中心获得利润时，采取分红的形式，将部分利润分给会员店。会员店分得红利的多少，将根据在配送中心的送货量和交易额的多少而定，多者多分红。

加州食品配送中心主要靠计算机管理。业务部通过计算机获得会员店的订货信息，及时向生产厂家和储运部发出要货指示单；厂家和储运部再根据要货指示单的先后缓急安排配送的先后顺序，将分配好的货物放在待配送口等待发运。配送中心 24 小时运转，配送半径一般为 50 千米。

2）零售型

沃尔玛商品公司的配送中心是美国典型的零售型配送中心。该配送中心是沃尔玛公司独资建立的，专为本公司的连锁店按时提供商品，确保各店稳定经营。该中心的建筑面积为 12 万平方米，总投资 7 000 万美元，有职工 1 200 多人，配送设备包括 200 辆车头、400 节车厢、13 条配送传送带，配送场内设有 170 个接货口。中心 24 小时运转，每天为分布在纽约州、宾夕法尼亚州等 6 个州的沃尔玛公司的 100 家连锁店配送商品。

沃尔玛中心设在 100 家连锁店的中央位置，商圈为 320 千米，服务对象店的平均规模为 1.2 万平方米。中心经营商品达 4 万种，主要是食品和日用品，通常库存为 4 000 万美元，旺季为 7 000 万美元，年周转库存 24 次。在库存商品中，畅销商品和滞销商品各占 50%，库存商品期限超过 180 天为滞销商品，各连锁店的库存量为销售量的 10%左右。1995 年该中心的销售额为 20 亿美元。

3）仓储型

福来明公司的食品配送中心是美国典型的仓储式配送中心。该中心的主要任务是接受美国独立杂货商联盟加州总部的委托业务，为该联盟在该地区的 350 家加盟店负责商品配送。该配送中心建筑面积 7 万平方米，其中冷库、冷藏库为 4 万平方米，杂货库为 3 万平方米，经营 8.9 万个品种，其中有 1 200 个品种是美国独立杂货商联盟开发的，必须集中配送。在服务对象店经营的食品中，有 70%左右的商品由该中心集中配送，一般鲜活商品和怕碰撞的商品，如牛奶、面包、炸土豆片、瓶装饮料和啤酒等，从当地厂家直接进货到店，蔬菜等商品从当地的批发市场直接进货。

2. 美国物流信息化状况

纵观美国物流业的发展情况，不可忽视的一点就是物流信息化的建设。

1）企业物流信息化

由于物流管理的基础是物流信息，是用信息流来控制实物流，因而企业纷纷将物流信息化作为物流合理化的一个重要途径，主要做法有：

（1）普遍采用条形码技术和射频识别技术，提高信息采集效率和准确性；采用基于互联网的电子数据交换技术进行企业内外的信息传输，实现订单录入、处理、跟踪、结算等业务处理的无纸化。

（2）广泛应用仓库管理系统和运输管理系统来提升运输与仓储效率，如沃尔玛与休斯公司合作发射了专用卫星用于全球店铺的信息传送与运输车辆的定位及联络，这样可以合理安排运量和路程，最大限度地发挥运输潜力。

（3）通过与供应商和客户的信息共享，实现供应链的透明化，运用 JIT（准时制）、CPFR、EOS 等供应链管理技术，实现供应链伙伴之间的协调，以便“用信息替代库存”，降低供应链的物流总成本，提高供应链的竞争力。例如，Dell 公司通过网站向供应商提供实时数据，使供应商了解零部件库存、需求预测及其他客户信息，更好地根据 Dell 的需要组织生产并按 JIT 配送，大多数零部件只在 Dell 仓库存放 15 分钟以内；同时，Dell 的客户在网上按指令配置 PC，下订单 5 分钟后就可以得到确认，36 小时以内客户订购的 PC 就会下生产线装上配送车。

（4）通过网上采购辅助材料、网上销售多于库存以及通过电子物流服务商进行存储与运输交易等手段，借助电子商务来降低物流成本。

2）物流企业信息化

由于在仓储、运输管理和基于互联网的通信方面的技术与实施能力，已成为进入第三方物流行业的门槛，物流企业高度重视信息化建设，并呈现以下特点：

（1）物流信息服务包括预先发货通知、送达签收反馈、订单跟踪查询、库存状态查询、货物在途跟踪、运行绩效检测、管理报告等，已成为第三方物流服务的基本内容。例如，APLL 的 SeeChange 信息系统将一家船务公司对集装箱的跟踪深入对存货单元的跟踪，将该船从港口到港口的跟踪延伸为从供应端到消费端的全程跟踪；UPS 公司的 SCS 供应商管理系统可以使客户通过 UPS 的信息系统对国外供应商的订单的履行状态进行在线跟踪；这些信息服务已成为物流企业服务产品的组成部分。

（2）物流企业在客户的财务、库存、技术和数据管理方面承担越来越大的责任，从而在客户供应链管理中发挥战略性作用。物流外包影响供应链管理的最大因素是数据管理，因为用企业及其供应链伙伴广泛接受的格式维护与提取数据以实现供应链的可视化是一个巨大的挑战，物流企业不仅需要在技术方面进行较大投入，而且还需要具备持续改进、例外管理和流程再造能力。所以对技术、人才和信息基础设施的投入已成为物流企业区别竞争对手的重要手段。例如，UPS 每年信息化投入 10 亿美元，其网站平均每天点击 11 500 万次、790 万个网上查询，公司获得美国“CIO-100”强称号；APLL 也被评为美国 IT 应用百佳企业之一。

（3）物流企业大都采用面向客户自主开发物流信息系统的方式来实现物流信息化。一方面，购买一套大型物流软件的价格很高，一般有 60%～70%的功能物流企业暂时不用，浪费严重，所以物流企业可以先制定信息结构的总体规划，根据实际需要先购买或研制部分软件，随着业务的发展不断完善信息系统。另一方面，物流企业开发信息系统的目标是满足客户的需求、提高客户服务水平，往往在信息系统中融入自己优化的流程和技术诀窍，一般只会与一些软件商在数据库、运输管理、仓储管理等功能方面结成伙伴，但总体上自己掌握。

3）物流信息服务业

物流信息化需要物流信息技术的支撑；同时，物流信息化的发展也带动了物流信息服务业的发展。目前，美国物流信息服务业大致可分为以下几个方面：

（1）供应链软件提供商：美国的供应链软件提供商大致分为两类，一是提供库存管理系统、运输管理系统等物流功能管理的软件商，如 EXE、Provia；二是提供供应链管理计划与执行系统的软件商，如 SAP、Oracle 等。这些软件商将行业标准、优化的流程和商业智能融入软件系统，客户既可以选择成套的行业解决方案，又可以根据实际需要先上一部分模块。

（2）信息中间商：主要是提供专门的信息基础设施。物流服务商要和客户之间实现供应链一体化，又没办法自己来做这么大的信息平台，因此通过信息中间商来进行这样的服务。例如，Capstan 公司，通过建立一个公共信息平台，把采购商、供应商、物流服务商、承运人、海关、金融服务等机构都放到上面。通过这个平台，大家来交换数据，完成国际物流服务。数据交换的方式很多，可以用传统的 EDI 方式，也可以用在网上作 FTP 文件传输，或者是采用现在比较流行的 XML 连接。这种服务商就是专门提供这样的信息平台，通过会员制来提供服务。由于全球供应链最难的或者说信息最容易脱节的地方，就是跨国境，因而这一服务有一定的市场需求，当然这种服务平台对宽带技术以及网上平台技术的要求也比较高。

（3）网上市场：随着电子商务的兴起，网上交易不断涌现，其中物流特别是运输网上交易日益活跃。运输网上交易形式多样，包括合并第三方提供商，如 Transplace.com 由 J.B.Hunt Transport 等 6 个伙伴合并而成，拥有 38 000 台牵引车，91 000 台拖挂车和大约 48 000 名职业司机，为潜在客户带来巨大的工作能力；也包括行业中立交易商 Logistics.com，提供运输能力与需求的自动匹配与优化，管理现场交易等各种运输交易形式，以便为参与者提供交易的灵活性，创造专门的和定向的交易市场，为客户提供一个专业化运输管理系统软件包的所有功能和益处，而不需要购买、安装并尽量利用现有员工。

3. 美国推进物流信息化的启示

1）服务是物流信息化的核心

物流信息化已成为美国工商企业降低物流成本、改进客户服务、提高企业竞争力的基本手段，更成为物流企业提供第三方物流服务的前提条件，因此，美国企业都是以满足客户服务需求为物流信息系统建设的出发点，通过采用先进的信息技术实现供应链伙伴相互之间的信息沟通与共享；特别是物流企业，更是将为客户提供的信息内容作为信息系统建设的重要依据。而我国企业大都没有把物流信息化放在战略高度来认识，往往是以满足企业内部管理为出发点建设物流信息系统，忽视对客户物流信息服务的建设，这种观念上的差距严重影响了物流信息系统的投入力度和实施效果。因此，必须将服务作为物流信息化的核心，围绕提供客户服务水平来改造物流管理模式与运作流程，并以此为业务需求来建设合格的物流信息系统。

2）标准是物流信息化的基础

物流活动包括运输、仓储、包装、配送、流通加工等多个环节，在运输方面涉及铁路、公路、航空、海运和国际运输等多种模式，在服务方面涉及电子、汽车、药品、日用消费品等众多行业，需要物流信息系统像纽带一样把供应链上的各个伙伴、各个环节联结成一个整体，这就需要在编码、文件格式、数据接口、EDI、GPS 等相关代码方面实现标准化，以消除不同企业之间的信息沟通障碍。美国行业协会在物流标准的制定方面发挥了重要作用，在条形码、信息交换接口等方面建立了一套比较实用的标准，使物流企业与客户、分包方、供应商更便于沟通和服务，物流软件业融入了格式、流程等方面的行业标准，为企业物流信息系统的建设创造了良好的环境。而我国由于缺乏信息的基础标准，不同信息系统的接口成为制约信息化发展的瓶颈，物流企业在处理订单时，有时数据交换要面向多种不同的模式。因此，加快我国物流标准化特别是物流信息标准化步伐，是推进我国物流信息化的基础。

3）应用是物流信息化的关键

美国物流信息化的最大特点，是将先进的信息技术有效地应用于实际的物流业务之中。

首先，广泛应用互联网建设物流信息平台，互联网的发展和规范管理，特别是安全软件和技术设备的发展，为物流信息系统的建设提供了良好环境；

其次，将优化的物流运作流程融入软件，形成了比较成熟的标准化、模块化的物流与供应链软件产品，为物流信息系统的建设提供了技术保障；

最后，公共物流信息平台的发展，为企业间的信息沟通和采用 ASP 模式降低信息化成本创造了条件。

近年来，我国从政府到企业对物流信息化重要性的认识在不断提高，与美国的差距主要在应用上。我国目前的物流信息系统建设仍以专线为主，不便于信息网络间的连接；由于缺少实用可靠的成熟物流软件，企业在建设物流信息系统时不敢投入，自主开发又存在起点低、周期长的问题；公共物流信息平台的缺乏，也使企业物流信息系统成为一个个信息孤岛，中小企业的物流信息化举步维艰。因此，创造物流信息化良好的应用环境，提高物流信息化的应用水平，是推进我国物流信息化的关键所在。

二、中国物流联盟网

中国物流联盟网（http://www.chinawuliu.com.cn）于 2000 年 8 月 8 日，由中国物资流通协会和北京网际畅想电子商务中心联合创办，是专门提供物流信息服务和完整物流解决方案的专业物流网站，逐步实现跨区域的门到门的网上物流代理服务，如图 6-1 所示。中国物流联盟网依托国内外物流与电子商务的人才优势，广邀物流企业、物流网站、网络科研机构和各行业用户的加盟，采用先进的计算机和网络通信技术，融合现代化的物流技术（如 GPS、无线数据采集等），将成为国内最权威、影响最大、信息最全、服务最好、覆盖面最广的物流信息中心。

中国物流联盟网的宗旨是最大限度挖掘和整合物流信息资源、优化物流资源配置，建立高效的数字化物流经济，促进中国物流业的发展和社会效益的提高，推动中国物流业的规模化、社会化、网络化、网格化、信息化、现代化。

图 6-1　中国物流联盟网

中国物流联盟网初期的目标是提供全方位物流信息服务，其远期目标是组建成为中国乃至全球的虚拟和实体结合的物流联盟体。中国物流联盟网面向生产、流通和销售企业等提供物流信息服务、物流解决方案和一揽子物流代理服务，按照联盟发展的方向和互惠互利的原则，以中国物流联盟网为纽带，聚合处于分散状态的物流企业，成为中国物流业的联盟实体，架起通向国际市场的桥梁。

中国物流联盟网提供全方位的综合物流服务，主要包括以下几个方面：

（1）物流信息服务。物流信息服务包括行业新闻、行业政策法规、物流企业信息、物流供求信息（仓储、运输、配送、包装、流通加工等）等。

（2）物流解决方案。为客户提供包括物流方案的规划、设计、优化、网站建设等在内的完整的物流管理和物流一体化解决方案，有效降低客户的物流成本。

（3）物流代理服务。为会员和客户提供包括提货、发货、运输、接车、入库、储运、清点、整理、分拣、配送、收货、验单等环节在内的门到门的物流的代理服务，让客户充分感受到服务的及时、便捷、优质、安全、高效和低成本。

（4）物流交易服务。依托信息资源和物流资源优势，通过网络交易平台实现信息资源和物流资源的优化配置和整合，促进会员和客户的经济效益和物流业社会效益的提高。

（5）物流专家论坛和学术交流。物流专家论坛和学术交流包括电子商务、供应链、ERP、MRP、MRPⅡ、ECR、QR、JIT、CR、仓储、运输、配送、包装、流通加工等方面的普及知识和理论。

（6）物流在线教育。物流在线教育包括物流和电子商务人才的培养，物流报纸、杂志和图书的集锦等。

三、UPS 的信息化物流

UPS 是世界上最大的航空和陆地邮件运输公司。每年它们将近 30 亿件邮件和信函发往美国各地及世界上至少 185 个国家和地区。这家公司成功的关键是在采用先进的信息技术方面进行投资。信息技术使得 UPS 提高了客户服务质量，同时保持低成本并使其整个服务成为一个整体。

通过使用一种叫做邮递信息获取设备（DIAD）的便携电脑，UPS 的司机可以自动获取有关客户的签字、收取、交货和时间记录卡等信息。然后司机将 DIAD 接到卡车上的适配器上，此适配器是个与蜂窝电话网相连的信息发送装置。此时，邮件的跟踪信息就被发送到 UPS 的计算机网络中心，以便与 UPS 设在新泽西州总部的主机进行存储和处理。世界各地的机构都可以使用这些信息，以便给客户提供交付的证据。对于客户的询问，此系统还可以打印出回函。通过自动化的邮件跟踪系统，UPS 可以监视邮件的交递。在货物从发送人到收货人这一过程的许多点上，条码装置会将货物标签上的运输信息扫描下来，然后输入中心的计算机。客户服务代表可以利用与主机相连的台式电脑查验货物的状态，并能立即回答客户的询问。此外，UPS 的客户也可以通过他们的电脑，使用 UPS 提供的专用的货物跟踪软件直接查到这些信息。

图 6-2 是 UPS 的中国站点，在其首页上可以看到有一个“追踪”的功能框，客户输入包裹编码之后（图 6-3），就可以远程查询该包裹所在的位置，这样就便于顾客了解自己的包裹的运输情况。除此之外 UPS 提供更多的追踪方式。

1. UPS 签名追踪

UPS 签名追踪是接收具有签名图像、全名和更多信息的递送签收证明。UPS 签名追踪是一个安全的、基于 Web 的服务，提供增强的追踪和递送信息。这些功能可以帮助你提高付款和客户服务功能的效率。每次使用 UPS 签名追踪来追踪包裹时，你的追踪结果可以包括递送证明和以下内容：签名图像、全名和递送地址、货到付款信息、参考编码信息。并且由 PIN 控制的安全性帮助防止对你的敏感的 UPS 递送信息的未授权的访问。你决定谁可以为使用你的 UPS 账号发送的货件而访问 UPS 签名追踪和特定功能。

图 6-2　UPS 中国站点首页操作界面

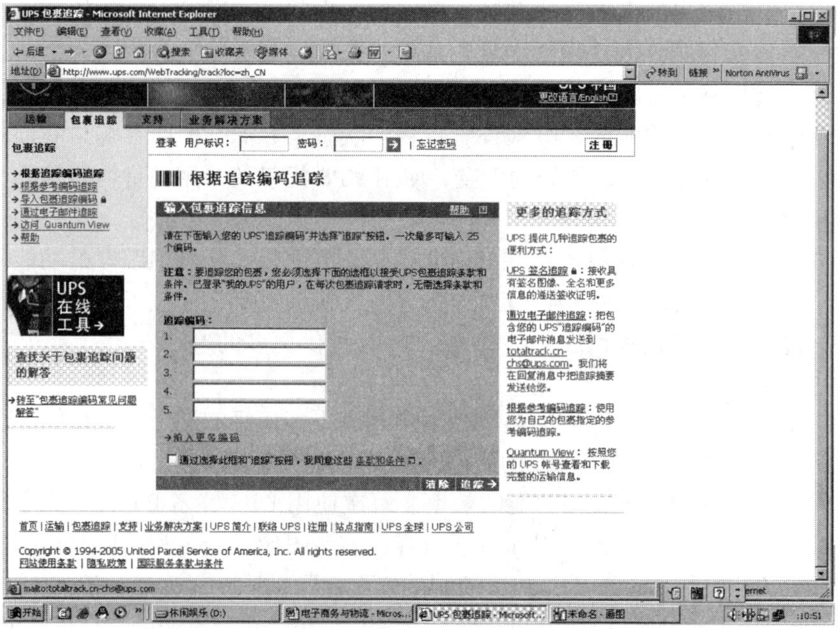

图 6-3　UPS 站点中根据追踪编码追踪操作界面

2. 通过电子邮件追踪

通过电子邮件追踪就是把包含你的 UPS“追踪编码”的电子邮件消息发送到 totaltrack.cn-chs@ups.com，你可以一次追踪多达 25 个 UPS 包裹，UPS 将在回复消息中把追踪摘要发送给你。其运作方法是：① 追踪一个包裹追踪编码。如果你用一个包裹追踪编码进行追踪时，在电子邮件的主题行或消息的正文中指定一个 UPS 包裹追踪编码。详细的追踪响应将自动返回到你的电子邮件地址。② 追踪多个包裹追踪编码。如果你用多个包裹追踪编码进行追踪，请在电子邮件消息的正文中输入所有 UPS 包裹追踪编码。不必指定电子邮件的主题，所有编码的详细的追踪响应将自动返回到你的电子邮件地址。

3. 根据参考编码追踪

使用你为自己的包裹指定的参考编码追踪，可以追踪此前 6 个月内你运输的任何包裹，只要输入所指定的“参考编码”并选择“追踪”按钮（图 6-4）。

图 6-4　UPS 中国站点根据参考编码追踪操作界面

4. Quantum View

按照你的 UPS 账号查看和下载完整的运输信息。其具备以下功能：

（1）控制你的供应链。注册“我的 UPS”使你能够利用 Quantum View。Quantum View 是一套可见服务组合，旨在提供关于 UPS 货件的预先状态信息。所有 Quantum View 服务均为免费。但是，并非所有 Quantum View 服务在所有国家或地区都可用。

（2）Quantum View 通知。Quantum View 通知是一项由 UPS 运输系统支持的以信息为基础的服务，其中包括 WorldShip®、UPS WorldShip International、UPS CampusShip™、UPS Connect、UPS Connect Anywhere 和 UPS Internet 运输。这项节省时间的服务可以自动向你的客户通知你的货件在运输过程中的关键事件。

第一，运输信息包含在可以直接使用的电子邮件内，最多可发送给 5 位收件人；

第二，该项服务可提供重要包裹状态更新的预先通知；

第三，包裹状态更新每小时即通过电子邮件发送 1 次；

Quantum View 通知是为从小到大的所有客户设计的，并在运输时在 UPS 运输系统内选定。

（3）Quantum View 管理。Quantum View 管理将最新的运输状态信息放在你的手边，而无须特殊 IT 安装或支持。你的组织内的多个用户可通过与 Internet 相连的任何一台计算机迅速方便地查看、下载和共享状态信息。所有信息均为格式化，便于按照你的首选项使用和定制。

（4）Quantum View 数据。Quantum View 数据是希望将可见信息整合到内部软件应用系统和数据库的企业的理想之选。入境视图可提供关于你的供应商运输至指定地点的包裹信息。出境视图可提供关于已在载货单上记录并由你的 UPS 账户付款的包裹信息。可选择的付费方式视图可提供关于由你 UPS 账号运费收取、第三方或收件人付款的所有包裹的运输货件详细信息。此项预订服务可提供重要更新信息，使你更清楚地了解你的客户和供应商货件的状态。

[案例分析] Dell 网上直销电子商务化物流

信息化的今天，Internet 的触角已伸到生活的各个领域，电子商务也已如火如荼，风靡全球，很多公司开始发展自己的电子商务，一些公司利用它已取得很好的成效，在此方面首推戴尔（Dell）。

戴尔公司于 1984 年由迈克尔·戴尔创立，总部位于美国得克萨斯州奥斯汀（Austin），是世界著名的计算机系统公司、计算机产品及服务的首要提供商，其业务包括帮助客户建立自己的信息技术及互联网基础架构，从 20 世纪 90 年代初开始为亚太地区的商业、政府、大型机构和个人提供服务。为配合公司业务飞速发展的需要，戴尔（中国）有限公司大连分公司——戴尔国际服务（中国）中心（DIS China）于 2002 年 10 月在高新技术园区落成。戴尔国际服务（中国）中心，主要支持戴尔日本、韩国以及部分中国公司的客户服务运营，进行着个人电脑及外部设备的销售，销售支援业务和其附属的一切的业务，还包括客户服务、账目清算、信息系统等相关工作，竭诚为不同领域（从个人用户到大型跨国公司及公共机构）的客户提供各种专业的、优质的客户服务。

随着科技的飞速发展，电脑更新换代的速度也在加速，与之而来的使全球电脑市场的激烈竞争。在这块市场中，戴尔却始终保持着较高的收益，不断增加市场份额。1999 年，戴尔公司在美国计算机制造市场的占有率达到 16%，名列全美第一；进入 2002 年，戴尔公司的年税后收入已经高达 382 亿美元，在全球个人电脑市场上，戴尔的占有率已经上升到了 15.2%，成为该行业世界第二大公司。与其他计算机厂商不同，戴尔公司并不生产任何计算机配件，只从事个性化的整机组装。然而它却战胜了 IBM、康柏、惠普等众多技术实力雄厚的公司。

戴尔公司的日销量超过 1 200 万美元，但其销售全是通过国际互联网和企业内部网进行的。在日常的经营中戴尔公司仅保持两个星期的库存（行业的标准是刚超过 60 天），存货一年周转 30 次以上。基于这些数字，戴尔公司的毛利率和资本回报率分别是 21%和 106%。戴尔公司实施电子商务化物流后取得的物流效果是：① 1998 年成品库存为零；② 零部件仅有 2.5 亿美元的库存量（其盈利为 168 亿美元）；③ 年库存周转次数为 50 次；④ 库存期平均为 7 天；⑤ 增长速度 4 倍于市场成长速度；⑥ 增长速度 2 倍于竞争对手。

在现实企业的经营中，电子商务的实现的确可以使销售过程的中间环节成为多余，并可以构造一条最简短的流通渠道，这条渠道可以由专业的流通企业经营，也可由专业的制造企业经营，还可以由信息网络服务商来经营。制造商从事电子商务的情况比较普遍。

论及戴尔的成功之道，大家几乎是众口一词地归结为“直销模式”。 事实上，戴尔的成功源于其效率超乎寻常的物流管理——就是建立起了一条高速、有效的供应链。“我们只保存可供 5 天生产的存货，而我们的竞争对手则保存 30 天、45 天，甚至 90 天的存货。这就是区别。” 该公司分管物流配送的副总裁迪克 · 亨特一语道破天机。

戴尔的商业模式主要是直销模式。戴尔公司成立 20 多年后，仍是独一无二的。其他公司可能这里一点那里一点地采用他的模式，但没有一家深入采用。Gateway

公司是克隆戴尔的，但后来渐渐转向，拥有自己品牌的商店充满不断贬值的存货。戴尔公司最大的竞争者，康柏仍然通过间接分销渠道出售大部分产品。而思科也曾经证实自己与戴尔多么不同：其存货高至接近销售额的四成。而戴尔存货只有 6%，且不断下降。

分析戴尔直销模式的实现方式，我们可以看到，一方面，戴尔通过电话、网络以及面对面的接触，和顾客建立起良好的沟通和服务支持渠道；另一方面，戴尔也通过网络，利用电子数据交换连接，使得上游的零件供应商能够及时准确地知道公司所需零件的数量和时间，从而大大降低库存，这就是戴尔所称的“以信息代替存货”，这样，戴尔也和供应商建立起一个“虚拟”的企业，现在让我们看一下它的电子商务化物流运作的流程：

（1）订单处理。在这一步，Dell 要接收消费者的订单。消费者可以拨打 800 免费电话，也可以通过 Dell 的网上商店进行订货。Dell 首先检查订单项目是否填写齐全，然后检查订单的付款条件，并按付款条件将订单分类。采用信用卡支付方式的订单将被优先满足，其他付款方式则要更长时间得到付款确认。只有确认支付完款项的订单才会立即自动发出。零部件的订货将转入生产数据库中，订单也随即转到生产部门进行下一步作业。用户订货后，可以对产品的生产过程、发货日期甚至运输公司的发货状况等进行跟踪。

（2）预生产。Dell 在正式开始生产之前，需要等待零部件的到货，这就叫做预生产。预生产的时间因消费者所订的系统不同而不同，主要取决于供应商的仓库中是否有现成的零部件。一般的，戴尔要确定一个订货的前置时间，即需要等待零部件并且将订货送到消费者手中的时间，该前置时间在戴尔向消费者确认订货有效时会告诉消费者。订货确认一般通过两种方式，即电话或电子邮件。

（3）配件准备。当订单转到生产部门时，所需的零部件清单也就自动产生，相关人员将零部件备齐传送到装配线上。

（4）配置。组装人员将装配线上传来的零部件组装成计算机，然后进入测试过程。

（5）测试。检测部门对组装好的计算机用特制的测试软件进行测试，通过测试的机器被送到包装间。

（6）装箱。测试完后的计算机被放到包装箱中，同时要将鼠标、键盘、电源线、说明书及其他文档一同装入相应的卡车运送给顾客。

（7）配送准备。一般在生产过程结束的次日完成送货准备，但大订单及需要特殊装运作业的订单可能花的时间要长些。

（8）发运。将顾客所订货物发出，并按订单上的日期送到指定的地点。戴尔设计了几种不同的送货方式，由顾客订货时选择。一般情况下，订货将在 2~5 个工作日送到订单上的指定地点，即送货上门，同时提供免费安装和测试服务。

电子商务化物流给 Dell 带来的好处及隐患。

使用电子商务化物流后，Dell 一方面可以先拿到用户的预付款和运费，另一方面，Dell 是在货运公司将货运到后才与其结算运费。也就是说，Dell 既占压着用户的流动资金，又占压着物流公司的流动资金;Dell 的竞争对手一般保持着几个月的库存，但 Dell 的按单生产没有库存风险，使其具有只保持几天库存的水平，这些因素使 Dell 的年均利润率超过对手 50%。

但无论何种销售方式，首先必须对用户有好处，Dell 的电子商务型直销方式对用户的价值包括：一是可以满足个性化的用户需求；二是 Dell 精简的生产、销售、物流过程可以省去一些中间成本，使价格因此较低；三是用户可以享受到完善的售后服务，包括物流、配送服务等。

决定 Dell 直销系统成功与否的关键之一是要建立一个覆盖面较大、反应迅速、成本适合的物流网络和系统。如果 Dell 按照承诺将所有的订货都直接从工厂送货上门，就会带来两个问题：

（1）物流成本过高。如果用户分布的区域很广，订货量又少，则这种系统因库存降低减少的库存费用将无法弥补因送货不经济导致的运输及其他相关成本上升。因此在某些重要的销售市场设立区域配送中心是必要的，但这可能使库存成本上升，而交货期缩短。

（2）交货期过长。在传统的销售渠道下，消费者面对现货；在 Dell 的销售方式下，用户面对的是期货。消费者看在名牌企业的分上还可能这样去等待，但这并不是消费者期望的事情。像 Dell 这样依赖准确的需求预测、电话订货或网上订货，然后再组织生产和配送的模式，实际上蕴藏着较大的市场、生产及物流风险，不是很容易办到的。

从上可知，Dell 给我们提供了电子商务化物流的先河。如何实现电子商务化物流已是目前企业所面临的问题。

思考题：

1. 电子商务化物流给 Dell 带来了什么？
2. 从 Dell 的启示中，物流应该何去何从？

[习 题]

一、单选题

1. （ ）是指超越一家一户的、以一个社会为范畴面向社会为目的的物流，是指流通领域所发生的物流，是全社会物流的整体，所以又称为大物流或宏观物流。

   A. 社会物流　B. 行业物流　C. 企业物流　D. 产业物流

2. （ ）是指在专门领域、特殊行业发生的物流活动，其产生是社会分工深化、物流活动专业化和精细化的产物。

   A. 一般物流　B. 特殊物流　C. 区域物流　D. 企业物流

3. （ ）是迄今为止最经济、实用的一种自动识别技术。

   A. 自动跟踪技术　B. 条码技术　C. 全球定位技术　D. 地理信息系统技术

4. 第三方物流概念出现的逻辑基础（ ）。

   A. 新型管理理念　B. 物流领域的竞争激化

   C. 物流改善与竞争力提高的目标相结合　D. 社会分工

5. （ ）是第三方物流概念出现的历史基础。

   A. 新型管理理念　B. 物流领域的竞争激化

   C. 物流改善与竞争力提高的目标相结合　D. 社会分工

6. 第三方物流是在物流渠道中由（ ）提供的服务。

   A. 供应商　B. 购买方　C. 政府　D. 中间商

7. 美国推进物流信息化的启示中，（ ）是物流信息化的核心。

   A. 服务　B. 标准　C. 应用　D. 客户需求

二、多选题

1. 按作用的层次和作用的环节，物流可分为（ ）。

   A. 社会物流　B. 行业物流　C. 企业物流　D. 产业物流

2. 企业物流分为（ ）。

   A. 企业生产物流　B. 企业销售物流　C. 企业供应物流　D. 企业回收物流

3. 按物流活动作用的空间范围可将物流分为（ ）。

   A. 区域物流　B. 国内物流　C. 国际物流　D. 全球物流

4. 电子商务下物流的特点是（ ）。

   A. 信息化　B. 自动化　C. 网络化　D. 柔性化

5. 电子商务环境下对物流的要求是（ ）。

   A. 供应链管理　B. 零库存生产

C. 信息化和高技术化　　D. 物流配送的全球化

6. 第三方物流给企业（顾客）带来的益处包括（　　）。

A. 集中主业　　B. 减少资本积压

C. 提升企业形象　　D. 可以解决企业遇到的物流瓶颈问题

三、简答题

1. 简述物流的概念。
2. 简述物流的作用和功能。
3. 简述物流在电子商务中的作用。
4. 电子商务下的物流模式有哪些？
5. 电子商务的物流技术大致可以分为哪几类？
6. 简述第三方物流的概念。
7. 第三方物流给企业带来哪些好处？

[习题解答]

单选题：ABBCBDA

多选题：ABC　ABCD　ABC　ABCD　ABCD　ABC

简答题：略

CHAPTER 7

第七章 EDI

[内容提要]

本章首先介绍了 EDI 的概念、特征、组成要素以及发展趋势等让学生对 EDI 有一个初步的了解；其次详细地介绍了 EDI 应用系统的原理以及各个功能模块；随后介绍 EDI 的标准、通信网络、涉及的法律标准，通过这一节的学习，学生对 EDI 应该有一个系统的认识；本章最后分析了 EDI 在我国的发展现状、存在的问题以及原因，并提出对策。

[学习要点]

1. 熟悉 EDI 的概念，了解 EDI 与电子商务之间的联系与区别，掌握 EDI 的组成要素，了解 EDI 的发展趋势、应用范围、作业方式和信息模式；

2. 掌握 EDI 的应用原理，理解 EDI 的功能模块；

3. 理解 EDI 的标准，熟悉 EDIFACT 标准概览，理解 EDIFACT 应用级语法规则，熟悉报文的数据结构和特征；

4. 熟悉 EDI 通信网络的发展在时间上可以分为三个阶段；

5. 熟悉 EDI 涉及的法律问题；

6. 了解 EDI 在我国的发展现状，掌握我国在发展 EDI 的过程中遇到的问题，掌握 EDI 在我国推广过程中遇到的问题，了解 EDI 在推广过程中的对策。

第一节 EDI 概 述

一、EDI 的基本概念

（一）EDI 的定义

EDI，即电子数据交换，为 electronic data interchange 的缩写。

国际标准化组织将 EDI 描述为：将商业或行政事务处理，按照一个公认的标准，形成结构化的事务处理或信息数据结构，从计算机到计算机的数据传输。

联合国贸法会对 EDI 的定义为：EDI 是利用符合标准的结构化的信息从计算机到计算机之间的电子传输。

国际标准化组织电工委员会在 ISO/IEC14622《信息技术——开放式 EDI 参考模型》国际标准中对 EDI 做了如下定义：EDI 指在两个或两个以上组织的信息系统之间，为实现业务目的而进行的预定义和结构化的数据的自动交换。对开放式 EDI 的定义是：为完成明确的共同业务目标在多个自治组织之间，根据开放式 EDI 标准进行的数据交换。

ISO9735《用于行政商业运输业电子数据交换的应用级语法规则》（GB14805）对 EDI 的定义为：在计算机之间以商务的标准格式进行的商业或行政业务数据的电子传输。

可见，与电子商务一样，EDI 的定义至今没有一个统一的规范，但有三方面的内容是相同的：标准和结构化的信息、计算机之间的连接以及自动交换。

（二）EDI 与电子商务

通过电子商务与 EDI 的定义比较，可以看出，EDI 与电子商务是两种不同的概念。电子商务是一个广义上的概念，它包含在网上所进行的一切商务活动，既包括企业与企业之间，也包括个人与企业、个人之间等方面的商务活动。而 EDI 所处理的对象只是电子商务范畴内的一个特定的组成部分，即企业或机构之间的业务活动。

1. EDI 与电子商务的联系

EDI 是电子商务的一个重要组成部分，是企业对企业电子商务的基础，电子商务包含 EDI，也可以说 EDI 是实现电子商务的一种手段。

EDI 产生于 20 世纪 60 年代末期的欧美，已有多年的应用经验，在互联网商业化之前，EDI 是 20 世纪 70 年代到 90 年代初的电子商务实现手段。因此，电子商务的发展可以追溯到 20 世纪 60 年代末期的 EDI。20 世纪 90 年代初，基于 Internet 的电子商务得到飞速的发展，正日益改变着社会的生产和生活方式。同时，出现了基于 Internet 的 EDI，并将大大促进基于 EDI 的电子商务的发展。

2. EDI 与电子商务的区别

EDI 作为电子商务范畴中的一个部分，与普遍意义上的电子商务有着以下区别：

（1）所涉及的对象不同。电子商务所涉及的对象可以是一切可以在 Internet 上进行的商务活动；EDI 所处理的是企业或机构之间的业务活动。

（2）数据处理方式不同。广义上的电子商务的数据通过 Internet 传输，并由基于 Internet 的浏览器软件进行处理；EDI 的数据通过专线或 Internet 传输，并由专门的 EDI 软件进行处理。

（3）信息格式不同。凡是能够通过 Internet 浏览的数据格式都能够用来实现电子商务；EDI 所采用的是按照一定标准组织的结构化的信息。

（三）EDI 的基本特征

EDI 是商业贸易的一种工具，将商业文件（如订单、发票、货运单、报关单和进出口许可证等）按统一的标准编制成计算机能够识别和处理的数据格式，在计算机之间进行传输。通常 EDI 具有以下几个特征。

1. 两个或多个企业或机构的计算机间的通信

EDI 是标准经济信息通过各种数据通信网络，在两个或多个计算机之间的通信，可以实现标准电子信息的相互传递。

2. 遵循一定的语法规则与国际标准

特定的语法规则和国际标准是 EDI 的重要特点。关于 EDI 的标准将在本章第三节详细介绍。

3. 数据自动处理

EDI 对标准信息的传输和处理过程由计算机自动完成，无须人工干预。本章第二节将详细讨论 EDI 系统的自动处理过程。

二、EDI 的组成要素

EDI 主要由以下三个要素组成。

1. 通信网络

通信网络是 EDI 实现的基础。不同企业、不同部门的计算机必须首先通过一定的网络连接起来，才能够实现数据的交换。可以利用 PSTN、ISDN，甚至小口径无线地面站 VSAT 数据网，以及各种网络的 VAN、MAN 和 LAN 来建立 EDI 增值网络。更为重要的是，由于易于连接的特性以及越来越低的网络费用，Internet 正逐渐成为

EDI 成长的平台。

2. 由计算机硬件和专用软件组成的应用系统

EDI 必须由运行在计算机上的专用软件来实现,因此这是实现 EDI 的前提条件。EDI 用户需要建立应用 EDI 的计算机系统，该系统包括硬件和软件。硬件包括计算机和网络设备等；软件包括操作系统和 EDI 软件等。

3. EDI 标准

EDI 标准是实现 EDI 的关键。进行数据交换的双方必须使用同样的标准，由计算机自动处理的数据才能在双方的计算机系统产生同样的结果；否则，就会造成其中一方的数据混乱。

三、EDI 的发展过程及发展趋势

（一）EDI 的产生背景

20 世纪 60 年代至 70 年代初，世界范围爆发石油危机，西欧北美工业发达国家结束了使用廉价石油发展工业的阶段，开始从工业社会向信息化社会过渡。以微电子技术、通信技术、计算机技术为核心的高新技术迅速发展，信息技术逐渐在各个领域普及应用。20 世纪 70 年代中期,微处理机微型机的出现和发展推动着计算机向社会各部门的推广应用, 通信网络的发展, 国际数据传输网及增值网的出现, 为 EDI 的产生与发展奠定了技术基础。

工业、交通与通信的发展、生产社会化促进了经济全球化、产业结构调整，资本的大量转移，跨国公司的涌现，推动了国际贸易的发展。全球贸易额的增长率明显高于世界经济增长率，全球贸易额的上升带来了各种贸易与单证、纸面文件的激增。人工处理单证、纸面文件劳动强度大、效率低、出错率高、速度慢、费用大、纸面文件成了阻碍贸易发展的一个突出因素。市场竞争的激烈化使生产和经济活动的组织发生重大变化，生产由大规模批量生产向柔性生产转变，要求小批量多品种，缩短产品上市时间以适应瞬息万变的市场行情。组织形态由大型纵向集中式向横向分散式、网络化发展，制造商、供应商、用户之间、跨国公司与各分公司之间要求提高商业文件传递和处理速度、空间跨度和正确度，追求商业贸易的“无纸化”成为所有贸易伙伴的共同需求。正是这种背景下，以计算机网络通信和数据标准化为基础的 EDI 应运而生。20 世纪 60 年代末，在美国和欧洲几乎同时出现了 EDI 并显示出强大的生命力。

（二）EDI 的发展过程

20 世纪 60 年代末，美国在航运业首先使用 EDI。1968 年美国运输业许多公司联合成立了一个运输业数据协调委员会（TDCC），研究开发电子通信标准的可行性。早期 EDI 是点对点，靠计算机与计算机直接通信完成的。

20 世纪 70 年代，数字通信网的出现加快了 EDI 技术的成熟和应用范围的扩大，出现了一些行业性数据传输标准并建立行业性 EDI，例如，银行业发展的 SWIFT 系统；TDCC 发展了一整套有关数据元目录、语法规则和报文格式，这就是 ANSLX.12 的前身；英国简化贸易程序委员会（SIMPRO）出版了第一部用于国际贸易的数据元目录（UN/TDED）和应用语法规则（UN/EDIFACT），即 EDIFACT 标准体系。20 世纪 70 年代 EDI 应用集中在银行业、运输业和零售业。

20 世纪 80 年代 EDI 应用迅速发展，美国 ANSIX.12 委员会与欧洲一些国家联合研究国际标准。1986 年欧洲和北美 20 多个国家代表开发了用于行政管理、商业及运输业的 EDI 国际标准（EDIFACT）。随着增值网的出现和行业性标准逐步发展成通用标准，加快了 EDI 的应用和跨行业 EDI 的发展。

20 世纪 90 年代出现 Internet EDI，使 EDI 从专用网扩大到 Internet，降低了成本，满足了中小企业对 EDI 的需求。

20 世纪 90 年代初，全球已有 2.5 万家大型企业采用 EDI，美国 100 家最大企业中有 97 家采用 EDI。20 世纪 90 年代中期，美国有 3 万多家公司采用 EDI，西欧有 4 万家 EDI 企业用户，包括化工、电子、汽车、零售业和银行。

从形式上看，EDI 的发展经历了四个阶段。

1. 公司、企业、集团内部的 EDI 化

此阶段为无纸贸易的初级阶段，也被称为“内部在线系统”（online system）或“内部网”。目前有许多计算机网络公司从事这方面的业务，技术已相当成熟。该类网络系统的建设已经很普遍，有许多贸易公司或机构已经建立了内部局域网，最初是通过专用电缆和网络集线器把公司内部各个部门的终端机与主机连接起来，各部门的数据通过终端机全部汇总到主机进行处理，同时共享主机的程序数据和设备等资源；在终端机上可查询、存取及打印主机上存储的经过处理的各种业务统计信息和其他信息。这一时期由于网络一般局限于较小的地理范围内（一般在一栋楼内），所以叫局域网（LAN）。由于这种内部电子数据交换网渐渐显得不能满足公司及集团化趋势的需要，所以又出现了集团 EDI 网络即通过拨号线路或内部专线把附属公司或机构的有关部门连接起来。例如，航空公司、铁路公司的订票系统和工商银行的通存通兑系统。

2. 同行业内的 EDI

同行业的 EDI 是利用增值网络（VAN）进行的。由于涉及范围较广，各个单位计算机型号、软件系统和数据格式都不尽相同，实施起来就有一定困难。这一时期注重网络建成后的经济和社会效益，国内、国际银行间的电子结算系统（SWIFT）是行业内 EDI 应用的成功范例。

3. 跨行业的 EDI

跨行业 EDI 是实现无纸贸易的重要和关键阶段，其社会效益和经济效益明显高于前两个阶段。由于对外贸易的进出口业务涉及银行、海关、商检、保险和运输等多个行业和部门，每个部门彼此间业务量很大又较烦琐，所以使用 EDI 技术来处理。实现 EDI 一条龙处理，是信息化社会的主要标志。在这个阶段中，各个行业业务部门的计算机系统，既是本行业的、本系统的信息中心和数据处理中心，也是其他行业和部门的电子交换信息的来源和终点。由于涉及的行业和部门较多，各个行业和部门的计算机型号、软件系统、通信标准、单证格式和数据格式都不尽相同，所以实现起来困难较多。

4. 全球 EDI

全球 EDI 是无纸贸易的最高阶段。国际间银行的联网、电子资金结算系统的实现标志着全球 EDI 的雏形已经出现。跨国公司和地区经济贸易一体化的发展，联合国及 WTO 的推动都将加快全球无纸贸易时代的到来。联合国对此已做了许多工作，如著名的UN/EDIFACT标准就是联合国委托其所属的联合国欧洲经济委员会第四工作组 UN/ECE/WP.4 制定的。为了给无纸贸易以法律的保护，联合国还制定了《电子商务示范法》，以供各国制定相关法律时参照。

（三）EDI 的发展趋势

在 EDI 的应用方面，人们已不再将 EDI 局限于企业或行业内部的发展。EDI 作为新的通信和信息传输技术被赋予了新的含义。随着网络技术和国际贸易的进一步发展，EDI 将被应用到与商业相关的各个方面，并大大提高企业的效率。

在 EDI 的标准方面，由于越来越多的国家加入应用 EDI 的行列当中，建立全球统一的标准体系越来越显出其重要性。正是所有国家采用统一的标准和协议，Internet 才会发展如此迅速，因此，随着全球贸易的发展，EDI 必将建立起全球统一的标准。

四、EDI 的应用范围、作业方式和信息模式

（一）EDI 的应用范围

EDI 适用于需要进行表单数据处理与交换的单位和行业，主要有：商业、零售业、外贸部门、进出口业、工业企业、制造业、化工、石油、汽车业；金融机构、银行保险业；交通运输业；海关、政府部门；公用事业；其他需要大量单据往来的行业，以及对销货/存货量的关系相当敏感的行业。

（二）EDI的作业方式

EDI的作业方式可分为批式（batch）、实时（real-time）和交互式（interactive）。

1. 批式作业方式

批式作业（B-EDI）是在A向B发送EDI报文时，A向预先登记的电子信箱发送EDI报文，电子信箱在接收到EDI报文时，把报文放在B方的电子信箱中。接收方可在任何时间、任何地点到信箱中检索是否有自己的报文。若有的话，则从信箱中提取报文。

批式作业的特点是：

（1）收发双方都可以自由地选择自己的时间和地点来收发EDI报文；

（2）信息被成批地交换，它是一个单方向的连续数据流；

（3）需要把所有报文处理完之后才能得到应答，响应时间长。

2. 实时作业

实时作业的特点是收发双方通过通信网络直接连接，在一次通信结束前，收发双方的通信系统一直保持联系，相应时间短，能更有效、更可靠地获取最新信息。它是由于一些行业的特殊需要而产生的，这些行业开发了大量的实时应用系统来进行EDIFACT（国际标准）或ANSI X.12（美国标准）报文的交换。在线事务处理（on-line transaction processing，OLTP）是一种实时处理。

3. 交互式作业

交互式作业（I-EDI）是指EDI系统之间的用户数据在对话方式下，以访问/应答的方式来进行交换。对于交互式EDI，对话的控制以及相关的对话报文，都将作为服务提供给应用进程。它的特点是应答的及时性，I-EDI首先由空运行业提出，目前已被国际上采纳，制定相应的交互式EDI运作结构。

4. I-EDI和B-EDI的比较

1）参与方的联系

I-EDI的一个关键因素是通过各系统之间的平等合作来共同完成多项任务。这些任务是通过一系列有控制的信息交换来完成的。当发生信息交换时，系统之间可以是被动等待其他系统送来信息，也可主动地发送一个信息。访问/应答是成对交替出现，使计算机系统之间的联系犹如人与人之间对话式的联系。这样，用户可以真实地感到交易另一方的存在，使交易处于“会谈”的状态中，可随时得到对方的信息和表达自己的意图，而在B-EDI中，则是将批量的报文发送出去后，便退出运行，不能明显地看到与目的方之间的关系。

2）对交易的控制能力

交互的意义在于参与方之间的联系作用和影响，在I-EDI中，应答方根据上次接收到的信息，可以决定发送应答报文、拒绝应答或追加新的内容，即根据报文处理的情况，动态地对交易加以控制，在这里，发起方和应答方的概念是相对的。而B-EDI 的传送只是一个单方向的连续数据流，因而不能动态控制交易。

3）实时性

I-EDI 响应具有实时性，收到一个便进行处理、应答。贸易伙伴能实时地回复信息，因而等待应答时间短。而 B-EDI 需把所有报文处理完之后，才能得到回答，响应时间相对于 I-EDI 要长。

4）与业务的相关性

访问/应答是 I-EDI 的基础，连续的访问和应答构成了一个对话。一个对话解决一个业务交易，交易的层次清晰、目的性强。而 B-EDI 一次可以处理大量不同的交易，需要对信息进行分类处理。

由以上几点可以看出，I-EDI 比 B-EDI 具有更强的功能，它将是 EDI 发展的方向。但是由于 B-EDI 具有高资源利用率、高数据流量等特点，仍将在需要大批量处理信息的业务中使用。

（三）EDI 的信息模式

EDI 的信息模式包括三个内容：事务应用（business application）、消息内容（message content）和消息传送（message transport）。

1. 事务应用

事务应用可以是贸易、金融、海关、运输以及各种行业的应用。

2. 消息内容

消息内容主要包括以下三个方面：

（1）内容映射和翻译。内容映射和翻译是将各种事务转换为 EDI 标准，所采用的标准视贸易伙伴而定。

（2）数据保密和安全。数据保密和安全包括电子签名、消息证实、消息机密性、加密、解密和密钥管理等。

（3）分发和路由。分发和路由是将消息内容加上电子邮件的信封，附上发信人和收信人的地址以及发信人时间等，在收发用户代理之间建立传送通道，按地址传送给预订的接收者。

3. 消息传送

消息传送是在 EDI 报文准备好后，经 EDI 通信进行传送。

第二节　EDI 应用系统

一、EDI 的应用原理

EDI 之所以能够提高企业的效率，是因为它能够将大量的需要人工填写并传递的商业数据，转换成计算机能够传输和处理的数据，并通过通信网络将其传送给商业伙伴，同时还原成原始的商业数据由对方接收。这种原始的商业数据就是通常所说的单证，泛指贸易的发货单、合同、发票等，它是由人或机器阅读所记录数据的数据载体。这种一般格式的数据，计算机很难处理，因此必须按照一定的标准和结构，转换成计算机能够处理和传输的格式。这种结构化的数据，就是EDI报文。

在实际应用中，由EDI翻译软件（翻译器）将无格式的数据文件，填到EDI报文的相应字段中完成翻译，这种无格式的数据文件称为平面文件（flat-file）。EDI应用系统从数据库中取出用户格式数据时，需要有一个映射程序作为用户数据库与翻译软件之间的接口，其作用是将用户格式数据文件翻译成平面文件。

一个单证通过EDI系统处理和传输的过程如图7-1所示，简要的过程介绍如下：

（1）用户应用系统从数据库取得用户格式数据，通过映射程序把用户格式数据展开为平面文件，以便使翻译器能够识别。翻译器按照EDI标准将平面文件翻译成EDI报文；

（2）已转换成标准格式的EDI报文，由通信接口经通信网络传送到商业伙伴的应用系统；

（3）商业伙伴将接收到的标准格式的EDI报文，由EDI翻译器按照同样的EDI标准转换成平面文件，并由映射程序转换成用户格式数据存入相应的用户数据库。

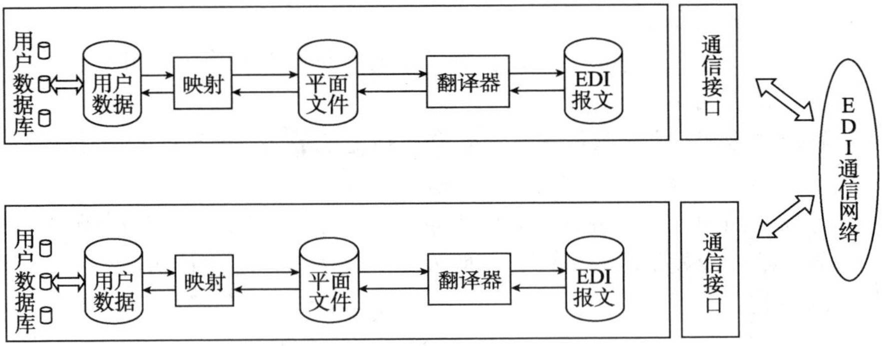

图7-1 EDI单证处理过程

通常由EDI服务供应商（service provider）提供翻译软件，而映射程序因用户应用系统不同，一般由用户自行开发。有三种类型的EDI翻译软件。

（1）文件在键盘录入过程中同时完成翻译。在使用编辑程序时，录入数据的同时就完成了EDI格式的翻译。这种软件通常用于数据量极少或者在使用EDI之前数据未经处理的情况。

（2）前端通信控制器/翻译机。对于大型 EDI 用户，如大型公司或部门，一般以小型机、主机与网络相连，这时可以用一台 PC 机作为小型机或主机的前端通信控制器/翻译机。

（3）由 EDI 中心系统进行翻译。将 EDI 数据处理功能纳入 EDI 主机系统，完成 EDI 翻译。

二、EDI 的功能模块

EDI 系统一般由报文生成和处理模块、格式转换模块、通信模块和联系模块等几部分组成，如图 7-2 所示。不同用户的 EDI 系统通过 EDI 中心连接在一起。EDI 中心是一个电子数据处理系统，可通过公用电信网、专用网及 X.25 等通信网络把不同地区、不同用户的 EDI 系统连接在一起。EDI 中心具有数据库管理功能，可以把不同标准语法的 EDI 数据进行处理，实现不同标准语法用户之间的 EDI 数据交换。当一份 EDI 报文从 EDI 系统传送到 EDI 中心后，确认报文无误，即通知发送方已收妥（否则通知发送方重发），然后进行标准语法的处理，并自动识别收方，进行存储转发。转发到收方 EDI 系统的报文，首先进行格式转换，形成本单位计算机系统格式，然后送到报文生成和处理模块，按照不同的业务要求进行处理，最后再通过联系模块，将信息通知本单位数据库信息系统及正在使用中的其他用户。

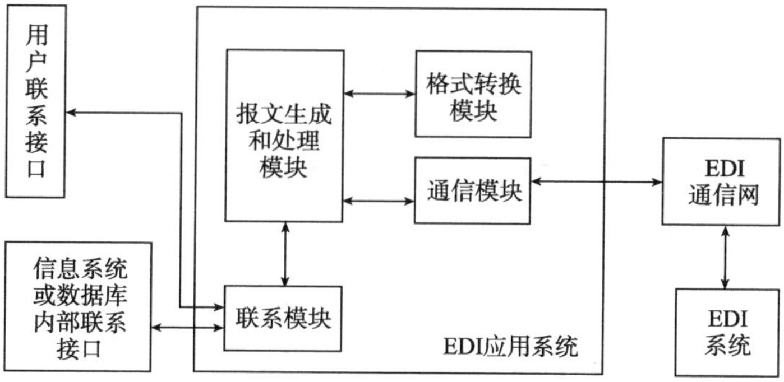

图 7-2　EDI 系统的功能模块

1. 报文生成和处理模块

报文生成及处理模块用来生成 EDI 报文和接收外部 EDI 报文并进行处理，其作用有两个方面。第一个作用是接收来自用户联系接口和其他通信系统以及数据库内部联系接口模块的命令和信息，按照 EDI 标准生成订单、发票、合同以及其他各种

EDI 报文和单证，经格式转换模块处理后，提交给通信模块，经 EDI 通信网络转发给其他 EDI 系统的用户。第二个作用是经通信模块将接收到的来自其他 EDI 系统的 EDI 报文进行自动处理，按照不同的 EDI 的报文类型，不同的应用过程进行处理，如订单处理、发票处理等。在处理过程中要与本单位其他信息系统相互联系，获取必要信息给发方 EDI 系统以响应，并将有关信息送给本部门的信息系统和数据库。在报文处理过程中可能产生一些意外情况。例如，由于各种原因不能满足用户在交货时间和式样等方面的要求而需要管理人员决策时，应该把这一类事件提交用户联系接口作为紧急例外由人工干预。

2. 格式转换模块

格式转换模块将各种 EDI 报文按照 EDI 结构化的要求作结构化处理，按照 EDI 语法规则进行压缩、重复、嵌套和代码转换，并加上相应的语法控制字符后提交给通信模块，再发送给其他 EDI 用户；或者，将其他 EDI 系统经通信模块所收到的结构化的 EDI 报文进行非结构化的处理，以使信息系统或数据库作进一步的处理。对在格式转换过程中语法出错的 EDI 报文将拒绝接收并通知对方重发。

由于 EDI 要在不同国家和地区、不同行业内开展，EDI 通信双方应用的信息系统、通信手段、操作系统、文件格式等都有可能不同，因此，按照统一的国际标准和行业标准是必不可少的。所以，所有 EDI 单证都必须转换成标准的交换格式。同时经过通信模块接收到的来自其他 EDI 系统的 EDI 报文也要经过相反过程的处理才能交给其他模块处理。在格式转换过程中要进行语法检查，对于语法出错的 EDI 应该拒收，通知对方重发，因为语法错误的 EDI 报文可能会导致语义出错，从而把商业文件的原意弄错，这是 EDI 系统不允许的。

3. 通信模块

通信模块是 EDI 系统与 EDI 通信的接口，执行呼叫、应答、自动转发、地址转换、差错校验、出错报警、审计和确认、命名和寻址、合法性和完整性检查及报文传送等。EDI 通信网络的结构不同，对该模块功能的要求也不同。但是有些基本的通信功能，如执行呼叫、自动重发、合法性和完整性检查、出错报警、自动应答、通信记录、报文拼装和拆卸等都是必备的，有些还需要地址转换等工作。在某种程度上，通信模块与通信网络是一体的，它们的作用就是使 EDI 系统能够在一个安全、可靠、方便的通信平台上顺利运行起来。如今，越来越多的 EDI 系统使用 Internet 作为通信网络，因此，如何实现 EDI 系统与 Internet 的通信接口并且保证安全性成为一个重要的课题。

4. 联系模块

联系模块包括用户联系模块和内部联系模块两部分。

EDI 系统能够自动处理各种报文，但是用户界面的人机接口仍是必不可少的。用户联系界面时 EDI 系统与 EDI 用户之间的联系接口，为用户提供友好的接口和良好的人机交互界面。EDI 的用户联系模块一般采用类似于 Windows 的“菜单驱动”方式，让用户能够在较短的时间内实现 EDI 的主要功能。用户联系模块的另一项主要内容是查询和统计，即使是全自动的 EDI 系统，管理人员要了解本部门情况、打印或显示各种统计报表，了解市场变化情况，及时调整经营方针策略。

内部联系模块是 EDI 系统和本部门其他信息和数据库的接口。它将一份来自外部的 EDI 报文，经过 EDI 系统处理之后，相关内容都需要经内部接口模块送往其他信息系统，或查询其他信息系统才能给对方 EDI 报文以确认相应。一个单位的信息系统应用程度越高，内部联系模块也就越复杂。EDI 系统几乎要和内部所有的信息系统交换信息，如生产管理系统和财务管理系统等。

一般来说，通信模块和格式转换模块对于所有的 EDI 系统应该也是相同的，而联系模块和报文生成和处理模块因不同国家、地区及行政单位有所不同，但是随着 EDI 标准化技术的发展，这些功能也将逐渐规范化。

除了以上基本模块外，还必须具有安全保密功能、命名和寻址功能、数据库管理功能等。

第三节　EDI 标 准

一、EDI 标准概述

（一）EDI 标准的含义

对于 EDI 应用来说，最重要的是要制定一种稳定的、具有通用性的、可被广大用户所接受的数据格式标准。EDI 的业务标准主要涉及五方面的内容：语法规则、数据结构定义、编辑规则与转换、出版公共文件和计算机的通用语言。一项 EDI 标准至少要包括元目录、段目录和 EDI 标准报文格式。因此，数据元、数据段和标准报文格式是 EDI 标准的三要素。

EDI 是计算机应用技术、网络通信技术和标准化技术高度结合的产物，旨在实现各类业务信息在多个自治的参与方之间的自动交换和处理。基于这一认识，尤其是对 EDI 标准化的重要性和迫切性的认识，UN/ECE/CEFACT、ISO/TC154、ISO/IEC/JTC1 等国际标准化团体，积极制定和推广 EDI 系列标准，极大地促进了 EDI 在国际范围内的应用。

当今国际上流行的 EDI 标准是由联合国欧洲经济委员会（UN/ECE）制定颁布的《行政、商业和运输用电子数据交换规则》和美国国家标准局特命标准化委员会第 12 工作组制定的 ANSI X.12。这两大标准的产生是 EDI 日益发展对标准化迫切需求的结果。从内容上看，它们都包括了 EDI 标准的三大要素，即数据元、数据段和标准报文格式；在标准的产生方面，EDIFACT 标准的制定是基于 ANSI X.12 标准基础之上的。

目前的情况是，欧洲使用 EDIFACT 标准。1991 年，欧洲汽车业、化工业、电子业和石油天然气业已全部采用 EDIFACT。此外建筑、保险等行业也宣布将放弃其行业标准，转而采用 EDIFACT。北美则使用 ANSI X.12，X.12 已遍及北美各行业，已有 100 多个数据交易集。亚太地区使用 EDI 标准主要是 EDIFACT。

（二）EDI 标准的产生和发展

早在 20 世纪 60 年代初，UN/ECE 就建立了贸易单证简化工作组，开展贸易程序简化的标准化工作，其最初的任务是为建立联合国标准贸易文件标准制定总体规划。到了 20 世纪 60 年代后期，在美国国防部的支持下，TDCC 组织制定商务传输文件标准，形成了用于铁路、公路、海运和空运的 EDI 标准。

进入 20 世纪 70 年代以后，随着 EDI 应用的普及，对 EDI 标准的需求日益增加，EDI 标准工作进程加快。1979 年，由 UN/ECE 贸易程序简化第 4 工作小组（UN/ECE/WP.4）牵头，成立了由各国专家组成的特别工作组，负责定义电子数据交换所涉及的文件格式，特别工作组分成两部分，分别负责定义数据元的结构、商务报文的结构和制定电子传输的格式化报文的语法规则。1981 年，这两个小组的成果被印刷为《贸易数据元目录》（TDED）和《贸易数据交换指南》（TDID），并作为联合国标准推行。与此同时，美国国家标准局 1975 年授权“特命标准化委员会”的 X.12 工作组制定企业间商务贸易文件传递的 EDI 标准。

1980~1985 年，EDI 标准发展快速，并极大地促进了 EDI 标准的统一化，这种统一化体现在两个方面。

1. ANSI X.12 与 TDCC 标准的统一

美国国家标准局 X.12 小组与 TDCC 于 1984 年成立了联合电子数据交换协会（JEDI），致力于把两个标准的数据元与数据段统一起来。经过一年努力，TDCC 为其标准的代码赋予了新值，为标准的数据元和数据段分配了新的标识号。这一工作确立了 ANSI X.12 标准为美国国家标准。

2. 北美和欧洲 EDI 标准协调会

1985 年 11 月，在纽约召开了 EDI 标准协调会，出席会议的有美国国家标准局和 TDCC 与 EDI 标准化工作的专家，也有来自于 UN/ECE/WP.4 的 20 多个国家的代表。会议的目的是希望在已有的北美和欧洲的 EDI 标准基础上，制定可在国际贸易中使用的 EDI 国际标准，并打算利用 ANSI X.12 标准的语法规则，在 TDED 的基础上制定新的标准。在前后两天的会议上，两大标准体系的制定者们通过面对面的会晤，做出了联合起来共同制定 EDI 国际标准的决定，并为此成立专门机构开展“联合国电子数据交换标准”（UNJEDI）的制定工作。这次会议为 EDI 国际标准——EDIFACT 标准的产生奠定了基础。

在 1985 年 11 月纽约会议之后，成立了两个制定 EDI 标准的工作组。其中一个工作组在 UN/ECE/WP.4 的领导下负责制定“国际 EDI 标准”的语法规则、语法应用指南和报文设计规范；另一工作组由北美专家组成，负责制定联合国的标准报文格式，其最早计划制订的是订单和发票的标准报文格式。

这项称为 UNJEDI 的计划最初是以 ANSI X.12 标准作为出发点的，例如，订单标准报文的开发就是参考 ANSI X.12 标准“810”发票进行的。专家们在原有报文标准的基础上，按照国际上对 EDI 标准化的需求对原有的 ANSI X.12 标准进行修改，把相关的数据元组成段，在原有的段中增加国际商业活动必不可少的内容。1986 年 3 月形成了第一个国际标准的 EDI 报文格式——“发票报文格式草案”，UNJEDI 应用语法规则也同时制定。一年后，经过修订的 UNJEDI 语法规则定名为“EDIFACT 语法规则”，“发票报文格式草案”也提交给 UN/ECE/WP.4 审定。1987 年 9 月，发票报文格式作为“联合国标准报文”的试行草案推广应用。1988 年 9 月，经过一年试行的发票报文作为“UN/ECE 推荐标准”颁布实施。另外，UNJEDI 语法规则改名为 EDIFACT 语法规则后，该语法规则被提交给国际标准化组织，ISO 将此语法规则列为编号 9735，称作 ISO9735。1988 年年底，EDIFACT 语法规则应用指南制定完成，1989 年 12 月，与“报文设计规范”一起，“EDIFACT 语法规则应用指南”被 UN/ECE 和 ISO 认定。同时，“订单报文格式”作为 UN/ECE 的试行草案推荐使用。自此，EDI 国际标准 EDIFACT 标准制定完成，并开始在国际贸易中发挥越来越重要的作用。由于我国采用的 EDI 标准体系是以 EDIFACT 标准为基础的，因此，本章主要介绍 EDIFACT 标准。

二、EDIFACT 标准

（一）EDIFACT 标准概览

20 世纪 80 年代以来，EDIFACT 越来越受到各国的普遍关注，它已为绝大多数实现 EDI 的国家所认可，成为 EDI 国际标准，而美国也正向 EDIFACT 靠拢。EDIFACT

的设计准则是一种通用技术，它使 EDIFACT 技术与所使用的计算机、系统的应用技术以及所使用的通信方式无关，与交换的数据也无关，因而具有较强的生命力。

EDIFACT 的活动由两个国际组织负责，国际标准化组织负责研制语法规则的数据手册；UN/ECE 负责研制单证标准。

EDIFACT 标准包括一系列涉及的电子交换标准、指南和规则。联合国推荐的 EDIFACT 标准由 UN/ECE 印刷为《联合国贸易数据交换指南》(UNEDID)，它包括 10 个部分：

· EDIFACT 语法规则（ISO9735）
· 报文设计指南
· 语法应用指南
· EDIFACT 数据元目录（EDED）
· EDIFACT 代码表目录（EDCL）
· EDIFACT 复合数据元目录（EDCD）
· EDIFACT 段目录（EDSD）
· EDIFACT 标准报文格式（EDMD）
· 贸易数据交换格式构成总览（UNCID）
· 适当的说明解释

以下分别对 EDIFACT 国际标准的主要内容作简单介绍。

1. EDIFACT 语法规则

EDIFACT 语法规则，即 ISO9735，包括 10 个部分和 3 个附录，它以简略形式表述“用户格式化的数据交换的应用实施”的语法规则。其中，第一部分说明了标准的适用范围；第二部分罗列了该标准的相关标准；第三部分说明在此标准中用到的名词定义；第四部分说明了 EDIFACT 标准报文中用到字符集合的级别划分；第五部分分级列出 EDIFACT 标准的字符集；第六部分定义了 EDIFACT 标准报文的结构；第七部分涉及把单证换成 EDIFACT 报文过程中对 EDIFACT 标准报文数据元的压缩；第八部分说明了设计 EDIFACT 报文时段的重复的可能性；第九部分是关于设计 EDIFACT 报文时段的嵌套；第十部分是数字型数据元使用的规定。附录 A 载录了标准中特有名词术语的定义；附录 B 是 EDIFACT 报文中服务段的描述；附录 C 是段的先后顺序的说明。附录 A 和 B 同正文一道构成了 ISO9735，其中附录 A、附录 B 与正文一样，都具有标准的约束力。

2. 报文设计指南

“报文设计指南”的使用对象是：

（1）联合国标准报文（UNSM）草案的设计者；

（2）联合国标准报文的修改者；

（3）区域性国际标准报文的设计者。

“报文设计指南”的制定是为了达到以下四个目的：

（1）介绍 EDIFACT 语法规则；

（2）为开发不同类型的报文提供一种统一的方法；

（3）为开发新报文，修订已有的报文提供一种持续性的方法；

（4）推荐使用一种 EDI 报文格式的标准层次结构和表示法。

3. 语法应用指南

这一指南的目的是帮助 EDI 用户使用 EDIFACT 的语法规则，指南分成 11 部分。前两部分是对指南的总体介绍；第三至第七部分的内容是交换协议、EDI 专用名词术语、交换字符集的定义、对电子数据交换——数据元、段和报文的要求，以及对 UN/EDIFAC 报文标准版本的规定；第八和第九部分是指南的主体部分，第八部分介绍了 EDIFACT 基本语法规则，规定了 EDIFACT 报文的结构、功能段组的结构和功能段组的功能，第九部分介绍了段的构成、段的结构，并阐明了段压缩和嵌套的规则；第十、十一部分介绍了其他标准与 EDIFACT 标准化相互转换的必要程序和 EDIFACT 标准的支持和维护的手段。

4. EDIFACT 数据元目录

数据元是电子单证最基本的单位。EDIFACT 数据元目录是联合国贸易数据元目录（UNTDED）的子集，收录了近 300 个与设计 EDIFACT 报文相关的数据元。这些数据元通过数据元号与 UNTDED 相联系。这一目录对每个数据元的名称、定义、数据类型和长度都予以具体的描述。数据类型和长度如表 7-1 所示。

表 7-1 数据类型和长度的表示

数据类型	长度	数据类型	长度
a	字母字符	a3	3 个字母字符，定长
n	数字字符	n3	3 个数字字符，定长
an	字母数字字符	an3	3 个字母数字字符，定长
a..3	最大到 3 个字母字符	an..3	最大到 3 个字母数字字符
n..3	最大到 3 个数字字符		

5. EDIFACT 代码表目录

代码表目录给出数据元中的代码型数据元的代码集。它有单证名称代码表、国家与货币代码表、运输方式代码表、国际贸易术语解释通则的缩写代码表、地区代码表、计量单位代码表、运输类型代码表、包装种类名称代码表和数据元代码表等。代码目录收录了 103 个数据元的代码，这些数据元选自 EDIFACT 数据元目录，并通过数据元号与数据元目录相联系。

6. EDIFACT 复合数据元目录

复合数据元由成分数据元和成分数据元分隔符组成。成分数据元分隔符是必备的。复合数据元目录收录了在设计 EDIFACT 报文时涉及的 60 多个复合数据元。其中对每个复合数据元的用途进行了描述，罗列出组成复合数据元的成分数据元，并在成分数据元后面注明其类型，注有字母“M”的表示该数据元在此复合数据元中是必备的；注有字母“C”表示该数据元在此复合数据元中的出现与否是根据具体条件而定的。复合数据元通过复合数据元号与段目录相联系，组成复合数据元的成分数据元通过数据元号与数据元目录相联系。

7. EDIFACT 段目录

“段”是一个预先定义的、与功能相关的数据元。段目录定义了 70 多个 EDIFACT 报文中用到的段。目录中给出段标识符和名称、段功能的描述，并注明了组成的简单数据元和复合数据元，并在数据元后面注明此数据元是“M”（必备型）或“C”（条件型）。段目录中除有段名外，每个段前均标有段的“标识”，“段标识”一般由 3 个英文字母组成，它们是段名称的英文字母缩写。每个段通过“段标识”与 EDIFACT 标准报文相联系，简单数据元和复合数据元通过数据元号和复合数据元号与 EDIFACT 数据元目录和复合数据元目录相联系。

8. EDIFACT 标准报文格式

EDIFACT 标准报文格式分成三级：0 级、1 级、2 级。0 级是草案级，1 级是推荐草案级，2 级是推荐报文标准级。UN/ECE/WP.4 每年都对报文进行增订，并通过各大洲的报告人向世界各国散发。每个国家都有权向本地区的报告人索取有关 EDIFACT 标准的材料。最初制定的标准报文是发票的标准格式，发票报文是 2 级报文，该标准分为 4 个部分。前三个部分是对发票报文格式的整体描述，规定了报文使用范围和报文中用到的专有名词的定义；第四部分是报文定义部分，规定了报文的结构、报文包含段的功能、段表和分支表。

9. 贸易数据交换格式构成总览

总览介绍了 EDIFACT 国际标准产生的背景、达到的目的和对用户的要求。

10. 适当的说明解释

对标准中的某些方面进行解释，以防引起误用。

到目前为止，除了已经发布的“代码集目录”、“数据元手册”、“复合数据元手册”、“数据段手册”、“EDIFACT 应用语法规则”之外，还制定了“商业发票”、“订单”等在内的 28 项标准报文格式，推荐试行报文 25 个，并提出 110 多个报文标准草案。

从以上可以看出，EDIFACT 标准的产生是国际上 EDI 应用对 EDI 国际标准的迫切需求的结果。在国际贸易快速发展的今天，企业实施 EDI 不得不考虑 EDI 的国际化。因此，全面掌握 EDI 国际标准——EDIFACT 对实施 EDI 至关重要。

（二）EDIFACT 应用级语法规则

应用级语法规则规定了在开放环境中，EDI 交换的用户数据和服务数据进行结构化的应用级规则。ISO9735 是电子数据交换用于行政、商业和运输业的应用级语法规则。ISO9735 新版本草案第二版对 EDIFACT 应用级语法规则的规定由下列三部分组成：

· ISO9735-1 批式 EDI 和交互式 EDI 共同的语法规则
· ISO9735-2 批式 EDI（B-EDI）特定的语法规则与批式 EDI 服务目录
· ISO9735-3 交互式 EDI（I-EDI）特定的语法规则与交互式 EDI 服务目录

ISO9735-1 将与 ISO9735-2 和 ISO9735-3 组合使用。

1. B-EDI 和 I-EDI 共同的语法规则

1）字符集

字符集使用七位代码，在使用八位（或其他）代码时，需经信息交换双方同意。

字符集分为两级，A 级和 B 级。默认的字符集为 A 级。A 级字符集见表 7-2，B 级字符集见表 7-3。

当“?”紧跟“/”、“ + ”、“:”、“?”这些符号中的任何一个时，则这些符号恢复原来的意义。例如，10? + 10 = 20，指的就是 10 + 10 = 20。问号则用“??”表示。

下面的字符是 A 级字符的一部分，但在国际用户电报传输中不能使用。

感叹号	!	引号	”	百分号	%	和号	&
星号	*	分号	;	大于号	>	小于号	<

表 7-2　A 级字符集

字符项目	内容	字符项目	内容
大写字母	从 A 到 Z	右圆括号	）
数字	0 到 9	斜线号	/
间隔字符		等号	=
句号	。	撇号	’ 段终止符
逗号	，	加号	+段标记和数据元分隔符
连字符/负号	-/–	冒号	：成分数据元的分隔符
左圆括号	（	问号	?释放字符

表 7-3　B 级字符集

字符项目	内容	字符项目	内容
大写字母	从 A 到 Z	等号	=
小写字母	从 a 到 z	问号	?释放字符
数字	0 到 9	感叹号	!
间隔字符		引号	”
句号	。	百分号	%
逗号	，	和号	&
连字符/负号	-/–	星号	*
左圆括号	（	分号	;
右圆括号	）	大于号	>
斜线号	/	小于号	<
撇号	’段中止符	信息分隔符	IS4 段中止符
加号	+段标记和数据元分隔符	信息分隔符	IS3 数据元分隔符
冒号	：成分数据元的分隔符	信息分隔符	IS1 成分数据元分隔符

2）语法级别

规定了 A 级和 B 级语法。A 级语法只能使用 A 级字符集，B 级语法只能使用 B 级字符集。若需要出现附加的语法特征时，可进一步增加级。

如果交换中的分隔符和其他服务字符与规定的字符集不同时，为区分信息交换中的分隔符和其他服务字符，使用了条件型服务串通知。服务串通知用 UNA 开始，紧随的是表 7-4 所列出的 6 个字符。表 7-4 中的 1、2、5 或 6 位置不用空格字符，位置 3 和 4 可用空格字符。

表 7-4　UNA 服务串通知的布局

位置	服务字符	位置	服务字符
1	成分数据元分隔符	4	释放字符
2	数据元分隔符	5	重复字符
3	留用	6	段终止符

服务字符是成分数据元分隔符、数据元分隔符、释放字符、重复分隔符以及段终止符，释放字符的目的允许在一个数据元值中使用任何字符，特别是那些在其他情况下被看做是服务字符的字符。在一个交换中，任何紧随在释放字符后的字符将不作为服务字符，而是按字符原来的意义接收再传给应用系统。例如，“?”作为释放字符时，数据传输中为 10?+10 = 20 的内容，在接收时被译为 10+10 = 20，在一个数据元值中，问号在传输中被表示为“??”。

3）语法结构

（1）交换结构。一次交换由服务串或交换头开始，交换尾结束，见表 7-5。表中左边的线表示头和尾是成对出现的。一次交换至少应包含一个 EDI 报文。

表 7-5　EDI 一次交换的格式

名称	状态
服务串通知	条件型
交换头	必备型
报文头	必备型
段或段组	按需求确定
报文尾	必备型
交换尾	必备型

（2）报文结构。报文是数据的有序集合，逻辑上由若干数据段组成。它用于数据交换，以实现 EDI 伙伴之间的信息传递。贸易报文由代表通用商业事务的特定的数据段组成，例如，一个报文可以代表一张订单或一张发票。每个报文由报文头开始，报文尾结束。报文内至少包含一个段，报文中的段序是根据段在报文中的顺序位置决定的。

（3）组结构。段组由若干个段的有序集合组成，它包括一个必备型触发段和至少一个以上的段或段组。触发段是指开始一个段组的段，只能出现一次。段组可包含一个或多个从属段组。在一个报文中，功能上相关的段构成的组可以被重复，这些段组叫做循环。循环重复的最大次数应包括在报文定义中。一个重复的段组可以嵌套在其他循环中，但要保证在外层结束之前先结束内层的循环。

当报文规范中的多个位置使用一组相同的段会导致一个不能确保接收方清晰标识每一个段的序列时，可使用 UNX 和 UNY 来封装段组，它们应成对出现。在报文规范中，UNX 仅作为一个段组前面的段出现，UNY 仅作为跟随着一个段组的段出现。

若两个段组终止于同一个段，并且两个段组都由 UNX 和 UNY 规定，则在报文规范中，两个 UNY 段应连续出现，第一个 UNY 与第二个 UNX 尾配对以封装第二个段组，第二个 UNY 和第一个 UNX 配对以封装第一个段组。每个 UNX 和 UNY 段的“段组号标识”数据元应含有分配给它们的封装的段组合。

（4）段结构。段是功能上相关的，已标识、命名和结构化的简单数据元和/或复合数据元的集合，一个段由若干个简单数据元和/或复合数据元以及段终止符组成。一个段由段标识符开始，段终止符终止。

（5）数据元结构。数据元有简单数据元和复合数据元。数据元之间用数据元分隔符隔开。

一个简单数据元只含有一个单一的数据元值。

一个复合数据元由两个或多个成分数据元的有序集合组成。每个成分数据元的顺序和状态应在复合数据元规范中说明。在同一个复合数据元中，相邻的成分数据元用成分数据元分隔符隔开。

一个成分数据元含有一个单一的数据元值。

一个简单数据元或复合数据元相邻的重复出现，应由一个重复分隔符分开，成分数据元不应重复。

4）保留和删除

为传输准备报文时，应存在下列确定的段组、段数据元以及数据元值的字符，其他的可被删除。

若一个简单数据元或成分数据元的值至少包含一个有意义的字符，则这个简单数据元或成分数据元被认为是应存在的。

若一个复合数据元的成分数据元至少出现一次，则这个复合数据元被认为是应存在的。

若一个段的段标记存在，并在它的内部至少有一个另外的数据元存在，则这个段被认为是应存在的。

若一个段组的触发段存在，则这个段被认为是应存在的。

（1）段组的保留和删除。一个必备型的段组若不包含在另一个段组中，则它应存在。若一个必备型的子段组存在，则该子段组应存在。若一个由 UNX 和 UNY 段封装的段组存在时，UNX 和 UNY 段也应存在。

若删除一个条件型段组，则它的段的全部和包含在它之中的从属段组也应删除，不必考虑它们的状态。当一个由 UNX 和 UNY 封装的段组被删除时，UNX 和 UNY 段也应删除。

（2）段的保留和删除。段应按报文规范中规定的顺序出现。不在段组中的一个必备型段应存在。若一个段组存在，则包含在这个段组的必备型段应存在。

除了段标记外，没有一个数据元的段应被作为一个整体删除。

（3）数据元的保留和删除。数据元应按报文规范中规定的顺序出现。若一个段存在，则在该段中的一个必备型简单数据元应存在。若一个复合数据元存在，则在该复合数据元中的一个必备型成分数据元应存在。

为描述数据元删除，用“TAG”表示一个段标记，“DE”表示一个复合数据元或简单数据元，“CE”表示一个成分数据。

① 复合数据元和简单数据元的删除。

在同一段中，若一个复合数据元或简单数据元被删除并且其后紧跟着另一个复合数据元或简单数据元，则该复合数据元或简单数据元的位置应由通常紧随其后所保留的数据元分隔符来表示。例 1 为一个段中数据元的删除。

例 1：TAG+DE+DE+++DE+DE+DE

↑↑———— 此处已删除两个数据元

若在一个段的末端删除一个或一个以上的复合数据元或简单数据元，则通常紧随其后的数据元分隔符也应删除。例 2 是一个段的末端数据元的删除。

例 2：TAG+DE+DE+++DE'

↑———— 例 1 中的最后两个数据元已被删除

② 成分数据元的删除。

在同一个复合数据元中，若一个成分数据元被删除并且其后紧跟着另一个成分数据元，则该成分数据元的位置应由通常紧随其后的保留成分数据元分隔符来指示。例 3 为一个复合数据元中的成分数据元的删除。

例 3：TAG+DE+CE: CE+DE::: CE'

↑↑———— 此处已删除两个成分数据元

若一个复合数据元的末端删除一个或一个以上的成分数据元，则紧随其后的成分数据元分隔符也应被删除。例 4 是例 3 在一个复合数据元末端的成分数据元的删除。

例 4：TAG+DE+CE+DE'

↑↑———— 使用例 3, 此处在第一个复合数据元中的最后一个成分数据元和在最后一个复合数据元中的最后一个成分数据元已被删除

③ 重复数据元的出现和删除。

若一个重复复合数据元或简单数据元的一次出现被删除，并且其后紧随着另一个相同的复合数据元或简单数据元，则其位置应当由紧随其后所保留的重复分隔符来指示。例 5 为一个复合数据元中的重复数据元出现的删除。

例 5：TAG+DE+DE：DE+++DE+DE+DE'

↑↑———— 此处删除了重复数据元的两次出现

若在重复数据元的末端删除重复复合数据元或简单数据元的一次或多次出现，则紧随其后的重复分隔符也应被删除。例 6 为一个重复数据元的末端的一个重复数据元的删除。

例 6：TAG+DE+DE: DE+DE'

使用例 5, 此处在第一个重复数据元中的一个重复复合数据元或简单数据元的最后一次出现, 以及在最后一个重复数据元中的一个重复复合数据元或简单数据元的最后一次出现已被删除

5）数据元值的压缩

在可变长数据元值中，应删除无效字符，出现有效字符。

（1）无效字符。在可变长数字数据元中，应删除前导零，然而，在小数点前的前导零是允许的，在可变长字母数据元和字母数字数据元中，应删除尾随的空格。

（2）有效零不应被删除，单个零可能是有意义的。例如，指示温度或税率，尾随零对于指示精度可能是有意义的。

（3）有效空格不应被删除，前导空格和嵌入空格可能是有意义的，不允许有只含空格的数据元值。

6）数字数据元值的表示

（1）小数符号。

第一，ISO 表示小数的符号是逗号“,”，但也允许在这一行打一个点“.”，并允许交替使用。

第二， 当使用服务串通知 UNA 时，它的第三个字符规定了在交换中使用的表示小数符号的符号。

第三，当计算数据元的最大字段长度时，小数符号不应作为该值中的一个字符的值进行计算。但允许传送和接收该字符。

第四，当传送一个小数符号时，在小数符号的前后至少应各有一个数字。仅有整数表示的值既不使用小数符号，也不使用小数部分的零，除非有必要的指示精度。

（2）三元组分隔符。在交换中不应使用三元组分隔符。例如，允许使用 2500000，而不允许使用 2,500,000、2 500 000 或 2.500.000。

（3）符号。

第一，数字数据元的值应当看做是正数，虽然在概念上减号是负数，但应由正值表示，并且在数据元目录中应指明这种情况。

第二，如果指示的值为负，在传输时应在前面加一符号。

第三， 当计算数据元的最大字段长度时，负号不能作为该值中的一个字符进行计算，但必须允许传送和接收该字符。

2. B-EDI 特定的语法规则

B-EDI 特定的语法规则规定了在批式环境中，计算机应用系统之间的 EDI 报文

交换的语法规则，它与 B-EDI 和 I-EDI 共同的语法规则一起使用。

一个批式交换的层次结构，如图 7-3 所示。

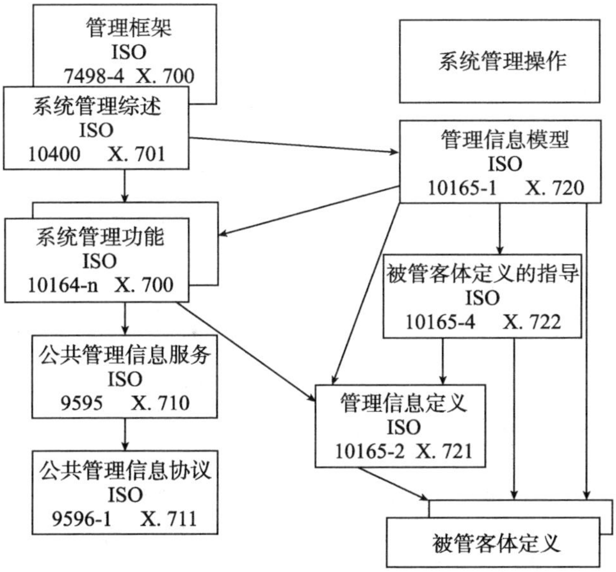

图 7-3　批式交换的层次结构

B-EDI 的流程如下：

发起方		目的方
服务串通知	UNA	C（1）
交换头	UNB	M（1）
报文	UNH.UNT	C（n）
交换尾	UNZ	M（1）

批式 EDI 交易，首先是发起方向目的方建立连接关系，用各种服务元素对用户数据进行“连接”、“打包”，加工成一个有完整头尾的交换结构。交换结构中包括了全部要传送的单证，可能是一个，也可能是多个，然后将它们通过终端发送到交易目的方，可再发送另外的交换，交换之间没有间断，交换发送完毕，终止连接。交易目的方收到发起方发来的报文，进行处理，如果需要，则可向发起方建立连接，按上面步骤将需回送的报文发送过去，可以立即发送，也可以延迟到适当的时候，这样就完成了一个批式 EDI 交易。

3. I-EDI 特定的语法规则

I-EDI 特定的语法规则规定了交互环境中，计算机应用系统之间的 EDI 报文交换的语法规则，它与 B-EDI 和 I-EDI 共同的语法规则一起使用。

一个 I-EDI 交换包括一个或多个对话，这些对话在两个或多个参与方间并行发生或顺序发生。它将发起方的一个业务信息分成若干等份发送到对方（也可一次全部发送），对方也依次回送信息（也可拒绝交换）。这样不仅可以及时得到对方信息，还可以根据双方的应答来决定发起方的传送，反之亦然。

一个 I-EDI 交换的层次结构，如图 7-4 所示。

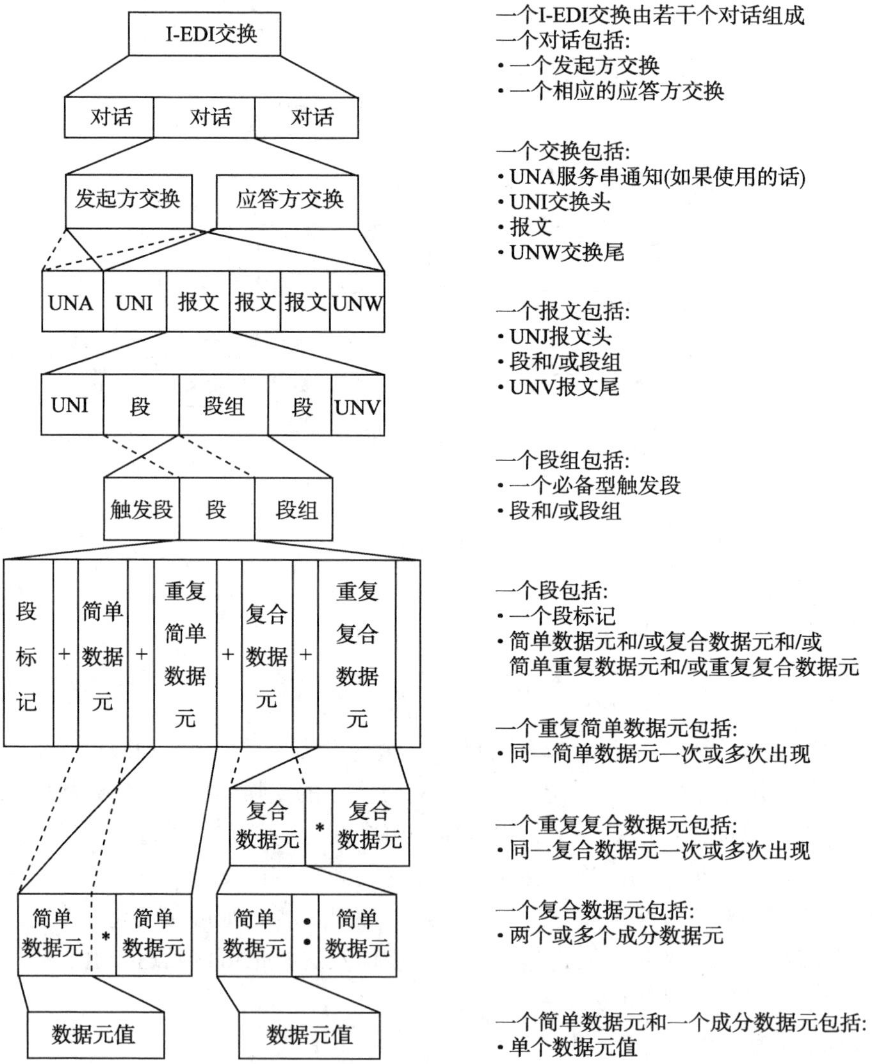

图 7-4　I-EDI 交换的层次结构

交互的含义是两个参与方向的相互作用与联系，下面是交互式 EDI 的转换步骤：①发起方通过将交换头段发给应答方开始对话；②应答方用交换头段应答发起方；③发起方传送一个询问报文给应答方；④应答方返回一个应答报文给发起方；⑤若需要，则发起方和应答方交换其他报文；⑥发起方通过传送一个交换尾段给应答方以结束对话；⑦应答方用一个交换尾段应答发起方。

对于从发起方到应答方的每一个报文，应答方对发起方的应答报文可以是没有，有一个或一个以上，反之亦然。

4. EDI 服务数据

EDI 服务数据有交换头、交换尾、报文头、报文尾、段组头和段组尾。每个服务数据包括下列各项：①说明：服务数据名称说明；②功能：服务数据的功能；③位置：服务数据中的简单数据元、复合数据元或成分数据元的标记，服务复合数据元前加字母“S”，所有服务简单数据元和服务数据成分数据元前加数字“0”；④名称：复合数据元和简单数据元的名称用大写字母表示，成分数据元名称用小写字母表示；⑤状态：必备型（M）或条件型（C）；⑥重复：复合数据元或简单数据元出现的最大次数。

（三）报文的数据结构和设计

标准报文（UNSM）的设计是为适用于不同行业和行业间的交换以及国际、国内间的交换。

1. 报文数据结构

在 EDIFACT 中，报文是指满足业务所涉及的报文式样的要求，它是逻辑上相关的段序集合。段序是在报文中的具体位置。在报文结构中，一些段可在它们的具体位置上重复多次，它在报文中可隐式表示，也可用代码直接指示。段可出现在报文下列三个部分中的任何部分。

（1）标题部分：出现在这部分的段与整个报文都有关。

（2）细节部分：出现在这部分的段仅同详情信息有关，并且不受标题部分任何类似规定的控制。

（3）总结部分：只有包括总数或控制信息的段才可出现在这部分。

在报文式样中段状态有两种：必备型和条件型。

分支图和段表可用来说明报文结构，同时在报文式样、它们的序列、状态、允许重复、嵌套、循环可用来说明段。

分支图和段表是指出报文逻辑结构的图解方法，其作用是以图示的方法来表示报文，从中确定报文中段和段组的顺序和关系，而且还包括它们是条件型或必备型的状态。在分支图中，段的顺序是从上到下、从左到右的。

在段表中，段按照其在报文中出现的前后顺序列出，由标识符和名称来表示。同时还列出状态及其可能重复的次数。现举例说明分支图和段表的基本概念，分支图的例子如图 7-5 所示。

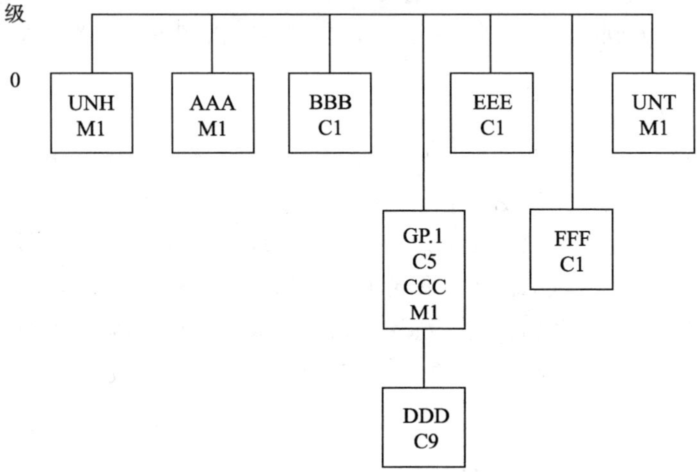

图 7-5　分支图的例子

从图 7-5 可以看出，“0” 级显示出报文中段嵌套级，处于“0” 级的段不能重复。对每级的段嵌套，级号是以每级的级数加 1 递增。

表 7-6 为段表。

表 7-6　段表

标记	名称	状态	重复	状态	重复
表 1	头部区	—	—	—	—
UNH	报文头	M	1	—	—
AAA	AAA 段	M	1	—	—
BBB	BBB 段	C	1	—	—
表 2	细目区	—	—	—	—
段组 1		—	—	—	C5
CCC	CCC 段	M	1	—	—
DDD	DDD 段	C	9	—	—
表 3	汇总区	—	—	—	—
EEE	EEE 段	C	1	—	—
FFF	FFF 段	C	6	—	—
UNT	报文尾	M	1	—	—

假定表 7-6 中所有条件型只出现 1 次，段组 1 出现 2 次，则段的处理顺序为：UNH，AAA，BBB，CCC，DDD，EEE，FFF，UNT。

上例中，报文的第一个段和最后一个段，在 EDIFACT 中规定为 UNH 和 UNT，均为必备型服务段，其余段均为用户数据段。每个段标记相关的 M 和 C 后面跟着一个数字，其含义为：

（1）M1 表示该段必须在报文中按图示的指定的位置仅出现 1 次。

（2）C1 表示该段可以在报文中按图示的指定位置仅出现 1 次或被完全省略。

（3）M 后跟大于 1 的数字表示该段必须在报文中按图示的指示位置至少出现 1 次，并表示最多重复数字所指次数。

（4）C 后跟大于 1 的数字表示该段可以在报文中按图示的指示位置重复出现（其中数字为最多重复次数），或由于它的条件型状态可根本不出现。

上例中，包含段 CCC 和 DDD 的段组 1，显示了一个简单的循环结构。由于段组是条件型状态，该段最多可出现 5 次或省略。在改段组的每次出现时，由于 CCC 是必备型的，因而必须出现在段组的每一次循环中。CCC 后面可能紧跟着 DDD 段，DDD 段最多可出现 9 次或完全省略。一个段组可以包含一个或多个低层段组。

2. 报文各组成部分的设计

报文层次结构如图 7-6 所示，它们既有向上的层次关系，也有向下的层次关系。

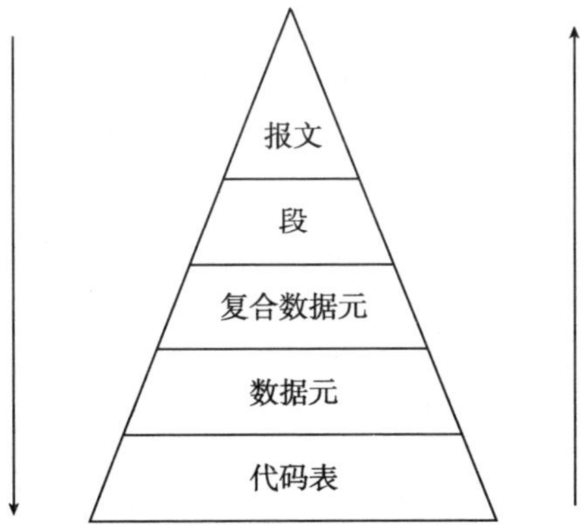

图 7-6　报文的层次结构

1）代码表设计

（1）代码表类别。EDIFACT 中使用四类代码表：

第一类，服务数据元代码表（0001~9999）；

第二类，用户数据元代码表，由 EDIFACT 维护；

第三类，用户数据元代码集，包括在国际代码目录中，作为推荐标准发布的，并由 WP.4 组织认可；

第四类，专用代码表。

第一、第二类代码表分别参见数据元代码表（EDCL）和贸易数据代码表（TRCL）。第三类代码表参见 EDCL 和 TRCL。第四类代码表的标识，需使用数据元 1131 代码目录限定符和/或 3055 代码目录负责机构连用。

（2）数据元 1131/3305 的用法。专用代码表是通过两个紧跟代码型数据元 1131 和 3055 来实现的，这两个数据元与前面的成分联合使用。

数据元 3055 是标识代码表目录负责机构。数据元 1131 的特定代码表标识号在 3055 数据元规定的负责机构中指定。EDIFACT 代码表目录中为 1131 指定的一个唯一值为“ZZZ”，标识 1131/3055 连用的代码型数据元是伙伴间相互确认的。

数据元 3055 已有的值，例如：

3	IATA	国际航空运输协会
5	ISO	国际标准化组织
6	UN/ECE	欧洲经济委员会
116	UX ANSI X.12	美国标准协会
178	AU SAA	澳大利亚标准协会

1131/3055 使用的实例：

若无 1131/3055，则使用 EDIFACT 维护的代码表。

若 1131 为 20，3055 为 6，则 1131/3055 连用的代码型数据元是 UN/ECE 维护的，数据元在 UN/ECE20 号文件中。

若 1131 为 4，3055 为 116，则 1131/3055 连用的代码型数据元是 ANSI ASC X.12 维护的，数据元在美国银行家协会标识的代码表中。

2）数据元的设计

（1）数据元的类型和形式。数据元是报文结构中最小的信息单位，它有简单数据元和用于复合数据元中的成分数据元两类。一个简单数据元或复合数据元中的成分数据元有以下三种表示方法：

第一，非限定型数据元，定义一个具体的事务功能，如 5284 单位价格 n..9。

第二，限定型数据元，定义了一个公用事务功能，可广泛使用在行业领域内。如 7402 标识号 an..35，就标识号本身而言，没有特定的意思，为识别其功能，可与限定符配合使用。

第三，数据元限定符，给出所限数据元的一个具体事务功能的精确含义。如 6063

数量限定符 an..3，则给出数量的明确含义。

（2）新数据元设计规则。若现在的限定型数据元能够满足所需数据元的功能，则不必生成新数据元，附加的限定符代码值可从报告人小组秘书处获取。

当需要生成新的数据元时，EDIFACT 数据元目录应遵循下列的命名和格式规则：

第一，用于限定一般简单数据元、复合数据元或段的数据元，应以“限定符”一词结尾，如货币限定符，所有限定符的格式为 an..3。

第二，非限定型代码数据元名称应以“代码型”一词结尾，如货币、代码型，其格式为 an..3。

第三，其他代码型数据元名称应以“标识结尾”，如“危险品代码标识符”，其格式为 an..>3。

第四，UNTDED 中规定明确的数据元应采用联合国贸易数据交换（UNTDID）规定的名称和格式。UNTDED 中没有明确规定的数据元，可用 an..17、an..35 或 an..70 表示，名称视业务需求而定。

3）复合数据元的设计

（1）复合数据元类型。复合数据元由两个或多个成分数据元组成。复合数据元分为非限定型和限定型两种。非限定型复合数据元是一种无须限制条件的单一功能的数据元。限定型复合数据元是需要使用一个限定符标识其功能的数据元。限定型复合数据元的使用大大减少了复合数据元目录中条目的数量，并提供了较强的适应性。

（2）新复合数据元的设计。复合数据元具有单一功能，复合数据元内的每个成分数据元都直接与该复合数据元的功能有关。

复合数据元本身是必备型的，而它的成分数据元是条件型的，则需把其中某个或几个成分数据元的规定满足复合数据元为必备型的需要。

复合数据元中所有必备型成分数据元均应放在该复合数据元的开始，后跟条件型的成分数据元。

应采用现行 EDIFACT 复合数据元目录中所包含的复合数据元，除非通过下述两种方法仍不能获得：

第一，对现有的限定型复合数据元增加新的限定符值，或增加新的复合数据元限定符。

第二，对现有的复合数据元的结尾处增加成分数据元。

新的复合数据元将不包括现行应用的复合数据元中完全相同的一组数据，也不应是现行复合数据元的功能重复。

新的复合数据元应被设计成能够广泛应用的数据元。为满足在一个段里支持不同功能的要求，应在复合数据元中包含一个限定符。例如：

…+Q：CDE1：CDE2：CDE3+…

这里 Q 为复合数据元限定符，CDE1 到 CDE3 为限定型成分数据元。

一个成分数据元在复合数据元中最多重复 5 次。

4）段的设计

（1）非限定型段和限定型段。

非限定型段。非限定符由 3 个字母组成的一个段标记符来传递消息，此标记符无须限定定义及功能。

限定型段。限定型段是一个需要以限定符定义其功能的段，该段的特定功能是由一个适当的限定符代码值指明的。使用限定型可大大减少段目录中的条目数量，并提供了灵活性。

（2）新段的设计原则包括：

第一，新段应具有独立功能，它要含有足够的简单和/或复合数据元来实现功能的定义，段的内容必须与段的功能有直接关系。

第二，新段不应包含一组现存段的全部数据，也不能重复现存段的功能。

第三，在设计新段前应首先采用现有的限定型段再加一个新的限定符代码值方法。

第四，应定义段中复合数据元和/或数据元的必备型或条件型状态，并将所有的必备型简单数据元和/或复合数据元置于段首，所有条件型数据元紧跟于后，不经常使用的数据元置于段的最后。

第五，以字母“U”开头的三个字母组成的段标记只能用作服务段而不能用于数据段。

第六，给限定型段以特定含义的限定符应以必备型数据形式直接置于段代码之后，作为段的第一个数据元，由数据元分隔符把限定符跟限定符同段标记分开。如，…‘QSC+Q…’，QSC 为限定型段标记，Q 为限定符。

第七，复合数据元不能在段中重复，当需要该复合数据元进行多次重复时，可考虑将此段在报文中重复。只有在新段申请中能够充分说明业务理由时，相同的复合数据元才能在同一段中重复，但最多重复 5 次。

第八，包含两个或多个不同的复合数据元的组不能在同一个段中重复。例如，下列结构是不允许的。

段 AAA	段 BBB
C123	C123
C345	C345
	C456

C123
C345　　　　C123
　　　　　　C345
C123　　　　C456
C345

5）段冲突

在报文设计时，要避免段冲突。若报文中具有两个或多个相同段标记，被一个标有不同段代码的条件型段或段组置于它们中间时，就会发生段冲突。段冲突如图 7-7 所示。

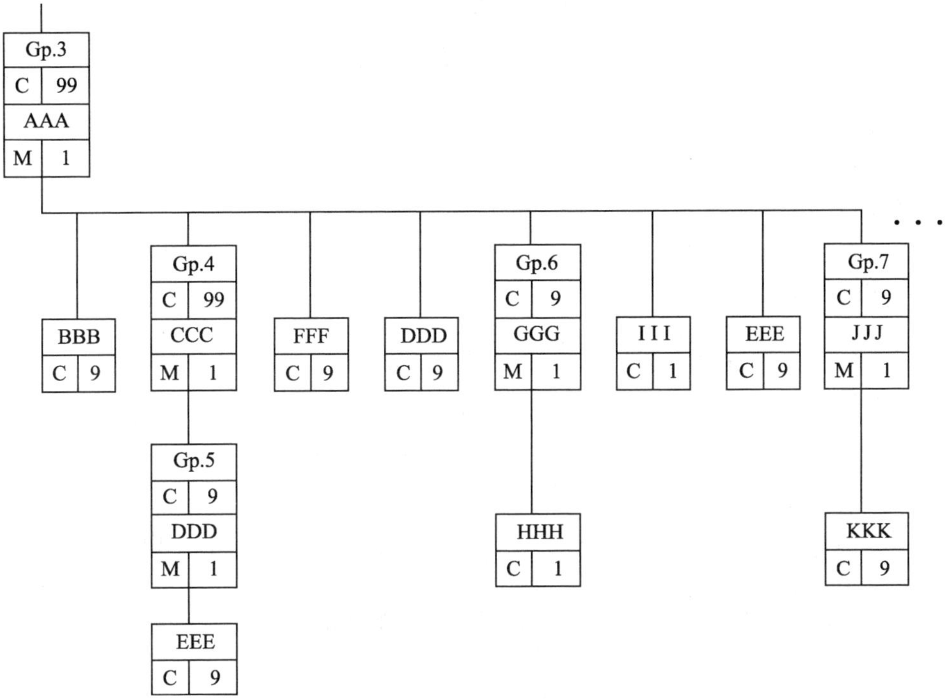

图 7-7　段冲突

图 7-7 中，由于独立段 FFF 是条件型，FFF 段后的 DDD 就会与段组 5 内的 DDD 段间存在冲突，从而使接收翻译器的路径不正确地把它们合并为相同的段。经验表明，如果段组中的“独立”段紧置于它们所属段组的必备型的段代码之后，就可以避免许多冲突问题。

用户单证转换成 EDIFACT 报文都要经历由单证内的“项”转换成 EDIFACT 报文中相应的段，再由段变成“报文”，从而把多样的用户单证转换成格式一致的

EDIFACT 报文，为这些单证在计算机间的传递提供了可靠的保证。

3. 报文设计步骤

为满足实际的数据交换需求，报文设计有下列目标：

（1）报文设计的结果易于满足业务需求。

（2）功能与设计都应简单化。

（3）报文与段的设计应适用于多个部门的应用，而不应局限于单一用途。

当 EDIFACT 报文中尚未存在所需业务的报文时，可按下列步骤开发设计新报文：

（1）分析业务伙伴有关通信的业务需求。

（2）应用数据模型技术给出业务环境的主体模型。

（3）确认 EDI 报文能满足所需的业务功能。

（4）选择优先级最高的报文进行制定，并为该报文定义“业务功能”。若在此阶段决定需要一个新的 UNSM，就必须准备一份“新 UNSM 申请”，并提高给相关的报告人小组秘书处。

（5）确定详细的业务数据。

（6）为满足每个实体的需求，从 EDIFACT 段目录中选择段，并检查已用于其他 UNSM 中的段组。

（7）数据项确定。具体内容包括：

第一，确定数据项未包括在现行的 EDIFACT 段中。

第二，确定这些数据项的需求是否可通过对现行使用的段申请补充限定符的值来加以满足；若不能，则检查它们是否已在当前的 EDIFACT 的数据元目录或贸易数据元目录中定义；若没有，则要提出新数据元的修改申请。

第三，确定这些数据项的需求是否可否通过把它们加到现行的 EDIFACT 段或复合数据元的尾部而得以满足。

第四，把剩下的数据项分成概念上相关的一些子集，为每个子集产生的新段提供功能描述。

第五，确定每个数据元、复合数据元、段、段组以及允许重复的必备型或条件型状态。

第四节　EDI 通信网络

EDI 通信网络是 EDI 赖以存在的基础，只有计算机之间能够进行通信，才能使贸易数据通过计算机进行传输和处理。EDI 通信网络的发展在时间上可以分为三个阶段：通过专线连接、基于 VAN 和基于 Internet。

一、专线连接的 EDI

在 EDI 发展的早期阶段，许多大型公司或少数的贸易伙伴为了进行数据交换，通过在两个公司之间建立专线将各自的计算机系统连接起来,进行直接的 EDI 应用,即点到点的传输（point to point）。早期的 EDI 通信一般都采用此方式，但它有许多缺点，当 EDI 用户的贸易伙伴不再是几个而是几十个甚至几百个时，采用专线连接的成本就非常高，并且这种方式非常浪费时间，需要许多重复发送。同时这种通信方式是同步的，不适于跨国家、跨行业之间的应用。但近年来发展的非集中化控制的对等结构的点到点远程通信，利用基于终端开放型网络系统的远程信息业务终端（telematic）,用特定的应用程序将数据转换成 EDI 报文,实现国际的 EDI 报文互通。

二、基于 VAN 的 EDI

基于 VAN 的 EDI 是那些增值数据业务（value added date service,VADS）公司，利用已有的计算机与通信网络设备，除完成一般的通信任务外，增加 EDI 的服务功能。VADS 公司提供给 EDI 用户的服务主要是租用信箱及协议转换，后者对用户是透明的。信箱的引入，实现了 EDI 通信的异步性，提高了效率，降低了通信费用。另外，EDI 报文在 VADS 公司自有的系统（即 VAN）中传递也是异步的，即存储转发的。

此种网络建网快、经费省。但由于各增值网的 EDI 服务功能不尽相同，对全球的 EDI 通信而言，EDI 报文格式有多种，系统必须支持不同标准的 EDI 报文交换。同时，由于各种网络的协议和报文格式的差异，多个 EDI 用户组织之间的信息交换需采用相应的网关和网桥，增加了网际交换的复杂性和技术难度。也就是说，VAN 只实现了计算机网络的下层，相当于 OSI 参考模型的下三层。而 EDI 通信往往发生在各种计算机的应用进程之间，这就决定了 EDI 应用进程与 VAN 的联系相当松散，效率很低。

三、基于 Internet 的 EDI

（一）Internet 与 EDI

Internet 是世界上最大的计算机网络，近年来得到迅速发展，它对 EDI 有如下影响：

（1）Internet 是全球网络结构，可以大大扩大参与交易的范围；

（2）相对于私有网络和传统的增值网来说，Internet 可以实现世界范围的连接，花费很少；

（3）Internet 对数据交换提供了许多简单而且易于实现的方法，用户可以使用

Web 完成交易；

（4）ISP 提供了多种服务方式，这些服务方式过去都必须从传统的 VAN 那里购买，费用很大。

Internet 和 EDI 的联系，为 EDI 发展带来了生机，基于 Internet 的 EDI（简称 InternetEDI）成为新一代的 EDI，前景诱人。用 VAN 进行网络传输、交易和将 EDI 信息输入传统处理系统的 EDI 用户，正在转向使用基于 Internet 的系统，以取代昂贵的 VAN。

（二）Web-EDI

Internet Mail 最早把 EDI 带入 Internet，用 ISP 代替了传统 EDI 依赖的 VAN，解决了信道的廉价问题。但是，简单电子邮件协议（SMTP）缺少：① 保密性，E-mail 在 Internet 上传送明文；② 不可抵赖性，E-mail 很容易伪造，并且发送者可以否认自己是 E-mail 的作者；③ 确认交付，STMP 不能保证你正确交付了 E-mail，无法知道是否丢失。

电文加密、电子认证和应用级的确认部分地解决了这些问题，另外 Internet 的 EDIINT 工作小组也曾发布在 Internet 上进行安全 EDI 的标准。

为解决 IC 问题，出现了标准 IC 方式的 EDI。针对 EDI 标准在许多应用中过于复杂的情况，标准化组织对一些特定的应用制定了简单标准，它既不同于过去的行业、国家标准，是一种特殊的跨行业的国际标准，也不同于过去制定的国际标准，相对比较简单，并考虑了 IC 的一些需求。例如，OBI（open buying on the internet）就是一个成功的例子，OBI 针对大量的、低价格的交易定义了一组简洁的消息，这些交易占所有交易的 80%以上，实现了 EDI 节省费用的目标。

Web-EDI 方式被认为是目前 InternetEDI 中最好的方式。标准 IC 方式的 EDI 不能减少那些仅有很少贸易单证的中小企业的费用，Web-EDI 的目标是允许中小企业只需通过浏览器和 Internet 连接去执行 EDI 交换。Web 是 EDI 消息的接口，典型情况下，其中一个参与者一般是较大的公司，针对每个 EDI 信息开发或购买相应的 Web 表单，改造成适合自己的 IC，然后把它们放在 Web 站点上，此时，表单就成为 EDI 系统的接口。另一个参与者一般为较小的公司，登录到 Web 站点上，选择他们所感兴趣的表单，然后填写它，结果提交给 Web 服务器后，通过服务器端程序进行合法性检查，把它变成通常的 EDI 消息，此后消息处理就与传统的 EDI 消息处理一样了。很明显，这种解决方案对中小企业来说是负担得起的，只需一个浏览器和 Internet 连接就可完成，EDI 软件和映射的费用则花在服务器端。Web-EDI 方式对现有企业应用只需做很小改动，就可以方便快速地扩展成为 EDI 系统应用。

一方面，各种 InternetEDI 的方式，尤其是 Web-EDI 方式的使用，使传统 EDI 走出了困惑，特别是使中小企业能够接受。但另一方面，目前 HTML 标识语言过于简单也给应用带来了限制。

（三）XML 对 InternetEDI 的影响

1. Web 风格的 EDI

XML 所采用的标准技术已被证明最适合 Web 开发，应用于 InternetEDI，则可以得到真正 Web 风格的 EDI——XML/EDI。XML 支持结构化的数据，可以更详细地定义某个数据对象的数据结构，如描述产品，详细定义该产品的生产厂、产品名、产品号、产地等信息，不仅为标记该产品提供方便，而且这种 XML 数据很容易按生产厂、产品名等排序，查询更方便。如果出现商业规则的例外，如填写一个订购单，销售商可能想增加注释，反映一定的商业操作，XML 编写的 Web，指定的数据放入文档中后，便可以加入一些注释，解决了以前固定格式 EDI 的困难。

XML/EDI 引进模板（template）的概念，解决了 EDI 的主要问题——映射。模板描述的不是消息的数据，而是消息的结构以及如何解释消息，能做到无须编程就可实现消息的映射。在用户计算机上，软件代理用最佳方式解释模板和处理消息，如果用户应用程序实现了 XML/EDI，那么代理可以自动完成映射，并产生正确的消息，同时，代理可以为用户生成一个 Web 表单。与 Web EDI 不同，XML/EDI 可以在客户端处理消息，自动完成映射，花费很小。通过模板，用户可以得到对其环境的最佳集成，模板可以存储在别处，动态结合到本地应用程序中，这些使 XML/EDI 成为名副其实的 Web 风格的 EDI。

2. Web 革命

XML 描述数据本身，不像 HTML 仅描述数据的显示，这使 XML 可以支持灵活多变的 Web 应用。XML 可以从不同的来源集成数据，将多个应用程序所生成的数据纳入同一个 XML 文件并传送到客户机上，被解析出来的 XML 数据可以在本地被编辑或操纵，即本地用户非常容易实现对 XML 数据的有效利用。

Web 开发者经过大量努力发明了针对各种应用的格式，支持这些格式需要做大量传统的工作：读取、分析、注释并存储该数据，还要把它们格式化以便显示。使用 XML 及支持工具，可以不要做这么多程序性的工作，SGML 风格的 DTD（文件格式定义）可以使数据定义变为说明方式，数据的分析和确认也不需要程序性逻辑，显示的格式化理论上只要 XML 在对象模型和浏览器对象模型间进行映射。

Microsoft 正在建议 XML Data 方案，使用 XML 写 XML 元数据，快速开发 XML 应用，并使结构和内容二者的确认简化。XML 为 Web 数据带来了结构化、智能化和互操作性，将会引发 Web 查询技术、Web 数据库技术乃至 Web 数据交换技术的全面革新。

3. 对称的 EDI

Web-EDI 允许中小企业只需通过浏览器和 Internet 连接去执行 EDI 交换，但它是不对称的。一方实现 EDI 交换，承担所有实现 EDI 的费用，一般是较大的公司，它对 EDI 消息开发或购买相应的 Web 表格、改造成适合自己的 IC，然后放在 Web 站点上，成为 EDI 的接口，于是，它可以享受 EDI 带来的全部好处;另一方只参与 EDI 交换，但不能从 EDI 中得到好处。因此，Web EDI 只能让中小企业负担得起上 EDI 的费用，但在得到 EDI 的好处方面，与实现 EDI 方（较大公司）是不均等的。

XML/EDI 则不同，它能让所有的参与者都从 EDI 中得到好处，它是对称的 EDI。这一方面由 XML 的结构化和文件格式定义（DTD）特点所致；另一方面则由于 XML 的超链接，可以进一步指定目标找到后的动作。XML 本身的互操作性，使 XML/EDI 的参与者都能从中获得好处，无论是大企业，还是中小企业。

第五节　EDI 涉及的法律问题

一、EDI 国外立法状况

EDI 的产生源于国际贸易和现代科学技术的发展。它的广泛应用，对以往基于纸面单证的国际贸易法规形成了强大的冲击。在国际贸易中单证必须用书面形式和签字确认的要求已经成为 EDI 应用的严重法律障碍，这也是 EDI 发展中无法回避的一个问题。目前世界各国政府及各国际组织已经开始着手制定法律法规，力求早日解决 EDI 发展的这一瓶颈问题。较早开展 EDI 法律和法规研究工作的是欧洲和北美的一些国家，1981 年欧洲理事会的《电子处理资金划拨》秘书长报告和 1982 年英国的《计算机在法庭上的地位》及《计算机的产出作为民事和刑事案件中可接受的证据》两本书中，就已经提出计算机记录相当于书面记录并可作为证据的看法。后来在联合国的统一协调下，美国律师协会、法国信息和电信法律研究中心、加拿大电子数据交换理事会、英国电子数据交换协会都开始有关 EDI 等电子化贸易手段的法律研究。

目前美国、英国、加拿大和欧盟、南非及部分亚洲国家和地区都制定了或正在制定有关 EDI 应用法律法规。我国的 EDI 起步较晚，但是随着电子商务的兴旺发展，也已经颁布了《电子签名法》，保障与电子商务相关的贸易中数字签名的法律效力。

联合国贸法会作为国际 EDI 立法的中心论坛，在对世界各国 EDI 法规发展进行普遍研究的基础上，审议了欧洲经济委员会、联合国贸易和发展会议、海关合作理事会等有关组织的提案，成立了 EDI 工作组，分别对计算机记录的法律价值、书面要求、认证共同条件、赔偿责任等进行了充分的论证，起草了《电子数据交换及相关电子化贸易手段所涉及法律方面的统一规则草案》，并经过两届会议的讨论修改，为世界各国的 EDI 应用提供统一的法律依据。

二、 联合国 EDI 立法的进程

（一）EDI 立法的起始阶段

联合国探讨有关 EDI 的法律问题可以追溯到 20 世纪 80 年代初。在 1982 年贸法会的第十五届会议上，会议秘书长的报告中正式提出了计算机记录法律价值，该报告指出："这个问题对于国际电子处理资金划拨来说特别重要，同时也是国际贸易各方面普遍关心的一个问题。因此，希望取得普遍的解决办法。"大会讨论了秘书长报告中的建议后决定请委员会秘书处着手了解这方面情况，并向以后某一届会议提交一项关于一般计算机记录的法律价值报告。

在贸法会第十五次会议之后，欧洲经济委员会与联合国贸易和发展会议联合发起的简化国际贸易程序工作组（WP.4）审议了一项关于自动化交换贸易数据法律方面的报告，该报告特别认为："迫切需要采取国际行动以制定在法律上接受电信传递贸易数据的规定。"

欧洲经济委员会将该报告转发给几个国际组织审议并提交贸法会第十六次会议。在贸法会的第十七次会议上，决定将自动数据处理在国际贸易流通上所引起的法律这一主题作为有限事项列入其工作计划。

（二）证据价值、签署等问题研究阶段

贸法会对 EDI 立法工作的第一步是解决法庭诉讼程序中使用计算机可读数据作为证据的问题。大会秘书处编制了一张调查表下发各成员国，根据调查情况秘书处在第十八届会议上提出了《计算机记录的法律价值》的报告。该报告认为：从全球范围讲，在使用计算机储存数据作为诉讼程序中的证据方面实际存在的问题不像预计的那么多。报告指出对于在国际贸易中使用计算机和计算机对计算机通信的一种较严重的法律障碍是要求单证必须有签字或者必须用书面形式。因此，贸法会在总结报告中建议：

（1）重新审查涉及使用计算机记录作为诉讼举证的法律规则，以便消除对使用所造成的不必要的障碍，确保这些规则符合技术的发展，并为法院提供适当的办法来评价这些记录中的资料的可靠性。

（2）重新审查关于某些贸易方面的交易和贸易有关的书面形式的法律规定，不管这种书面形式是能否执行的一个条件，还是该项交易或单证是否有效的一个条件，以期酌情允许把该项交易记录下来或予以发送。

（3）重新审查关于以亲笔签字或其他书面办法认证与贸易相关的文件的规定，以期酌情允许使用电子处理认证办法。

（4）重新审查关于提交给政府的文件需用书面形式并亲笔签字的法律规定，以期酌情允许以计算机识读形式向购置了必要设备并建立了必要程序的那些行政部门提交此类文件。

至此，国际上已开始做出努力突破 EDI 在签署、书面和认证方面的法律障碍。1985 年 12 月 11 日联合国向世界发出呼吁："请各国政府和国际组织斟酌情况，依照委员会的建议采取行动，以便确保在国际贸易最广泛地使用自动数据处理方面会有法律保障。"此后，贸法会又分别在第十九届和二十届会议上审议了两份关于自动数据处理所涉法律问题的报告。

（三）电子手段订立合同的法律研究阶段

联合国贸法会进行的第二步工作是研究利用电子手段拟定合同所涉及的法律问题。1988 年贸法会第二十一届会议审议了一项要求研究是否有必要制定适用于电子方法，特别是通过荧光屏拟定国际商业合同的法律原则。这将在今后有助于填补法律方面的一个空白，减少实践中遇到的不确定因素的困难。

贸法会在进行大量工作的基础上，于 1990 年提出了《对利用电子方法拟订合同所涉法律问题的初步研究》的报告。该报告总结了以往世界范围内的有关研究工作，并论述了使用示范通信协议来克服其中一些问题的尝试努力。由于计算机在商业方面的应用，即"电子数据交换"的广泛采用，EDI 的概念正式出现在联合国贸法会的论坛上，具有划时代的意义，并成为联合国大会报告的总标题之一。

联合国贸法会在对世界上涉及 EDI 法律的各种组织的活动进行分析后认为：需要一个总框架，以确定所涉及问题，对利用 EDI 的通信方法提供一套法律原则和基本法律规定。随着 EDI 应用的发展，EDI 所涉及的法律问题会变的愈加重要，因此应该在世界范围内开始制定 EDI 在国际贸易中使用的法律规则，为解决 EDI 应用出现的法律问题提供依据。联合国关于 EDI 法律的工作重点开始转向建立国际 EDI 统一法。

（四）国际 EDI 统一法起草阶段

1991 年在联合国贸法会第二十四届会议上，委员会决定将 EDI 的法律工作交由国际支付工作组（已改名为电子数据交换工作组）审议。该工作组在对由于 EDI 的广泛使用而引起的法律问题进行审查后提出有必要在国际贸易中使用的统一法。贸法会在第二十五届会议上审议通过此提案，并重申在此领域进行工作的所有国际组织积极合作的必要性。会议决定将编拟 EDI 法律规则的工作委托电子数据交换工作组来完成，工作组审议了秘书处关于《电子数据交换所涉法律可能的统一规则提纲》。经过长时间的准备，国际上终于进入了 EDI 统一法的拟定阶段。

1993 年 10 月 11 日至 22 日，联合国贸法会电子数据交换工作组在维也纳召开了第二十六届会议，世界上 46 个国家和地区以及国际组织派代表团参加了这次会议，会议全面审议了世界上第一个 EDI 统一法草案——《电子数据交换及贸易数据通信有关手段法律方面的统一规则草案》。经过讨论，大家对统一法的适用范围、各概念的定义、各种功能等不同的形式要求以及当事方的权利和义务充分发表了意见，秘书处根据各代表团的意见对草案进行了修改。在 1994 年 2 月 28 日至 3 月 11 日的工作组第二十七次会议上提出了 EDI 统一法的第二稿——《电子数据交换和有关数据通信手段法律方面的统一规则草案修订条文》。在这届会议上，一方面考虑到世界上很多国家对 EDI 统一法的迫切需求，决定采取较灵活的“示范法”形式以尽快完成工作；另一方面考虑到当前 EDI 技术的飞速发展，在适用范围和定义概念上进行了相应的调整。第二十七届会议讨论完成了 15 条条款的前 10 条。在第二十八届会议上通过了《电子数据交换（EDI）及有关的数据传递手段法律事项示范草案》，最终条文在 1995 年贸法会年会上提出。1996 年贸法会第二十九届会议在审议了各国政府和有关组织的意见后通过了《电子商务示范法》。

三、《电子商务示范法》及其影响

贸法会认为世界 EDI 统一法应该包括六个方面的法律条文，即法规的适用范围和最终形式、有关概念和常规条款、功能等同和证据价值、核证、合同订立以及当事方的义务和责任。为了指导世界各国在立法上消除电子合同或单证获得法律效力的障碍，使符合一定技术条件的电子商务合同不至于因其介质为电子数据信息而受到法律的歧视，联合国在 1996 年制定了《电子商务示范法》。《电子商务示范法》承认了通过电子形式订立的合同具有法律效力，对电子商务合同的订立和管理提出了一般性的原则要求，对电子合同生效的形式要件的特性做出了界定，推动法律接受电子签名，使电子数据信息在诉讼和仲裁中可以作为定案的依据。

《电子商务示范法》对于各国在立法上确立电子商务合同的法律效力具有指导意义，1998 年新加坡通过了全球第一部《电子交易法》，1999 年美国制定了《统一电子交易法》，并建议各州执行。我国也于 2004 年 8 月的十届全国人大常委会第十一次会议表决通过了《电子签名法》。这部法律规定，可靠的电子签名与手写签名或者盖章具有同等的法律效力。电子签名法的通过，标志着我国首部“真正意义上的信息化法律”已正式诞生，该法律将于 2005 年 4 月 1 日起施行。

第六节 我国的 EDI 发展状况

一、EDI 在我国的发展现状

1990 年 5 月，第一届“中文 EDI 标准研讨会”在深圳蛇口举行，这是 EDI 概念首次被引入中国内地，它一出现即受到国内有关各部门的高度重视。国家计划经济委员会、国家科学技术委员会等主管部门将 EDI 列为国家“八五”计划的关键性应用推广项目之一。

1991 年 8 月 23 日，由当时国务院电子信息推广应用办公室主持，召开了“加快我国 EDI 应用工作座谈会”，成立了“中国促进 EDI 应用协调小组”。1991 年 9 月，中国 EDIFACT 委员会（CEC）加入亚洲 EDIFACT 理事会（ASEB），积极参与跟踪国际 EDI 活动，推动国内 EDI 发展。CEC 成员当时包括：对外贸易经济合作部、海关总署、国家科学技术委员会、国家技术监督局、交通部、中国银行、中国人民保险公司、中国人民银行、商检局、中国国际贸易促进委员会、国家税务局、邮电部、国家外汇管理局等。同年 10 月成立“中国 EDIFACT 委员会”并参加亚洲 EDIFACT 理事会，目前已有 18 个国家部门成员和 10 个地方委员会。1992 年 5 月，CEC 在北京召开了“EDI 战略与标准化研讨会”，拟定了《中国 EDI 发展战略与总体规划建议》（草案）。

为在全国积极推动 EDI 标准工作，国家技术监督局本着等同或等效采用国际标准的原则，制定了《EDI 系统标准化总体规范》，在与国际标准接轨的基础上做好 EDI 中文化（本地化）工作，已制定并批准、发布的有 50 项 EDI 国家标准，正在制定的标准有 40 余项。

信息产业部为满足社会各界对信息通信的需求，发展我国数据通信业务，在加速建设公用分组交换网（CNPAC）的同时，建立了 DDN，为公用分组网和各专业网提供传输网络平台。另外，积极拓展新业务，在 CNPAC 上开放的业务有 E-Mail、EDI 和可视图文（VIDEOTEX）。已建成投产的 7 套电子信箱系统，分别装在北京、上海、广州、福建、深圳、青岛和江门，约 20 000 个信箱，可向全国提供电子信箱业务，并与日本、美国、意大利、新加坡和中国香港等国家和地区的电子信箱互联。已建成投产的 7 套电子信箱系统除北京外，均配备了 EDI 软件，可提供复合 UN/EDIFACT、CCITTX.435 标准的 EDI 业务。

中国海关也在加快实现EDI步伐。基于对管理体制和模式的法制化、规范化，他们正逐步发展和完善利用计算机网络通信技术对进出口货物进行全面监管的综合性应用项目——报关自动化系统，并已开发出了15种电子报文，朝着无纸报关的方向迈进。

为推进并实现我国国民经济信息化，“三金工程”（金桥工程、金关工程和金卡工程）的实施为加强国家宏观经济调控和决策，为信息资源社会共享和发展诸如EDI这样的电子商务活动奠定了基础。

与此同时，我国的交通运输行业、金融保险业、零售业、制造业等行业均积极探讨和采用EDI技术来发展自己，以便与国际接轨，如中国远洋运输集团公司为适应国际运输业的发展，于1991年5月与美国通用电器信息公司（GEIS）正式签署了协议，通过GEIS的EDI增值服务网进行舱单、船图的电子数据交换，成为国内首家应用EDI的公司。

EDI的发展，为国际贸易的新操作提供了变革的条件和舞台，使之日渐成为一个国家、一个企业取得竞争优势的有力武器，对此对外贸易经济合作部给予了极大重视。

自1990年5月第一届“中文EDI标准研讨会”以来，对外贸易经济合作部做了大量的宣传、准备工作，引起了贸易界人士的广泛关注和共识、当时任对外贸易经济合作部部长的李岚清同志在一次全国性的会议上明确指出，外经贸系统的计算机要联网，要搞EDI。

为此对外贸易经济合作部提出全国外经贸系统管理信息三级网络规划，逐步实现全国联网，并完成外经贸计算机系统与中国海关、中国银行、国际金融机构、国际贸易组织以及国际信息组织联网。目前，我国三级网络五年规划的核心项目“全国外经贸系统卫星通信专用网”工程业已建成，它的建成将为实施EDI提供物质基础和硬件环境，对亚太经济合作会议成员间的信息交换，促进经济贸易活动，对外经贸系统的信息交换与通信网络建设具有重要意义。

众所周知，EDI的关键在于标准。目前，国际上有多种EDI标准存在，我国已决定采用UN/EDIFACT标准，并以此为依据，制定国家标准，发展自己的子集。对外贸易经济合作部计算中心与中国标准化与分类编码研究所合作翻译、出版了《贸易数据源手册》，继而又翻译了《联合国贸易数据交换手册》，并开发了EDIFACT数据库管理系统软件，使对全套英文UN/EDIFACT标准的查询检索方便、省时。为使外贸业务进一步规范化、国际化，提高计算机整体应用水平以适应EDI发展的需要，对外贸易经济合作部计算中心承担了“商业发票”、“中华人民共和国出口货物原产地证明书”、“装箱单”、“装运证明”、“中华人民共和国进口许可证”、“中华人民共和国出口许可证”等外贸单证格式国家标准的组织起草工作。“商业发票”、“进口许可证”、“出口许可证”电子报文国家标准的设计也已开始。外贸单证格式国家标准及外贸单证电子报文国家标准的设计完成将为将来经贸业务 EDI 化奠定坚实的基础。

与此同时，在国家计划经济委员会的大力支持下，对外贸易经济合作部结合业务需求，本着以点带面的原则，有针对性地选择试点单位推行 EDI 工作。其中，对外贸易经济合作部有四个 EDI 项目被批准为国家“八五”科技攻关项目，部科技司、计算中心联合成立项目组，具体指导开发工作。四个项目分别是：对外贸易经济合作部计算中心“国家外贸许可证 EDI 系统”、中国对外贸易运输总公司 “中国外运海运/空运管理 EDI 系统”、中国化工进出口总公司“中化财务、石油、橡胶贸易 EDI 系统”以及山东抽纱公司的“EDI 在出口业务中的应用”。

对外贸易经济合作部计算中心承担的“国家外贸许可证 EDI 系统”对进一步增强我国外贸的宏观管理、防止伪证、保证正常经营秩序有十分重要的意义。该系统包括全国两大外贸许可证计算机管理系统，即全国出口纺织品配额计算机管理系统以及全国进出口许可证管理系统。全国出口纺织品配额计算机管理系统包括：发证管理系统、许可证处理中心系统和对外核查系统。通过计算机网络进行全国纺织品配额的管理、收集、处理和统计工作，并将纺织品配额许可证数据传送到美国、加拿大、欧盟等国家和地区进行核查。目前，全国已有 43 个省和计划单列市的发证点与处理中心进行主机联网。其中 29 个点通过 VAX3100 经 CNPAC 与处理中心进行数据传输，有 14 个点通过 IDD 的远程终端方式进行。目前输美纺织品核查系统已采用 EDI 方式通过 X.25 网和美国 INN 网与美国海关联网。今后准备进一步与加拿大和德国相连，进行与加拿大和欧盟的纺织品数据核查。全国进出口许可证管理系统于 1995 年与全国全部发证点的计算机联网，并采用 EDI 方式与海关开始双向核查。

山东抽纱公司作为对外贸易经济合作部 EDI 试点单位，率先与国外贸易伙伴开展 EDI 业务。目前山东抽纱公司已正式使用 EDI 向美国客户传输订单，已接收和处理了 400 余份“EDI 订单”，交易额近百万美元。他们与中国银行山东分行、中国人民保险公司青岛分公司联合组成了 EDI 开发小组，选择了信用证、托收委托书、投保单等六种单据作为试点单据，自行设计了报文翻译器及封装、编辑等模块。该项目分为两大部分：纵向开发，即与国外客户和国内加工生产厂家之间的 EDI；横向开发，即与国内有关部门，如银行、海关、保险公司和运输公司等之间的 EDI。

对旨在建立以中化集团财务、业务为中心的中化 EDI 系统，中化公司围绕 EDI 系统的目的，建立了化工集团 EDI 管理商业模型和良好的开发环境，并进行了 EDI 翻译器的设计。经过一年多的努力，形成了比较完善的财务系统和进出口业务管理系统，并以 IBM AS/400 主机为中心，对内通过 X.25 和 X.28 规范加入 GEIS 网，实现了电子邮件、TELES、FAX 的网络传输，并着手开发 EDIFACT 的子集标准。

在完善海运的船队管理、航线管理、货物管理、商务结算和财会管理的基础上，中国对外贸易运输总公司 EDI 项目组对上海、江苏、山东三大口岸的分公司做了深入的调研，制定了空运快件三级网络管理方案，同时分批选出单证，进行 EDI 标准子集的制定。

EDI 的应用在欧美国家已经有数十年时间，但在我国还刚刚起步，外经贸系统在各级领导的大力支持和计算机应用技术人员的辛勤努力下，EDI 由宣传教育转入实际应用，越来越多的企业开始实施应用 EDI 系统。尤其是 Internet 出现后，EDI 系统能够借助这个新的廉价快速的平台，使企业应用 EDI 的成本降低，大大促进了 EDI 的发展。

从以上可以看出，我国的 EDI 将会有广阔的前景，但是 EDI 的发展并非仅仅限于技术上和标准上，还需要有一个良好的金融环境以及法律基础。随着 EDI 技术的成熟，以及越来越多的企业应用 EDI 系统，出现了多个方面的问题。

二、我国在 EDI 发展中的问题

1. EDI 技术起步晚，应用推广慢，成果不明显

起源于 20 世纪 60 年代的 EDI 技术在 20 世纪 90 年代初期才被引入我国，到现在为止，也不过 10 多年的时间。在国外，EDI 技术的发展已日渐成熟，并得到了广泛的应用，而我国尚处于“引入”的初级阶段，仍在进行大量的基础设施的建设和改进、标准制定等工作，加之推广不利，所以无法大跨步地发展 EDI 系统。

2. 发展范围欠广泛

我国一些较成功的 EDI 系统主要在海关、外贸等事业单位，而适合商业领域的 EDI 标准还是空白。同属于亚洲的韩国除了在海关、船运实施 EDI 外，EDI 的用户遍及贸易公司、银行、汽车制造业等。新加坡的 EDI 用于金融业、生产领域、制造业等方面。在生产领域的采购中实现了供应商、货方代理、银行间的 EDI 信息交换。此外，EDI 技术还深入到零售商和仓库。当局称新加坡 95%的贸易已通过 EDI 实现。日本 EDI 用户中用于海运及相关行业的只占 10%~15%，而销售业占 70%~80%，制造业占 10%~15%。值得一提的是 EDI 技术在西方发达国家还在不断向卫生保健部门

和政府部们渗入。以美国国防部为例，其花费了大量的人力和物力了解 EDI 用户，并要求组织机构通过 EDI 系统与政府交换税收、合同等方面的信息。而就贸易对象而言，我国国内受应用范围的限制，用户数量有限。

3. 取得的效益还很不显著

目前我国 EDI 在海关、外贸等行业的运用收益还仅限于减少终端重复、减少人工出错、减少纸张作业等最基本的收益。而发达国家 EDI 已进入了发展阶段，甚至部分行业正在向融合阶段迈进。EDI 系统带来的经济效益和社会效益已越来越得到广泛的公认。据欧美国家统计，由于实施 EDI，应用收益是显而易见的。例如，交易文件的传输速度提高了 81%；文件管理成本降低了 38%；由差错造成的贸易损失减少了 40%。再以日本东芝公司为例，EDI 是每年贸易文件费用由 1 500 日元减少到 375 日元。除此之外，部分战略收益也在发达国家略见端倪，美国因实施 EDI 而使每部车成本节约 200 美元左右。据美国通用电器公司统计，近五年来应用 EDI 使公司产品销售额增加 60%；库存周期由 30 天降至 6 天。现在是我国国有企业发展的重要时期，企业正在转型，相当多的企业还没有足够的精力去从事 EDI 技术的开发和应用工作。推广不利，使 EDI 无法在全行业顺畅推行，必然会带来效益低下，从而又使企业丧失了应用 EDI 的信心，EDI 的应用形成了恶性循环的不良状态。

4. EDI 标准研究仍不充分

尽管我国在 EDI 标准研究中已经做了很大努力，部分国家标准也已颁布，但是部分行业的局部标准如用于商业领域的标准仍是空白。亚洲几个较发达的国家和地区已经远远超过了我们。新加坡基于 UN/EDIFACT93.2 版本的 EDIFACT 目录已于 1993 年 10 月完成编辑。而日本除了为航运部门、银行、连锁店和电子行业制定了同一的行业内 EDI 标准之外，还在全国范围基本建成统一标准——CI 标准。

5. 政府在 EDI 应用推广中应发挥更重要的作用

EDI 是一项贯穿各个行业的一整套系统，必须是在全行业都同时实施了 EDI 技术之后，EDI 所具有的特定的经济效益和社会效益才能充分显现出来。我国目前的 EDI 发展仅局限于某些特定的行业和部门，诸如对外贸易经济合作部、海关、船运公司等，各部门之间缺乏必要的连接工作，很难实现 EDI 的基本功能。这里，政府应发挥更重要的作用，增强政府职能作用的力度，如不能充分发挥政府的政策职能优势，那么势必会迟滞我国 EDI 技术的发展，从而使我国在未来国际贸易中处于及其不利的位置。

三、EDI 在我国推广滞后的原因

EDI 在我国推广之后的原因主要表现在以下几个方面。

1. 企业规模较小，无法短期内获得最高收益

我国组织结构合理、大规模的企业为数不多，大规模的跨国公司更是屈指可数。受固定贸易伙伴数目及贸易量的限制，我国企业无法通过实施 EDI 在相对短的时间内获得较传统贸易形式更多的收益，从而阻碍了 EDI 的全面推广。

2. 投入资金较多，回报存在时滞

实施 EDI 需要大量的前期投入，用于研究、技术开发、部门整合以及软硬件的投入等。高成本的资金投入会成为我国企业的沉重负担。同时 EDI 作为信息技术，其收益不是立即显现出来的，常存在着时滞。对于习惯以现时收益高低判断技术优劣的企业而言，如果找到一种短期内更有效的可替换贸易技术，他们便会对实施 EDI 采取抵制态度。

3. EDI 技术在企业间发展不平衡

不平衡造成了使用 EDI 的企业无法同其他未使用 EDI 的企业交换数据，使应用 EDI 技术的企业不能从中获得应有的效益，还造成了一定程度的资源浪费，企业会丧失积极性。

4. 缺乏 EDI 知识，缺乏 EDI 基础教育

EDI 发展中的认知问题也是制约企业积极参与 EDI 的主要障碍之一。可以说我国大部分企业对这一新兴技术没有充分的认知，缺乏相关知识，更缺乏来自独立渠道的基础教育，导致无法充分预见 EDI 的变化趋势及其对未来社会的巨大影响，所以他们并不热心这一新技术的采用。

5. 担心 EDI 会带来无法避免的冲击

改革开放后，随着贸易次数的增加，贸易经验也在逐渐积累。而 EDI 的出现可能会引起贸易方式、操作运行、行政管理等多方面的改变，导致因传统经验失效而需要重新摸索，甚至会因增加敏感性数据的透明度而带来很大的风险，这也是不少企业采取观望甚至拒绝接受态度的原因。

6. 单证做到标准化难以在短时间内完成

我国当前实际应用到各行业、各部门的单证格式不统一。要使标准工作既与世界统一标准兼容，而又兼具中文特色，短期内尚难以构筑完成，从而在很大程度上影响我国 EDI 的发展进程。

此外，各国之间语言的转换问题也是影响 EDI 发展的一个障碍。

四、在我国推广应用 EDI 的对策

针对我国在应用 EDI 方面滞后的原因，因在以下几个方面入手，切实推广我国的 EDI 化建设。

1. 政府大力宣传、引导和协调

根据前面的分析，可以看出，EDI 是一个具备规模效应的工具，应用的企业越多，效益就越明显，对企业来说，实施 EDI 的回报就会越多。但是这种大范围的应用需要各个行业、各个部门的配合，只有政府才能担负起协调各个行业的作用。政府应该在宣传、引导和协调上发挥出强大的能力，使作为国民经济信息化一部分的 EDI 得到广泛的认知和应用。

2. 加快 EDI 国内标准的研究制定工作

EDI 标准是 EDI 的核心，企业之所以难以应用 EDI，原因之一就在于许多企业找不到可以应用的 EDI 标准，如零售业。我国应该进一步加强与国际标准化组织和 UN/ECE 的沟通与合作，早日制定和完善适合除海关、银行等之外的其他行业的 EDI 标准。

3. 加紧完善与 EDI 相关的法律

国外在 EDI 发展的同时，制定了与 EDI 相关的法律来保护 EDI 的交易各方。例如，新加坡已通过了相关法律，使电子数据能够具备法律效力，可作为法律诉讼的依据，并要求任何贸易数据都要保留 11 年备查。这样，由于有了法律的保障，企业就可以放心地应用 EDI。我国已经于 2004 年 8 月正式颁布了《电子签名法》，以保障电子商务中的交易行为，但其中具体的细节还要根据我国电子商务的发展状况进一步完善，以保障电子商务中的 EDI 交易。

4. 积极培养 EDI 人才

推广和应用 EDI 不仅需要企业的积极性，还要有一批高素质的，既精通贸易业务又懂计算机、网络及相关技术的复合型人才。因此，我国应该大力培养专门的 EDI 人才，为企业应用 EDI 提供智力支持和人力保障。

[案例分析]

中国海关的 EDI 通关系统

中国海关 EDI 通关系统是指海关与通关对象之间运用 EDI 技术自动交换和处理通关文件，并利用海关计算机应用系统及时、自动完成整个通关过程的 EDI 实用系统。EDI 通关系统涉及进出口货物报关、审单、征税、放行等通关环节，以及包括报关行、金融单位、仓储、运输企业和国际贸易行政管理等部门。

（一）中国海关 EDI 通关系统的来源

中国海关信息化始于 1988 年，其目的在于“省时省力”。当年 3 月，中国海关使用了一套办公自动化系统，时称“H883”系统，又称为“电子口岸”，是国家进出口统一信息平台，是国务院有关部委将分别掌管的进出口业务信息流、资金流、货物流电子底账数据集中存放的口岸公共数据中心，为各行政管理部门提供跨部门、跨行业的行政执法数据联网核查，并为企业提供与行政管理部门及中介服务机构联网办理进出口业务的门户网站。“H883”系统的主要特点是把手工工作电子化，使用的前几年，确实卓有成效。但是到了 1994 年，此系统就出现了众多与业务和管理法规不相符的问题。由于众多问题的出现，海关推出了新一代的“电子口岸”，即 EDI 通关系统。

EDI 通关系统是指海关原有报关自动化系统的延伸、发展和提高。它在 H883 系统的基础上，进一步简化了通关手续，用户在许多情况下不必派人到海关办理报关手续。

（二）中国 EDI 通关系统建立的重大意义

在海关总署的统一部署下，EDI 通关系统的试点应用工作，于 1994 年 4 月首先在北京首都机场海关进行，9 月起在上海浦东外高桥保税区海关进行。起初仅用于普通货物进出口的通关。随着快递货物 EDI 通关系统的开发成功，1994 年年底和 1995 年年初又将该系统分别投入到上海虹桥机场海关和北京首都机场海关使用。

EDI 通关系统在两个海关试点成功后，海关总署开始有计划地进行推广。到 1997 年年底，已开通 EDI 通关业务的有北京、上海、广州、深圳、珠海、杭州、宁波、青岛、大连、厦门、福州、郑州等口岸的十余个海关。EDI 通关企业已近 500 家，系统处理的普通货物进出口日报关单量约占全国总数的 20%；系统处理的空运快递货物进出口占全国总数的 80%以上。

中国海关如此大力推行电子口岸，它必然尤其重大意义存在：

首先，有利于增强管理部门的管理综合效能。企业只要与电信公网“一点接入”就可以透过公共数据中心在网上直接向海关、国检、外贸、外汇、工商、税务、银行等政府管理机关申办各种进出口手续，从而真正实现了政府对企业的“一站式”服务。

其次，使管理部门在进出口环节的管理更加完整和严密。管理部门实行“电子＋联网核查”的新型管理模式，根本解决业务单证弄虚作假问题，严厉打击走私、骗汇、骗税违法犯罪活动，创造公平竞争市场环境。

最后，降低贸易成本，提高贸易效率。通过中国电子口岸网上办理业务，企业既节省时间，又减少奔波劳累之苦，提高贸易效率，降低贸易成本，方便企业进出。

总之，中国电子口岸是贸易现代化的重要标志，是提高行政执法透明度，实现政府部门行政执法公平、公正、公开的重要途径。

（三）中国 EDI 通关系统提供的服务

电子口岸的服务一直备受关注。

（1）各地海关提供服务。各地海关提供服务（分中心）会提供一些电话服务，具体联系电话需要咨询当地海关；

（2）电子口岸数据中心提供服务。电子口岸数据中心提供电话免费咨询服务，具体电话号码请使用百度搜索便知；

（3）其他企业服务。各地都有一些中介机构提供电子口岸入网、咨询等服务；具体咨询、培训等服务项目请使用百度搜索“电子口岸配套服务”。

（四）中国 EDI 通关系统相关新闻

2000 年年底，中国海关总署的代表前往新西兰参加世界海关组织会议。会上，中国代表向与会的各国代表介绍了电子口岸，令他们吃惊不已。“中国海关竟然能做出这样的事情！”一名外国代表感到迷惑不解。因为到目前为止，世界上还没有任何一个国家实现政府各个部门在一个平台、一个窗口、一个网络上协作工作的案例——号称“全数字化”的美国海关也只是和联邦调查局实现了联网。

到 2001 年 1 月下旬，北京地区集中制卡、发卡的事情就做完了。所谓制卡、发卡就是经过政府各部门资格审查，各制卡分中心给上网单位分发 IC 卡——政府部门一套卡，企业有法人卡、操作员卡，相当于公章。电子口岸对企业信息化提出了严格的要求：相关企业必须上网，因为国家外汇管理局要求外汇核销单的发放必须通过电子口岸，企业没有上网，则意味着出局。

“企业上网实际上方便了自身。过去，企业领外汇核销单跑来跑去很麻烦，现在可以直接在网上申领。另外，电子口岸可以加强防伪功能。”海关工作人员说，过去，倒卖外汇核销单很猖獗，海关也采取了许多措施，结果“上有政策，下有对策”，防不胜防。“从前，三假很普遍，假三证、假报关单、假贸易加工手册令海关非常头痛。”这就好比：有人造假币，没有人造假存折，为什么？因为数据底账都在银行计算机系统里，假存折没有用处。所以，建立电子口岸，实际上建立了一个数据底账，不法分子造假也没有用，系统根本就不认。

2001 年 8 月 1 日，海关在北京、青岛等地区开展联网报关试点，这是电子口岸的第二个分系统。这个系统在实施上实行双轨制，鼓励新办法，但是用老办法也可以。“毕竟是新事物，阻力还是很大，特别是基层。各个部门过去都有自己的规定，新规则旧规则难免会有冲突，需要慢慢磨合。实际上，企业有自己的惯性，尽管过去的做法不合理，很麻烦。可是已经习惯了，甚至投入了大量的人力、物力，比如有专门跑这个部门的一拨人，还有专门跑那个部门的一拨人，现在让这些人没有多少事情可以做了，就不单纯是上一个系统的问题了，就会涉及管理、人事、体制等难题。”赵唯真仔细分析了电子口岸的现实障碍，得出的结论是，尽管电子口岸是发展趋势，但是具体实施还需要结合实际情况。

（五）EDI 应用举例

进口船/舱单报文流程如图 7-8 所示。

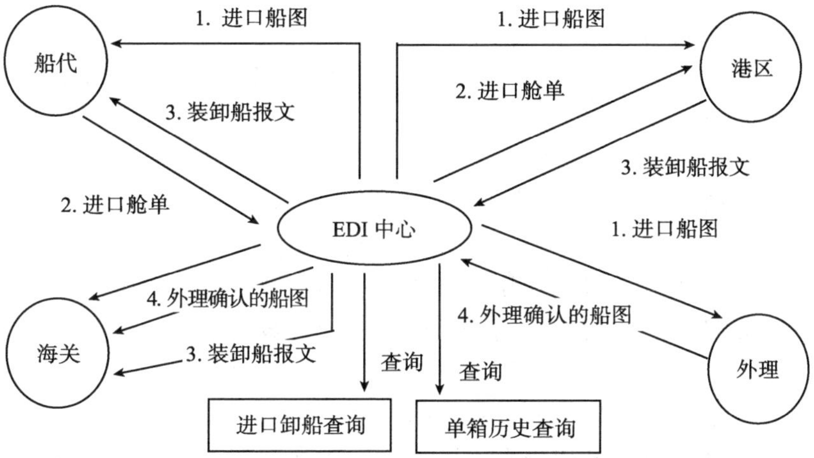

图 7-8　进口船/舱单报文流程图示

（1）船代发送进口船图给港区和外理。

（2）船代发送进口舱单给港区和海关。

（3）港区将形成的卸船报告发送给船代。

（此时 EDI 用户可以在 EDI 中心主页查到进口箱的卸船信息）

外理发送确认后的船图给海关。

思考题：

1. EDI 环境下，中国海关的工作流程发生了什么变化？

2. 企业加入中国电子口岸网络有什么好处？

[习 题]

一、单选题

1. 能将贸易、运输、保险、银行、海关等行业信息用一种国际公认的标准格式，通过计算机网络通信，实现各企业之间的数据交换。并完成以贸易为中心的业务全过程的系统称为（　　）。

A. VT　　B. EDI　　C. MHS　　D. NMIS

2. 电子商务基于（　　）工作模式，是实现网上购物、网上交易和在线支付的一种新型商业运营模式。

A. 浏览器/服务器　B. 对称处理机　C. 数字签名　D. 客户机/服务器

3. （　　）为电子商务奠定了物质基础。

A. 全球区域性贸易的发展　　B. 电子数据处理系统和管理信息系统

C. Internet 和 EDI 的发展　　D. A、B、C 皆对

4. 建立 EDI 用户之间数据交换关系，通常使用的方式为（　　）。

A. EDI 用户之间采用专线进行直接数据交换

B. EDI 用户之间采用拨号线进行直接数据交换

C. EDI 用户之间采用专门网络服务提供商提供的 EDI 平台进行数据交换

D. EDI 用户之间采用专线和拨号线进行直接数据交换

5. 关于 EDI 的叙述中正确的是（　　）。

A. EDI 是指各企业之间交往的自动化

B. 目前大部分 EDI 应用系统都是基于 Internet 的

C. 电子数据处理是实现 EDI 的基础和必要条件

D. 以上都不对

6. 关于 EDI，以下哪种说法是错误的（　　）。

A. EDI 是两个或多个计算机应用系统之间的通信

B. EDI 要求计算机之间传输的信息遵循一定的语法规则

C. EDI 强调数据自动投递和处理而不需要人工介入

D. EDI 建立在开放的 Internet 平台之上

7. EDI 软件结构的哪部分负责将用户的内部数据转换成 EDI 的标准报文（　　）。

A. 用户接口模块　　B. 内部接口模块

C. 报文生成和处理模块　　D. 格式转换模块

二、多选题

1. EDI 与电子商务的区别是（　　）。

A. 所涉及对象不同　　B. 数据处理方式不同

C. 信息格式不同　　D. 基于 Internet

2. EDI 的基本特征是（　　）。

A. 两个或多个企业或机构的计算机间通信B. 要遵循一定的语法规则
C. 基于客户的需求　　　　　　D. 数据自动处理

3. EDI 的组成要素包括（　　）。
A. Internet　　　　　　B. 通信网络
C. 计算机硬件与专用软件组成应用系统　　　　D. EDI 标准

4. EDI 的作用方式包括（　　）。
A. 批示　　B. 实时　　C. 交互式　　D. 集中式

5. EDI 信息模式的内容包括（　　）。
A. 事务应用　　B. 消息内容　　C. 消息传递　　D. 数据传递

6. EDI 通信网络从时间上分为哪几个阶段（　　）。
A. 通过专线连接　B. 基于增值网络　C. 基于 Internet　D. 基于局域网

7. EDI 的功能模块主要有（　　）。
A. 报文生成　　B. 格式转化模块　C. 通信模块　　D. 联系模块

三、简答题

1. EDI 从形式上来看经历了哪些发展阶段？
2. EDI 在我国推广滞后的原因？
3. 我国推广应用 EDI 的对策有哪些？
4. 我国 EDI 发展过程中存在的问题？
5. 简述 EDI 的应用原理。
6. 简述 I-EDI 与 B-EDI 的区别与联系。
7. 简述 EDI 标准的含义。

[习题解答]

单选题：BACCCDC

多选题：ABC　ABD　BCD　ABC　ABC　ABC　ABCD

简答题：略

CHAPTER 8
第八章　企业电子商务应用

[内容提要]

随着信息技术和网络技术飞速发展，电子商务在企业中的应用变得越来越切于实际。谁能掌握住其应用，谁就能在竞争激烈的市场中赢得主动。近年来，电子商务在企业中的应用也确实蓬勃发展起来，各种各样的应用形式就像雨后春笋般涌现出来。本章就电子商务在企业中应用的一些具体形式给出一个简单的介绍。

[学习要点]

1. 了解网上商店的概念，掌握网上商店与传统商店相比有哪些特性，熟悉一个完整的网上商店应包括哪些部分，掌握构建一个网上商店需要哪些步骤，熟悉网上商店的交易过程分为几个阶段。

2. 掌握网络营销的概念，理解 Internet 加强了哪几种市场营销功能，掌握网络营销与电子商务之间的关系。

3. 掌握网络营销与传统营销的区别；与传统营销相比，网络营销有哪些优势；网络营销的特点。

4. 掌握网上营销的价格策略、促销策略、广告策略；与传统的相比，网络广告有哪些特点;了解网络广告的特点；掌握一个收效好的网络广告应注意哪几点，网上目标市场战略的主要步骤，网上营销方式有哪些。

5. 了解客户关系管理的含义；掌握客户关系管理的内容；掌握网上客户关系管理的主要功能有哪些；熟悉网上客户关系管理的优势；理解网上客户关系管理在提高服务质量的同时也控制了服务成本。

6. 掌握供应链管理的概念、原则；熟悉供应链管理模式发展思路；理解信息技术队供应链管理的影响；掌握传统的供应链管理与电子商务下的供应链的区别；电子商务下的供应链管理面临哪些风险；掌握 ERP 的含义、主要功能；一个典型的 ERP 实施进场主要包括哪几个阶段。

第一节 网上商店

一、网上商店的概念

如果你想买一件自己喜爱的物品，也许你会不假思索地想到去那些拥挤不堪的大商场或价格高的吓人的专卖店。要是你还信奉“货比三家”的购买原则，那么你可得花费大量的时间在拥挤的人群中去四处搜索你所想要的物品。现在，你有了另一种购买物品的方式——网上购买方式。这种方式相对传统的购买方式来说更方便、更快捷。网上商店（E-shops）也就应运而生。

网上商店也叫做虚拟商店或在线商店，是指在 Internet 上销售商品的网站。网上商店是电子商务的一个典型应用，是最为常见的电子商务模式。在这里购物，你不现需要耗费大量的体力和精神，也不必再为购物时不小心踩了别人的脚而懊恼不已。在这里购物，你不需要离开自己的房间，只要在连接到 Internet 的电脑中敲入商店的网址，浏览器就会把你带进一个崭新的购物环境中。在这里，你可以使用鼠标轻轻松松地在形形色色的商品中挑选和比较，尽情地欣赏它们的精美图片，详细查看各项性能和介绍。要是看中了哪件东西，只需在网上填写一份简单的订货表格，货品就会送到你家。假如你不喜欢那种商品，不去买它就行了。这里不再有那些纠缠不休的推销员没完没了地劝说你去买一样你不喜欢的物品，也不必在排了很长的队伍的付款台前焦急地等待，更不会有面无表情的保安人员因你精挑细选而投来怀疑的目光。你所要做的，就是在众多商场中尽情地漫步，寻找最诱人的价格和最满意的商品。在这里，你才会真正体会到什么叫做“上帝”。

网上商店是基于 Internet 的 B2C 的交互性极强，具有交易和支付功能的企业电子商务交易平台。商业企业将自己的形象及商品展现在互联网上，全国乃至全世界的用户都可以快捷方便地直接从网上购买到商品。网上商店构建了一个安全、方便、快捷的网上购物平台，帮助传统商业企业充分利用互联网优势，以互联网络信息技术为核心进行商务活动。

网上商店按销售商品的类别进行划分有图书馆超市、音乐空间等。网上商店出售的商品主要分为三类：

（1）实体商品（hard goods），如日用品（餐饮、衣服）、计算机及其外围硬件、消费性电子产品。

（2）信息与媒体商品（soft goods），如信息提供（数字化电子新闻、电子图书、电子杂志、研究报告、论文）、软件销售（计算机游戏、各类软件、软件包）、情报销售（法律、医药查询）、股市行情分析（银行、金融咨询服务）。

（3）在线服务（on-line service），如网络预约服务（航空订位、订票、音乐会入场券、预约饭店、餐馆、医院预约挂号）、交互式服务（计算机游戏、法律、医药咨询）、房屋中介、网络交友。

二、网上商店与传统商店

网上商店实际上是利用电子商务技术从事零售业务的企业。它是建立在网络世界中的虚拟商店，与传统商店相比，网上商店具有很多新的特性。

1. 经营的场所不同

网上商店是以计算机、网络和通信设备为基础在虚拟空间架构起来的，而非砖瓦结构的商品市场。

2. 经营的手段不同

网上商店以数据库、网页的形式替代传统的柜台、卖场，因而网络消费者在购买时只能靠看、听或嗅，而不能通过接触来感受商品的质感。

3. 经营的地域与方式不同

网上商店可通过网络连线把信息流、资金流、物流集为一体，消费者可以足不出户，在家购物，且无地域与所选商品国界之分，只要送货、支付条件允许即可。因此，网上商店经营的形式虽是虚拟的，但其经营本质仍然是实体。

4. 网上商店的经营对技术的依赖性更强

网上商店需要建立商品数据库和进行网页制作，它们就像百货商场的商品库和柜台一样，是构建网上商店的重要组成部分。但成功地经营网上商店的关键是如何吸引消费者光顾你的商场，这就需要先进的技术和良好的商业运作。

同时与传统商店比较起来，它还具有多方面的优势。首先，在营业成本方面，它比传统意义上的商店低得多。因为它不需支付昂贵的店铺租金，花费浩大的装修；也不需要将大笔的流动资金作为货物而沉淀在店里，可依靠“零库存”管理，缩短资金周转的周期加速其周转。其次，网上商店更容易开拓全球市场，国际互联网顾名思义体现了全球的一体化。最后，网上商店可实现 24 小时营业，不需要营业员。在网上商店购物的消费者可以在家中通过电脑的网络连线选购，而商店的老板也不用将笨重的商品搬到店铺里等着顾客的光顾。他所要做的就是将商品的型号及图像资料以多媒体的方式通过 Internet 呈现在消费者的电脑画面上，供消费者查阅。

网上商店和传统商店在部门结构和功能上没有多大的区别，不同点在于其实现这些功能和结构的方法及商务运作的方式。网上商店从前台看是一种特殊的 Web 服务器。现代 Web 网站的多媒体支持和良好的交互性功能成为建立这种虚拟商店的基础，使得顾客可以像在真实的超级市场一样推着购物车挑选商品，并最后在付款台结账。这也就构成网上商店软件的三大支柱：商品目录、顾客购物车和付款台。好的商品目录可以使顾客通过最简单的方式找到其需要的商品，并可以通过文字说明、图像显示、客户评论等充分了解产品各种信息。商品购物车则衔接商店和个人，客户既可以把他喜欢的商品一个个放到购物车里，也可以从购物车中取出，直到最后付款。付款台是网络交易的最终环节，也是最关键的环节。顾客所使用的与商店进行交易的某种电子货币必须对顾客和商店都是安全可靠的。

和传统商店一样，网上商店同样能够提供零售商重要的竞争能力。首先，它允许经营者提供差别化的商品，使之有别于现有的或潜在的竞争对手；其次，在别的竞争者提供相同或类似的替代品时，它可以帮助经营者留住自己的客户。然而，网上货源组织与现有的资源组织渠道不同，网上营销需要零售商有全新的营销技能，特别是产品组织的技能。

三、网上商店的建立

（一）网上商店的组成部分

要建立网上商店，企业首先要具备商品的存储仓库和管理机构；其次要将网络上销售的产品通过邮政或其他渠道投递到顾客手里；最后，企业同样要负责产品的售后服务，这种服务可能是通过网络进行了的，也可能是上门服务。网络交易一般都是“先交钱后拿货”的购物方式。对客户而言，其方便在于购得的商品会直接投递到自己家里，而难以放心的是在商品到达手中之前，并不能确认其是什么。因此，网上商店的信誉和服务质量实际上是电子商务成功与否的关键。从商业上讲，在网上商店上进行的任何一笔交易，都应包括以下四个方面：① 交易的商品流；② 配送的物流；③ 转账支付的资金流；④ 信息增值及传输的信息流。

一般来说，一个完整的网上商店应包括以下几个部分：

（1）客户。在现代的网上购物中，客户一般都在使用浏览器进行诸如浏览、购买、订单发送、支付等操作。

（2）商家或商场。商家租用电子商务中心的“柜台或商场”，从事各种商业活动。它通过商家管理 PC 对处于商务中心内本身的商场进行管理，包括录入或修改商品信息、处理订单、收款、送货、处理退货等商业活动。

（3）电子商务中心。电子商务中心是整个系统的核心。其主要功能包括网上虚拟商店的建立、动作规律的设定、管理商场及客户、计费及收费、提供各式报表、提供与银行的接口、与银行连接为顾客及商家提供支付、收款的服务等。

（4）虚拟商店。一个电子商务中心，可以包括多个虚拟商店，也可以只有一个虚拟商店，当只有一个商场时，电子商务中心与商店就合二为一了。

（5）商务中心支付服务器。商务中心支付服务器作为支付网关，提供顾客与银行之间的支付接口，顾客通过它向银行发出申请。商家也可以通过它获得货款。

（6）银行服务器前端。银行服务器前端是将商务中心支付服务器的请求转发给银行的业务系统。银行现有主机系统是银行系统的核心，顾客的支付最终需要在此完成。

（7）认证中心：在系统中的任务是为用户、商家、电子商厦发放数据凭证。当然它还可以为任何其他用户发放数字凭证，认证中心一般是由一个银行、商家、客户均信任的第四方来充当，如美国的 Verision，国内目前尚无一个独立的认证中心，可以由银行或电子商厦本身来充当。

（8）配送中心：在交易确认后，为各个商场提供将商品送到客户手中的服务。

（二）构建网上商店的步骤

当然，构建一个网上商店是一项极其复杂的系统工程。它涉及硬件的铺设、软件的设计、货币结算和客户管理等。通常构建一家网上商店需要以下几个步骤：

（1）确定网上商店的名称。网上商店的名称，在网络上又称为域名。它在整个网络世界是唯一的，用于映射 Internet 上服务器的 IP 地址。域名和 IP 地址的转换由域名服务器负责完成。在网络上开办商店，还要办理以下登记：向工商管理部门申请登记；向 ISP 申请连线等。

（2）网上商店的选址。网上商店地点就是开设网上商店的网络地址。高速的网络连接，就像是把商店开设在城市的黄金地段。

（3）网上商店装修。网上商店装修在计算机领域中称为网页设计。新颖、动人的网页就像装修豪华的商场，自然能吸引顾客。

（4）货物摆放。在网上商店中，它反映的是如何建立商品的目录结构，提供什么样的网络导航和搜索功能，使用户能够快速、便利地寻找到需要的商品和相关信息。

（5）商品更新。商品更新就是网页的日常维护。去除销售完的商品，摆上新货，是天天要进行的业务。

（6）货币结算。支付方式多样化，如信用卡、邮局划拨、货到付款等，让客户可以根据需求来选择。这是建立网上商店的必要条件。货币结算的安全可靠，直接关系到商业经营的安全可靠。

（7）库存商品管理。无论网上商店还是真实商店，货物和货币都是一样真实的，对库存货物的管理也是一样真实的。

（8）商品最终送达客户。网上购物的最后一个步骤自然而然是将客户所订立的货物快速可靠地送达到用户手中，这是保证商店可信度的关键。

四、网上商店的交易过程

网上商店的交易过程大致可以分为以下四个阶段：交易前的准备；交易谈判和签订合同；办理交易进行前的手续；交易合同的履行和索赔。

（一）交易前的准备

这一阶段主要是指买卖双方和参加交易各方在签约前的准备活动。

（1）买方根据自己要买的商品，准备购货贷款，制订购货计划，进行货源市场调查和市场分析。反复进行市场查询，了解卖方国家的贸易政策；反复修改购货计划，确定和审批购货计划。最后确定所要购买商品的种类、数量、规格、价格、购货地点和交易方式等。

（2）卖方根据自己所销售的商品，利用 Internet 和各种电子商务网络发布商品信息，全面进行市场调查和市场分析，制定各种销售策略和销售方式，了解各个买方国家的贸易政策，寻找贸易伙伴和交易机会，扩大贸易范围和商品所占市场的份额。

（3）其他参加交易的各方如中介方、银行金融机构、信用卡公司、海关系统、商检系统工程、保险公司、税务系统、运输公司也应为进行电子零售交易做好准备。

（二）交易谈判和签订合同

这一阶段主要是指买卖双方对所有交易细节进行谈判，将双方磋商的结果以文件的形式确定下来，即以书面文件形式和电子文件形式签订贸易合同。电子零售的特点就是可以签订电子商务贸易合同，交易双方可以利用现代电子通信设备和通信方法，经过认真谈判和磋商后，将双方在交易中的权利、所承担的义务、对所购买商品的种类、数量、价格、交货地点、交货期、交易双方和运输方式、违约和索赔等合同条款，全部以电子交易合同的形式做出全面和详细的规定。合同双方可以利用 EDI 进行签约，可以通过数字签名等方式签名。

（三）办理交易进行前的手续

这一阶段主要是指买卖双方签订合同后到合同开始履行前办理各种手续的过程，也是双方贸易前的交易准备过程。交易中涉及有关各方，如中介方、银行金融机构、信用卡公司、海关系统、商检系统工程、保险公司、税务系统、运输公司等。买卖双方利用 EDI 与有关各方进行各种电子票据和电子单证的交换，直到办完与合同有关一切手续为止。

（四）交易合同的履行和索赔

这一阶段是从买卖双方办完所有手续之后开始。卖方要备货、组货，同时进行报送、保险、取证、信用等，卖方将买方所购商品交付给运输公司包装、起运、发货。买卖双方可以通过电子零售服务器跟踪发出的货物，银行和金融机构也按照合同，处理双方收付款，进行结算，出具相应的银行单据等，直到买方收到自己所购商品完成整个交易过程为止。索赔是在买卖双方交易过程中出现违约的情况时，需要进行违约处理的工作，受损方可向违约方索赔。

第二节　网 络 营 销

一、网络营销的概念

随着 Internet 的普及和发展，电子商务也开始在经济领域中逐步发挥其举足轻重的作用。而伴随着电子商务的兴起，网络营销的概念也越来越受到人们的重视。网络营销在营销理念、行为变化以及消费者观念等方面与传统营销理论有着很大的不同。计算机网络时代给传统市场营销带来了发展的契机。计算机信息处理系统广泛应用于市场环境分析、营销情报检索、物流管理和对市场营销各要素的计算机辅助决策，使市场营销的效率和效能得以大幅度提高，也为后来的网络营销奠定了基础。从 20 世纪 80 年代中期起，网络和通信技术得以长足的发展，并随着各国信息高速公路的建设，迎来了网络时代。网络技术成为继传统农业经济和工业经济之后新兴的“知识经济”的基础。网络信息快速传输使市场营销效率和效能进一步提高，而且使营销本身及其环境发生了根本的变革，以 Internet 为核心支撑的电子市场营销（E-marketing，简称电子营销或网络营销），正在发展成为现代市场营销的主流。在网络时代必将会产生一套新的市场营销方式，这就是网上营销。网上营销是相对于传统营销而提出的一个新概念，是电子商务应用中一个很重要且发展最快的领域。

在给网络营销下一个确切的定义前，我们有必要先了解一下什么是营销。按照营销大师菲利普·科特勒的定义，营销是个人和群体通过创造并同他人交换产品和价值以满足需求和欲望的一种社会和管理过程。通俗地说，就是公司总裁和顾客之间的交流，这种交流会影响顾客，让他购买公司的产品或服务。这里说的交流，不仅包括对外的交流（如广告和公共关系），也包括市场调查、顾客群体细分、人口统计研究等活动。

而网络营销是企业以现代营销理论为基础，利用 Internet（也包括企业内部网和外部网）技术和功能，最大限度地满足客户需求，以达到开拓市场、增加盈利为目标的经营过程。简单地说，网络营销就是以互联网作为传播手段，通过对市场的循环营销传播，满足消费者需求和商家需求的过程。广义地说，凡是以互联网为主要手段进行的、为达到一定营销目标的营销活动，都可称之为网络营销。也就是说，网络营销是直销营销的最新形式，是由 Internet 替代了传统媒介，其实质是利用互联网对产品的销前、销中、售后各环节进行跟踪服务。它自始至终贯穿在企业经营的全过程，包括市场调查、客户分析、产品开发、销售策略、反馈信息等方面。确切地说，网络营销是企业整体营销战略的一个组成部分，是建立在互联网基础之上、借助于互联网特性来实现一定营销目标的一种营销手段。

为了更深刻地理解网络营销的内涵，我们有必要了解与网络营销概念相关的几个概念。

（1）数字营销（digital marketing）。网络营销与数字营销密切相关，它们其实是一个事物的两个方面。数字营销强调的营销中信息交流所运用到的数字化信息技术，它是互联网的基础。数字化是把文本、数据、声音和图像等转化成“比特”流，都用一连串的“1”和“0”组成的代码表示，惊人地提高了信息传输的速度。数字营销的核心是互联网，但改变的不只是手段，而是营销模式。在这个模式中，消费者虚拟化，消费行为可网络化，广告、调查、分销和结算等可转化为数字化的行为。

（2）许可式营销。许可式营销是另一个与网络营销概念密切相关的概念。“许可”的意思是根据顾客的意愿推销而非强制推销。这也是 Internet 对传播机制的改变所引来的新概念。传统营销沟通所依赖的大众媒体，其信息传播机制是强迫式、单向的；而 Internet 的信息沟通机制是双向的、个性化定向式的，其基本规范是先征得用户的同意和许可，然后按照用户的请求发送相关信息。如果用户在登录注册某网站时表示有房产信息的需求，网站就会将大量最新的房产信息源源不断地发送到他的电子信箱，直到他不再需要为止。

网络营销使我们把市场营销理解为“完事的价值提供过程，并超载公司内部传统的分工界限。”Internet 加强了七种市场营销功能，具体包括：

（1）产品和服务营销。Internet 加强了产品营销中心、定价、演示、分销、营销计划、伙伴关系和其他市场策略活动的功能。

（2）销售达成。通过批发商达成订货和购买、许可、顾客基础的论证，完成货品由卖方至买方分销商、中介和销售代表的过程。

（3）广告和促销。Internet 加强了发展和传播形象，强化品牌的说服性信息。

（4）顾客和业务跟进。利用 Internet 可以更方便地测定顾客需求的市场调查，并评估业务是否满足市场要求。

（5）顾客服务与支持。Internet 加强了技术支持、客户服务项目、信息查询、产品注册和保障维护服务。

（6）公司宣传。Internet 有利于公司对产品及服务信息，消息报道，对购买者、供货商、承包商、中间商、商务代表、运输商等的信息提供。

（7）顾客沟通。Internet 有利于顾客与商家的沟通。沟通的内容包括顾客反馈和信息查询等。

网络营销的实质是通过网络进行传输的市场营销，它着眼于信息流，使传统市场营销发生了根本的变革。Internet 将营销导向信息经济的环境，网络上的电子空间距离，使各方相隔的“时差”（时间间隔）几乎不复存在。Internet 网络的开放性和公众参与性，吸引了越来越多的网络用户，上网人数与网络营销的营销额同步激增。企业可以利用 Web 制作介绍自身形象的主页、发布多媒体的虚拟产品清单、电子订单或在线客户支持系统，使 WWW 成为市场营销的新途径。

二、网络营销与电子商务的关系

那么，网络营销与电子商务的关系是什么呢？先让我们看看 IBM 公司的认识。IBM 公司认为，电子商务是采用数字化电子方式进行商务数据交换和开展商业活动，是在互联网的广阔联系与传统信息技术系统的丰富资源相结合的背景下产生的相互关联的动态商务活动。企业发展电子商务的目的在于五个方面：提高运营成绩、缩减经营成本、加速产品上市、提高工作效率以及更好地服务客户。企业实施电子商务分三步走：企业内部的互联（Intranet）、企业与企业的互联（Extranet）和电子交易（E-Commerce）。

由此可见，IBM 强调的是交易的基础。但是最基础的一点就是交易方式的电子化，所以也有人把电子商务理解为电子交易，认为其主要是利用 Web 提供的通信手段在网上进行的交易。这是一种狭义的理解。广义的电子商务应包括电子交易在内的，利用 Web 进行的全面商业活动。

网络营销与电子商务的概念差别在于：网络营销属于电子商务的一部分，电子商务是利用互联网进行的各种商务活动的总和，因此必须有与之相关的法律、安全、技术、认证、支付和配送等问题。其中有些问题正是目前电子商务在中国发展的瓶颈问题。如果电子商务的本质是信息的交流与沟通（包括外部客户的、内部动作的和后端供应链的等），最终目的是实现整个交易过程的电子化。那么，网络营销的全部活动在于如何利用互联网和企业网站做好与客户和顾客之间的信息交流。

从我国当前国情来看，企业首先应该发展网络营销，建立完善的网络平台，为过渡到电子商务阶段奠定基础。

网上营销是借助互联网、计算机通信和数字交互式媒体，运用新的营销理论、新的管理模式、新的营销渠道和新的营销策略，为达到一定的营销目标所进行的经营活动。网上营销贯穿于网上经营的全过程，从信息发布、市场调查、客户关系管理，到产品开发、制定网络营销策略、进行网上采购、销售及售后服务都属于网上营销的范畴。

三、网络营销与传统市场营销的比较

有人说 21 世纪是网络营销的世纪，21 世纪的营销将围绕互联网展开，其基本理由有以下两个：一是信息技术的迅猛发展成为互联网营销发展的推动器；二是消费者行为的变化成为互联网营销发展的原动力。全球化的趋势日益明显，技术进步日新月异，营销的发展也应适应最新的环境变化，发生一场新的革命。

1. 网络营销与传统营销在环境方面的区别

（1）市场环境的改变。随着信息时代的到来，互联网逐步普及，市场开始转移到网上，开始由现实走向虚拟。

（2）媒体的变化。互联网作为新兴媒体开始逐步抢占报纸、广播、电视等传统媒体的阵地。

（3）消费者不同。目前，消费者的消费倾向开始由大众化消费向个性化消费转变。

（4）营销职能的不同。在现行的网络营销中，顾客成为“兼职雇员”，从以往的被动转为主动，进而成为参与营销活动必不可少的合作者。

2. 网络营销与传统营销在游戏规则方面上的不同

（1）网络社会的竞争优势不是来自垄断的技术，而是来自吸引和保持顾客的能力。众所周知，Linux 营销方式的成功已经证明，吸引顾客的注意力和留住顾客将成为营销中压倒一切的首要目标。

（2）通过降低成本来增强竞争优势。使用互联网可以明显降低运作成本、流通成本和传播成本。例如，原来要找一个新顾客需要 20~300 元，而使用互联网只需要 2~3 元。

（3）用虚拟过程来消灭库存。“零库存”在传统营销中很少听到，但在网络营销中通过再造通路、物流、供应链的流程却是比较容易实现的。

（4）网络营销赋予顾客新的含义。顾客在网络营销中充当的不仅仅是营销的对象和目标，而是亲身参与到营销当中，成为参与者甚至控制者。

（5）传统的与顾客沟通和建立关系的方式不复存在。和顾客打交道全部在网络上进行，面对面的交流被取代。

3. 与传统营销相比，网络营销的优势

（1）网络营销是一种以消费者为导向，强调个性化的营销方式。网络营销的最大特点就是以消费者为主导。消费者可以根据自己的个性和需求在互联网所能达到的世界各地寻找自己想要的东西，不再受地域和时间限制。消费者也可以查询更多的产品信息，从而使自己的个别消费心理得到最大限度的满足。

网络营销的这种个性化方向要求厂商重新考虑其策略，一定要把消费者的个性需求作为提供产品和服务的出发点。企业可以将大量的信息以数字化的形式置于互联网上，用极低的成本发送出去并及时根据需要进行修改。这样既节省了成本，又可以根据消费者反馈的信息调整营销的目标和方法或提供个别的服务。

（2）网络的互动性使得全程营销成为可能。不管是传统营销的 4P 组合，还是网络营销所追求的 4C 组合，都离不开一个前提，就是企业必须从产品的开发阶段就要充分考虑消费者的需求，即进行全程营销。

但从目前来看，由于缺乏与消费者沟通的有效手段或沟通成本过高，企业往往缺乏足够的资金用于了解消费者的各种潜在需求，只能凭借自身能力或参照市场领导者的策略进行产品开发。而消费者也只能就成品提出批评和建议，触及不到底层的研制或规划。

网络的出现为这个问题的解决提供了一个十分方便且有效的手段。通过互联网，企业可以用很低的成本对营销的全过程进行调查，消费者则有机会对产品从设计到定价和服务等一系列问题发表意见。这种双向互动的沟通方式提高了消费者的参与性和积极性，更重要的是它能使企业的决策有的放矢，从根本上提高消费者的满意度。

（3）网络营销极大地方便了消费者购物，提高了消费者的购物效率。生活在现代都市里的人们应该都有上街购物的经历。日益丰富的货架、琳琅满目的商品确实给人一种充实感。但随着生活节奏的加快，人们不再去追求货比三家的实惠、讨价还价的快感，而是要充分考虑时间的价值。但一个简简单单的购物却也需要经历挑选、付款结算、包装、取货等几个步骤。再加上购买的路途及等待时间，消费者为购买商品所付出的时间和精力是无法衡量的。其实，当代人们更注重闲暇时间，希望利用闲暇时光进行一些有益于身心的活动，所以外出购物的时间就越来越少了。

网络的出现给人们购物提供了另一幅画面。在这里，购物不再是一种时间的流逝，而成了一种消遣方式，你可以尽情浏览五彩缤纷的商品，同时又可以完成你的交易。互联网不仅简化了购物过程，而且还拥有一些传统购物中所享受不到的购物乐趣。首先，网络在售前给消费者提供了许多产品的信息及相关资料，消费者可以足不出户而货比三家，通过合适的性价比来选择自己所需要的商品；其次，消费者不必再去体会交通堵塞和人满为患的痛苦，也不再为不能送货上门而烦恼，网络可以为你解决这些消费难题，你只需轻点鼠标，就可以静等货物进家门了。

总之，网络营销简化了购物环节，节省了消费者的时间和精力，将购买过程中的麻烦减少到最小。

（4）网络营销可以使消费者获得理想的价格。网络营销为企业节省了巨额的促销和流通费用，从而使产品的成本随之降低，产品的价格也就有了更大的下调空间。消费者可以在全球范围内寻找最优惠的价格，使得企业在价格方面的竞争更加激烈。

消费者迫切需要一种新的快速方便的购物方式和服务，使自身的需求得到最大限度的满足。消费者价值观的这种变革需要网络营销，而网络营销在一定程度上也满足了消费者的这种需求。

四、网络营销的特点

1. 网络营销是“一对一”的个性化营销

网络在营销中所起的作用就是要使顾客这个角色在整个营销过程中的地位得到提高。网络互动的特性使顾客真正参与到整个营销过程中来。顾客不仅参与的主动性得到增强，而且选择的主动性也得到加强。因为网络信息的丰富使顾客的选择余地变得很大，在满足个性化消费者需求的驱动之下，企业必须严格地执行以消费者需求为出发点，以满足消费者需求为归宿点的现代化市场营销思想，否则顾客就会选择其他企业的产品。这样，网络营销首先要求把顾客整合到整个营销过程中来，从他们的需求出发开始整个营销过程。不仅如此，在整个营销过程中要不断地与顾客交互，每一个营销决策都要从消费者出发而不是像传统营销理论那样主要从企业自身的角度出发。在此情况下，传统的以 4P 理论为典型代表的营销管理方法就需要进一步扩展。4P 理论的经济学基础是厂商理论，即利润最大化，所以 4P 理论的基本出发点是企业的利润，而没有把顾客的需求放到与企业的利润同等重要的位置上，它指导的营销决策只是一条单向的链。

2. 网络营销是一种定制营销

互联网的发展带来了销售模式的进步。从传统的同质化大规模营销到异质化集中营销。传统的大型乃至巨型公司常常利用大批量产生的规模经营效益，在世界范围内生产标准化的产品，再以标准化的产品来占领市场。同时还利用广告宣传影响消费者的嗜好，抢占市场份额，赚取巨额利润，然后凭借强大的资金和技术支持，打入其他领域。

但是，随着网络时代的来临，这种“章鱼”式的扩张形式已不再适应发展的要求。在网上，消费者有自己的兴趣爱好和需求，可以根据自己的需求通过网络在世界各地选择所需要的商品。因此，企业必须根据消费者的需求来设计产品和服务。通过建立基于网络的全球销售网，听取来自不同消费者的声音，为他们提供各自所需的产品和服务。网络反馈的大量信息经计算机的处理和加工，反映出消费者的不同需求，从而使营销活动更加趋于个性化。

3. 网络主动权在于消费者

网络营销与传统的广告宣传和人员推销有着本质的区别。传统的广告和人员推销是一种强迫式的宣传，它不会考虑你是否需要这类信息，而是将这些信息填鸭式的灌输给你，希望有一天会使用这些信息。而网络营销的主动方却是消费者本人，消费者可以根据自己的需要选择接受和不接受这类信息，也不必再去储存信息。

4. 双向交流的互动性使网络营销独树一帜

互动性是网络营销最显著的特点。买方和卖方可以随时随地进行交流，并且这种交流是双向的。企业可以在热门网站上设置广告，通过广告连接到公司主页，让点击其广告的消费者更直观地了解自己的产品。消费者也可以借助网络与销售人员、技术人员进行在线的沟通，根据自己的需要了解自己感兴趣的产品与服务，并提出自己的问题。这种互动的营销手段是建立在以消费者为中心的基础之上，其目的就是为消费者提供更符合其需要的产品和服务。

在网络营销服务领域，除了基础网络营销服务之外，网站推广类的服务几乎无一例外地采用代理渠道策略，代理商则采用更为传统的人员推销模式。如果所有的服务都完全依赖代理渠道的传统销售方式而不考虑用户对在线购买的需求，那么这种僵化的渠道策略将成为制约市场发展的因素。因为其效率低下，降低了网络营销的时效性。

五、网络营销策略

网上营销的实施是一项系统工程，它涉及人、财、物以及技术等方面。企业实施网上营销不只是技术问题，更多的是管理和组织方面的问题，需要进行周密的电子商务策划，制定网络营销策略。

（一）网上营销规划

网络营销计划包含的内容比较多，如网站的功能、内容、商业模式和运营策略等。一份好的网络营销计划书应在网站正式建设之前完成，并要指导实际操作。网站推广计划通常也应该在网站策略阶段完成，甚至可以在网站建设阶段就开始网站的“推广”工作。制订网站推广计划本身也是一种网站推广策略，推广计划不仅是推广的行动指南，同时也是检验推广效果是否达到预期目标的衡量标准。所以，合理的网站推广计划也就成为网站推广策略中必不可少的内容。

制订网上营销计划，具体包括：设置网上营销的目标，定位网上营销的形象，确定网上营销的领域，安排预算和组织资源等。最后，还应把网上营销计划写成书面的形式。下面就怎样制订网上营销计划的具体内容展开论述。

1. 设置网上营销的目标

与传统营销一样，网上营销同样需要设置明确的营销目标。只有这样，才能对营销成果做出及时的评价。一般而言，网上营销的目的包括开辟新的市场和销售渠道；开发新的商品和服务；降低产品支持费用；提升企业形象；更好地服务顾客；提供基于 Web 的决策支持等。

2. 定位网上营销的形象

客户、商业报道、股东或其他投资者等总是把公司与竞争对手进行对比，从而获得公司的总体印象。通过对网上竞争对手的分析和不断跟踪，公司可以在以下四类形象中给自己定位。

（1）革新派。努力使公司成为网上的新革新者。这意味着公司要创造一个规模更大、花费更高、更惊人的网上形象，并投入巨资为其做宣传，同时努力与其他领先者合作。

（2）追随派。当一名积极的追随者是一个聪明的办法。这意味着公司要观察竞争对手在网上的尝试，吸收它们一些好的做法。追随派可以规避风险，保持网上营销和传统营销之间的平衡。

（3）竞争派。即建立一个中庸的网上形象。公司偶尔会搞一些创新，但在大多数领域，公司应找到确凿的证据表明那些尝试是成功的还是失败的，最后才决定自己是否需要采用。

（4）保守派。这种策略下，公司在网上的花费微乎其微，仅仅拥有一个起码的网上形象，让竞争对手领先。公司之所以选择这种定位，是因为想把钱投资在其他商务领域。

3. 确定网上营销的领域

网上营销可以进入网上世界的一个领域、多个领域甚至全部领域。这需要公司根据自己的目的和需要以及竞争对手的情况做出决策。网上营销涉及的领域有：

（1）Web 站点。建设企业网站是进行网上营销工作的关键所在。

（2）电子邮件、列表服务器和新闻组。最低限度的网上工作应包括公司员工使用电子邮件，支持公司的网上营销。同时为寻求网上客户支持，要创建列表服务器，以使用邮件列表。一个简单的列表服务器软件是 LISTSERV。新闻组类似于邮件列表，都是因一个共同感兴趣的话题而组织起来的。

（3）网上服务。监控网上服务的有关论坛，包括竞争对手的论坛，也包括开辟自己的论坛，为客户支持提供服务。

（4）推送技术。利用推送程序可以就你所选择的任何主题给你发送最新消息和信息。现已被融入主要的 Web 浏览器程序（如 IE）中。

4. 安排预算和组织资源

网上营销工作涉及营销部门和信息技术部门，因此公司应明确网上营销业务的分工与责任，防止出现责权不明的情况。网络营销工作一般应由营销部门或专门设立的网络资源管理部门负责，但要与 IT 部门进行合作。IT 部门应积极参与网上营销计划的制订过程。至于网上营销的预算则应由公司决策部门和职能部门共同做出。对人员的配备也是相当重要的，网站管理师、网上宣传文案等都需要有很高的素质和能力。

若公司自身资源有限，或没有足够的预算，则也可寻求 ISP 的支持。ISP 提供的服务有域名注册、虚拟主机、主机托管、网站建设、网站推广、网上营销系统建立等多项服务。另外，许多的 B2B 网站也为企业提供发布供求信息的磁盘空间，可以值得利用。

在比较和选择 ISP 时，可从其提供的服务、站点特性、费用、设备和性能、公司业务背景等多方面进行细致的量化评估。

企业在实施网上营销之前，必须进行网上营销的规划，分析所面临的外部环境，确定网上营销的目标市场，制定网上营销的规划方案。具体来说，网上营销的规划步骤如下：

（1）分析网上营销的外部环境。研究外部社会、经济、文化、技术环境是否有利于企业进行网络营销，收集外部竞争对手的情报信息，并分析它们的竞争优势与劣势。

（2）分析企业的内部环境。考察企业内部是否实现了内部信息化管理，是否有足够的人才与技术，明确企业竞争能力的优势与不足之处。

（3）确定网上营销的目标市场。从企业的产品和服务的基本功能出发，重新审视公司的顾客群，分析他们的网上消费特征，明确营销的目标市场。

（4）制定网上营销系统设计方案。其包括网上营销系统的设计，确定是自行购建服务器、租用虚拟主机还是加盟网上商城，进行网站营销业务流程的设计，构建网站的建设框架，选用恰当的软硬件配套设施，进行网上营销系统建设项目的经费预算，提出营销系统的设计方案。

（5）进行可行性分析。对网上营销系统的设计方案进行技术上的可行性分析、经济合理性分析、安全风险的评估，确保系统设计方案切实可行。

（二）网上营销的价格策略

价格策略是企业营销的一种重要竞争手段。营销价格的形成是极其复杂的，它受到成本、供求关系以及市场竞争等多种因素影响。网上营销的价格策略很多，下面就一般的网上营销的价格策略进行介绍。

（1）低价策略。由于网上的周转时间比较短，企业可以在很短的时间内实现销售，因此，仓储费用和销售费用相对来说要低廉。直接低价策略就是在定价时采用成本加少量利润，甚至是零利润，所以这种定价一开始就比同类产品的价格要低。由于网上的信息是公开和易于搜索的，消费者很容易获得多家公司的价格信息，从而通过比较来选择质优价廉的商品。

（2）折扣策略。商品打折销售对消费者具有很大的诱惑力。很多电子商城通过打折销售的方式来扩大知名度，客观上也起到了广告的效应。折扣定价可对某些商品直接打折，也可按顾客购买的数量标准给予不同的折扣，还可采取季节打折的方法。

（3）等价策略。在网上销售数量不是很大的情况下，网络零售企业为了尝试网上营销的经验，可以采取等价策略，即在网上销售的商品价格与在传统商店中的商品价格相等。

（4）智能型定价策略。网络零售企业可以通过网络与顾客直接在网上协商价格。例如，一些网站设置了洽谈室，让买卖双方在网上讨价还价，还有一些拍卖网站则通过网上定价系统来确定价格。

（5）个性化商品定价策略。网上营销的互动性使企业可以为顾客提供个性化的定制服务，即消费者对产品的外观、颜色、附件提出个性化的需求，企业按订单进行生产。这时企业提供了高附加值的服务，可实行较高价格的个性化商品定价策略。

（6）免费价格策略。企业将产品和服务以免费的形式提供给顾客使用。免费价格形式大概有以下几类：第一类是产品和服务完全免费，如免费的新闻信息报道、软件下载、电子邮件信箱、个人主页空间、贺卡等；第二类是对产品或服务实行有限次的免费，即产品或服务可以被消费者有限次的免费使用，例如，许多免费试用软件，当其超过所定时期或者使用次数后，这种产品或服务就不能继续使用；第三类是对产品或服务的部分功能实行免费，让消费者试用，但要使用其全部功能，则必须付款购买；第四类是对产品和服务实行捆绑式免费，即购买某种商品或服务时赠送其他产品与服务。

（三）网上营销的促销策略

网上促销是指利用现代化的网络技术向虚拟市场传递有关产品和服务的信息，以激发消费者的需求欲望，刺激消费者购买产品和服务，促进市场营销的各种活动。根据网上营销活动的特征和产品服务的不同，网上促销的策略主要有：

（1）网上打折促销。网上打折是目前网上最常用的一种促销方式。因为目前网民在网上购物的热情远低于商场超市等传统购物场所，因此网上商品的价格一般都要比传统方式的销售时低，以吸引顾客购买。由于网上销售商品不能给人全面、直观的印象，也不可试用、触摸等原因，再加上配送成本和付款方式的复杂性，造成网上购物和订货的积极性下降。而幅度比较大的折扣可以促使消费者进行网上购物的尝试并做出购买决定。通过打折降价销售来吸引顾客是不少网站常用的促销方式，如当当书店等。折价券是直接价格打折的一种变化形式，有些商品因在网上直接销售有一定的困难性，便结合传统营销方式，可从网上下载、打印折价券或直接填写优惠表单，到指定地点购买商品时可享受一定优惠。

（2）网上抽奖促销。抽奖促销是网上应用较广泛的促销形式之一，也是大部分网站乐意采用的促销方式。抽奖促销是以一个人或数人获得超出参加活动成本的奖品为手段来进行商品或服务的促销，网上抽奖活动主要附加到调查、产品销售、扩大用户群、庆典、推广某项活动等。消费者或访问者通过填写问卷、注册、购买产品或参加网上活动等方式获得抽奖机会。一般来说，许多顾客喜欢得奖，如果在网上进行抽奖，可以产生非同寻常的访问流通量。

（3）积分促销。积分促销在网络上的应用比起传统营销方式要简单和容易操作。网上积分活动很容易通过编程和数据库等来实现，并且结果可信度很高操作起来相对较为简便。积分促销一般设置价值较高的奖品，消费者通过多次购买或多次参加活动来增加积分，以获得奖品。积分促销可以增加上网者访问网站和参加某项活动的次数，可以增加上网者对网站的忠诚度，可以提高活动的知名度等。

（4）提供免费资源与服务促销。通过免费资源与服务促销是互联网上最有效的法宝，通过这种促销方式取得成功的站点很多，有的提供免费信息服务，有的提供支援免费贺卡、音乐、软件下载，从而扩大站点的吸引力。

（5）网上赠品促销。赠品促销目前在网上的应用不算太多，一般情况下，在新产品推出试用、产品更新、对抗竞争品牌、开辟新市场等情况下，利用赠品促销可以达到较好的促销效果。

（6）利用搜索引擎促销。在著名搜索引擎上用关键词注册，方便消费者利用搜索引擎查询网址。

（7）发行虚拟货币来促销。当顾客申请成为会员或参加某种活动时，可以获得网站发给的虚拟货币，用来购买本网站的商品，如酷必得的“酷币”等，实际上是给会员购买者提供相应的优惠。

（四）网络广告策略

1. 网络广告的特点

所谓广告，其实是一种与目标受众的沟通，这种沟通的目的是为了要让受众做出购买决策。要使这种沟通有效果，则要注意以下三个基本要素：为什么要沟通、与谁沟通和怎样沟通。其中，为什么要沟通就是要明确广告的目的是什么；与谁沟通就是要明确广告是做给谁看的；怎样沟通就是要明确广告应采用什么样的沟通方式。

在传统广告中，无论是采用生活片段的形式、模拟幻想的形式还是经验叙述的形式，归根结底就是在进行诱导式的说服，所以传统广告的沟通一般具有下述特点：

（1）不是直接将信息传送到细分的目标市场，而是进行大规模的传送；

（2）信息的传送是单向的、非交互的，且与反馈是隔离的；

（3）进行强势信息灌输，用某种印象来劝诱目标受众成为购买者；

（4）信息是由企业推给消费者的，消费者是被动地接受信息。

但在网络环境下，由于网络本身的特点，传统广告沟通方式发生了显著的变化。首先，网络具有即时互动性，这一特点改变了传统广告中信息发送的单向性和非交互性，改变了传统广告中信息发送与信息反馈互相隔离的缺点，使得发送者与接收者可以实现双向沟通。其次，由于网络空间具有信息容量大、价格低廉等特点，这就改变了传统广告通过印象强势灌输劝诱购买者的缺点，使得企业可以使用摆事实、讲道理的方法来说服受众。

与传统广告相比，网络广告具有以下特点：

（1）网络广告具有即时互动的特点。传统广告的信息流是由发送者流向目标受众，进行的是强势灌输，而网络广告采用的是顺势拉进型，利用网络让消费者扮演了交互中的主角。

（2）网络广告具有广泛的传播时空概念。传统广告的空间是有限的，而广告空间是一种必须购买的、价格昂贵的商品。因而只能创建一个印象，不可能进行详细的介绍。而网络广告的空间是无限的，且成本低廉，为了抓住消费者，那就不能仅仅是建立一个印象，而应该尽可能地提供详细的信息。

（3）网络广告是靠逻辑、理性的说服力来促成消费者做出购买决定的。传统广告是靠创造反复出现的印象来劝诱目标受众的，对产品本身的信息则提供的较少。而网络广告则更多的是进行理性的介绍，提供尽可能详尽的信息来说服消费者。

（4）网络广告的营销效果是可以测试的。传统广告的营销效果较难测试，如在报纸上做广告。虽然报纸的发行量是可以确定的，但到底有多少人看了广告，看了多少时间，这些都无法计算。而网络广告可以利用相应的软件，统计浏览广告的用户数，记录用户浏览广告的时间，甚至还可以知道这些用户的地理分布数据，因而其营销效果更容易测试。

2. 网络广告的类型

企业在网上做广告，根据实际需要主要有以下几种形式：

（1）文字广告。文字广告主要是以简短的、生动的文字来介绍企业的产品，提高其知名度。文字广告中出现的一般是企业的名称、商品或品牌，这类广告一般放在分类目录中，点击文字广告可以链接到做广告企业的主页上。

（2）图标广告。图标广告是以图标的形式来显示企业的标志或图案，这类广告一般放在网页上较醒目的位置，点击图标广告可以链接到做广告企业的主页上。

（3）横幅广告。横幅广告又称为旗帜广告，一般出现在页面的顶端或底端，可以有静态和动态两种，点击横幅广告可以链接到做广告企业的主页上。

（4）多媒体广告。这类广告一般带有三维动画或声音，具有更好的互动性和视觉效果，点击多媒体广告可以链接到做广告企业的主页上。

3. 网络广告的定价方式

一个网络媒体会包含有数十个甚至成千上万个页面，网络广告所投资的位置和价格就牵涉到特定的页面以及浏览人数的多少。这好比平面媒体（如报纸）的“版位”、“发行量”，或者电波媒体（如电视）的“时段”、“收视率”的概念。

互联网广告的支付方法也发生了变化，1999 年第一季度，有 43%的广告支付运用每千次成本法（CPM），6%的广告运用基于播放次数法，剩下的 51%则采用综合测量法。

网上广告收费最常用的方法是按照有多少人看到你的广告来收费。按访问人次收费已经成为网络广告的惯例，一般是按照每千人次访问次数作为收费单位，即CPM。例如，一个广告横幅的单价是1元/CPM的话，这就意味着每1 000人次看到这个广告横幅的话就收取1元，以此类推，10 000人次访问的主页就是10元。至于每CPM的收费究竟是多少，要根据主页的热门程度（即浏览人数）划分价格等级，采取固定费率。国际惯例是每CPM收费从5美元到200美元不等。从对目标市场的影响力来看，网络广告比无线电和电视这类媒体更具成本效益。

利用网络跟踪用户的能力，网络广告还可以根据点击-进入率来进行收费，即每次点击成本（CPC）。例如，互联网上有一家游戏网站 Interactive Imaginations 定的收费标准是，点击横幅广告收费75美分，将一整页广告拉到其内容站点收费15美分。

现在网络广告又出现了一种新的支付方法，按每次行动成本（CPA），即按照广告实际带来的销售额支付费用。例如，亚马逊书店有几百万个会员网站，当消费者从这些会员网站链接到亚马逊书店的网站并购买了图书后，相应的会员网站就可以根据图书的销售额向亚马逊提取15%的佣金。采用这种模式，其实是将广告的风险转嫁给了媒体。表8-1列出了网络广告的主要收费方法。

表8-1 网络广告的计价方式

计价方式	说明
每千次成本法	用来比较各媒体收费的经典方式
每次点击成本法	从某个超媒体网页点击一次的成本
每次行动成本	按每次导致的销售额、每次下载、每次购物等进行收费

4. 网络广告的设计与投放

企业的网络广告要想吸引消费者，那就必须重视网络广告的设计。要设计一个收效良好的网络广告，必须注意以下几点：

（1）设计一个有吸引人的横幅广告，使得在网页出现的头几秒甚至是零点几秒之内抓住访问者的注意力，否则网上漫游者就会很快地进入其他链接。

（2）有可能的话，尽量采用动画图片，因为有统计表明，动画图片的吸引力比静止画面高3倍。但要注意不要太过花哨，以致适得其反影响下载速度。

（3）广告的色彩搭配要有视觉冲击力，最好使用黄色、橙色、蓝色和绿色。

（4）广告中尽量考虑使用类似担心、好奇、幽默以及郑重承诺这类主题，广告中使用的文字应能引起访问者的好奇与兴趣。

（5）在广告图片中加上“Click”或“按此”这类文字，以免使访问者误认为是一幅装饰图片。

（6）经常更换图片广告的图片展览，给人一种新鲜感。

网络广告作为一种新颖的广告形式，在许多方面与传统广告有不同之处，它可以吸引顾客购买企业的产品或服务。当然，企业有了设计优秀的广告并不就是高枕无忧了，它还注意网络广告的发布。在发布网络广告时应注意：

（1）选择稳定可靠的站点做广告，否则有可能会因为网络的不稳定，而造成网络广告的时断时续，或因网站的某些原因而被查封。

（2）注意所选网站访问者的来源。由于互联网本身没有地理空间的限制，某些网站的访问者有相当的比例来自国外。清楚了解访问者的来源，才有可能将无效花费控制在最小限度。

（3）清楚了解网站访问量的统计单位，从而客观地衡量广告的效果。目前国际上用得比较多的单位是印象（impression）、点击（hit），还有页面访问数（page-view）、页面下载数（file-download）等。

（4）密切注意广告的点进率（click-through），即访问者点击广告进入相关链接的情况。如果发现点进率下降，应及时研究原因。因为网络广告的根本目的在于吸引消费者点击你的广告，看到背后链接的更多信息，而绝非仅仅看到几个横幅或图标。

（5）注意监看企业投放的广告。由于网络广告在中国仍处于起步阶段，许多方面还不规范，有时会发生广告位置被改动、广告尺寸被缩小甚至出现链接错误等情况。通过监看，可及时更正这些错误。

（五）网上营销的市场战略

“目标营销”是现代营销管理的一个主要内容，它同样也适用于网上营销。也就是说，在开展网上营销之前，应先将网上市场细分为多种不同物质的子市场，然后选定其中一个或多个细分市场作为自己的目标市场。

网上目标市场战略的主要步骤是：确认网上市场的细分基础；评估网上细分市场；选择目标市场；网上产品定位。

1. 确认网上市场的细分基础

（1）以地理位置来细分网上市场。地理位置有区域、国家、省与州、都市大小、密度、环境和气候等。地理位置之所以可以用来细分市场，是因为假设不同地理区域的消费者其需求和偏好不一致。然而，Internet是开放性的全球网络，它打破了常规地理区域的限制。因此，在网上营销，除非所营销的是区域性的产品或服务，或者带有文化差异的产品或服务。否则，不宜用地理位置来区分市场。

（2）以人口统计变量来细分网上市场。人口统计变量包括年龄、种族、性别、家庭人口数、家庭生命周期、收入、教育、宗教、国籍等。人口统计变量常与消费者的需要、偏好和使用频率有关，因此常用来细分市场。网上市场细分常用此变量，同时借用这个变量可以表达一些非人口统计变量。

（3）以心理因素来细分网上市场。心理因素包括消费者所属的社会阶层、生活方式、个性特征等。以此细分网上市场，则可以得到不同子市场中的消费者具有不同的心理层面。

在生活方式的运用上，有著名的 AIO 分析模式和 VALS 分类模式。AIO 分别指态度（attitude）、兴趣（interest）和意见（opinion）。以此模式可划分出多种生活方式的群体。VALS 是 values and life-style（价值观和生活形态）的缩写。

这两个分析模式非常适合在 Internet 上使用。网站可以先根据这两个模式的内容来设计问卷，然后在 Internet 上收集信息，将收集到的信息配合人口统计变量来对其生活方式作分类，从中找出特殊的生活方式群体。同时也利用监视软件追踪浏览者在网上行为的简单办法来分析用户的生活方式。

（4）以行为方式来细分网上市场。以行为方式来细分市场是指根据消费者的购买及使用时机（场合）、追求的利益、使用者的状况、使用频率、忠诚度、准备购买的阶段、对产品的态度等来进行网上市场的细分。很多营销人员相信，行为方式是构成市场细分的最佳途径。网站可以设立 BBS、网络论坛或者提供网上对话功能，让网友有双向交流的机会，从他们交互过程中所留下的信息中，我们可以知道网友的许多想法、兴趣和偏好等。当然，其中也包括他们购买商品所寻求的利益是什么。

使用频率这个变量无论对网上营销还是网站营销都具有特别重要的意义。这其中有著名的 80/20 定律，即 20%的客户的消费额占去了整个消费额的 80%，也就是说存在着所谓的重度消费者。这对营销者来说，抓住这个细分市场，就意味着可以花最少的资源获得最大的利益。

以上的各个细分变量并非在任何场合、任何时候都适用。例如，用收入来细分市场可能是无效的。因为，收入的高低与购买的牙膏数量和品牌之间并没有什么必然的联系，也无显著的差异。因此，市场细分是否有效，需具备五个特点：可测量性，即细分市场的大小及购买力可以被衡量；可营利性，指细分市场的规模足够大，有足够的利润空间；可进入性，指公司能有效地进入市场并为之服务；可区分性，从概念上讲，各个细分市场是可以识别的，并且对于不同的营销组合方案有不同的反应；可行动性，公司能系统地制订有效的营销计划来吸引细分市场，并为之服务。

2. 评估网上细分市场

将网上市场细分后，公司通常会面临多个细分市场。此时，网上营销的人员必须对各个细分市场进行评估，以便选择所要进入的目标市场。评估时考虑的因素主要有三大类：细分市场的大小与成长性；细分市场的结构；网站目标与资源。

任何公司都想获利，为了保持一定的获利率，一般而言，大公司对过小的细分市场不屑一顾，而小公司也不敢打大市场的主意。因此，网上营销人员必须评估细分市场的规模大小对公司是否适当。当然，也要考虑市场本身的成长所带来的影响。

然而，一个规模和成长性都俱佳的细分市场未必就是获利良好的市场，这是因为每个细分市场都会受到各种竞争因素的“挤压”，如细分市场内竞争者的挑战，供应商和消费者议价能力的影响，替代性产品和潜在进入者的威胁等。为了降低竞争者的潜在威胁，网站经营者可以采取必要的应对策略，如抢占市场占有率，借此降低成本，达成规模效应；以先入者优势创建强势的品牌形象；以虚拟社区和个性化服务等提高网友对网站的忠诚度。

即使细分市场的各项条件都十分符合，也得配合公司成立网站的目标，一个与公司长期目标相冲突的细分市场是不应该列为目标市场的。此外，在配合公司目标的同时，还应考虑网站所拥有的资源是否能在细分市场内保持长久的竞争优势，否则网站的经营会力不从心，捉襟见肘。

3. 选择目标市场

在评估不同的细分市场之后，网上营销人员常常会发现可以进入的细分市场可能不止一个。这时，可根据市场覆盖策略来选择。

当网站的资源有限，细分市场并无竞争对象，且这些细分市场之间很少或根本不发生联系，但在每一细分市场上网站又可盈利时，网上营销者则可以选择专业化的覆盖策略，即有选择性地进入几个不同的细分市场。这种策略的优点在于可以分散网站风险。

如果网站要在某专业领域内赢得良好声誉，那么可以凭专业化的产品和服务满足程度来细分市场，即采取产品专业化覆盖策略。

与产品专业化覆盖策略相对应的是市场专业化覆盖策略。这种策略是网站集中满足某一特定顾客群的各种需要。

最后是全面覆盖策略。网站意图为所有顾客群提供他们所需要的所有产品。这种策略通常只有那些拥有丰富资源的门户性大型网站才适合采用。具体可分为无差异性营销和差异性营销两种方式。

4. 网上产品定位

选定网上目标市场后要做的事是对网上产品进行定位，以在目标市场心中确定一个与众不同的且有价值的地位。这不仅要构造完整独特的产品概念，也要实现与目标市场沟通的差异化。

一个完整的产品概念可分为核心产品、实体产品和延伸产品三个层次。核心产品是产品所提供的核心利益或服务，营销人员可使用网上渠道倾听消费者的心声，以满足消费者的真正需要。

实体产品是核心利益概念的转化。通常实体产品都具有五种特点：类型、特性、质量、品牌和包装。适合网上营销的实体产品应该是：

（1）类型：看得到、听得到或想象得到，如 CD、书籍、电子游戏、电子图书和报刊等。

（2）特性：消费风险小、容易通过联想得到实体感受，如鲜花、贺卡等。

（3）质量：稳定可靠，以增强消费者的网上购买信心，如套装软件、书籍、飞机票等。

（4）品牌：具有品牌联想效应，它可暗示产品质量和信誉，如戴尔电脑、摩托罗拉手机等。

（5）包装：易于运送。因为实体产品达到消费者手中需要经过物流体系的支持。

在实体产品之外的更多的服务与利益，构成了延伸产品，如安装、保证、销售服务、运送等。Internet 为延伸产品提供了方便的创造空间，通过网站，公司可为顾客提供一系列的增值服务，它们与实体产品成本一起，构成了产品带给顾客的整体感受。它是网上产品定位成败的关键。

给产品定位最终是要把三个层次上的产品概念独特化、差异化，取得与网民沟通差异化的有效性和一致性。

六、网上营销方式

网上营销方式有以下几种。

（一）发布供求信息

在 Internet 上，有很多网站为企业发布供求信息提供平台，一般可以免费发布信息，根据企业产品或服务的特性发布在相关类别的栏目内。

（二）直接向潜在客户发送信息

企业可以利用 Internet 上的信息寻找潜在的客户，然后有针对性地向潜在客户发送信息，达到宣传的目的。

（三）加入专业经贸信息网

这种方式类似于第一种方式的“免费发布供求信息”，不同之处在于一些专业网站可以提供更多的服务，如可以提供固定的网址并制作简单的网页。经过专业分类的信息网为客户查询供应商提供了方便。加入这类信息网，有助于网站访问者发现你的信息。

（四）加入行业信息网

行业信息网是一个行业的门户网站，由于某种原因汇集了整个行业的资源，为供应商和客户了解行业信息提供了巨大方便，形成了一个网上虚拟的专业市场。

第三节　网上客户关系管理

一、网上客户关系管理概述

（一）客户关系管理的含义

目前，学术界并没有一个公认的CRM，即客户关系管理的定义。从狭义角度可以将CRM定义为企业在政策、资源、结构和流程合理的基础上应用信息技术获取并管理客户知识、创造客户忠诚度和客户价值的所有活动，从而产生并保持成本和利益优势以及可持续竞争优势。CRM是企业选择和管理客户的经营策略。此策略认为客户是企业一切经营活动的起点和归宿，在客户价值周期内，CRM是促使客户生命周期价值与企业的效益实现最大化的重要手段。另外，CRM可以提高企业的商业模式、营销方式和客户互动的管理技术，识别有价值和持续增长趋势的客户类型，通过有效服务维持较高的客户满意度和忠诚度。

现代商业活动中，“客户”的重要性是不言而喻的。客户关系管理源于“以客户为中心”的新型商业模式。通过向企业的销售部门、市场部门和服务部门的人员提供全面的、个性化的客户资料，并强化跟踪服务，信息分析，使他们能够协同建立和维护一系列与客户以及生意伙伴之间卓有成效的“一对一关系”，从而使企业得以提供更快捷和周到的优质服务，提高客户满意度，吸引和保持更多的客户。应用于居住社区型电子商务应用系统的CRM与传统的CRM有很大的不同。传统的客户关系管理，服务商只为单个客户服务，客户只是单个个体，之间没有任何联系，服务商了解到的客户信息也只是独立的，数据量相当繁杂和无序，不能形成服务对象群体。而居住社区型电子商务应用系统的CRM提供了更为全面的面向小区居民的服务，服务到社区，服务到居民，通过居民的居住小区对居民进行划分并进行有针对性的服务和管理。

（二）CRM 的发展

伴随着自动销售系统（sales force automation，SFA）和电话计算机集成（computer telephony integration，CTI）的发展，CRM 的发展已有十几年的历史。目前电子商务成为热点，这又要求企业能够提供网上即时报价和网上交流环境。在这样的情况下，企业发现分散的客户信息很大程度上阻碍了为客户提供整体的服务，“传统”的企业运营方式在很多地方产生了不协调。这些不协调妨碍了企业的发展。CRM 直接从“客户接触点”开始为企业管理变更了思维方式，成为“传统”企业走向“电子商务”的尝试。在这种尝试中，企业开始感受到来自以下四个方面的冲击。

1. 来自营销方面的冲击

传统环境下，用户只能被动地接受来自企业的信息，企业只要通过大众媒体进行广泛的企业推广活动，保持在电视和报纸上曝光率就能够树立起独特的产品形象，其产品就有可能成为畅销的商品，从而赢得竞争的主动性。企业也不必考虑每个客户的专门需要。正如企业家们很熟悉的这样的故事，在创业初期，一个小伙子用尽他的全部财产在《计算机世界》上连发了 30 天的整版广告，从此拿到了大量的订单，度过了创业最艰辛的阶段。但是，目前这样的广告效力如何？人们普遍会持怀疑态度。伴随着社会的发展，面临热衷于电子游戏和网上交友的十七八岁青少年成长为消费主体的时候，他们获得信息的渠道天然地包括了网络、无线通信和数码影像等。要适应这样的消费者，要想竞争中保持优势，企业的营销方式和营销行为必然要产生根本变革。另外，在网络经济环境下，企业可以在网上进行“一对一”的营销活动，由于在网上访问的注册用户实际上已经是一个潜在的消费者，因此其作用是拉动性的。而大众营销是无针对性的，无差别的广告信息传播可能对其中 90% 的观众来说完全是一种信息浪费，但是这些浪费成为营销成本，最终由消费者来承担。总之，面临新经济、信息爆炸、网络社会，企业要想立足，必须开拓市场，了解客户。企业应依据市场需求，进行产品的开发与设计，然后采取合适的营销策略、方法与手段，将有效的信息传递给客户，只有这样才能赢得市场，求得生存与发展。

2. 来自竞争对手的冲击

现代社会日新月异，竞争对手时刻均在发展与变化，企业如果跟不上形势与发展，就会被淘汰。美国东北航空公司曾经是一家规模颇大的航空企业，拥有不少条航线和飞机的固定资产。但是在 20 世纪 80 年代不得不宣布倒闭。它的倒闭不是因为服务质量或别的原因，而是因为当其他航空公司纷纷采用计算机信息系统让全国各地的旅游代理商可以实时查询、订票和更改航班的时候，东北航空公司没有这么做。很快他们就发现在价格和服务方面他们无法与其他航空公司竞争。别的公司可以及时向客户提供折扣，或在更改航班的时候通知客户，保持每次飞行的客满率，而他们仍然要用昂贵的长途电话方式人工运作。等他们决定投资订票系统的时候为时已晚，最后不得不以倒闭告终。

网络时代企业纷纷将业务转移到网上，而当今有许多新型的消费者可能习惯于在线消费模式，他们获得商品信息的主要渠道是网络，对于无法提供在线服务的企业可能就无法获得他们的光顾，企业因而会流失无数的潜在顾客。

3. 来自科技进步的冲击

日新月异的科技手段经常让企业目不暇接，要跟踪评估就更为困难。每一家软件提供商都强调自己的产品如何有效和重要，到底应该如何取舍？如何在信息系统中融合现存的企业优势？如何评介信息系统的投资是否会产生预期的回报？这些常常让没有技术背景的企业管理人不知所措，而要让通晓技术的IT人员也通晓企业管理战略有时也不容易。企业投资常常在战略和手段的不协调上落入无回报的陷阱。这时咨询公司往往能够以客观、公正和大量的行业信息帮助企业设定目标、选型和进行配套的组织机构改革，让科技手段真正发挥出作用。

4. 来自企业内部的冲击

无论是像Amazon这样的新兴网络企业，还是像沃尔玛这样努力进行网络化改选的传统企业，网上客户的要求并不仅仅是信息交换，最后仍然要落实在产品和服务上，这就要求企业流程要能够在制造、运输、售后服务等各方面与加速流通的用户信息相匹配。通过网络和电话与企业进行交流的用户往往更没有耐性，他们要求电子邮件能够立刻回复，订单可以随时查询、更新和修改。企业的内部组织管理能否跟上这些大大提高了的用户预期呢？企业经营者们开始谈论客户关系管理的前端解决方案（front-office）和后端解决方案（back-office）的接口问题，物流管理的重新调整也正在成为关注热点。如果不能及时地把管理经验本土化，不能调整信息技术为企业文化带来的冲击，企业有可能在网络经济时代被落下。

“新经济”的特点之一是“批量定制”，企业必须能够随时满足消费者变化着的需求，要求企业更了解现存的和潜在的客户，要求企业能够准确及时地判断竞争对手的行为，要求企业能够追赶得上日新月异的信息技术，尤其要求企业的内部管理能够适应这些变化。如果一个企业可以很好地吸收客户关系管理理念，就会在利润、客户忠诚度和客户满意度等多方面得到明显的提高，对未来整体性的“电子商务时代”的来临也就更有准备。

（三）网络时代的 CRM

随着科学技术的突飞猛进，人类社会的生产力水平的大大提高，市场竞争的加剧，消费者的主权意识逐步提高，顾客取代产品成为企业最为重要的资源与利润来源。而与此同时，网络技术与信息技术的理论上的发展与应用上的普及，使企业经营管理的模式比以往有了极为重大的转变。为了适应新的经济形态，企业的经营理念和营销方法也随之有了很大的变化，关系营销、数据库营销、网络营销就是这种趋势的最好体现。而这些新营销理念与模式，归根结底都不过是为了改善企业与顾客之间的关系，更好地了解顾客需求，从而使企业的营销活动能对症下药，尽可能使顾客获得最大限度的满意。从而，一方面企业就能在营销成本尽可能低的情况下取得更好的营销绩效，将影响企业获利的顾客剔除出局或将其转化为对企业有利者；另一方面，为那些给企业带来利益的顾客提供优质的产品与服务，进一步巩固与维护企业和他们的良好关系，更进一步地加深他们对企业的好感和忠诚度。企业和顾客双方都将能从这种良好的关系中获得利益，达到竞争中双赢的最佳博弈效果。

网络技术作为一种新兴技术，自诞生之初就受到广泛的重视，特别是在应用于企业后，不仅网络技术自身获得了飞跃性的发展，而且网络技术对整个商业活动的推动作用更为显著。它使商业活动与商业竞争的形式更加多样化，商业竞争中企业与客户的地位了随之发生重大改变，最为重要的一点是在网络商业活动中，顾客的主导地位大大提高。顾客，特别是企业的重要客户成为决定企业经营成败的关键因素，更为重要的是，它已经成为企业制定营销策略和经营策略，协调和配置企业各种人、财、物等资源的中心环节和根本出发点。

总之，随着信息时代与网络时代的来临，社会生活与经济竞争的方方面面都有了很大的改变。对于企业而言，一方面，网络技术提供了“客户中心”这一思想得以实施的技术前提；另一方面，在网络时代，如果企业不转换经营观念，真正将顾客视为企业经营管理活动的中心，不努力建立、维持和提升企业与客户之间的关系，企业也将在激烈的市场竞争中遭到淘汰。这就是网络时代客户关系管理（electric customer relationship management, ECRM）成为一种势不可挡的潮流的原因所在。

ECRM，就是在原有的CRM的基础上，借助于各种先进的网络技术和通信技术，通过为企业与客户之间的互动提供便利的渠道，方便企业与客户的相互沟通与了解，从而改善它们之间的关系，用关系导向取代交易导向。企业经营活动的重点在于整个交易过程中双方关系的建立、维持与提升，营销目标则使客户和企业都能在交易的过程获得自身利益的最大满足。从而，在实现客户利益与满意度最大化的同时，良好的客户关系就为企业建立起了抵御竞争对手的竞争壁垒并形成企业的持久竞争优势。企业也可能通过客户资料数据库、呼叫中心、企业网站等便捷的资料收集与分析工具，对顾客资料与交易记录进行分析，针对客户的不同需求开展有针对性的关系营销，推动双方关系向更好的方向发展。

二、CRM 的内容

CRM的指导思想就是对客户进行系统化的研究，改进对客户的服务水平，提高客户的忠诚度，进而为企业带来更多的利润。这就要求CRM系统要能够识别所有的产品、服务以及客户与商家之间的中介关系，并且了解从这种关系发生开始客户与商家之间进行的所有交互操作。CRM应用研究涉及三个基本的商业流程：营销自动化（MA）、SFA和客户服务。这三个方面都是影响商业流通的重要因素，对客户关系管理项目的成功起着至关重要的作用。

（一）MA

传统的数据库营销是静态的，经常需要好长时间才能对一次市场营销的结果作出一个分析统计表格，从而在此期间往往会失去许多重要的商业机遇。新一代的营销管理软件是建立在多个营销数据库交叉的基础上，能够及时对客户的活动做出反应，因此可以更好地抓住每个商业机遇。对于MA来说，普遍认为在于营销队伍的自动化应用，这也是CRM的基础。MA应用曾经是早期面向客户的应用软件的出发点，如今已变成一个集成度更高的解决方案，管理企业与客户之间的关系，包含了更为广泛的基本功能，如工作日历和日程表安排、联系人和客户管理、佣金管理、销售机会和潜在客户管理、销售预测、建议书制作和管理、定价、地域分配和管理以及报销报告等。与MA携手工作的是销售配置软件，它使软件的使用者（客户或销售代表）能够将产品部件组装成产品，更加适用于网络，因为用户不需要拥有任何安装复杂产品的技术背景。自助网络销售能力使客户能够通过Internet来选择并购买产品或服务，完善了CRM，解决方案中的销售部分，从而使企业具备直接与客户进行电子商务的能力。CRM领域中，比较新的功能是市场营销自动化。其着眼点在于通过设计、执行和评估市场营销行动和其他相关活动的全面框架，赋予市场营销人员更强的能力。作为MA的补充，它提供一些独有的功能，如促销宣传管理、内容管理以及数据分析和商业智能工具。具体来讲，包括基于网络的传统的市场营销宣传行动、执行和分析；客户需求的生成和管理；预算和预测；宣传品生成和市场营销材料管理；“市场营销百科全书”（通常是产品、定价和竞争对手信息的汇总）；对有需求客户的跟踪、分配和管理。MA和市场营销自动化虽然作用不同，但在整个客户生命周期中往往是互为补充的。

企业必须拥有多种营销渠道的能力，如电话销售、电视营销、直接邮寄、传真、E-mail和Internet等方式之间的通信。同时要协调好它们之间的关系，防止渠道间的营销策划发生交叉或冲突。

MA系统直接与客户进行通信，直接了解客户的需求。MA系统必须确保产生的客户数据和相关的支持资料能够以各种有效的形式散发到各种销售渠道。反过来，销售渠道也必须及时反馈同客户交互操作的各种数据，以便系统及时对本次营销进行评估和改进。对于已经建立固定联系的客户，CRM系统应该紧密地集成到销售和服务项目中，从而理清不同客户之间的关系。客户关系分析是决定CRM成败的一个重要因素。客户关系分析的内容主要包括以下几个方面：

（1）营销分析的重点是分析销售和营销的主要方面（如盈利），并且将它与客户活动数据和ERP数据关联起来，以便进一步改进营销策略；

（2）客户概况分析（profiling）包括客户的层次、风险、爱好、习惯等；

（3）客户忠诚度分析（persistency）是指客户对某个产品或商业机构的忠诚程度、持久性、变动情况等；

（4）客户利润分析（profitability）是指不同客户所消费的产品的边缘利润、总利润额、净利润等；

（5）客户性能分析（performance）是指不同客户所消费的产品按种类、渠道、销售地点等指标划分的销售网；

（6）客户未来分析（prospecting）包括客户数量、类别等情况的未来发展趋势以及争取客户的手段等；

（7）客户产品分析（product）包括产品设计、关联性、供应链等；

（8）客户促销分析（promotion）包括广告、宣传等促销活动的管理。

MA 系统一般都是可分析的，它需要同企业数据仓库结构和决策支持工具的集成。它的数据仓库特性和 MA 系统两层或 *N* 层结构的特点，使得它一般限制在供少量用户使用的企业或校园中。销售系统采用 OLTP，并且经常使用 *N* 层结构，因为它们要服务于更具有分布式特性并且具有更强的同步化/复制需求的大规模用户群体。

（二）SFA

SFA 是 CRM 中增长最快的一个领域，它的主要功能包括账户管理、合同管理、定额管理、销售预测、盈亏分析以及销售管理等。

SFA 是 CRM 中最困难的一个环节。这不仅是因为它的动态性（不断变化的销售模型、地理位置、产品配置等），而且也因为销售部门的观念阻碍了销售过程的自动化。销售部门一般习惯于自己的一套运行方式，从而常常抵制外部强制性的变化。实现 SFA 要特别注意以下四个方面：目标客户的产生和跟踪；订单管理；订单完成；营销和客户服务功能的集成。

（三）客户服务

客户服务主要集中在售后服务上，有时也提供一些售前信息，如产品广告等。售后服务主要发生在面向企业总部办公室的呼叫中心，但是面向市场的服务（一般由驻外的客户服务人员完成）也是售后服务的一部分。产品技术支持一般是客户服务最重要的功能，提供技术支持的客户服务代表需要与驻外服务人员（必须共享和复制客户交互操作数据）机构合作。总部客户服务驻外服务机构的合作以及客户交互操作数据的统一使用是现代 CRM 的一个重要特点。

客户服务系统最典型的代表是呼叫中心环境。这些系统大部分限制在具有中等数量规模用户的企业或地区网络中使用。在这样的客户服务系统中，一般存在着多种数据处理的需求，因为一方面需要通过查询客户信息来增加对客户的了解，另一方面在收集客户信息的过程和方式中又带有 OLTP 特性。

完整的 CRM 方案需要将 MA、销售跟踪、客户服务、ERP、SCM 以及其他的系统紧密地结合起来。

三、CRM 的主要功能

（一）信息分析能力

强有力的商业情报和分析能力对 CRM 是很重要的，CRM 系统有大量关于客户和潜在客户的信息，企业应该充分利用这些信息，对其进行分析，使决策者所掌握的信息更加完全，从而可以更及时地做出决策。良好的商业情报解决方案应能使得 CRM 和 ERP 协同工作，这样企业就能把利润创造过程和费用联系起来。

（二）对客户互动渠道进行集成的能力

对多渠道进行集成与 CRM 解决方案的功能部件的集成是同等重要的。不管客户是通过 Web 与企业联系，或是与具有 SFA 功能的手提电脑的销售人员联系，或是与呼叫中心的代理联系，与客户的互动都应该是无缝、统一、高效的。统一的渠道还能带来内外部效率的提高。

（三）支持网络应用的能力

在支持企业内外的互动和业务处理方面，Web 的作用越来越大，这使得客户关系管理的网络功能越来越重要。以网络为基础的功能对一些应用（如网络自主服务、自主销售）是很重要的。为了使客户和企业雇员都能方便地使用客户关系管理，需提供标准化的网络浏览器。从而，用户只需很少的训练或不需训练就能使用这个系统。另外，业务逻辑和数据维护是集中化的，减少了系统的配置、维护和更新的工作量。这可以大大节省基于互联网的系统的配置费用。

（四）建设集中的客户信息仓库能力

CRM 解决方案采用集中化的信息库，所有与客户接触的雇员都可获得实时的客户信息，而且各业务部门和功能模块间的信息能够统一起来。

（五）对工作流进行集成的能力

工作流是指把相关文档和工作规则自动化地（不需人的干预）安排给负责特定业务流程中的特定步骤的人。CRM 解决方案应该能具有很强的功能，为跨部门的工作提供支持，使这些工作能动态地、无缝地完成。

（六）与 ERP 功能的集成

CRM 要与 ERP 在财务、制造、库存、分销、物流和人力资源等方面连接起来，从而提供一个闭环的客户互动循环。这种集成不仅包括低水平的数据同步，而且还应包括业务流程的集成，这样才能在各系统间维持业务规则的完整性，工作流也就可以在系统间流动。同时，这两者的集成使得企业能够在系统间收集商业情报。

四、网上客户关系管理的主要功能

具体列出 CRM 的功能并不是一件容易的事情，这不仅是因为 CRM 包含的内容十分广泛，对企业业务的方方面面都有着或大或小的影响，并且，如果真正要将 CRM 落到实处，让它的功能得以很好的发挥，需要企业从产品设计、加工生产、市场营销、销售支持直到最后售后服务的每一个环节都要以之为出发点并同它协调发展。而且，由于不同行业的企业，其业务活动的内容各不相同，即使是同行业的企业，由于企业的规模大小、管理特点与经营理念上的差异，每个企业开展 CRM 的方式与重点也有很大差别。因此，将 CRM 功能一一列举出来不是一件很现实的事情。实践中，针对不同行业、不同企业开发不同的 CRM 软件就是为了迎合不同业务内容的需要。尽管 CRM 在不同企业的功能侧重点各有不同，但万变不离其宗，我们可以从核心层面上对 CRM 的功能进行概括。CRM 的核心目标可以归纳为以下几点：获得新的客户关系、加强现有客户关系并维系和提升客户关系。网络时代 CRM 的目标同样是为了实现这三个目标。围绕这些目标，CRM 在企业不同业务活动中都具有不同的功能表现。 特别是在企业的市场营销、销售支持与客户服务这三大块业务上，网络时代的客户关系管理具有十分重要的作用。

（一）网上营销的销售优势

企业市场营销的目的是实现闭环的市场营销管理，做到有计划、有预算、有执行、有反馈、有评估、有传递，以及有效地促进销售。网络时代，借助先进的网络与通信技术，通过开展网上客户关系管理帮助企业进行营销管理，企业可实现全面的营销管理自动化。一方面，通过对以往客户交易的相关记录的分析，可以了解客户对企业已有产品和服务的接受与喜好程度，从而帮助企业进行产品的改进与新产品的开发，使企业在产品设计之初就比竞争对手在市场需求方面占得先机；另一方面，通过对客户交易记录的分析，对客户进行细分，同时对不同客户进行分组管理，并根据已有客户的个性特点发掘潜在客户。从更广泛的范围上来说，根据获得的这些信息，企业可以有针对性的策划行之有效的营销战略，如为不同客户提供个性化的营销需求信息，根据顾客喜好以电子邮件或新闻组的方式与之进行联系，实施有针对性的促销活动，并对各种渠道（包括传统营销、电话营销、网上营销）所接触的客户进行记录、分类和辨识，提供对潜在客户的管理，通过浏览由在线数据分析产生的图像报告，评估每项活动的有效性及回报等。更进一步，可以通过跟踪和评估各种市场活动的成效，及时调整和改进相应的营销方针，实现以最小的营销投入获得最大的营销收益的目的。

（二）网上营销的销售管理功能

一个优秀的客户关系管理系统，不仅要着眼于市场与客户信息的千变万化，还应该给企业内部的销售等环节带来方便。为此，我们先看一个例子。以往，企业常按照很多复杂的规则进行销售佣金的核算，现在能否找到更便捷的方法呢？常年在外跑的销售人员，在时间、精力、地理位置方面都有限制，他们如何借助客户关系管理系统的帮助来更好地赢得客户和为客户提供更好的服务？网上客户关系管理就可以帮助企业解决这些难题。网上客户关系管理中的销售管理模块就可以对商业机会、账户信息及销售渠道等方面进行管理。它支持多种销售方式，使销售队伍总能把握最新的销售信息。具体来说，网上客户关系管理中的销售人员通过各种移动通信设备接入网络，实现远程销售。网上客户关系管理的销售管理模块还为客户和销售人员提供通过多媒体目录，方便其查找产品、配置产品和服务方案、下订单、确认订单的有效性和交付性、跟踪订单执行状态等多种服务。销售人员还可以根据客户以往的交易信息、客户所处的特定环境、客户的目前需求和购买模式向客户推荐合适的产品和服务。它还可以进行合作伙伴管理、渠道管理，对企业的各种合作伙件，如代理商、批发商、零售商集中进行管理。进一步扩展的功能还包括帮助企业实现网上结算管理，进行部分货物的网上配送，提供与物流软件系统的接口等。网上客户关系管理的销售管理功能模块还有一种十分重要的功能就是能通过对销售人员在销售过程中的各种信息的搜索与分析，针对不同的销售人员设计不同的奖惩与激励方案，进行销售佣金与销售人员激励等方面的管理。

（三）网上客户关系管理的客户服务功能

传统意义上的“服务中心”总是“成本中心”，是“花钱的地方”。对企业来说，为客户提供服务必定会有人、财、物等成本的投入。不为客户提供服务，则无疑是把企业往死路上推。客户服务的质量与服务成本的控制，往往是令企业难以两全的头疼问题。那么，如何在为客户提供优质服务的同时，把“成本中心”变为“利润中心”呢？网上客户关系管理在这一点上给企业带来了很大的帮助。具体来说，网上客户关系管理通过以下几种活动使企业在提高服务质量的同时，也很好地控制了服务成本。

1. 客户信息管理

网上客户关系管理中的一个重要任务就是管理客户信息，对企业各部门中每一个人所接触的客户资料进行统一管理。这包括对客户基本信息、客户联系人信息、企业销售人员的交易跟踪记录的整理归类；对客户类型的划分、客户状态与合同信息等的监管与控制。网上客户关系管理系统还可以应用数据仓库和数据挖掘技术进行数据收集、分类和分析，以实现智能营销。很明显，这些信息的收集，对于企业在提供服务时做到有的放矢，达到提高服务质量和降低服务成本的目的。

2. 服务管理与客户关怀

客户表达了一次购买意向之后，如何有效利用已知信息，进行进一步接触，使客户得到个性化的关怀或服务？当客户提出服务请求时，如何快速地查阅到以往的销售情况与服务条款，从而提供恰当的客户服务？如何与服务网点相配合，更清楚地掌握并及时反馈产品维修情况？过去，这些问题企业都想做到但却无力实现。如今，通过运用网上客户关系管理系统，这些问题都已不再是难事。网上客户关系管理的客户服务与关怀包括对产品安装档案、服务请求、服务内容、服务网点、服务收费等的管理，详细记录服务全过程并进行登记与跟踪。例如，服务项目的快速录入、安排、调度和重新分配；事件的升级；搜索和跟踪与业务相关的事件；生成事件报告；服务协议和合同；订单管理和跟踪；问题及其解决方法的数据库等。这些功能都能支持客户现场服务与自助服务，实现客户关怀。

五、网上客户关系管理的发展

（一）网上客户关系管理的竞争优势

根据波特教授的竞争优势理论，任何一个行业中的企业都要受到五种竞争力的作用：来自潜在竞争对手的威胁；来自其他产品创新使本企业产品被替代的威胁；来自供应商的卖方砍价能力的威胁；来自消费者的买方砍价能力的威胁；来自产业内部的现有企业之间的竞争的威胁。这五种竞争作用决定了产业的盈利能力，它们影响着企业的价格、成本和企业投资等多种因素，综合起来决定产业中的企业获取超出行业平均利润水平的盈利率的能力和企业在行业中的竞争优势。

CRM 的实施，对于企业来说，其最大好处是能帮助企业赢得收益与未来，从而形成企业相对于同行业竞争对手的竞争优势。CRM 的应用有助于进行市场活动自动化过程管理、市场策略投资回报评估、客户线索发掘和分配、有针对性的个性化的市场推广活动等。CRM 之所以能帮助企业赢得收益与未来，主要是由于它能帮助企业在以下三个方面取得领先于对手的竞争优势。

（1）提高效率。CRM 中新技术手段的采用，提高了业务处理流程的自动化程度，实现了企业范围内的信息共享，提高了企业员工的工作能力，并有效地减少培训需求，使企业内部能够更高效地运转。CRM 可以缩短销售周期，整合销售渠道，提高销售效率，抓住每个可能机会做成订单，提高每个客户对企业的综合盈利率，及时获得和理解客户的需求。

（2）拓展市场。借助于 CRM，企业可以对市场活动进行规划、评估，对整个市场活动进行 360 度的透视；能够对各种销售活动进行追踪；通过新的渠道和业务模式（电话、网络）扩大企业经营活动范围，及时把握新的市场机会，占领更多的市场份额。CRM 系统拥有对市场活动、销售活动的分析能力，能够从不同角度提供成本、利润、生产率、风险率等信息，并对客户、产品、职能部门、地理区域等进行多维分析。

（3）保留客户。客户可以选择自己喜欢的方式（电话、传真、网络等），同企业进行交流和业务往来，方便地获取信息，得到更好的服务。系统用户可不受地域限制，随时访问企业的业务处理系统，获得客户信息。同时，任何与客户打交道的员工都能全面了解客户关系，根据客户需求进行交易，了解如何对客户进行纵向和横向销售，记录自己获得的客户信息。客户满意度的提高，可帮助企业保留更多的客户和更好地吸引新客户。

由此可见，CRM 的应用可以帮助企业提高效率和收益，获得并保持长久和忠诚的客户，从而把握未来竞争的主动权。特别是它能使企业尽快地掌握市场需求状况，并通过高效率的业务流程以最低的成本满足客户的需求，这就使企业具有波特教授所说的差异化与低成本的双重优势。

这样一来，企业在竞争中就具有与其他五种力量博弈的多种优势。由于对需求信息的及时把握，企业可以有针对性地进行新产品的开发与研制，使企业产品被其他企业产品淘汰的风险降到最低。并且，由于知道了市场的需求信息，企业可以通过供应链管理和供应商开展合作，谋求双方的最大利益；同时，由于企业的产品是根据消费者的需求信息生产出来的，消费者在购物过程中就不会由于对产品不满而与企业讨价还价，双方在客户关系管理下建立起来的将是一种合作互助的新型关系；市场的拓展和忠诚客户的保留，为企业建立了抵御潜在竞争对手进入的有效壁垒；以上几点的综合，就使企业在业务活动的上下游都有了良好的合作关系，再加上CRM带来的企业经营效率的提高，企业在网络时代就具有一个企业最具有竞争力的武器——能以较低的成本最快地满足客户的需求。

（二）网上客户关系管理的新发展

目前，CRM已经被越来越多的企业所重视。对于企业用户而言，CRM不再是一种纯粹的理论，它更多地注重实践层面上的具体实施。企业需要的是可以实实在在地提高业绩、赢得竞争的方法和工具。CRM不管在理论上多么成熟和完美，如果不能被众多的企业在实践中检验，不能为企业带来切切实实的效益，那么CRM必将像一个早产的婴儿一样夭折。事实上，CRM的发展，也的确是和企业经营的实践紧密联系在一起的，它的发展也确是由企业和客户的需要所推动的。在网络经济时代的大潮下，CRM呈现以下新的发展趋势。

1. CRM由部门级应用转为企业级应用

不同企业的领导在CRM这一观念的接受程度和企业信息化程度上的差异，再加上不同企业在资金、技术、人员配备上实力也各不相同，导致在当前的形势下，我国有很多企业由于上述原因而受到限制，使得CRM的应用大都停留在部门级。这种部门级应用的弊端是整个企业的部门整合力不够，从而CRM的协同作用也不能得到很好的发挥。CRM的功效要想得到很好的实现，则必须摆脱部门级的应用而提高到企业级应用的层面上来。

所谓企业级CRM，就是说CRM必须能够对企业所有业务产生影响，能够在企业各个不同部门得到协同的利用与整合。具体来说，这种影响具体表现在以下两个方面：一是CRM要能得到企业级的业务数据，也就是说，CRM能将呼叫中心、销售和生产系统紧密结合起来，客户资料数据库不再是独立的客户数据处理系统，而是一个能为企业其他业务的开展提供充分而又及时的信息的动态数据库。二是 CRM 还必须与企业的其他系统达成最好的协同。CRM 是电子商务时代企业不可缺少的 IT 系统之一，但除 CRM 系统外，企业还会有 SCM、ERP 和办公自动化（office automatic, OA）等系统。CRM 和 SCM、ERP 是企业信息系统中最密不可分的三个 IT 系统。CRM 与 SCM 相互依赖程度很高，CRM 中的市场策略、销售管理直接影响到企业与供应商之间的业务活动，从而决定 SCM 的实施与管理重点。同时，企业供应链管理的水平又直接影响到企业的生产和销售以及客户服务水平的高低，这些进一步对客户满意程度产生影响而在很大程度上决定了企业 CRM 的质量。CRM 与 ERP 之间也存在着相互支持和相互依赖的关系。首先，ERP 从企业的宏观层面上影响着企业数据。其次，CRM 从改善客户关系的角度，ERP 从优化企业生产流程的角度，相辅相成地提高了企业的综合竞争力和利润水平。而 CRM 与 OA 之间的联系更是显而易见，CRM 的开展，必然要求企业具有较高的信息化程度，那么，企业办公自动化的实施，就无疑是不可或缺的。因此，企业在实施 CRM 时，一定要将 CRM 与原有的 IT 系统紧密结合起来，使 CRM 系统在充分利用原有的系统的同时，在一定程度上对企业的其他 IT 系统产生协同作用。这样既可以使 CRM 效率大大提高，也可以很快见到效益，提高盈利水平，同时还可以为企业节约大量的经费。

2. CRM 将与信息技术特别是网络技术高度融合

CRM 之所以到 20 世纪 90 年代才飞速发展起来，其中一个很重要的原因就是由于有了现代通信技术特别是网络技术的支撑。随着信息技术的进一步发展，CRM 也必然会与网络形成更为紧密的融合，这种趋势一方面表现为企业工作高度电子化（electronics channel）：它包含部门工作的电子化和联系渠道的电子化；另一方面表现为充分利用网络的信息共享性获取和集成外部信息（external information），CRM 应该能够及时地获得客户访问 Web 的信息，通过对客户访问行为的分析及时抓住市场机会。同时，还需要利用网络及时获得竞争以及相关行业和政府政策的信息，为企业的 CRM 和其他活动提供更好的决策参考数据。

总之，信息技术与网络技术必将推动 CRM 向更深层次进一步发展，离开了网络和现代通信技术的 CRM 只不过是一句空话。而 CRM 更好的实施，也必将推动经济发展和人民生活水平的提高，同时进一步推动现代通信技术与网络技术的发展，两者在网络经济时代的联系将会变得越来越紧密。

第四节　电子商务中的供应链管理

在当今的全球竞争市场，品质一流的产品不再是争夺市场份额的有力保证。对于大多数的组织，形势变得更加复杂，竞争变得更加激烈。为了取得成功，企业必须增加产量，降低成本；为了立足于目前全球化的竞争环境，企业必须对客户的需求保持高度的敏感。因此，要更加强调以客户为中心的商业模式和供应链的整合以加强供应链上伙伴的合作。为了保持原有的市场份额并增加利润，企业的决策应该更加全面，要在所有的领域考虑其后果。这无疑是一项复杂的工程。成功的企业必须依靠信息技术来帮助其制定决策。凭借信息技术我们能将供应商和客户连接起来，并满足合作伙伴间实时交流的需要，计算机的联网和互联网为供应链的自动化提供了平行的、大量的机会，组织间信息的传递实现了实时化，创造了提高产量、降低成本的机会。本节主要介绍供应链管理的一些基本原理，以及在新型电子商务环境下，供应链管理的一些新的问题。

一、供应链管理概述

（一）供应链管理的基本概念

所谓供应链，是指产品生产和流通中涉及的原料供应商、生产商、批发商、零售商以及最终消费者组成的供需网络。在这个网络中，每个贸易伙伴既是其客户的供应商，又是其供应商的客户。他们既向其上游的贸易伙伴订购产品，又向其下游的贸易伙伴供应产品。它将企业的生产活动进行了前伸和后延。

供应链是由美国哈佛大学著名教授波特的价值链理论（value chain）发展而来的。波特指出，任何一个组织均可看做是一系列相关的基本行为的组成，这些行为对应于从供应商到消费者的物流、信息流和资金流的流动。波特的企业价值链是面向职能部门的，资源在企业流动的过程就是企业各个部门不断对其增加价值的过程。但随着全球性竞争的日益激烈、顾客需求的快速变化，采用劳动分工、专业化协作作为基础的面向职能的管理模式正面临着严峻的挑战，它将企业业务流程割裂成相互独立的环节，关注的焦点只是单个任务或工作，而单个任务并没有给顾客创造价值，只有整个过程，即当所有活动有序地集合在一起时，才能给顾客创造价值。

供应链管理是指利用管理的计划、组织、指挥、协调、控制和激励职能，对整个供应链系统中各个环节所涉及的物流、信息流、资金流和业务流进行合理控制，以达到最优组合，发挥最大的效率，以最小的成本快速为客户提供最高的商品价值。

从以上定义看出，供应链管理与传统的物料控制及储运管理有很大的不同。首先，我们应将供应链看成一个整体，供应链管理把对成本和顾客的需求有影响的每一方都考虑在内，覆盖了从供应商到客户的全部过程，包括外购、制造、分销、库存管理、运输、仓储、客户服务等。其次，供应链管理在于追求效率和整个供应链系统的费用有效性，使总成本达到最低，这个成本包括从运输和配送成本到原材料、在制品和产成品的库存成本。最后，供应链管理是将供应商、制造商、经销商有效的结合成一种能创造多赢效果的战略联盟，实现信息的共享和传递，建立有效的市场响应和用户服务，提高市场的应变能力。

供应链的互相依赖性产生了超越一家企业制造能力的多家企业内部网，原料供应者、销售渠道和顾客本身都是供应链管理的主要因素。供应链是一连串独立的步骤，引用这些步骤不能完成符合顾客需求的特定目标。由于制造商对于内部和外部的因素越来越不能进行控制，尤其是产品和配销的速度，所以供应链管理变得越来越重要。随着网络时代消费者需求的变化，生产商需要不断地关注销费者，有时只能仓促应付客户消费形态的变化，更快地完成订单和快速配送的需求。迎合顾客配送产品的需求已经成为能否取得竞争优势的关键因素。

当然，供应链是一个复杂的网络，这个网络是由不同目标的成员和组织构成的；同时，供应链是一个动态系统，不仅顾客需求和供应商能力随时间的变化而变化，而且供应链成员的关系也随时间的变化而变化，这意味着供应链管理也面临着巨大的挑战。

（二）供应链管理的基本思想

供应链管理的基本思想就是“横向一体化”，即把原来由企业自己生产的零部件外包出去，充分利用外部资源。现在人们开始认识到，任何一个企业都不可能在所有业务上成为世界上最杰出的企业，只有优势互补，才能共同增强实力。国际上的一些企业已经开始摒弃原来的那种从设计到销售都由自己承担的大而全的模式，而转向在全球范围内与供应商和销售商建立最佳合作的伙伴关系，建立长期稳定的战略同盟，形成利益共同体。

供应链管理会涉及很多具体的方法和技术，但对企业来说，首先是要了解供应链管理的思想对传统管理理念的影响。由于企业面临的市场空间和形态发生了变化，同时传统的管理模式又无法适应新的环境，导致一种新型的供应链管理思想的产生。具体来说，供应链管理的思想主要有以下几个方面。

1. 新型合作型竞争理念的思想

与传统企业经营管理不同，供应链管理是对供应链全面协调性的合作管理，它不仅要考虑核心企业内部的管理，而且还要注重供应链中各个环节、各个企业之间资源的利用与合作，让企业进行合作博弈，最终达到双赢。供应链管理的合作型竞争理念把供应链视为一个完整的系统，将每一个成员企业视为子系统，组成动态联盟，彼此信任，互相合作，共同开拓市场，追求系统效益的最大化，最终分享节约的成本和创造的效益。

2. 系统观念的思想

不是孤立地看待各个企业及各个部门，而是把供应商、制造商、销售商等所有相关的内外联系体全都考虑起来，并把整个供应链看成是一个有机联系的整体。供应链管理涵盖整个物流，从供应商到最终用户的采购、制造、分销、零售等领域的过程。链中的所有企业必须形成整体，同别的供应链竞争。

3. 共同目标的思想

供应链管理具有更高的目标，通过管理库存和合作关系及企业群体的知识达到高水平的服务，来满足最终消费者对成本、质量、服务等的要求，从而提高顾客的满意度。

4. 开发核心竞争力的思想

企业要想在供应链中长久发展，不能光靠表面策略，而要找到自己的核心竞争力。企业只有自己具有核心竞争力，才能持久维持供应链业务伙伴关系。所以，供应链业务伙伴关系应借助企业的核心竞争能力来形成，而不能以丧失企业的核心竞争能力为代价。企业应保持甚至强化自己的核心竞争能力，通过集中核心竞争力来进行新产品的研发和创新，取得竞争的主动。

5. 以客户满意度作为目标的服务化管理思想

供应链企业间形成了一种特殊的协作关系，对于上游企业，显然必须提供优质的服务来保证协作关系的持续，这也是供应链得以维持的基础；对下游企业来讲，供应链上游企业的功能不是简单的提供物料，而是要用最低的成本提供最好的服务。因此，供应链两端的企业必须以优质的服务来保证供应链的完整，即双方都要以客户满意度为目标。

6. 借助信息技术实现目标管理的思想

传统的管理依赖于管理者的人本化管理，管理水平取决于管理者的素质和管理对象的行为。因此，管理结果往往因为某种人为因素而受到影响，管理水平无法得到保证。信息化环境下企业的信息流可以通过信息技术进行整合，核心企业成为信息协调中心，可以有效地保证管理水平，实现管理目标。

（三）供应链管理的原则和发展思路

1. 供应链管理的原则

美国一家咨询顾问机构对供应链管理提出了七个基本原则：

（1）根据不同群体的需求来划分市场，以使供应链适应市场的需求，并能够保证盈利。也就是说，要针对不同的市场需求群体，建立起相应的供应链系统。

（2）按市场进行物流网络的顾客化改造。由于市场上有不同的需求，因此就要对原来的整个网络尤其是物流系统进行重构，以满足不同的顾客群体。

（3）根据市场的动态使整个供应链的需求计划成为一体。过去是每个企业做自己的企业计划，现在要求使整个供应链的需求计划能成为协调整个供应链的中心。

（4）产品多样化的最终构成应尽量靠近客户，并通过供应链实现快速响应，这就是延迟的原则。过去从制造商那里出来的产品就是最终产品，用户多样化的需求迫使制造商不断增加花色品种。供应链思想中的延迟制造原则，就是把产品的形成尽量向用户端延伸。

（5）对供应资源实施战略性管理，减少物流和服务的成本比重。

（6）对整个供应链系统的信息支持平台实施整体开发战略，而不是只从一个企业的角度建立信息系统。这是为了满足支持各个企业的多层次、分布式群体性决策，使企业能够清楚了解整个供应链产品流、服务流和信息流的状态。

（7）有效的供应链绩效度量方法。这是一个难题，因为现在没有一套非常有效的对整个供应链的绩效进行测试的指标体系。把过去对单个企业的绩效评价指标用来衡量整个供应链，这显然不行。

2. 供应链管理模式的发展思路

促进供应链管理模式的发展应该从以下几个方面着手：

（1）提高对供应链管理思想的认识，建立合作竞争机制，强调核心竞争能力。要动员社会上的各种资源，尽快尽早在管理者头脑中建立供应链管理模式的意识，通过外部环境建设，充分完善社会分工体系，形成一种合作竞争机制，彻底摒弃“大而全，小而全”的思想，为供应链管理提供良好的社会环境。

（2）把先进的制造与管理技术统一到供应链管理战略之下。目前人们已经开发和掌握了很多先进的制造技术和管理技术，要把这些先进技术融合进一个更高层次的管理模式之中，使之适应所支持的管理模式，发挥其最大的作用。

（3）在供应链合作伙伴之间建立大物流概念，提高企业间同步制造水平。目前还有不少企业停留在单体生产管理思想上，即只愿意按本企业的工作制度安排生产计划，而不愿意与外部环境协同运行。由于上、下游企业生产率的不同，很容易在供应链上形成很多的库存。

（4）缩短制造周期和物流周期并举，开发基于时间的竞争技术，尤其是供应链整体物流周期时间压缩的技术与管理方法，由此提高供应链的敏捷性。

（5）不断推进新的物流与库存管理理念，如供应商管理的库存、联合库存、第三方物流、集成化供应等。

（6）开发新的供应链管理与物流技术和软件系统。基于供应链运作的管理软件、物流管理信息系统、EOS（电子订货系统）、POS 等的集成。

（7）建立适应供应链管理的连续采办与全生命周期支援体系（continuous acquisition and life-cycle support，CALS），提高数据标准化水平，提高全过程服务效率和服务能力。现在各个企业都有一套自己的标准，且互不兼容，这样一来，几乎所有供应链上的企业都不得不花费大量的时间重新录入和编辑这些数据。如果能够将供应链上的数据标准化，就可以使这些不增值的劳动大为减少。

二、电子商务中的供应链管理

（一）网络经济的发展对供应链的影响

在21世纪来临之际，经济正全面迈向全球一体化，经济形态正从工业经济向网络经济转变；Internet在全球的普及，掀起了电子商务的浪潮。对企业而言，这是一个充满机遇与挑战的全新的经济时代。Internet的应用不仅可以改善供应链中各部分间的沟通，提高供应链的效率，更重要的是Internet将改变供应链的结构。网络经济的发展，将促使传统的供应链结构模式向集成一体化的供应链动态联盟转变；网络交易将对现有采购、零售和分销及服务方式带来极大的改变，主要体现在组织结构、信息技术的应用等方面。

在供应链管理思想下，企业内部供应链将与外部的供应商和用户集成起来，与主要供应商和用户建立良好的合作伙伴关系，构成了一个网链化的扩展的企业结构，即供应链共同体。但是，随着网络经济的发展，用户需求的不确定性和个性化增强，市场环境日益动态化，不能适应供应链需求的企业将从供应链联盟中淘汰。供应链从而成为一个能快速重构的动态组织结构，即集成化供应链动态联盟。它主要是基于一定的市场需求、根据共同的目标而组成的，通过实时信息的共享来实现组织结构的动态集成。供应链企业通过Internet与电子商务等技术集成在一起以满足用户的个性化需求，一旦用户的需求消失，它也就随之解体，而当另一新的市场需求出现时，供应链又由新的企业动态的重新组成。

为了达到与外部供应链的动态集成，企业应充分利用Internet信息技术实现企业内部信息系统与外部供应链节点的无缝链接，达到信息共享和信息交互；同步化、扩展化的计划与控制系统是主要的工具，基于Internet的电子商务将取代传统的商务模式。这些信息系统主要包括网上采购、网上公共交易平台（exchange）、ERP、CRM、网上虚拟商场、物流管理、零售与分销管理等。

总之，网络经济时代的供应链企业之间将形成一种集成一体化的动态联盟以适应市场环境的快速变化，并有效地利用现代信息技术与Internet，通过改选和集成业务流程，与供应商以及客户建立协同的业务伙伴动态联盟，实施电子商务，把有关顾客需求的实时信息及时反馈到供应链，提高每个公司对整体供应链中即时信息的可见度，大大提高企业的竞争力，使企业在复杂的市场条件下立于不败之地。

（二）技术信息对供应链管理的影响

信息技术的发展改变了企业应用供应链管理获得竞争优势的方式，企业通过应用信息技术，可以支持其经营战略并选择经营业务，提高供应链活动的效率，增强整个供应链的经营决策能力。信息技术对供应链管理的影响主要体现在以下八个方面。

1. 帮助建立新型的客户关系

信息技术使供应链管理者可以通过与其客户和供应商之间构筑的信息流来建立新型的客户关系。例如，通用电器建立了一个开放式的在线互联网络TP（trading process），来招标采购企业所需的原材料和零部件。公司把企业内部各个部门的采购需求集中起来通过电子市场进行招标，不仅可以发现优良的供应商，节约采购成本，使采购业务合理化，而且还为公司内部的采购人员提供了获得全球市场的机会。而对供应商来说，通过通用电器的TPN系统，则可以在任何时候进入通用电器的招标电子市场，了解通用电器的需要，参加投标活动。

2. 开辟了获取消费者和市场需求的新途径

用信息技术通过互联网来交换有关消费者的信息已成为企业获得消费者和市场需求信息的有效途径。例如，供应链的参与各方可以通过信息网络交换订货、销售、预测等信息。对于全球经营的跨国企业来说，信息技术的发展可以使其业务延伸到世界的每个角落。

3. 开发高效率的营销渠道

企业利用互联网与其经销商协作建立零售商品的订货和库存系统，借助这样的信息处理系统，企业可以获知有关零售商商品销售的信息，在这些信息的基础上可以进行连续库存的补充和销售指导，从而与零售商一起改进营销渠道的效率，提高顾客满意度。

4. 改变产品和服务的存在形式和流通方式

信息技术正在改变许多产品和服务的存在形式和流通方式。例如，音像或软件产品以前一直是以CD或磁盘等方式投入市场进行流通销售的，这往往需要进行大量的分拣和包装作业。现在，许多音像和软件产品可以通过互联网直接向顾客进行销售，无须分拣、包装、运送等物流作业。

5. 构筑企业间或跨行业的价值链

通过利用每个企业的核心竞争能力和行业共有的做法，信息技术可以用来构筑企业间的价值链。例如，在航空运输行业，航空公司一般采用的是全行业范围内的订票系统而不是各个企业独自的订票系统。

6. 具有及时决策和模拟结果的能力

信息技术的发展使得供应链管理者在进行经营革新或模拟决策结果的时候可以利用大量有效的信息，供应链管理者基于这些信息可以对供应链进行有效的管理。例如，企业在转移仓库设施或变换生产场所时，通过模型可计算出会出现什么样的结果。许多企业基于详细的销售服务信息和成本信息，可以应对市场的快速变化，相应做出最佳决策。

7. 具有全球化管理和根据消费者的要求进行大规模定制的能力

企业经营的全球化一方面要求企业在全球市场进行经营活动；另一方面，要求企业能根据当地的需要、习惯和文化等来从事经营活动。应用信息技术开发企业的信息系统，可以帮助协调和管理世界各地的经营活动。例如，Dell公司就充分利用信息技术，使得公司具有进行全球化管理和根据消费者的要求进行大规模定制的能力。最终消费者可以通过Dell公司的网页进行订货，在订货时说明自己对所购买产品的功能要求，Dell可以根据消费者的具体要求组织生产并迅速地配送给顾客。Dell的这种电子商务策略的效果体现在能直接与最终消费者建立依赖关系，高效率地向消费者销售产品、提供服务，减少与流通库存和营销业者运行有关的供应链成本。

8. 改变传统的供应链构成

信息技术正在改变传统供应链的构成并模糊产品和服务之间的区别。例如，美国的3C公司传统上直接向消费者或者通过销售商的营销网络向消费者销售MODEMS产品。由于产品的升级换代很快，新产品不停地投放市场，使得对具体品种的需要进行预测和做计划比较困难。一般对于这种类型的产品，协调制造商和分销商的物流成本和管理成本是很高的。但信息技术的发展完全改变了3C公司的销售方式。一旦消费者购买了基本MODEMS，在每次产品升级的时候，消费者只要通过互联网购买升级版本就可以了，完全排除传统上的MODEMS供应链。MODEMS的升级实际成为3C公司所提供的服务，而不是以材料形式表现的产品，这样即使是有几百万的顾客同时购买升级版本，公司也能满足这些顾客的要求，而不会受制于其生产计划、生产能力和营销渠道能力等的约束。

（三）电子商务环境下的供应链管理

电子商务模式弥补了传统供应链的不足，它不再局限于企业内部，而是延伸到供应商和客户，甚至供应商的供应商和客户的客户，建立的是一种跨企业的协作，覆盖了从产品设计、需求预测、外协和外购、制造、分销、储运和客户服务等全过程。处于同一个供应链的厂商之间不再是零和博弈，而是双赢。B2B的电子商务模式带来了供应链管理的变革。它运用供应链管理思想，整合企业的上下游的产业，以中心制造厂商为核心，将产业上游供应商，产业下游经销商（客户）、物流运输商及服务商、零售商以及与业务有关的银行进行垂直一体化的整合，构成了一个电子商务供应链网络，消除了整个供应链网络上不必要的运作和消耗，促进供应链向动态的、虚拟的、全球网络化的方向发展。它运用供应链管理的核心技术——CRM，使需求方自动作业，预计需求，以便更好地了解客户，给他们提供个性化的产品和服务，使资源在供应链网络上合理流动，缩短交货周期、降低库存，并且通过提供自助交易等自助式服务以降低成本，提高企业的竞争力。电子商务是信息流、商流、资金流和物流的高度对称、融合与互动。信息流贯穿于商务活动的始终，导引着商务活动的发展。物流是商流的继续，是商务活动中实际工资的物资流通过程。它同样需要信息流的导引和整合。信息流在物流过程中起到了事前测算流通路径、即时监控输送过程、事后反馈分析的作用。在环环相扣的物流过程中，虚拟的场景和路径简化了操作程序，极大地减少了失误和误差，使得每个环节之间的停顿时间大大降低。

三、传统供应链管理与电子商务中的供应链管理的比较

电子商务环境下，企业拥有由供应商、销售商和分销商组成的网络，需要迅速而高效地发布信息并建立双向联系。而这些工作都可以通过使用下列工具在网络上完成：自定义外围网址、网络服务器、集群软件（电子邮件集成的共用软件）。传统供应链管理与电子商务供应链管理的比较见表8-2。

通过使用以电子商务为基础的 SCM 解决方案，公司可以：

（1）减少库存需求并降低成本，使得包括流通货物库存在内的所有库存得到控制。

（2）保持足够的存货来提高客户的满意度，确保品种齐全，提供新的、符合市场走向和变化的产品，捕捉每一个商业机会。

（3）通过优化数据集成、减少订单条目错误、减少重复工作和提高无线通信效率，可以提高生产率，提高产品竞争力。

表 8-2 传统供应链管理与电子商务中的供应链管理的比较

供应链	传统供应链	电子商务供应链
网络	有针对性	可以共享资源的全球化的网络
资源	在公司内部可以共享资源，但费用高昂。公司以外的情况则非常复杂，不易控制	在需要的话，只要经过授权，就可以随时随地获取信息
管理	只适用于公司内部的员工，外部员工加入时有很大困难而且需要传统模式的管理	全球范围内的公司之间的员工都可以加入，并安全而迅速离开，易于实行统一管理

（4）通过信息共享，将市场需求变化的风险降到最低。

（5）缩短全过程所需的时间。

（6）改善现金收支状况。

（7）提高企业的研发能力，不断地创造新的市场价值。

四、电子商务条件下供应链管理的风险防范

（一）电子商务条件下供应链管理面临的风险

既然供应链是一根从采购开始经过生产、分配、销售最后到达用户的长长的链条，那么在这长长的链条当中，只要有某个环节出了问题，就会对整个供应链构成威胁。供应链面临的风险主要有下面几种：

（1）自然灾害。台风、地震、洪水、火灾、雪灾等来自大自然的破坏，会威胁到供应链的安全。例如，台湾“9·21”地震就引起了全球IT业的震动，造成计算机价格的急剧波动。

（2）独家供应商问题。供应链上出现独家供应商，是各种利益相互冲突所形成的结果。厂家从降低建设成本的短期利益而不是规避风险的长期利益考虑，往往就会觉得独家供应商制度比较好，因为其建设成本比较低，与供应商之间关系的管理费用低，维护成本低，供货也较稳定。然而这种独家供应商制度却存在着一个巨大的风险，那就是一旦其中一个环节出现问题，则整个供应链都将会崩溃。

（3）信息技术的缺陷会制约供应链作用的发挥。网络传输速度、服务器的稳定性和运行速度、软件设计中的缺陷，还有令人防不胜防的各种病毒等，都会对供应链构成巨大的威胁。

（4）信息传递方面的问题。当供应链规模日益扩大，结构日趋繁杂时，供应链上发生信息错误的机会也随之增多。例如，有些企业出于种种原因不能经常下订单，供应商会因得不到可靠信息而无法安排生产，这种对市场的不确定性将会传染给供应链上的所有成员。

（5）企业文化方面的问题。不同的企业具有不同企业文化，不同的企业文化会导致对相同问题的不同看法，从而采取有差异的处理手法，结果导致最后出现不同的结果。如何协调供应链成员之间不同的企业文化，也是供应链上的一个大问题。

（二）防范电子商务条件下供应链管理风险的措施

1. 供应链中的成员结成战略伙伴关系

供应链中的成员应该结成战略伙伴关系，这种战略伙伴关系意味着厂商与供应商之间不仅仅是买家和卖家的关系，更重要的是一种伙伴关系甚至是朋友关系，双方在买卖之外还应有更多其他方面的往来。

2. 设有后备供应商

要想降低风险，确保供应的稳定，供应链上应发展多个供应渠道，不能单单依靠某一个供应商，否则会因某个环节的问题，造成整个供应链的瘫痪，失去市场、失去客户的严重损失。

3. 制定处理突发事件的应急措施

对于一些偶然发生但破坏性极大的事件，应预先制定应变措施，避免到时手忙脚乱，以求尽量减少或避免损失。

第五节　企业资源计划系统

一、ERP 含义

ERP（enterprise resource planning），即企业资源计划系统，其名称来源于产业界，是指建立在信息技术的基础上，以系统化的管理思想，为企业决策层及员工提供的管理平台。它是一种跨地区、跨部门甚至跨公司整合实时信息的企业管理系统。ERP 系统集信息技术与先进的管理思想于一身，成为现代企业的运行模式，反映时代对企业合理调配资源，最大化地创造社会财富的要求，它成为企业在信息时代生存、发展的基石。

ERP 是由美国加特纳公司（Gartner Group Inc.）在 20 世纪 90 年代初期首先提出来的，当时的解释是根据计算机技术的发展和供需链管理，推论各类制造业在信息时代管理信息系统的发展趋势和变革。随着人们认识的不断深入，ERP 已经被赋予了更深的内涵。它强调供应链的管理，除了传统 MRP Ⅱ 系统的制造、财务、销售等功能外，还增加了分销管理、人力资源管理、运输管理、仓库管理、质量管理、设备管理、决策支持等功能；支持集团化、跨地区、跨国界运行，其主要宗旨就是将企业各方面的资源充分调配和平衡，使企业在激烈的市场竞争中全方位地发挥其能力，取得更好的经济效益。

关于 ERP 的含义，有狭义和广义两种解释。从狭义上说，ERP 是指企业“内部”信息系统；从广义上说，ERP 是指代表整合企业“内、外部”信息的经营管理系统。对 ERP 之所以有这些不同的解释，是因为产业界将 ERP 视为企业资源计划软件的代名词。因此，随着 ERP 软件的功能在市面上不断扩张，其含义也随之不断扩大。

二、ERP 的发展过程

计算机技术特别是数据库技术的发展为企业建立管理信息系统，甚至对改变管理思想起着不可估量的作用，管理思想的发展与信息技术的发展是互成因果的关系。实践证明信息技术已在企业的管理层面中扮演越来越重要的角色。

信息技术最初在管理上的运用，是十分简单的，主要是记录一些数据，方便查询和汇总，而现在发展成为建立在全球 Internet 基础上的跨国家、跨企业的运行体系。信息技术的应用可粗略地分为以下几个阶段：

（1）MIS 系统阶段。企业的信息管理系统主要是记录大量原始数据，支持查询、汇总等方面的工作。早期的 MIS 系统主要针对某一个部门或某一项业务进行管理，因此数据记录处理也是分散、凌乱的。MIS 系统的开发思想主要是模仿手工管理流程，利用计算机来提高手工业务流程效率。

（2）MRP 阶段。企业的信息管理系统对产品构成进行管理，借助计算机运算能力及系统对客户订单、在库物料、产品构成的管理能力，实现依据客户订单，按照产品结构清单制作物料需求计划。实现减少库存、优化库存的管理目标。

（3）MRPⅡ阶段。在 MRP 管理系统的基础上，系统增加了对企业生产中心、加工工时、生产能力等方面的管理，以实现计算机进行生产安排的功能，同时也将财务的功能囊括进来，在企业中形成以计算机为核心的闭环管理系统，这种管理系统已能动态地监察产、供、销的全部生产过程。

（4）ERP 阶段。进入 ERP 阶段后，以计算机为核心的企业级的管理系统更为成熟，系统增加了包括财务预测、生产能力、资源调度等方面的功能。配合企业实现 JIT 管理、全面质量管理和生产资源调度管理及辅助决策的功能，它成为企业进行生产管理及决策的平台。

（5）电子商务时代的 ERP。Internet 技术的成熟为企业信息管理系统增加了与客户或供应商实现信息共享和直接的数据交换的能力，从而强化了企业间的联系，形成共同发展的生存链，体现了企业生存竞争的供应链管理思想。ERP 系统相应实现了这方面的功能，使决策者及业务部门实现跨企业的联合作战。

三、ERP 的功能

ERP 在企业资源最优配置的前提下，整合企业内部主要或所有的经营活动，包括财务会计、管理会计、生产计划及管理、物料管理、销售与分销等主要功能模块，以达到效率最优化的经营目标。它的功能模块不同于以往的 MRP 或 MRPⅡ的模块，它不仅可用于生产企业的管理，而且许多其他类型的企业如一些非生产、公益事业的企业也可导入 ERP 系统进行资源计划和管理。

ERP 的功能可以从基本功能和扩展功能两方面来看。其基本功能是所有 ERP 系统软件必须提供的入门功能，强调将企业“内部”价值链上所有功能活动加以整合；其扩展功能则是将整合的触角由企业内部扩展到企业的后端厂商和前端顾客。其中，与后端厂商信息系统加以整合的是属于前面所讲的 SCM 方面的功能，而加强整合前端顾客信息的则是属于 CRM 和 SFA 方面的功能。最近又推出了深受瞩目的电子商务方面的功能。下面就其功能进行详细地介绍。

（一）基本功能

目前，ERP 软件的基本功能形式多样，但基本是大同小异，一般都有以下五个基本功能模块。

1. 财务会计管理模块

在企业管理中，清晰分明的财务管理是极其重要的，所以在 ERP 整个方案中它是必不可少的一部分。ERP 中的财务模块与一般的财务软件不同，作为 ERP 系统中的一部分，它和系统的其他模块有相应的接口，能够相互集成。它给企业提供更精确、跨国且实时的财务信息。例如，它可由生产活动、采购活动输入的信息自动计入财务模块生成总账、会计报表，取消了输入凭证的烦琐过程，几乎完全替代了以往传统的手工操作。

2. 生产管理模块

这一部分是 ERP 系统的核心部分，它将企业的整个生产过程有机地结合在一起，使得企业能够有效地降低库存，提高效率。同时各个原本分散的生产流程的自动连接，也使得生产流程能够前后连贯的进行，而不会出现生产脱节，耽误生产交货时间。生产管理模块以计划为导向，让企业以最优水平进行生产，并同时兼顾生产弹性，包括生产计划、物料需求计划、生产控制及制造能力计划、生成成本计划、生产现场信息系统。

3. 物料管理模块

这一模块主要协助企业有效地控制物料，降低存货成本，包括采购、库存管理、仓储管理、发票验证、库存控制、采购信息系统等。

4. 销售和分销管理模块

这一模块协助企业迅速地掌握市场信息，以便对顾客需求做出最快速的反应，更好更切实地为顾客服务，满足其需求。它包括销售管理、订单管理、发货运输、发票管理、业务信息系统。

5. 企业情报管理模块

这一模块为企业决策者提供更实时有用的决策信息，包括决策支持系统、企业计划与预算系统、利润中心会计系统。

除以上五个基本功能外，很多厂商还提供了许多其他基本模块来加强企业内部资源整合的能力，如人力资源管理模块、客户服务管理模块等。

（二）扩展功能

一般ERP软件还提供一些扩展功能模块，如SCM、CRM、SFA以及电子商务。

其中前面三个模块在本章以上部分业已介绍，这里主要说一下电子商务功能模块。关于电子商务的含义，产业界解释不一。电子商务一般指具有共享企业信息、维护企业间关系，及产生企业交易行为等三大功能的远程通信网络系统。目前ERP软件供应商提供的电子商务应用方案主要有以下三种：① 提供可外挂于ERP系统下的SCM功能模块，如让企业依整合、实时的供应链信息自动订货的模块，以协助企业推动企业间的电子商务。② 提供可外挂于ERP系统下的CRM功能模块，如让企业建置、经营网络商店的模块，以协助企业推动其与个人间的电子商务。③ 提供中介软件来协助企业整合前后端信息，使其达到内外信息全面整合的境界。

在上述四个延伸的功能中，SCM是发展最早且最成熟的一个模块，CRM、EC都尚在初始阶段，有待进一步开发。

四、ERP的实施过程

在引入ERP系统的过程中，实施是一个极其关键也是最容易被忽视的环节。因为，实施的成败最终决定着ERP效益状况。据不完全统计，我国目前已有近千家企业购买了MRP Ⅱ/ERP软件。而在所有的ERP系统应用中，存在三种情况：按期按预算成功实施实现系统集成的只占10%~20%；没有实现系统集成或实现部分集成的只有30%~40%；而失败的却占50%。并且在实施成功的10%~20%中大多为外资企业。如此令人沮丧的事实无疑向我们表明：ERP实施情况已经成为制约ERP效益发挥的一大瓶颈。由此，我们得出：企业的ERP项目只有在一定科学方法的指导下，才能够成功实现企业的应用目标。一个典型的ERP实施进程主要包括以下几个阶段。

（一）项目的前期准备工作

目前在ERP应用过程中出现的各种具有共性和普遍性的问题，在很大程度上是因为企业没有认真做好项目的前期准备工作。因此，企业在ERP应用的过程中一定要按照客观规律，认真做好项目的前期准备工作。在前期的准备工作中，培训教育要注意不能仅限于ERP原理和信息技术方面，而应把相关科学技术都包括进来。企业需求分析也不是一个简单的问题归类，而应直接指出造成这些问题的根源所在，从而可以有针对性地进行解决。业务流程重组要立足于根本性的思考和彻底的重组，也就是说要立足于企业管理创新，确保企业有一个科学、规范和严格的管理基础。

为了成功地应用为了成功地应用ERP，我们必须在ERP应用过程中建立ERP项目管理体系和运行机制，具体来说要做好以下几个方面的工作。

1. 领导层培训及ERP原理的培训

主要的培训对象是企业高层领导及今后ERP项目组人员，使他们掌握ERP的基本原理和管理思想。这是ERP系统应用成功的思想基础。因为只有企业的各级管理者及员工才是真正的使用者，才能真正了解企业的需求。只有他们理解ERP，才能判断企业需要什么样的ERP软件，才能更有效率地运用ERP。

2. 企业诊断

由企业的高层领导和今后各项目组人员用ERP的思想对企业现行管理的业务流程和存在的问题进行评价和诊断，找出问题，寻求解决方案，用书面形式明确预期目标，并制定评价目标实现的标准。

3. 需求分析

确定目标企业在准备应用ERP系统之前，还需要理智地进行立项分析。在选型过程中，首先要知己知彼。知己，就是要弄清楚企业的需求，即先对企业本身的需求进行细致的分析和充分的调研；知彼，就是要弄清软件的管理思想和功能是否满足企业的需求。这两者是相互交织进行的，可以通过软件的先进管理思想来找出企业现有的管理问题，特定的软件则可能由于自身的原因，不能够满足企业一定的特殊需求，也需要一定的补充开发。此外，还要了解实施的环境。这里的环境包括两个方面：国情（像财务会计法则等一些法令法规，还包括汉化等）；行业或企业的特殊要求。

4. 软件选型

软件是系统配置的关键。在软件的选型中，可根据企业运营的动作流程和功能，从“用户化”和“本地化”的角度来为ERP选型。

企业在建立ERP系统之前，一定要确保企业各种管理信息的准确性和时效性。

如果企业管理信息失去了其应有的准确性和时效性，那么企业建立的 ERP 系统也就成为无源之水、无本之木。

（二）实施准备阶段

这一阶段要建立的项目组织和所需的一些静态数据可以在选定软件之前就着手准备和设置。在这个准备阶段，要做好以下几项工作。

1. 项目组织

ERP 的实施是一个大型的系统工程，需要组织上的保证，如果项目的组成人选不当、协调配合不好，将会直接影响项目的实施周期和成败。项目组织应该由以下三层小组组成，而每一层的组长都是上层的成员。

（1）领导小组。由企业的一把手牵头，并与系统相关的副总一起组成领导小组。这里要注意的是人力资源的合理调配，如项目经理的任命、优秀人员的发现和启用等。

（2）项目实施小组。大量主要的 ERP 项目实施工作是由他们来完成的，一般由项目经理来组织工作，其他的成员应当由企业主要业务部门的领导或业务骨干组成。

（3）业务组。这部分工作的好坏是 ERP 项目的实施能不能贯彻到基层的关键所在。每个业务组必须有固定的人员，带着业务处理中的问题，通过对 ERP 系统的掌握，寻求一种新的解决方案和运作方法，并用新的业务流程来验证，最后协同实施小组一起制定新的工作规程和准则，并搞好基层单位的培训工作。

2. 数据准备

在运行 ERP 系统之前，要准备和录入一系列基础数据，这些数据在运用系统之前没有或未明确规定，因而需要进行大量的分析和研究。这些工作包括一些产品、工艺、库存等信息，还包括了一些参数的设置，如系统安装调试所需信息、财务信息、需求信息等。

3. 系统安装调试

在人员、基础数据已经准备就绪的基础上，就可以将系统安装到企业中来，并进行一系列的调试活动。

4. 软件原型测试

这是对软件功能的原型测试（prototyping），也称计算机模拟（computer pilot）。由于 ERP 系统是信息集成系统，所以在测试时，应当是全系统的测试，各个部门的人员都应该同时参与，这样才能理解各个数据、功能和流程之间相互的集成关系，找出不足的方面，提出解决企业管理问题的方案，以便接下来进行用户化或二次开发。

（三）模拟运行及用户化

1. 模拟运行及用户化

在基本掌握软件功能的基础上，选择代表产品，将各种必要的数据录入系统，带着企业日常工作中经常遇到的问题，组织项目小组进行实战性模拟，提出解决方案。模拟可集中在机房进行，也称之为会议室模拟（conference room pilot）。

2. 制定工作准则与工作规程

进行了一段时间的测试和模拟运行之后，针对实施中出现的问题，项目小组会提出一些相应的解决方案，在这个阶段就要将与之相对应的工作准则与工作规程初步制定出来，并在后续实践中不断完善。

3. 验收

在完成必要的用户化工作，进入现场运行之前，还要经过企业最高领导的审批和验收通过，以确保 ERP 的实施质量。

4. 切换运行

要根据企业的条件决定应采取的步骤，可以让各模块平行一次性实施，也可以先实施一两个模块。在这个阶段，所有最终用户必须在自己的工作岗位上使用终端或客户机操作，处于真正应用状态，而不是集中于机房。如果手工管理与系统还有短时的并行，可作为一种应用模拟看待（live pilot），但时间不宜过长。

5. 新系统运行

一个新系统被应用到企业后，实施的工作其实并没有完全结束，还应将其转入到业绩评价和下一步的后期支持阶段。这是因为我们有必要对系统实施的结果作一个小结和自我评价，判断是否达到了最初目标，从而在此基础上制定下一步的工作方向。还有，由于市场竞争形势的发展，新的需求将不断出现，再加上系统的更新换代，主机技术的进步都会对原有系统构成新的挑战。所以，无论如何都必须在巩固的基础上，通过自我业绩评价，制定下一目标，再进行改进，从而使新系统得到不断的巩固和提高。

ERP 实施过程中的各个阶段是密切相关的，因此一个阶段没有做好，就不能操之过急地进入下一个阶段；否则，只能事倍功半。值得注意的是，在整个实施进程中，培训工作要贯彻始终。我们只是对第一个阶段的领导层培训和 MRPⅡ原理培训做了详细介绍。而那些贯穿于实施准备、模拟运行及用户化、切换运行，以及新系统运行过程中的有关培训，如软件产品培训、硬件及系统员培训，程序员培训和持续扩大培训也都至关重要。这个道理，应该说是显而易见的。因为只有员工才是系统的真正使用者，只有他们对相关的 ERP 软件产品以及所要求的硬件环境有了一定的了解后，才能够保证系统最终得到顺利实施和应用。

（四）ERP 项目的监理与评价

实行项目监理是国际上确保工程项目质量和进度的一种通行惯例，广为应用。尽管 ERP 管理系统工程不同于土建工程，但引入项目监理的目的和作用是一致的，并没有本质的区别。近年来许多不同类型的工程项目都实行了项目监理制。事实上，监理的概念早已被广泛地应用于人类社会和经济活动的方方面面。ERP 项目监理应包括 ERP 项目全过程，而不仅仅是 ERP 软件实施部分。

随着 ERP 应用的不断深入，一方面，我们要尽快建立健全的 ERP 项目评价体系；另一方面，应用 ERP 的企业也应积极开展项目评价工作，通过定量计算、定性分析和客观公正的评价，从不同角度科学地揭示 ERP 应用状况，有利于 ERP 的推广应用和应用水平的提高。

ERP 项目的评价问题，我们要分清 ERP 项目是一个企业管理系统工程，还是一个企业管理信息系统工程，因为两者的评价体系和评价内容是不一样的。

基于 ERP 项目是一个企业管理系统工程的认识，我们在建立 ERP 项目评价指标体系时，一定要把与应用 ERP 有着紧密联系的全员素质、管理思想、管理模式、管理方法、管理机制、管理基础、业务流程、过程控制、组织结构、规章制度和信息集成等方面的内容包括进来，既要定性地反映企业通过应用 ERP 后在管理水平方面有哪些明显的改进、提高和创新，又要用相关经济指标定量地反映企业综合能力和管理过程状况的改进和提高，重点应突出企业管理创新。

五、业务流程重组

（一）业务流程重组

对大多数企业来说，决定购买一个 ERP 系统是可能一件相对比较容易的事情，但是要想 ERP 系统真正实施起来却是一件不容易的事情，其充满了挑战与风险。现在有许多公司投入巨额资金来实施 ERP 项目，但收效甚微，远没达到他们所预期的结果。当然我们也应该看到，还是有一些公司成功实施了其 ERP 系统，并充分利用 ERP 系统获得他们所预想的结果。我们考察这些企业实施 ERP 系统的过程，发现在他们成功的背后，都遵循了一个简单的实施方式，即他们首先理解 ERP 系统的业务流程，然后进行简化、重组，最后才实现操作自动化。在这看似简单的实施方式中，却蕴涵了一个十分重要的概念——业务流程重组或企业过程重组（business process reengineering，BPR），这也是近来在 ERP 实施中谈论最多的一个概念。

BPR 这个概念最早由美国的 M. Hammer 和 J. Champy 提出的，并在 20 世纪 90

年代达到全盛的一种管理思想。这种管理思想强调以业务流程为改造对象和中心，并以关心客户的需求和满意度为目标，对现有的业务流程进行根本的再思考和彻底的再设计。它利用先进的制造技术、信息技术以及现代化的管理手段，最大限度地实现技术的功能集成和管理上的职能集成，从而打破传统的职能型组织结构（process-oriented organization），实现企业经营在成本、质量、服务和速度等方面的戏剧性改善。它的重组模式以作业流程为中心，打破金字塔状的组织结构，从而使企业能够适应信息社会的高效率和快节奏，同时也促使企业员工参与企业管理，实现企业内部上下左右的有效沟通，具有较强的应变能力和较大的灵活性，BPR 具有“根本性”、“彻底性”、“戏剧性”特征。

其根本性，表明业务流程重组所关注的是企业的核心问题，如“我们为什么要做现在的工作”、“我们为什么要用现在的方式做这份工作”、“为什么必须是我们而不是别人来做这份工作”，通过对这些根本性问题的仔细思考，企业可以客观地判断自己赖以存在或运转的商业假设。

其彻底性，是指对事物追根溯源，对既定的现存事物进行彻底地再设计。这种设计不是进行肤浅的改变或调整和修补，而是抛弃所有的陈规陋习，忽视所有规定的结构与过程，从而创造发明出全新的工作方法。因此，它是对企业的结构进行重新构造，而不只是对企业进行改良、增强或调整。

其戏剧性，是指业务流程重组所追求的不是一般意义上的业绩提升或略有改善，而是要使企业业绩有显著的增长、极大的飞跃。其中业绩的显著增长是 BPR 所追求的核心目标。

BPR 关注的是企业的业务流程，一切“重组”工作必须全部是围绕业务流程而展开的。其中，“业务流程”是指一组共同为顾客创造价值而又相互联系的活动。哈佛商学院教授波特将企业的业务过程形容为一个价值链。根据波特教授的观点，竞争不是发生在企业与企业之间，而是发生在企业各自的价值链之间，只有对价值链的各个环节即业务流程实行有效管理的企业，才有可能真正获得市场上的竞争优势。

（二）在 ERP 实施中进行 BPR 的必要性

我们知道应用 ERP 不仅仅是引入一套现代化的管理软件，使企业的日常经营管理活动自动化，更重要的是要对企业传统的经营方式进行根本性的变革，使其更加合理化、科学化，从而大幅度地提高企业的经营效益。企业应用 ERP 后效益之所以会提高，一方面在于 ERP 软件本身，另一方面在于 BPR。这也就是为什么我们要强调在 ERP 应用的过程必须进行业务流程重组。具体来说，在 ERP 实施中进行 BPR 的必要性体现在以下两个方面。

1. ERP 软件的设计背景要求企业进行相应的业务流程重组

我们都知道，ERP 软件最早产生于西方发达国家，然后才传入我国的。西方发达国家实行的是典型的市场经济运行模式，ERP 软件正是适应这一市场状况和管理要求而设计出来的一种先进的企业管理信息系统。但是，我国目前还处于从传统计划经济体制向市场经济体制过渡的阶段，市场经济还很不完善，许多企业的管理方法和管理手段都很落后，还没有完全地转变过来。从而与西方发达国家在 ERP 软件实施的外部环境方面差异很大，这就要求我国在实施 ERP 软件时不能照搬西方发达国家的做法，而应根据我国特殊的环境实施一条符合我国企业的 ERP 实施道路。也就是说，根据我国企业管理的这样一种现状，企业在应用 ERP 之前，必须首先进行业务流程的重组，按照先进的 ERP 软件的原理和要求对现有的业务流程进行根本性的改造。

2. ERP 功能的实现要求企业必须进行一定的业务流程重组

ERP 软件的应用改变了我们传统的经营管理方式，它将企业的经营管理活动按照其功能分为制造、分销、财务、人力资源原理等几大功能模块。EPR 功能的实现无疑要求企业对原有的组织机构、人员设置、工作流程进行重新安排，以保证 ERP 功能的实现。我们知道，ERP 系统运行需要大量、有效的基础数据，而系统自身无法判断这些数据是否准确。这就需要企业必须对这些基础数据进行优化分析。也就是说，企业在 ERP 应用之前一定要开展管理咨询并进行 BPR，通过强化企业管理来确保基础数据的准确性。由于我国大多数企业长期处于粗放管理的状态，这个阶段的工作尤其不可逾越。应用 ERP 当然可以降低库存量和资金占用，但如果对安全库存量、采购提前期、采购批量和市场行情等不进行准确的分析和设定，那么 ERP 又怎么能够有效地降低库存量和资金占用呢？诸如此类的问题若不解决，ERP 应用效益就难以实现。即使产生了效益，其效益也是很有限的。

3. ERP 软件的应用目的也要求企业必须实施 BPR

从根本上来讲，企业应用 ERP 的目的在于改善企业经营管理，提高企业经济效益。这个最终目的就必然要求企业能够借助于 ERP 在企业中的实施应用，不断优化它的业务流程，使整个经营活动更加科学。因为对于任何企业，在它现有的业务流程中都会存在着一些不合理的地方。如果不能够先对这些不合理的流程进行彻底地改造，而仅仅盲目地将原有的业务流程通过 ERP 软件的实施进行自动化转变，那么 ERP 实施的效果就可想而知了。

（三）实施 BPR 的方法

根据 BPR 的思想精髓，我们可以将 BPR 的实施结构设想成一种多层次的立体结构。整个 BPR 实施体系可以由观念重建、流程重建和组织重建三个层次构成，其中以流程重建为主导（图 8-1），而每个层次内部又有各自相应的步骤和过程，各层次之间是互相交织、彼此作用的关系。下面就各个层次进行详细的阐述。

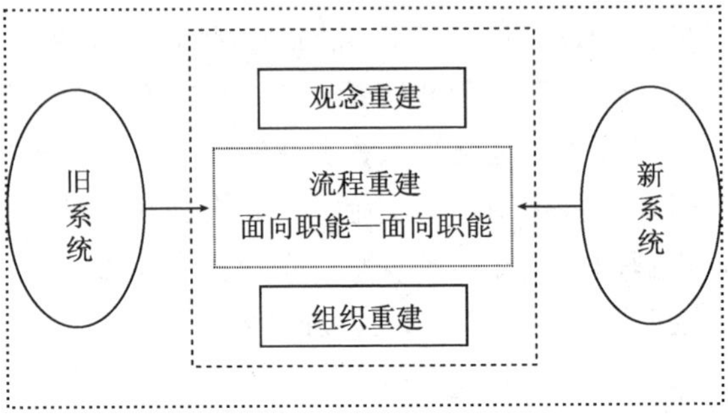

图 8-1　BPR 实施体系

1. BPR 的观念重建

BPR 的观念重建所要解决的是有关 BPR 的观念问题，即要在整个企业内部树立实施 BPR 的正确观念，使企业的员工理解 BPR 的应用对于企业管理的具有非常重要的作用。这一层次主要涉及三个方面的工作：组建 BPR 小组、前期的宣传准备工作和设置合理目标。

2. BPR 的流程重建

流程重建是指对企业的现有流程进行调研分析、诊断、再设计，然后重新构建新流程的过程。它主要包括三个环节：业务流程分析、诊断业务流程的再设计和业务流程重组的实施。

3. BPR 的组织重建

组织重建的目的是要给 BPR 提供制度上的维护和保证，并不断进行改进。具体来说，包括评估 BPR 实施的效果、建立长期有效的组织保障和文化和人才建设三个方面。

[案例分析]

海尔，从传统企业走向电子商务企业

——互联网环境下企业发展的新方向

海尔集团是世界白色家电第一品牌、中国最具价值品牌。自诞生之日起，经过多年海尔人的努力，已发展成为大规模的跨国企业集团。2009 年，海尔全球营业额实现 1 243 亿元，品牌价值 812 亿元，自 2002 年以来，海尔品牌价值连续 8 年蝉联中国最有价值品牌榜首。

海尔集团取得今天的成绩，与其实行全面的企业信息化管理是密切相关的。传统家电业的发展在互联网的冲击下，面临着三大挑战：① 用户需求走向多样化、个性化。这就需要企业向用户提供给更快速、更便捷的服务；② 企业的竞争逐渐趋于供需链的竞争；③ 由于供需链经济的发展、群体管理模式的产生，地区的规划和产业布局问题可能要重新考虑。而应对这三大挑战，最根本的措施就是迅速发展企业自身的电子商务，使企业不断向信息化道路发展。

因此，为了适应海尔企业的国际化经营和信息化战略，海尔集团于 2000 年 3 月 10 日投资成立海尔电子商务有限公司，这是中国国内家电企业中第一个成立电子商务公司的企业。2000 年 4 月 18 日，海尔电子商务平台（海尔网上商城，http://www.ehaier.com）开始试运行，7 月中旬，海尔 B2C 网站实现电子商务交易总额达 400 万元，月交易额超过 120 万元，到 2000 年 9 月底，B2C、B2B 交易总额超过 12 亿元。截止到 12 月 31 日，B2B 的采购额已达 77.8 亿元，B2C 的销售额已达 608 万元。海尔商城自上线之后，经过 8 年发展积累了丰富的经验，在 2008 年改版后，强化了网站导购功能，完善了网站分类树，新加组合搜索功能，早 8 点到晚 9 点客服时时在线导购服务。用户进入海尔商城网站后，仅需要三步操作就能定位要找的产品，使用快捷方便。

海尔是我国企业全面应用电子商务的典型，网络技术不仅应用于客户服务，而且也充分应用于企业内部管理及海尔与其供销商之间的商务合作。海尔开展电子商务的基本策略是：① 建立一个有鲜明个性和特色的垂直门户网站，以通过电子商务手段更进一步增强海尔在家电领域的竞争优势。海尔不依靠价格而依靠服务与创新来竞争，目前海尔提供的服务的主要内容就是通过网站为客户提供更多的便利与个性化服务方面的创新；② 通过电子商务技术优化供应链，外包本公司的部分制造业务，变推动销售的模式为拉动销售的模式，提高新经济下的企业的核心竞争力。图 8-2 为海尔商城主页图。

海尔电子商务网站的运营模式分为两种：一是 B2C 的电子商务，实现了企业与消费者的零距离交流，这种交流全方位提升了企业的品牌价值；二是 B2B 的电子商务，完成了和供销商的高效合作，同时实现了销售商定制服务。

1. 海尔的 B2C 平台

海尔的 B2C 网站采用了 CA 智能化集成的电子商务平台 Jasmine Ⅱ，使多媒体技术、对象数据库技术和 Web 技术相结合，构成了一个含有大量多媒体信息，如文

图 8-2　海尔商城主页图

字、图像、录像等，并可与三维虚拟场景交互的多媒体数据库应用系统，实现了基于 Web 的产品定制与导购功能。海尔 B2C 平台网站共分三种服务模式：

（1）在线直销模式。海尔网上商城是完全由海尔集团公司负责建设、维护与经营的。它利用海尔现有的销售、配送与服务体系，为广大用户提供优质的产品销售服务，海尔集团直接对用户订单负责。全国每个地区包括农村的消费者都可以从海尔网上商城购买自己需要的产品，海尔利用与客户最近的海尔经销商和售后机构为用户提供服务。

网上购买　顾客可以通过海尔网上商城系统，直接订购看中的商品，再通过海尔现有的销售、配送与服务体系，由送货上门或邮寄两种方式得到购物。（除了医药产品、数码产品、《海尔兄弟》等采用邮寄以外，其他都采取送货上门的配送方式。）

银行网上支付　目前海尔网上商城提供招商银行（全国范围）、工商银行（全国范围）的网上支付业务，用户在线支付成功后海尔能够通过系统立即查看到支付信息，然后安排配送（除了在线支付，海尔同样采用货到付款、银行电汇和邮政汇款的方式）。

（2）网上定制服务。海尔极富个性化的创造理念，使客户可以在任何地方通过互联网享受海尔的网上制订服务，随意的组合自己需要的组件。

产品制定 海尔最先开始的是冰箱的制定服务。海尔针对用户的需要，预先设计了多个套餐，客户也可以选配自己喜欢的产品组件，系统会进行自动报价，直到客户满意为止。定制完成，输入个人和收货信息，就可以等待产品的直接送到。

服务制定 同产品制定类似，客户也可以详细选择需要的服务项目。以空调服务制定为例，客户可以从空调移机、加装饰板、清洗保养等十几个服务项目中选出自己需要的服务，系统会整体报价。

（3）网上服务中心。海尔的用户数据库及直接对顾客公开的网上服务中心可以有如下应用：

顾客登记 客户填写客户登记表的内容我们将存放到顾客服务数据库中，客户服务人员将会跟踪客户的产品使用情况，为客户提供解决方案，帮助客户了解产品的具体情况。

产品知识 客户可以查询到海尔不同类产品的购买、使用、维护方面的小知识。

产品咨询 客户对海尔的产品及其他方面有任何疑问，可以在线填写表单，我们会通过邮件或电话解答。

电子刊物 客户可以订阅海尔新闻、市场活动、产品知识等免费电子刊物。

在线报修 客户购买的海尔产品有任何问题，可以在线填写报修表单，海尔会主动与您联系。

2. 海尔的 B2B 平台

借助先进的信息技术，海尔发动了一场管理革命：以市场链为纽带，以订单信息流为中心，带动物流和资金流的运动。通过整合全球供应链资源和用户资源，逐步向“零库存、零营运资本和（与用户）零距离”的终极目标迈进。海尔通过开展 B2B 电子商务促使外部供应链取代自己的部分制造业务，B2B 电子商务不但实现了与供货商的高效合作而且实现了订货商定制等服务。企业用户通过海尔 B2B 平台系统可以使用以下几大功能：

（1）采购申请的网上发布。海尔根据生产和物料的采购周期，事先将需采购物料的采购申请发布到网上，外部供应商可以查询到自己的供货计划，这样分供方可以根据海尔的采购计划提前备料和安排生产，有效地保证了供货计划。

（2）采购订单的跟踪与维护。BBP 系统根据采购计划，自动生成采购订单，并发布网上。外部供应商可以自己登录到 www.ihaier.com 网站对订单做出处理，并将处理的意见在网上维护。并随时可以查看订单的收货状态和历史纪录。

（3）库存信息的查询。库存信息包含以下四个方面的信息：① 标准库存；② 寄售库存；③ 寄售账款；④ 双经销库存。供应商可以在网上随时查询到属于自己的库存情况，并结合海尔的采购计划和采购申请，及时安排生产和及时与海尔联系并安排自己的送货计划。

（4）基础信息的查询。基础信息包括信息记录、货源清单和配额信息。供应商通过查询信息记录可以而且仅仅可以在网上查询到自己所有供货物料的价格；通过查询货源清单可以查询到自己供货的物料清单；在配额信息中供应商可以而且仅仅可以查询到自己所有物料的供货比例信息。

（5）供应商的自我服务。供应商可以通过此项功能，时时查询自己公司的所有信息，包括公司信息、公司银行信息、投标方信息以及供应上网上业务操作员（公司联系人）的信息。为了保证所有信息来源的严肃性和准确性，在公司信息、公司银行信息和投标方信息中，供应商只允许用来查看，而在公司联系人中可以自己维护。

（6）供应商信息中心平台。供应商信息中心是海尔 BBP 系统中一项很重要的内容，所有海尔分供方可以利用此信息平台与海尔物流各个部门、各个业务人员进行网上信息沟通和业务交互。企业用户既可以将业务上的需求和意见及时在此平台上提报，也可以将业务之外的意见和建议在平台上发表。海尔的目标是将此平台建设为彼此沟通的桥梁。

思考题：

1. 企业在互联网环境下为什么要开展电子商务？
2. 海尔电子商务网站的运营模式有哪些？

[习 题]

一、单选题

1. 随着人们认识的不断深入，ERP 已经被赋予了更深的内涵。它强调（　　）。

   A. 分销管理　　B. 人力资源管理　　C. 运输管理　　D. 供应链的管理

2. 网上商店是基于（　　）的交互性极强，具有交易和支付功能的企业电子商务交易平台。

   A. 客户关系管理（CRM）　　B. 数字营销（digital marketing）

   C. 电子数据交换（EDI）　　D. Internet 的 B2C（business to customer）

3. （　　）是客户关系管理中增长最快的一个领域。

A. 盈亏分析　B. 合同管理　C. 销售过程自动化（SFA）　D. 销售预测

4. 网上客户关系管理的竞争优势（　）。

A. 提高效率　B. 拓展市场　C. 保留客户　D. A、B、C 都正确

5. ERP 系统的核心部分是（　）。

A. 财务会计管理模块　B. 生产管理模块

C. 物料管理模块　D. 企业情报管理模块

6. 供应链是由美国哈佛大学著名教授波特的发展而来的（　）。

A. 价值规律　B. 劳动价值论

C. 价值链理论（value chain）　D. 分配理论

7. 网络营销是以为（　）导向。

A. 消费者　B. 企业　C. 购物效率　D. 互联网

二、多选题

1. 从商业上讲，在网上商店上进行的任何一笔交易，都应包括以下哪几个方面？（　）

A. 交易的商品流　B. 配送的物流

C．转账支付的资金流　D. 信息增值及传输的信息流

2. 下面哪几种形式是属于企业在网上做广告？（　）

A. 文字广告　B. 图标广告　C. 网络广告　D. 多媒体广告

3. 企业实施电子商务分三步走（　）。

A. 网络营销　B. 企业内部的互联（Intranet）

C. 企业与企业的互联（Extranet）　D. 电子交易（E-Commerce）

4. CRM 可以提高企业的（　）的管理技术，识别有价值和持续增长趋势的客户类型，通过有效服务维持较高的客户满意度和忠诚度。

A. 商业模式　B. 营销方式　C. 客户互动　D. 客户关系

5. 企业管理为变更思维方式，成为“传统”企业走向“电子商务”的尝试。在这种尝试中，企业开始感受到来自以下几个方面的冲击（　）。

A. 来自科技进步的冲击　B. 来自企业内部的冲击

C. 来自竞争对手的冲击　D. 来自营销方面的冲击

6. CRM 应用研究涉及（　）基本的商业流程。

A. 营销自动化（MA）　B. 营销方法

C. 销售过程自动化（SFA）　D. 客户服务

7. BPR 的观念重建主要涉及三个方面的工作是（　）。

A. 业务流程分析　　　　　　B. 设置合理目标
C. 前期的宣传准备工作　　　　D. 组建 BPR 小组

三、简答题

1. 简述电子商务在中小企业的应用。
2. 网上客户关系管理的优势有哪些?
3. 网络营销与传统营销的区别有哪些?
4. 构建一个网上商店需要哪些步骤?
5. 简述 ERP 的含义、主要功能；一个典型的 ERP 实施进场主要包括哪几个阶段?
6. 简述网络营销与电子商务之间的关系。
7. 简述电子商务在企业中应用的一些具体形式。

[习题解答]

单选题：DDCDBCA

多选题：ABCD　ABD　BCD　ABC　ABCD　ACD　BCD

简答题：略

HAPTER 9

第九章　电子商务网站建设

[内容提要]

本章对电子商务网站建设项目的具体实施流程有一个全面的介绍，内容包括：电子商务网站的前期规划，运行环境，设计与开发，测试、发布及推广、管理与维护等。通过本章的学习，要求学生能够统筹管理一个商务网站从前期规划到具体建设，再到运营和维护的整个过程。

[学习要点]

1. 了解企业的自我定位，了解电子商务网站的类型，掌握如何确定商务网站的目标规划，掌握建站的可行性分析，熟悉网站建设的管理可行性分析、技术可行性分析，熟悉网站建设的费用和收入来源，熟悉建站的两个方式，了解域名的含义，域名的种类，域名注册的流程；

2. 了解电子商务网站的硬件、软件构成；

3. 掌握电子商务网站内容、设计的原则，熟悉电子商务网站的结构设计，掌握电子商务网站链接结构设计的两种模式，掌握电子商务网站页面设计，熟悉电子商务网站设计理念；

4. 熟悉电子商务网站测试内容、测试工具，熟悉电子商务网站推广方式，熟悉到搜索引擎注册自己的网站时要注意哪些问题，熟悉常用注册搜索引擎的方法，熟悉建立友情链接时可采取的策略；

5. 了解电子商务网站管理与维护的意义、内容，熟悉电子商务网站管理技术的发展阶段。

第一节 电子商务网站的前期规划

一、企业自我定位

一个企业要建立自己的电子商务网站，首先必须对自己的企业有一个全面的分析和认识，我们称这一过程叫企业自我定位。因为企业有多种类型，具体到每个企业又各有各的特点。这就要求电子商务网站也要有多种类型，与企业类型相符合，以适应企业的需要。下面我们就来具体介绍。

我们知道，电子商务网站是企业开展电子商务的基础设施和信息平台，是实施电子商务的公司或商家与服务对象之间交流的交互界面，是电子商务系统运转的承担者和表现者。电子商务在软硬件基础设施的支持下，由一系列网页、编程技术和后台数据库等构成，具有实现电子商务应用的各种功能，可以起到广告宣传、经销代理、银行与运输公司中介以及信息流运动平台等方面的作用。目前，对于电子商务网站的类型，我们可以做出如下划分。

（一）按开办者分类

按照开办者的不同，电子商务网站可以分为两类：生产型商务网站和流通型商务网站。

1. 生产型商务网站

这一类商务网站由生产产品或提供服务的企业设立，主要用以宣传推广其产品和服务。这是一种生产企业直接在其网站上开展在线销售的商务网站。这种商务网站页面设计较实用，主要特点是信息量大，并提供大额订单。企业最简单的商务网站形式是在自己网站的产品页面上附上订单，浏览者如果对产品比较满意，可直接在页面上下订单，然后汇款，企业付货，完成整个销售过程。

2. 流通型商务网站

这类商务网站是由流通企业设立的。流通型商务网站是商务网站的主要存在形式。这种商务网站一般都有关于所售产品的介绍，以使顾客更好地了解产品的用途，从而促使顾客购买。这种商务网站着重于对产品和服务的全面介绍，较好地展示产品的外观和功能，商务网站的页面制作精美，动感十足，很容易吸引浏览者，起到较好的广告及为产品和服务促销的效果。这种商务网站一般都充分利用网络的优越性，在商务网站中直接提供了订单（或购物车订货系统），为顾客提供了最大的购物便利。这些商务网站里货物琳琅满目，产品品种众多。当然这也使浏览有些不便，不过这种商务网站一般都会提供产品的查询服务，来方便顾客查找所需要的产品，这也是流通型商务网站的一大特色。

（二）按销售产品范围分类

按照销售产品范围的不同，电子商务网站可以分为三类：销售单一产品的商务网站、销售一类产品的商务网站和销售各类产品的商务网站。

1. 销售单一产品的商务网站

这类商务网站一般只销售一种产品，这种类型的商务网站的优点是对销售的单一产品能够进行详尽的介绍。因为只销售一种产品，所以商务网站能够有足够的时间和精力来安排并制作这种网上产品的介绍，做到精益求精。这种商务网站适用于某种产品的生产厂家或代理商在 Internet 上开办该商品的网上销售业务。在销售该产品的同时，又起到了发布该产品广告的作用。

2. 销售一类产品的商务网站

这种商务网站一般是销售相关的某一类产品。例如，网上花店和网上书店等。这类商务网站由于销售一类产品，因而为顾客提供了更多的购买选择，增加了产品的销售机会，同时也增加了商务网站的获利机会。这种商务网站能够满足顾客的某一方面的消费需求，也能够招揽有相关消费需求的顾客。这种商务网站里摆放的是同一类产品，就如同专卖店一样，能够方便顾客挑选产品，使顾客容易挑到满意的产品。

3. 销售各类产品的商务网站

这种商务网站就如同大百货商场，产品品种齐全，当然货架也要分门别类。由于这种商务网站销售的产品多种多样，所以适合有各种消费需求的顾客光临，因而容易吸引顾客，也就增加了产品的销售机会。总之，这种商务网站兼有以上两种商务网站的特点，利于实现网上创收，但前期投入大，需要大量的人力和物力，这就成为限制其发展的一个重要因素，所以，在建立这种商务网站前应仔细考虑。

（三）按商务目的和业务功能分类

按照商务目的和业务功能的不同，电子商务网站可以分为：基本型商务网站、宣传型商务网站、客户服务型商务网站和完全电子商务运作型网站。

1. 基本型商务网站

这种类型商务网站建立的目的是通过网络媒体和电子商务的基本手段进行公司宣传和对客户进行服务。适用于小型企业，以及想尝试网站效果的大、中型企业。其特点是：网站构建的价格低廉，性能价格比高，具备基本的商务网站功能。该类型商务网站可以搭建在公众的多媒体网络基础平台上或外包给专门公司来构建，其成本比自己构造还要低。

2. 宣传型商务网站

这种类型商务网站建立的目的是通过网站宣传公司形象与产品，提升公司形象，扩大品牌影响，拓展海内外潜在市场。适用于各类企业，特别是已有外贸业务或意欲开拓外贸业务的企业。其特点是：具备基本的网站功能，突出企业宣传效果。一般是将网站构建在具有很高知名度和很强伸展性的网络基础平台上，以便在未来的商务运作中借助先进的开发工具和增加应用系统模块升级为客户服务型或完全电子商务运作型网站。

3. 客户服务型商务网站

这类商务网站建立的目的是通过网站宣传公司形象与产品，达到与客户实时沟通及为产品或服务提供技术支持的目的，从而降低成本，提高工作效率，适用于各类企业。其特点是：以企业宣传和客户服务为主要的功能。可以将网站构建在具有很高知名度和很强伸展性的网络基础平台上，如果有条件，也可以自己构建网络平台和电子商务基础平台。该类网站通过简单的构造即可以升级为完全电子商务运作型网站。

4. 完全电子商务运作型网站

这种类型商务网站建立的目的是通过网站宣传公司整体形象并推广产品及服务，实现网上客户服务和产品在线销售，为公司直接创造利润以及提高竞争力。适用于各类有条件的企业。其特点是：具备完全的电子商务功能，可以实现宣传公司形象、客户服务和电子交易等功能。

经过企业的分析和自我定位以后，企业明确了自己是哪一类型的企业，要建设哪一类型的电子商务网站。然后，就要进行具体的目标规划。

二、企业目标规划

网站的目标规划就是要明确建立网站的目的和发展方向，通过全面的调研，明确网站服务领域，了解网站服务对象及他们的要求，以确定网站将能提供哪些服务等。

（一）调查研究

1. 进一步明确自己建立网站的目的

企业要根据自己的产品、销售渠道和销售对象等情况，明确自己的网站是信息服务型、销售型、销售服务型还是综合型的，面向企业客户的网站和面向个体消费者的网站是完全不一样的，即使是面对个体消费者的网站，也并非都需要销售商品，而且并不是所有产品都适合在网上销售。例如，面向企业客户的网站的重点是其在企业间合作过程中的作用，而不需要像面向消费者的网站那样千方百计去增加浏览率，例如，可口可乐、柯达都没有在网上销售产品，网站只是它们树立形象，提供顾客服务的一个工具，是它们整体营销战略的一部分。再如，对在所谓“网上生存72 小时”活动中大出风头的豆浆面条，网上销售可能至多只是一个辅助销售渠道。就连“雅虎”最初也不提供在线交易服务，它只提供信息检索，只是到了现在，才提供网上商场出租柜台的服务。

2. 了解你的目标市场

你的客户是企业还是个体消费者，他们来自何处？他们信息化程度如何，经常上网吗？他们主要使用哪些语言？主要希望了解哪些信息？他们的购买水平如何？主要使用哪种浏览器？当然，最初建站时,不可能了解的这么细致，网站内容需要随着对消费者了解得深入而逐步调整。例如，企业的顾客群体如果喜欢新技术，受教育程度较高或经常使用 Internet 的，则电子商务成功的可能性就很高。“8848”、“中国大商城”、“DELL 电脑”网上销售成功的原因，首先在于其市场定位正确。

3. 明确自己的竞争优势

你的网上、网下竞争对手（网上竞争对手可以通过搜索引擎查找）是谁？与他们相比，你在商品质量、价格、服务、品牌、配送渠道方面有什么优势？竞争对手的优势你能否学习？如何根据自己的竞争优势来确定你的营销战略？

4. 你如何为客户提供信息

你的网站信息来源在哪里？信息是集中到网站编辑处更新、发布还是由各部门自行更新、发布？集中发布可能安全性好，便于管理，但信息更新速度可能较慢，有时还可能出现协调不力的问题。例如，某产品已经售缺，但网站编辑却不知道，仍在网上销售该产品。北京几家大百货公司的网站就经常出现消费者付了款却取不到货的情况。

5. 规划好收款与配送事宜

如果你是一个销售型网站，顾客购买你的商品频率如何？你是否能接受货到付款或在线支付（如果购买频率高，最好能接受）？你的商品如何配送？配送的成本、时间如何？考虑到配送因素，你的商品是否还有竞争力？

6. 评估你的获利能力

你的网站是单独的业务，还是传统业务的一部分？你希望从哪些方面获得利润？你的获利能力如何？

通过以上各个方面的深入而细致的分析，最终让设计者在有比较的基础上策划出新的、能够让企业获得社会效益和经济效益的方案来。

（二）目标制定

目标的制定对一个企业网站的发展起着举足轻重的作用，通过以上调查分析，理解网站到底在企业发展中要起到何种作用，在短期和长期规划中达到怎样的功能。这样设计者才能在网站的整体规划中找到突破口，才能确定网页的内容、网站的功能。

由于不同类型和不同规划的网站所需的资源不同，所以一定要事先有大致的目标，基本是要确认网站的类型和规模，今后的投资即以此为依据。网络应用需求是推动网络技术发展的主要动力，网络设计不能闭门造车，需要及时把握市场的脉搏，熟知市场行情和网络的发展趋势，只有这样，才能使网站建设同市场的应用和发展相协调。

对在网上开展电子商务的公司和企业而言，其前期网站建设目标主要有如下几点：① 提升企业形象，宣传企业文化；② 发布企业产品、服务信息；③ 收集客户反馈意见；④ 网上市场调查；⑤ 网上市场营销；⑥ 网上客户服务；⑦ 逐渐实现电子商务等。

其长期目标则是：增加企业和客户的利益，扩大市场。

三、建站的可行性分析

可行性是指在当时的具体条件下，信息系统的研制工作是否已具备必要的资源及其他条件。创建网站之前的可行性分析工作很多，包括：是否有能力提供和更新Web 页面内容，人员的组织，软硬件的选择，Web 页面的维护和测试，域名的注册，ISO 的选择，信息的收集，Web 连接组织和维护，搜索引擎的注册，防火墙的设置，根据Web服务器的访问记录寻找新的商机，确定Web站点需要提供哪些交互式应用，安排人员回答用户的网上咨询，数据的选择，Web 页面发布策略，教育培训计划等。

针对这些任务，企业应该根据自己的实际情况确定哪些需要纳入实施计划，以及每项任务的时间、费用和人员安排。

网站建设的可行性分析主要包括管理可行性分析、技术可行性分析和经济可行性分析三个方面。

（一）管理可行性分析

管理可行性分析保证网站建设中所需要的人力资源，即组织人员可行性分析，其重要的一项工作就是进行组织结构调查与分析，确定哪些人员应该参与网站设计，这取决于网站的本质。如果仅是公司对某个部门或小组在建网时起领导作用，其结果是所建网站只能反映这个部门或小组的需要而忽略其他重要部门的或小组的需要。很长时间以来，MIS 部门负责公司的网站的建设工作。这样的网站的功能有一定的局限性，它容易忽略其他重要部门的，如市场部。因此，在网站建设中必须防止此类事件的发生。除了相关的业务部门主管和技术核心人物外，最为重要的莫过于主要的业务合作伙伴。企业必须让用户参与到网站的建设过程中，倾听他们的意见，保证从始至终地与他们相互沟通。

（二）技术可行性分析

技术可行性分析主要是指构建与运行电子商务网站所必需的硬件、软件及相关技术，是对电子商务业务流程的支撑分析。

1. 可选择的电子商务技术

随着信息技术的发展，电子商务技术也在不断地涌现，支持着电子商务的应用。下面简述一下几种电子商务最适合的一些应用领域。

（1）EDI 技术。以报文交换为基础的数据交换技术推动了世界贸易电子化的发展。在电子商务中，EDI 技术不仅用于单证和贸易文件的交换和传递，而且可以将结构化数据集成应用到客户关系管理（如使用客户订单来安装产品）、与供应商及合作伙伴的商务交易等方面。

（2）条形码技术。在电子商务中，该技术主要用于各种商品的迅速判定和识别以及客户身份的迅速判定与识别，并将这些数据信息集成到其他模块中。

（3）电子邮件。在电子商务中，应用电子邮件技术可以为企业内部员工、客户及合作伙伴等提供实时信息交流、自由论坛、信息查询和反馈平台。尤其是通过附加文档（attachment）技术不仅可以共享复杂的信息，加快信息的交流与共享，而且使远距离的写作更加方便快捷，缩短了信息传递的空间距离。

（4）WWW 技术。在电子商务中，WWW 技术的应用可以分为基于 Internet 的应用和基于 Intranet 的应用。其中，基于 Internet 的应用主要有信息发布、信息浏览、信息查询和信息处理；基于 Intranet 的应用主要有信息发布、信息检索和信息处理。通过企业形象、产品、服务等信息的发布，达到宣传企业、推广其产品和服务的目的；通过信息的查询和检索，可以使用户从大量的商品数据源中检索到所需要的信息，方便地实现电子化交易。

（5）数据仓库和数据挖掘技术。在电子商务中，数据仓库和数据挖掘技术主要用于各种大量复杂数据信息的存储与分析，提高数据处理的效率，降低企业信息成本，协助企业发现商务交易汇总存在的问题，寻找所展现出来的未来竞争机会，为企业战略决策提供服务。

（6）电子表格技术。在电子商务中，电子表格技术可以更好地以一种规范的格式管理有关的交易数据，在设计许多人同时完成不同的任务时可以跟踪整个过程，将人工输入数据同机器本身具有的数据集成起来，通过 WWW 和内部系统促进电子商务的实施。

2. 技术的选择与企业原有技术或系统衔接程度的分析

当企业决定实施电子商务并构建网站时，就需要分心于确定可以满足企业业务需求的各种技术的可行性。添置硬件系统和选择电子商务的技术的原则应以与企业原有技术的衔接程度和提高企业业务能力为基准，同时需要考虑技术对电子商务网站功能实现的可支持程度。企业可以在业务需要的任何一个环节启动电子商务过程，如有的企业可能会在解决如何处理多余的存货问题时想到利用电子商务，而另一个企业可能会选择通过实施电子商务战略来提高客户服务的水平。如果企业原有的技术运作良好，那么在原有的商业或技术的基础上开展电子商务无疑可以节省大量财力、物力和人力等方面的开支。例如，想解决多余库存问题的企业拥有一个数据结构合理、系统功能完备的库房物资管理系统，那么该企业构建电子商务网站时就可以充分利用库房物资管理系统，考虑原有硬件的兼容性，将系统中的数据库作为网站后台的基础数据库，在技术的选择送上只要添置用于 WWW 浏览查询、邮件服务与认证中心认证服务的软硬件就可以保证网站的运行。

3. 技术的选择与利用对于网站功能实现的支持分析

电子商务网站构建的目标决定了网站的功能目标层次越低，网站的功能就越简单。例如，企业建立网站的主要目标是宣传和推广企业形象和产品，那么网站的主要功能是发布和浏览信息，只需要选择满足 WWW 服务的软硬件技术就可以达到目的。如果企业建立网站的目标是在网上销售商品并与供应商、合作伙伴等进行网上的信息交流，那么网站的主要功能包括信息发布、信息浏览、信息检索、信息反馈、网上支付、网上认证等，在技术的选择上要充分考虑对这些功能实现的支持程度，需要配备包括 WWW 浏览器、数据库服务器、邮件服务和认证服务器、防火墙/代理服务器、中间组件、客户操作系统、网络服务操作系统、商务应用系统等在内的软硬件。

（三）经济可行性分析

经济可行性分析主要是指构建与运行网站的投入与产出效益的分析。

1. 网站费用

建设一个好的网站，必须有大量的资金投入。有许多网站因为费用预算的失误而被迫在刚刚起步不久就停滞不前。他们或者是低估了所需费用，或者是把资金浪费在某些不重要的部分，因此网站建设费用的估算也是非常重要的。我们可以把网站的建设费用分为两大部分。

1）正常的运行费用

正常的运行费用包括：① 域名费用。注册域名之后，每年需要交纳一定的费用以维持该域名的使用权。不同层次的域名收费也不同，目前普遍使用的费率是：国内域名每年需人民币 300 元；国际域名的费率随注册服务商的不同而有所不同，可以直接向服务商询问价格。② 线路接入费用和合法 IP 地址费用。不同 ISP、接入方式和速率下的费率有所差别，速率越高，月租费也越昂贵。IP 地址一般和线路一起申请，也需要交纳一定的费用，具体费率请询问本地 ISP 服务商。③ 服务器硬件设备。如果是租赁专线自办网站，还需要路由器、调制解调器、防火墙等接入设备及配套软件，采用主机托管或虚拟主机则可以免去这一部分的接入费用。④ 如果进行主机托管或租用虚拟主机，那么可能要支付托管费或主机空间租用费。托管费一般按主机在托管机房所占空间大小（以 U 为单位，通常是指机架单元）来计算，空间租用费则按所占主机硬盘空间大小（以兆为单位）来计算。很多情况下主机托管或虚拟主机的维护费用包括了接入费用，因此就不需要再另外支付接入费用了。⑤ 系统软件费用。其包括操作系统、Web 服务器软件、数据库软件等。⑥ 开发费用。软硬件平台搭建好之后，必须考虑具体的 Web 页面设计、编程和数据库开发费用。⑦ 网站的市场推销和经营费用。其包括为各种形式的宣传活动所支付的费用、为内容的授权转载而付出的费用以及其他在网站经营过程中所付出的额外费用等。

2）维护及更新费用

维护及更新费用主要是指网站建成后期的平台维护及内容更新所发生的费用。网站的维护是个长期的过程，一些单位只考虑购买设备的费用，每年的维护费用却没有预算在内，结果出现买得起，用不起的局面。网站实际发生的正常运行费用是有限度的，但要维持一个网站，维护及更新费用却是无限的，最重要的一项是内容更新费用。一个网站办的好不好，关键在于内容更新的频率、知识含量的高低以及免费服务的项目，这部分费用是很昂贵的。目前我国网上知识产权的保护还很薄弱，这方面的管理加强后，该部分发生的费用还要高。

2. 网站收益

电子商务网站收益是指来源于网站运营的经济收入。目前，电子商务网站的收益途径主要有直接收益、间接收益和品牌收益。

（1）直接收益。直接收益是指电子商务网站通过网络运行一段时间后，所产生的明显经济效益。与传统的商业经营相比，网站的直接收益主要通过在线销售、网上信息或服务而获取。

（2）间接收益。这类收益是指电子商务网站通过其相关业务而获取的收益。网络是一种高效的信息发布、信息处理和交流的工具，它渗透到社会经济和生活的各个方面，电子商务网站对相关业务的积极影响可以视为一种收益。目前，在电子商务网站的收益中，间接收益的比重较大，例如，企业的网站宣传推介、网上采购、推销、业务推广、业务组织、经营管理等都属间接收益。

（3）品牌收益。网站的品牌收益是电子商务兴起初期的一个特点。不少电子商务网站把知名度、点击率作为网站运营的目标。与其他收益相比，品牌是一种更间接的收益方式。品牌既对网站有影响，又不能脱离网站的内容和功能而独立存在。由于网络行业自身的特点，其信息透明度很高，品牌相对其他传统行业的作用较低，因而电子商务网站的品牌收益实际上更多地取决于网站的内容和功能。

四、建站方式的选择

随着网络技术的高速发展，基于网络技术的应用日益增多。一方面，新技术的应用改变着人们的日常生活和工作模式；另一方面，新技术的不断发展为最终用户建设、使用、维护、运营带来困扰，使最终用户无法将主要精力集中在自己的核心业务上。同时，网络时代对时效的要求越来越严格，使最终用户对提高网络系统的维护运行水平的要求也越加强烈，并对建站方式产生了很大的影响。

（一）建站方式

企业或组织在 Internet 上建立适合自己需求的网站有“自主建站”和“服务外包”两种方式。

1. 自主建站

就是建立网站所涉及的诸如接入、内容、商务、维护等各个方面的问题均由企业或机构自行考虑和解决的一种建站方式。

2. 服务外包

服务外包就是把公司的网站放到一个 Internet 服务提供商的机房。客户通过租用 Internet 服务商的服务器和带宽，并借用 Internet 服务商的技术力量，根据自己的要求完成所有软硬件配置的建站方式。

Internet 服务商提供的服务主要包括网站寄存、客户服务、网站管理、监控与维护、内容策划、推广服务、网上出版、电子商务服务和网上商场等，同时也包括一些属于在线服务的项目内容。

随着网络资源服务市场的日益成熟，“服务外包”现在主要有虚拟主机、整机租用和服务器托管三种方式可供选择。

1）虚拟主机

依托于一台服务器（计算机），多个网站可以在这台服务器上共享各种资源（如硬盘、CPU、内存等，）每一个虚拟主机方式的网站都有独立的域名和 IP 地址（或共享的 IP 地址），各自均具有完整的 Internet 服务器功能。

一台服务器上可以同时运行几十个乃至几百个虚拟主机方式的网站，这些网站在同一个硬件平台和操作系统上，运行着不同的网站用户服务程序，在外界看来互不干扰，每一个“虚拟”主机和一台独立的主机表现完全一样。

据统计，目前 Internet 上超过 90%的网站采用的都是虚拟主机方式。其特点包括以下几个方面：① 建立网站的费用相对低廉；② 建立网站的企业不需要网站系统维护人员；③ 对网站的建设要求相对简单，网站的建设规模不大；④ 对网站的实时交互应用要求不高；⑤ 对网络带宽的要求不高，允许许多网站共享同一带宽；⑥ 对网站的安全性、可靠性、可扩展性、实时更新的要求不高；⑦ 由于多个网站共享一台服务器资源，许多功能和属性在使用时受到了限制。虚拟主机的方式能够满足诸如小型商业企业、社会团体以及任何相对简单的网站建设需求。

2）整机租用

整机租用是一台服务器（计算机），只能被一个网站用户使用，并且由网络资源服务商替代用户进行管理维护。

3）服务器托管

服务器托管也是一台服务器（计算机），客户把它放置在网络资源服务器的中心机房，由网站用户自己进行维护，或者委托他人进行远程维护。

采用服务器托管或整机租用方式，其特点包括以下八个方面：① 网站的成本相对较高；② 具有网站系统维护经验的专家；③ 对网站建设的需求相对复杂；④ 对网站的实时交互应用要求高；⑤ 对网络带宽要求高，一般只允许一个网站独占带宽或与少数几个网站共享带宽；⑥ 对网站的安全性、可靠性、可扩展性、实时更新的要求高；⑦ 只有一个网站独占服务器资源，网站在功能和属性上的特殊要求能够得到满足；⑧ 对大型网站还可提供镜像技术、流量均衡分配技术等技术支持。

选择服务器托管或整机租用方式，对致力于发展电子商务的企业和各种提供互联网服务的企业无疑是明智之举。采取这两种方式可以使自己的网站获得良好的主机环境，可以对网站发生的各种情况及向访问者提供的各种服务进行全方位的实时控制。

（二）ISP 的选择

ISP 是互联网服务提供商的简称，是指专门从事互联网接入服务和相关技术咨询服务的公司和企业，是众多企业和个人用户进入 Internet 空间的一站和桥梁。ISP 服务商通过自己拥有的服务器和专门的线路 24 小时不间断地与互联网络连接。当企业需要进入 Internet 时，只要先通过电话网络与 ISP 端服务期连接好，然后就可以与全世界各地连接在互联网上的计算机进行数据交换。

根据经营业务的不同，ISP 有很多类型：一是“拨号 ISP”（dial-up ISP），它们从事“多点现场服务”（many points of presence，MPOP），通过调制解调器从一个服务器拨号接入 Internet；二是“后端 ISP”（backend ISP），它们从事网络服务器服务，通过服务器的高速数据缓冲储存器（caches）向大量用户提供经常性接入信息服务；三是“前端 ISP”（frontend ISP），从事高效的接入服务，并通过服务器的高速数据缓冲储存器向局域网用户提供服务。

实际上，ISP 的服务应该包括接入服务（internet access provider，IAP）和信息内容服务（internet content provider，ICP）两个方面。IAP 是指专门从事为终端用户提供网络接入服务和有限的信息服务的服务提供商；ICP 是指那些在互联网上提供大量丰富且实用信息服务的服务提供商，它允许专线上网、拨号上网等各种方式访问自己的服务器，为用户提供全方位的信息服务。随着经营范围和内容的拓展，IAP 和 ICP 的有机结合是今后发展的重要方向。

许多大型的 ISP 为客户提供的是一站式专业外包服务和完整的电子商务解决方案服务，其中包括企业接入、主机托管、虚拟主机定制租用等基本电信服务，网络安全、网络加速、储存备份、网站监控等管理服务，企业网站规划、网站建设、网站营销、网站集成等专业服务。可以为企业创建一个完整的网络营销环境，如电子商务网站建设包括域名注册、网站风格设计、网页设计、电子邮件、广告管理系统设计、统计分析系统设计、产品发布系统设计、搜索引擎系统设计等；电子商务网站维护包括网页的增加和维护、网络安全服务、数据备份、网络加速服务和网站监控服务等。

收费因 ISP 的品牌、规模、技术实力、知名度等的不同差异较大。一般规模大、技术实力强、知名度高的 ISP 提供的服务有保证，但是收费也会高些。但随着进入 ISP 行业的企业数的增加，这方面的市场竞争会越来越激烈，服务的价格也会变得越来越灵活。

选择 ISP 是很重要的，会直接影响到 Web 站点的成功。有些 ISP 尽管价格低廉，但可能导致 Internet 链接的速度很慢，访问企业页面时，下载的时间会很长，而访问者不可能久等，就会终止下载。如果所选择的 ISP 服务不可靠，即使花再多的时间，也访问不到页面，这就会影响到访问企业页面的人数，使顾客满意度下降并降低销售总额。因此，在选择 ISP 时，必须慎重，应该考虑到以下几个方面。

1. 必须提供完善而且系统的售前、售后培训服务

ISP 解决企业上网的实际问题，为企业做好网站框架设计、网页设计、人员设定等准备工作。没有此服务的 ISP 将只能提供资源，而这种服务是不完善的，不利于企业上网经营，充其量只是一个有域名的网站而已，这对于企业进行网上营销的初衷而言是无效用的。

2. 必须能直接或间接提供强大而稳定的电信局上网服务

无论是 DDN、ISDN 等专线服务，还是简单的电话拨号服务，ISP 必须帮助企业网站借助电信资源获取稳定的高速接入。

3. 必须是具备权威资质的域名代理机构

在网上 24 小时为企业注册网上商标——域名，并形成多年的延续性服务。针对企业级用户，不仅价格要具备竞争力，最主要的是还要有一套完善的服务体系。

4. 能够根据企业的需要，为企业量身打造网上公司

能为企业提供虚拟主机服务、性能价格比合理的网站空间、网站电子信箱服务、域名自动指向等一站式购买的一体化服务，并提供多项免费服务，例如，自动域名注册（网上自助，只有注册费，无手续费）、域名解析（更换网络服务器）、多域名指向（多个域名指向同一个磁盘空间）和免费网页制作等。

5. 能够为企业提供电子商务的后台支持解决方案

为企业提供成体系的技术外包服务，包括各种有助于企业网上经营的支付、配送实现的通信手段，带动企业网上商机的有效互动。能够为企业创建一系列安全可靠的网上商务运作工具，确保企业各项核心业务的数据处理运营稳定，无差错。

6. 能够为企业提供有效而且超值的网站宣传

包括 ISP 自身的门户级网站主页宣传，数百家搜索引擎链接宣传，以及提供在百万级企业广告互换平台上进行宣传的解决方案，并且性能价格比高，服务到位，具备真正的使用价值。

五、域名的选择与注册

（一）域名的含义

大家都知道,Internet 由成千上万台计算机互联组成，为使网络上每台主机实现互访，每台计算机必须拥有一个地址，作为每台主机的标记，因此采用了 IP 地址的形式，而该地址是一个 32 位的二进制数字，记忆起来比较困难，使用起来也不方便。因此，往往用一个文字地址来代替，这就是我们提到的域名。域名即我们通常所说的网址，如我们说某某公司的主页是 http：//www.cnltr.com，即为域名。

从技术角度讲，域名只是 Internet 中用于解决地址对应问题的一种方法，它好比是一个别名，对应着一个 IP 地址。域名被存放在一个数据库里，有一些服务器专门负责它与 IP 地址的对应工作，被称为 DNS。

从管理角度看，层次性的域名系统使 IP 地址的使用更有秩序，更容易管理，故域名是比 IP 地址更高级的地址形式。

从商家角度看，域名已被誉为“企业的网上商标”，是企业进入互联网并与用户进行网络沟通与交流的唯一途径；是企业网上业务的公众形象和无形资产；也是企业进入信息化社会，融入目标大市场，进行电子商务应用的标志。域名的巨大商业价值，已经被全世界的企业所认识。许多企业在选择域名时往往希望用和自己企业商标一致的域名。

（二）域名的种类

目前域名主要分为顶级域名和普通域名两种。

1. 顶级域名

顶级域名是指标识符 http://后仅有三段字符的域名，如 http://www.intel.com、http://www.sina.com 等

从字段上看顶级域名共有三段，字段与字段之间以点号分开，如域名 www.intel.com，具体意义为：WWW 代表 World Wide Web，中文译为万维网，intel 代表“英特尔”公司，com 表示其为商业性公司。各字段的具体含义见“普通域名”。

2. 普通域名

普通域名指的是标识符 http://后有四段字符的域名，如 http://www.intel.com.cn、http://www.sina.com.cn 等。普通域名共分四段：

（1）一级域名。一级域名为最后一组字符，如 www.intel.com.cn 中的.cn ，这一级域名代号代表国家，cn 代表中国。

（2）二级域名。二级域名为一级域名的前一段字符，如 www.intel.com.cn 中的.com，这一级域名的含义如下：

com——商业性机构或公司

net——从事 Internet 相关的网络服务的机构或公司

edu——学校

gov——政府机关

org——非营利的组织、团体

mil——军事部门

（3）三级域名。三级域名为二级域名的前一段字符，意义相对其他字段更为丰富，如 www.intel.com.cn 中的 intel 代表英特尔公司。

（4）四级域名。四级域名为标识符“//”后紧跟的一段字符，如 www.intel.com.cn 中的 www 代表万维网（又称 3w）。

（三）域名命名的一般规则

Internet上的各级域名分别由不同机构来管理，各个机构管理域名的方式和域名命名的规则也有所不同。但域名的命名有一些相同的规则，主要有以下几点。

1. 域名中只能包含以下字符

（1）26个英文字母；

（2）0、1、2、3、4、5、6、7、8、9等10个数字；

（3）“-”（英文中的连接符）。

2. 域名中字符的组合规则

（1）在域名中，不区分英文字母的大小写；

（2）对于一个域名的长度是有一定限制的。

3. CN下域名命名规则

（1）遵照域名命名的全部共同规则；

（2）只能注册三级域名，三级域名由字母（A~Z或a~z，大小写等价）、数字（0~9）和连接符（–）组成，各级域名之间用实点（.）连接，三级域名长度不得超过20个字符。

4. 不得使用被限制使用的名称

（1）注册含有“CHINA”、“CN”、“NATIONAL”等须经国家有关部门正式批准；

（2）公众知晓的其他国家或地区名称、外国地名、国际组织名称不得使用；

（3）县级以上（含县级）行政区划名称的全称或缩写[须经相关县级以上（含县级）人民政府正式批准]；

（4）行业名称或者商品的通用名称不得使用；

（5）他人已在中国注册过的企业名称或者商标名称不得使用；

（6）对国家、社会或者公共利益有损害的名称不得使用。

（四）如何选择一个好的域名

既然域名被视为企业的网上商标，那么注册一个好的域名就是至关重要的。一个好的域名往往与单位信息一致；单位名称的中英文缩写；企业的产品注册商标；与企业广告语一致的中英文内容（但注意不能超过20个字符）；比较有趣的名字，如hello、yes、168、163等。

拥有一个好的域名就意味着有了成功的开端，但在选择域名时，如果你有多个域名，可采取多域名策略，即同时推广几个域名，在对主要域名注册的同时，有必要对和自己主要域名相关的域名进行注册，即使有些域名根本就没有投入使用。如网易在国内主推163.com，而在国外则推广netease.com。主要原因如下几个方面。

1. 为了避免与其他网站混淆

域名后缀.com 或者.net 的域名分属不同所有人时，很容易造成混淆，如网易与163 电子邮局就是这种情况，许多网民并不了解 163.net 和 163.com 归不同网站所有，因而才会出现当163 电子邮局无法登陆时用户大骂网易的现象。8848.net 和 8848.com 原来也分属不同所有者，为了改变这种状况，提高 8848 网站的品牌知名度，最后 8848.net 只好购买 8848.com 这一域名，如果这个域名为两家竞争者所拥有，可以想象将造成多大的混乱，对双方都将产生不利的影响。

2. 保护品牌名称或者注册商标

一个公司可以拥有多个商标名称，公司名也可能与商标名不一致，因此，除了以公司名申请域名外，还可以为每个商标名申请一个域名。由于现在域名的长度可以多达 67 个字符，因此，除了注册较短的公司名称缩写的域名外，还可以注册一个公司完整名字的域名，让顾客可以根据公司名称想象到网站域名。

对于知名企业或网站来说由于域名被抢注的可能性更大，往往需要注册更多的域名来作为保护。

（五）域名注册

选择好域名以后，我们就应该马上注册，要知道域名的注册是遵循先申请先注册原则，没有预留服务。因此，我们在选择了一个合适的域名之后，要根据相应的注册程序马上注册。

1. 选择域名注册服务提供商

提供域名注册服务的服务商很多，应该选择具有一定经营规模并且能够为用户提供便捷服务的站点，如 www.cnnic.net、www.net.cn 等。

CNNIC 是成立于 1997 年 6 月 3 日的非营利的管理服务机构，行使国家互联网络信息中心的职责。在业务上受信息产业部的领导，在行政上受中国科学院的领导。CNNIC 的主要服务有注册服务、域名注册、IP 地址分配和自动系统号分配等。

中国万网（www.net.cn）一直专注于中国网络体系建设，是中国最大的域名注册和网站寄存服务提供商。万网先后帮助客户注册中英文域名近 60 万个，为 10 多万家企业提供快速、稳定、安全的网站和邮箱托管服务。

2. 域名注册流程

这里我们选择万网作为域名注册商。

注册一个域名前，我们需要进行域名查询，用来判断选择的域名是否可以使用，首先登陆 www.net.cn 的主页，如图 9-1 所示。

在域名查询框里输入想要查询的域名，如输入 ddxxyy，选择后缀名为.com，单击查询按钮后，会得到如图 9-2 所示的结果。

图 9-1 中国万网的主页

图 9-2 域名咨询界面

如果申请的域名已被注册，则视为发生了域名冲突。一般解决冲突的办法是换一个相近的名称，或是在申请的域名中加入“-”或一些字母等，也可以选择其他可用的域名。如果用户想要注册的域名还没有被注册，这时你就可以进行注册了。单击立即注册，进入填写注册表单页面，相关信息填写完成后，要求用户核对信息，如果确定所填信息无误，即可提交，然后根据要求交纳域名使用费，通常采用网络支付或者汇款等方式。完成以上几步，域名注册工作就全部完成了。

第二节　电子商务网站的构成要求

一、电子商务网站的硬件构成

电子商务网站从硬件角度考虑，网络的简略构成是网络服务器、应用终端（或工作站）以及用于联系网络服务器和终端的交换机、路由器等设备和其他保障网站营销功能的设备。

1. 服务器概述

Web 服务器最主要功能是提供一个 WWW 商业站点，借此可完成商业网站日常的信息访问。邮件服务器是为企业的内部提供电子邮件的发送和接收。电子商务服务器和数据库服务器通过 Web 服务器和路由器为企业内部和外部提供电子商务处理服务。还可根据需要设置协作服务器，账务服务器等。通常是由 Web 服务器、数据库服务器、电子邮件服务器、电子商务服务器等构成电子商务网站。

服务器的硬件配置要解决的最主要问题就是服务器的选择，即购买什么样的服务器作为网站的服务器。Internet 上，服务器最常见的有 Sun 服务器和 PC 服务器两大类，其他类型的数量比较少。Sun 服务器以其高效、稳定和可靠等性能而著称，但其价格也不低。近年来由于技术发展，PC 服务器性能大幅提高，成本却只有前者的几分之一，即使像 YAHOO 这样的超大型网站也是使用 PC 服务器。对于 PC 机来说，在有足够快的 CPU 的前提下，最大的问题就是内存的大小。当大量的客户端访问时，Web 服务器不能出现页面交换的现象，这样会大大增加每个请求的响应时间，数据库服务器也是如此。

服务器对计算机处理性能要求比较高，具体与网络规模、网站访问量有关。选择服务器要考虑的因素有以下几个方面：

（1）性能。性能是选择服务器首先要考虑的因素。如果服务器处理数据的能力不够，那么网站的价值也就大打折扣了。例如，如果一个人访问了你的网站十次，没有一次能进去，那你以后肯定会失去这位客户。另外一个就是服务器的稳定性。

我们都知道，既然是服务器，那么肯定是常年不断地在运行的。如果服务器几小时就死一次机，那么这个网站就不能说是一个成功的网站，至少大家对这个网站的印象不是很好。

（2）价格。价格也是一个不可不考虑的因素。大家都知道如果有充足的资金，那么服务器可以配置的很好，但是要在有限的资金条件下把服务器配置为最佳就比较困难了。这就有一个性能价格比的问题。同样，如果一个小型的网站用了一部性能十分优越的服务器，而网站的访问量并不是很大，那么就造成了资源的浪费，从而导致网站的建设成本增加。

（3）售后服务。售后服务现在也很重要。我们用来架设网站的服务器在一般情况下都选择品牌机，各种不同牌子的关键部件有很大的区别。而且对于某一牌子的机器，只有其生产商才有能力进行修理。另外，在遇到服务器技术上的问题时，生产商会给予支持，很多大型的生产商都有专门的技术顾问公司来负责这项工作。所以，在购买服务器时，选一家有良好售后服务的生产商是有好处的。

服务器的选择，就是要在以上几个方面找到平衡点，同时还应考虑到硬件平台应具有充分的可扩充性，只有这样，才能找到合适的服务器。

2. 应用终端概述

对于一个电子商务网站而言，为了保障网站维护与建设工作的要求，网站内部的终端设备至少要有以下几种：

（1）输入终端。用于一般的文档录入工作，性能和配置要求较低。

（2）管理监控终端。用于对现有网站的运行情况进行监测，并以保障数据和信息安全为目的调整网站的运行状态。

（3）开发测试终端。主要应用于网站功能和界面风格以及网站应用程序的更新，并对其进行检测。

（4）营销功能扩展终端。是为了能满足面向市场营销的信息需求，需要从网站日常运行过程中获取数据（如客户需求信息、市场细分信息、客户个体资料等），要求其具有相应的数据分析系统。

所有这些硬件可以依据各自用途的差异,而采用档次及配置不同的 PC 机来实现。

3. 网络连接设备

集线器（Hub）和交换机（Switch）等设备将各种类型网络连接在一起。关于 Hub 或 Switch 的选择，客户应根据自身情况进行实际考虑，通常如果业务较多，PC 终端较多，且对安全性要求较高的企业应选择交换机作为核心的设备；具体说，将所有的输入终端、所有的监控终端、所有的开发测试终端及所有的营销功能扩展终端分别视为一组，先以一个或几个 Hub 进行组内连接，然后再各组以 Switch 进行连接。这样，从逻辑结构和物理结构上看都很清晰。

4. 其他设备

商业网站日常工作要求备有其他设备，如扫描仪、复印机、打印机、光盘刻录机、网络监测设备等都不可缺少，有特殊要求的还可以备有音像录制设备、音像编辑设备等。

二、电子商务网站的软件构成

（一）操作系统平台的选择

操作系统可以说是服务器软件的基础，没有操作系统，Web 服务器及其应用程序的运作也就无从下手，所以有必要为服务器选定一个合适的操作系统。比较流行且非常实用的网络操作系统有 Windows NT、Windows 2000、Linux、UNIX 等。选择操作系统平台应考虑以下几个方面：

（1）考虑网站的技术要求。网站建设目标不同，对技术的要求也不同。例如，纯演示介绍的网站其技术含量就少，最多要求有简单的数据库。而一个提供在线服务的网站功能就要复杂得多，技术含量就高。再如，网上商城要求网上在线信用卡支付，这就对安全通信有极高的要求。

（2）根据企业网络技术人员的特点来选择网站平台。技术管理人员对操作系统的熟悉程度也是一个很重要的因素。

（3）考虑操作系统自身的特点。主要从操作系统为用户提供的界面、功能、性能、对软件开发的支持以及高级应用等方面进行比较选择。

另外，网站的可靠性、开发环境、内容管理、价格因素、维护的方便性以及安全性都是选择操作系统平台时必须考虑的问题。

（二）服务器软件

1. 面向 Windows 的各种服务器软件

虽然服务器软件可以在非 Windows 系统上运行，但现有大多数好的软件都是面向 Windows NT/2000 机器的。

（1）Netscape Fastback Server（面向 Windows NT 和 UNIX 平台）是 Netscape 的基本的 Web 服务器软件。它的特点有：① 安装向导（简化安装）；② 支持 Java 和 Java Script；③ 可创建 Web 网页的 Netscape Navigator Gold 客户端软件；④ 访问授权，它使用户可以定义拥有访问权的用户名和密码；⑤ 支持 SSL（secure sockets layer）协议，提供客户端身份鉴定和 Internet 上的访问控制。

（2）Server Manager 软件，一个面向任务的服务器管理工具。有动态缩放能力，即既可以应付重负载，又可以加入由 Netscape API（application program interface）增加的特殊功能；易于升级到公司版服务器；而且其价格还具有一定的竞争力。

（3）Netscape Enterprise Server 是一个适用于工业界的 Web 服务器软件。它具有的先进特性如下：① 所有由 SSL 协议提供的安全特性；② Netscape Navigator Gold 用户软件；③ Netscape Livewire 集成可视化开发环境，它提供了直观网站管理、超链接的完整性管理以及与 Informix、Oracle、Sybase Illustra、Microsoft SQL Server 等 ODBC 兼容数据库的数据库连接；④ 透明多域支持、远程监控以及配置倒卷；⑤ 有完全文本搜索功能的 Verity Topic 搜索引擎技术；⑥ 读/写文档层次的访问控制；⑦ 文档分类和卖方提供的 Catalog Server 软件；⑧ 支持 Java 和 Java Script。

（4）Microsoft Internet Information Server 可运行于所有 Windows NT Advanced Server 硬件平台（奔腾 X86、MIPS、Alpha、PowerPC）上。它的设计使之能适用于从单处理机到多处理机的各种结构。它的主要特性如下：① 对 DOS 或 UNIX 风格的目录列表的 FTP 支持；② 将用户层次和目标层次的安全措施整合进 Windows NT Advanced Server 目录服务；③ 支持面向加密通信的 SSL；④ 可对所有服务进行登录，包括带有自动滚动器的基本文本文件格式以及对诸如 Microsoft SQL Server 之类的 ODBC 数据源的扩展登录；⑤ 从单个位置对多个服务器进行集中管理（包括对 Internet 的安全管理）而无论其是否有 SSL；⑥ 可配置服务，包括 TCP/IP 端口和超时处理的设置；⑦ 多个虚拟根目录，包括网络上位于别的计算机上的根目录；⑧ 多个虚拟 Web 服务器，但仅运行一个管理单元和一个操作系统进程；⑨ 可以开发使用万维网及任何 ODBC 数据源的数据库应用程序。

2. 面向 UNIX 的各种服务器软件

Internet 源于 UNIX 系统，所以，基于这种环境的服务器软件已经开发了很多。

1）NCSA 的 HTTPD 和 CERN 的 HTTPD

NCSA 的 HTTPD（hyper text transfer protocol daemon，即超文字传输协定常驻程序）在网上应用普遍。这些系统要求一位资深的 UNIX 系统管理员，并且，他要具有更多的服务器知识。在两个系统之中，数 NCSA 的服务器使用最广泛，并得到最好的支持。NCSA 的服务器还能在文档中嵌套文档，因层次，当读者请求文档时，可以进行定制；另外，CERN 的服务器通常被用作控制 Internet 连接的防火墙，它也叫做代理服务器（proxy server）。它不仅能用作安全措施，而且还可以帮助提高系统速度。因为它将那些经常被请求的信息放在自己的高速缓存里，而不是在每次请求时，都从防火墙内检索所要的信息。

2）Apache HTTPD Server

Apache HTTPD Server 是 NCSA 1.3 版上的插件替换。其优势功能是：

（1）提供对现存各种 HTTP 更好的兼容性；

（2）能使对出现的错误和问题产生定制反应成为可能；

（3）该服务器能让你建立文件甚至 CGI 脚本，在遇到出错和问题时，它们将被返回。例如，你可以建立一个脚本，用来截获 500 个服务器的出错，为用户和你自己进行即时诊断；

（4）使多目录索引命令成为可能；

（5）Apache 对别名的数目没有固定限制，重定向次数可以在配置文件中进行申明；

（6）支持内容协商——可以向各种对 HTML 具有不同熟悉程度的客户提供文档，该文档提供客户所能接受的最佳信息出现方式；

（7）具备处理多重初始地址服务器的能力；

（8）可以向发向不同 IP 地址的请求进行区分（这些 IP 地址将映射到同一机器上）。

（三）数据库平台

数据库服务器可用 SCO 公司的 Open Server 操作系统，数据库管理系统站点机，可采用 Windows NT 4.0 操作系统，Intranet 和 Internet 连接统一用 Windows NT 4.0 平台。

（四）软件开发工具

服务器端采用 Sybase 数据库编程，客户端采用 Powerbuilder 6.0 开发工具，Web 业务和基于 Microsoft 和 Active Server Page 环境开发主要平台可为 Visual Interdev 6.0、Visual Java++和 Frontpage、Dreamweaver 等。其他开发工具，如 3D MAX、Flash 等也是开发网站，构建网页的重要软件。

第三节　电子商务网站的整体设计

一、电子商务网站的内容设计

（一）电子商务网站内容及功能的确定

一个电子商务网站应该包括什么样的信息内容，具备什么样的功能以及采取什么样的表现形式，并没有统一的模式。不同形式的网站，其内容、功能也各不相同。

一般来说，企业网站的内容与企业的经营战略、产品特性、财务预算以及建站的目的等因素有着直接关系。网站内容一般由动态和静态之分。下面我们分别对其进行一些简单的介绍。

1. 网站的静态内容

网站的静态内容是指网站内容中相对不变的部分，其主要作用在于使访问者能够在一个熟悉的环境下浏览网页的内容。如图 9-3 所示为著名的新浪网站，以此为例进行说明。

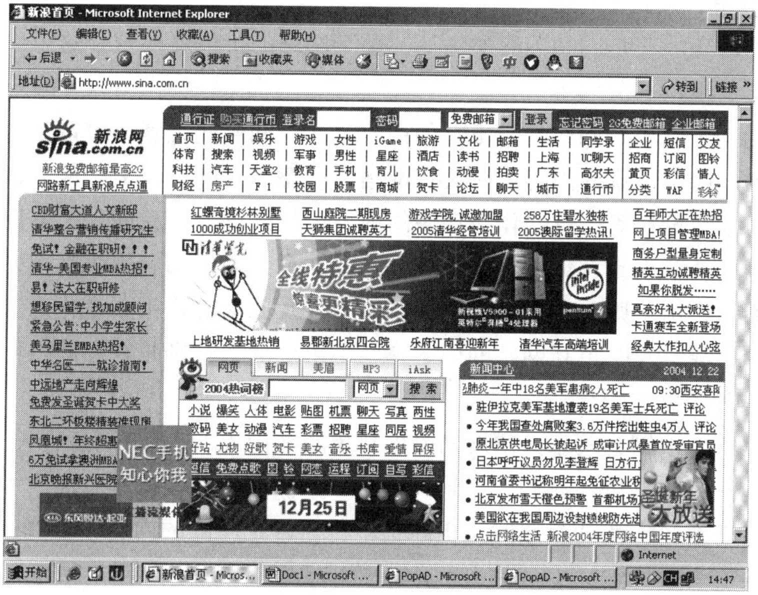

图 9-3　新浪网站主页

这里有很多内容都属于静态的，例如，最顶部是邮箱登陆条。下面紧接着最左边是网站名称和标志，右边则是网站栏目导航，中间有搜索引擎。对于经常访问新浪网站的网民，他们一看到这些信息就会有一种很亲切的感觉。

所以，一个网站的静态内容最主要的作用是维持整个网站的风格，给网站的固有访问者一个熟悉的环境，这也是维持一个网站形象的重要手段。一个网站形象的塑造是需要很长时间的，网站形象是网站的重要资源。因此，为了保持网站的形象，对网站的静态内容一定要有详细、周密的计划。

当然，网站的静态内容只是相对静态的，并不是一成不变的。但是这种改变只是在保持原风格的基础上，对页面内容的布局做一些调整和修改。这样,网站风格没有变化，但页面也许会比以前更好看，会给人耳目一新的感觉的。

还有，在很多网站中都采用了动态生成页面的技术，在这些动态生成页面中，也有相当一部分是静态的，它们的作用是用来保证页面风格的一致性。这些静态的内容在网页主要部分的代码编写之前就要确定下来。

另外一些不经常改变的页面也可以称为网站的静态内容，例如，公司简介、联系方式、帮助信息、版权信息等。这些内容基本上是固定的，因此可以采用静态页面来实现，这些页面通常很少更改，或是更改少量内容。

2. 网站的动态内容

网站的动态内容是网站内容的主体，整个网站的价值就体现在这里，因此网站建设者必须重视这部分内容。

网站的动态内容是网站经常更新的内容。一个网站建设者，应该了解哪些内容属于网站动态内容，哪些内容应该放在网站的动态内容的位置上。例如，新闻、一些评论性文章及论坛等，这些作为动态的内容都很好理解，新闻一天不更新，就不能称为新闻；文章也是，你的网站就那么几篇文章，即使内容再吸引人，也不会让访问者再回头；论坛则更加明显，里面的文章以及回应都是不断变化的。所以要提高访问者的兴趣，及时更新网站的内容是必不可少的，特别是在那些以信息量为主的网站上体现得更加明显。

现在仍以新浪网为例来介绍网站是怎样更新其内容的。新浪网包含的内容很多，涉及新闻、体育、科技、财经、娱乐、游戏、军事、文化、汽车、房产等多方面信息。特别对于新闻，就是1小时不更新也不行。但是新闻的内容十分多，信息量很大，所以没有科学的管理方法和专门的人员来更新，是不可能办到的。

在如此大的信息量的情况下，如果要一页一页地写网页，工作量是难以想象的。所以一般网站的新闻在内容更新的时候（如增加新闻），都不是一页一页地去写网页，否则既费时又费力，而且不易于管理。这时网页的动态内容通常储存在数据库中，通过程序读取数据库的内容自动生成网页，这些程序运行在服务器端，一般用ASP、JSP、PHP和CGI等语言编写，主要是依据服务器的架设平台来决定用哪一种语言。

用程序来自动生成HTML代码再送往浏览器，这种办法适用于网站要用到很多风格相同但内容不同的页面。原理如下：整个网站有一个后台数据库，所有的新闻都是放在这个后台数据库里面的。好处在于把新闻作为数据库的数据，可以方便管理，方便插入、查找、修改、删除等操作。就新闻来说，最大的好处在于在进行新闻更新时可以方便操作。

现在简单地描述新闻更新的过程，在有新的新闻到来时，首先由专门操作人员把新闻以文本的形式输入数据库，对数据库的表进行更新，如有新的新闻加入到数据库，那么相应新闻的标题也要加入到新闻标题的表中，这样就算完成了新闻的更新过程，这些操作都是通过后台管理页面进行的。用户在浏览网站的时候，服务器端的程序将从数据库中把已加入的新闻列出，用户就可以看到这些新添加的新闻出现在页面上了。这种网站的例子是很多的。

我们在浏览一些网站时，在浏览器地址栏里经常可以看到一个 ASP 或 PHP 文件，这说明所有的页面都是由这个程序自动生成的。但是，也要注意到并不是所有的网站都是这样的。不知道大家有没有注意到网易的焦点新闻，地址栏里的 URL 都类似于“http://news.163.com./2005w01/12787/2005w01_1104870300906.html”,而且每一条新闻的链接都是一个不同的 HTML 文件，实际上这是为了减轻服务器负担而采取的一种措施。如果只用一个 ASP 或 PHP 页面，用户每次要访问该页面时，这个 ASP 或 PHP 程序都要在服务器上运行一次，它是从数据库里面把用户所要看的资料取出来，经过特定的格式转换后，再以字符串的形式发给浏览器。当访问量很大时，数据库服务器速度会下降。为了解决这个问题，一些网站设计人员编写了一个程序，该程序可以把数据库中的所有新闻都生成单独的 HTML 文件，再把它送往服务器的特定目录下。用户要访问该新闻时，就可以直接访问该 HTML 页面，而不用每次都在服务器上运行一次 ASP 或 PHP 程序，从而大大减轻了服务器的负担。这个程序是要专门编写的，不是每个网站都有，但也有许多网站用了这种方法。虽然它的运行速度比较慢，但因为它可以事先在后台运行，其效率方面不成问题。不过，这种方法一般只适用于访问量特别大的网站（如门户网站），对于一些访问量较小的网站，采取直接从数据库中读出的方法较好。

网站动态内容除了上述所讲的新闻评论之外，还可以包括很多内容，例如，整个网上书店的书库、一个网上图库的图片、一个网上音乐站的音乐，这些都是需要及时更新的内容，所以也属于动态内容。网站的动态内容是相当多而且又非常重要的，因此在选择时要十分注意。

（二）电子商务网站内容设计的基本原则

企业网站作为在 Internet 上展示企业形象、企业文化，进行电子商务活动的信息平台，其内容的设计是一项重点，它最直接地影响到一个网站受欢迎的程度。在内容设计过程中我们应该体现出以下几项基本原则。

1. 提供的内容要新颖、精辟、专业

企业建立网站的目的是通过提供一定的内容，根据这些内容进行电子商务活动，获取收益。而用户访问网站的主要目的是寻找自己感兴趣的信息。因此，企业要提高其电子商务网站的点击率，增加企业的效益，就必须先在网站的内容上多下工夫，提供的内容要新颖、精辟、专业、有特色，内容设计要有组织，形式与内容要和谐统一。同时网站的内容还要及时更新，网页的内容应是动态的，只有内容不断更新，才能长期吸引浏览者。

2. 注意网站的运行速度

很多人在网站设计的过程中，过多地使用各种网页设计技巧，而忽视了网站运行速度的问题。因此必须要考虑用户得到他们所需要信息花费的时间。太长的下载时间和缓慢的Web查询只能令客户望而生畏，他们将中断访问或不再访问你的站点。因此，在设计与组织页面内容时，我们应注意如下一些问题：

（1）避免使用太大的图片。在页面中尽量避免使用太大的图片，如果必须使用，可事先在图形优化软件中进行分割、优化，然后在页面中使用。还可以使用压缩软件，在尽量保证图片质量的前提下，获得体积最小的图片。

（2）不要滥用尖端技术。网站设计的新技术层出不穷，在页面中要慎重使用尖端技术，因为用户永远是为信息而上网的，毫无节制地在客户面前卖弄新的视觉技术，其效果只会适得其反，不仅分散用户的注意力，还会增加网页的下载时间。

3. 方便用户访问和购买

一个电子商务网站如果有在线销售功能，必须要考虑到用户访问和购买过程方便快捷。一个电子商务网站合理地组织自己要发布的信息内容，以便让消费者能够快速、准确地检索到要查找的信息，是其内容组织成功的关键。当用户进入一个网站后如果不能迅速地找到自己要找的内容，那么这个网站很难吸引住浏览者。因此，有必要将一些信息进行分类，并提供对各种信息入口的检索功能。让消费者快速地找到他想要的产品，甚至连相关产品也列出来，以刺激客户的购买欲。另外，还要减少用户购买过程中的干扰信息（如广告等）；要为用户提供个性化的服务，与用户建立一种非常和谐的亲密关系；要使订购流程清晰、流畅，如用户下订单的流程是否清楚、是否随时可以中断订购流程、订单上是否有所买的产品及其价格、运费是内含还是外加、货物几天内受到、货款几天内收到、货款的支付方式、产品退货的处理、对于交易安全的保证以及使用何种交易技术等；要尽可能地提供商品的细节，越详细越好，必要时提供产品的详细图片，以激发用户的购买欲。同时,网站要有一定的交互能力，如采用及时地留言簿、反馈表单、在线论坛等方式以方便用户与企业网站进行信息的相互交流，加强企业与客户的联系，这样，企业在网上进行产品销售和服务的机会才会增加。

二、电子商务网站的结构设计

对于一个内容丰富的网站，需要设计的栏目很多，要求对网站的结构进行认真的分析和设计。一个合理的、符合逻辑的网站结构无论是对网站的建设还是网站以后的管理、维护都是大有裨益的。

（一）电子商务网站目录结构的设计

目录结构又称为物理结构，它解决的是网页文件在硬盘上的存放位置。站点的目录结构是否合理，对站点的创建效率会产生较大的影响，但更重要的是对于站点本身的上传维护、未来内容的扩充和移植产生很大的影响。所以说网页文件无论放在哪里对访问者虽没什么关系，但是站点管理员必须清楚地知道每一个网页文件的位置。例如，如果网站的所有网页文件都放在同一个目录下，一旦文件很多时，就很难区分哪些是属于同一个栏目的，更新起来就特别麻烦。下面对建立目录结构提出一些建议。

1. 不要将所有文件都存在根目录下

有些网站设计者为了方便，将所有文件都放在根目录下。这样做造成的不利影响在于：

（1）文件管理混乱。你常常搞不清哪些文件需要编辑和更新，哪些无用的文件可以删除，哪些是相关联的文件，从而影响工作效率。

（2）上传速度慢。服务器一般都会为根目录建立一个文件索引。当你将所有文件都放在根目录下时，即使你只上传更新一个文件，服务器也需要将所有文件再检索一遍，建立新的索引文件。很明显，文件量越大，等待的时间也将越长。所以，建议尽可能减少根目录的文件存放数。

2. 按栏目内容建立子目录

子目录的建立，首先按主菜单栏目建立企业站点也可以按公司简介、产品介绍、价格、在线订单、反馈联系等建立相应目录。其他的次要目录和需要经常更新的栏目，可以建立独立的子目录。而一些相关性强及不需要经常更新的栏目，如关于本站、站长、站点经历等，可以合并放在一个目录下。所以程序一般都放在特定目录下，便于维护管理。所有需要下载的内容也最好放在一个目录下。

3. 在每个主目录下都建立独立的 Images 目录

将图片及资源文件都放在一个独立的 Images 目录下，可以使目录结构更加清晰。但是也不要只在根目录下建一个 Images 目录，然后将所有的文件图片都放在里面，这样对于目录层次比较深的页面来说，管理其所需的图片就很不方便。最好在每一个主目录下都建立独立的 Images 目录。

4. 目录的层次不要太深

目录的层次建议不要超过三层。原因很简单，为了维护管理方便。

5. 不要使用中文目录名

因为你的站点是对 Internet 所有用户开放的，所以你得考虑到让使用非中文操作系统的客户也能正常访问你的站点。对于目录名，最好都使用英文。

6. 可执行文件和不可执行文件分开放置

建议将可执行的动态网页文件和不可执行的静态网页文件分别放在两个目录下，然后将存放可执行网页文件的目录设为不可读和执行。这样做的好处是可以避免动态文件被读取的安全漏洞。

（二）电子商务网站链接结构的设计

电子商务网站是复杂的综合网站，一方面自身是由一系列的页面所构成，其结构主要是通过各种形式的超级链接来实现的；另一方面还要考虑与其他相关网站的链接，便于用户更方便地获取信息。总的来讲，网站的链接结构就是指页面之间相互链接的拓扑结构。它建立在目录结构基础上，但可以跨越目录。形象地说，每个页面都是一个固定点，链接则是在两个固定点之间的连线。一个点可以和一个点连接，也可以和多个点连接。更重要的是，这些点并不是分布在一个平面上，而是存在于一个立体的空间中。

我们研究网站链接结构的目的在于用最少的链接，得到最高的浏览效率。一般来说，网站的链接结构有两种基本方式。

1. 树状链接结构

类似 DOS 的目录结构（一对一），首页链接指向一级页面，一级页面链接指向二级页面，立体结构看起来就像蒲公英。浏览这样的链接结构时，一级一级的进入，一级一级的退出。该结构的优点是条理清晰，访问者明确知道自己在什么位置，不会迷路。缺点是浏览效率低，一个栏目下的子页面到另一个栏目下的子页面，必须绕经首页。

2. 星状链接结构

类似网络服务器的链接（一对多），每个页面相互之间都建立链接。立体结构像电视塔上的钢球。这种链接结构的优点是浏览方便，随时可以到达自己想看的页面。缺点是链接太多，容易使浏览者迷路，搞不清自己在什么位置，看了多少内容。

在实际的网站设计中，只使用一种链接结构的情况很少，在大部分情况下总是将这两种结构混合起来使用。我们希望浏览者既可以方便快速地浏览到自己需要的页面，又可以清晰地知道自己的位置。所以，最好的办法是首页和一级页面之间用星状链接结构，一级和二级页面之间用树状链接结构。

链接结构的设计，在实际的网页制作中是非常重要的一环。采用什么样的链接结构直接影响到版面的布局。例如，你的主菜单放在什么位置，是否每页都需要放置，是否需要用分帧框架，是否需要加入返回首页的链接。在链接结构确定后，再开始考虑链接的效果和形式，是采用下拉表单，还是用 DHTML 动态菜单。

随着电子商务的推广，网站的竞争越来越激烈，对链接结构设计的要求已经不仅仅局限于可以方便快速地浏览，而更加注重个性化和相关性。如何尽可能地留住访问者，是网站设计者必须考虑的问题。

三、电子商务网站的页面设计

（一）网页的版面布局设计

虽然网页技术的发展使得我们开始趋向于学习场景的编剧，但是固定网页版面设计基础依然是必须学习和掌握的。它们的基本原理是相通的。你可以领会要点、举一反三。版面指的是通过浏览器看到的完整的一个页面（可以包含框架和层）。因为每个人的显示器分辨率不同，所以同一个页面的大小可能出现 640×480 像素、800×600 像素、1 024×768 像素等不同尺寸。布局则指的是以最适合用户浏览的方式将图片和文字排放在页面中。

1. 版面布局的重要性

具体到网站的每一个网页，其排版布局达到一种和谐的状态才算是一种成功的网页设计，同样的图像和文字，用不同的方式将其组合起来，很可能产生截然不同的效果。网页的内容和页面的形式都是网站设计者必须考虑的，只考虑内容，不重其形式，会影响用户浏览时的情绪；只顾页面的排版形式，不顾内容，用户也不会欢迎。二者缺一不可，少了任何一个，都是设计的失败。

2. 版面布局的步骤

（1）草案。属于创造阶段，不讲究细腻工整，也不必考虑细节功能，只以粗陋的线条勾画出创意的轮廓即可。尽可能多画几张，最后选定一幅较满意的作为继续创作的脚本。

（2）粗略布局。在草案的基础上，将需要放置的功能模块安排到页面上。功能模块主要包含网站标志、主菜单、新闻、搜索、友情链接、广告条、邮件列表、计数器和版权信息等。注意，这里我们必须遵循突出重点、平衡协调的原则，将网站标志、主菜单等重要的模块放在最显眼、最突出的位置，然后再考虑次要模块的排放。

（3）定案。将粗略布局精细化、具体化，最后达到满意定案。

3. 常见的版面布局形式

（1）“T”形布局。所谓“T”形就是指页面顶部为“横条网站标志+广告条”，下方左面为主菜单，右面显示内容的布局。因为菜单条背景较深，整体效果类似英文字母“T”，所以称为“T”形布局，这是网页设计中使用最广泛的一种布局方式。这种布局的优点是页面结构清晰、主次分明，且是初学者最容易掌握的布局方法。缺点是规矩呆板，如果色彩细节上再不注意，很容易让人看后乏味。

（2）“口”形布局。这是一个象形的说法，就是页面一般上下各有一个广告条，左面是主菜单，右面放友情链接等，中间是主要内容。这种布局的优点是充分利用版面，信息量大。缺点是页面拥挤，不够灵活。也有将四边突出，只用中间的窗口型设计。

（3）“三”形布局。这种布局多用于国外站点，国内使用的不多。特点是页面上横向有两条色块将页面整体分割为三部分，色块中大多放广告条。

（4）对称对比布局。顾名思义，采取左右或者上下对称的布局，一半深色，另一半浅色，一般用于设计型站点。优点是视觉冲击力强，缺点是将两部分有机地结合起来比较困难。

以上总结了目前网络上常见的布局，此外还有许多别具一格的布局，关键在于网站本身的创意和设计。

4. 页面版面布局应遵循的原则

（1）正常平衡。正常平衡亦称“匀称”，多指左右、上下对照的形式，主要强调秩序，能达到安定、诚实、信赖的效果。

（2）异常平衡。异常平衡即非对照形式，但也要平衡和韵律，当然都是不均衡的，这种布局能达到强调性、高注目性的效果。

（3）对比。所谓对比，是指不仅利用色彩、色调等技巧来表现，在内容上也可涉及古与今、新与旧的对比。

（4）空白。空白有两种作用，一方面表示网站的突出卓越，另一方面也表示网页品位的优越感，这种表现方法对体现网页的格调十分有效。

（5）尽量用图片解说。此法对不能用语言说服，或用语言无法表达的情感，特别有效。图片解说的内容可以传达给浏览者更多的感性认识。

以上的设计原则,虽然有些枯燥，但是如果网页设计人员能领会并活用到网页布局里，效果就大不一样了。例如，网页的白色背景太虚，则可以加些色块；版面零散,可以用线条和符号串来分隔；左面文字太多,则右面可以插张图片以保持平衡；表格太过规矩，则可以改用倒角。

（二）页面中图片和文字的处理

用户在网上一般四处漫游，必须设法吸引他们对企业站点的注意力，所以企业电子商务网站的设计中要善于利用一些特色的效果，页面上最好有醒目的图像、新颖的画面、美观的字体，使其别具特色，令人过目不忘。

1. 图片的使用

图像的内容应有一定的实际作用，切忌虚饰浮夸，最佳的图像应集美观与信息内容于一体。图像总是为页面的使用而服务的，一幅大而漂亮的图片，如果妨碍了页面所要进行的工作，就会降低页面的整体质量。在这种情况下，使用小图像甚至不使用图像将是更好的选择。一个页面的好坏在于它是否提供了有用的信息，所以不管图像如何漂亮或标新立异，也不能随意将它加入页面中。

图像可以弥补文字的不足，但并不能够完全取代文字。很多用户把浏览软件设定为略去图像，只看文字以求节省时间。因此，制作页面时，必须注意将图像所包含的重要信息或链接指示用文字替代功能重新表达一次。

2. 网站字体

（1）不要用太大或太小的文字。因为版面是宝贵而有限的，粗陋的大字不能给浏览者更多的信息。文字太小，用户读起来难受；文字太大，或者文字视觉效果变化频繁，用户看起来很不舒服。另外，按当代中文的阅读习惯，文本大都是居左的，所以最好是让文本左对齐，而不是居中。当然，标题一般应该居中，因为这符合浏览者的阅读习惯。

（2）避免过多使用不停闪烁的文字。闪烁的文字看起来好玩，但它可能使用户分心，最好避免过多地使用它。有的网页设计者想通过闪烁的文字引起浏览者的注意，但一个页面中最多不要超过三处闪烁的文字，太多了则给用户一种眼花缭乱的感觉，影响用户去访问该网站的其他内容。

（3）不要使用不常用的字体。网站中应该使用常用的字体，如“宋体”、“楷体”等。如果使用不常用的字体制作网页，就会使客户端所访问的网页达不到理想的效果。

（三）网页的色彩效果设计

网页的色彩也是树立网站形象的一个要素。色彩搭配看似简单，实际上却是网页设计中很难处理的问题之一。如何运用最简单的色彩表达最丰富的含义是网页设计人员应认真思考的问题。在网页设计中，根据和谐、均衡和重点突出的原则，将不同的色彩进行组合、搭配来构成美丽的页面。色调及黑、白、灰的三色空间关系无论是在设计上，还是在绘画上都起着重要的作用。但是需注意，每个网站都应该有自己的主色调，不可为追求视觉效果而滥用颜色。例如，号称“蓝色巨人”的 IBM 就用蓝色作为自己网站的主色调。此外，色彩还会对人们的心理产生影响，应合理地加以运用。按照色彩的记忆性原则，一般暖色较冷色的记忆性强。另外，色彩还具有联想与象征的特性，例如，红色象征火、血、太阳，蓝色象征大海、天空和水面等。如设计出售冷食的虚拟店面，可使用清凉而沉静的颜色，使人心理上感觉凉爽一些。

在色彩的运用过程中，还应注意的一个问题：由于国家和种族的不同，宗教信仰、地理位置以及文化修养的差异，不同的人群对色彩的喜恶程度有很大的差别；生活在闹市中的人们喜欢淡雅的颜色；生活在沙漠中的人们喜欢绿色。在设计中要考虑各企业的主要读者群的背景和构成。

另外，在网页色彩的处理上，要注意以下两点，一方面色彩的使用要与众不同，有自己的个性，这样网页才引人注目，并给用户留下深刻的印象；另一方面色彩的使用要和网站的内容保持一致。例如，用绿色来作为一个无公害蔬菜连锁超市站点的主色调。

四、电子商务网站设计理念

通过上面对电子商务网站内容、结构及页面布局三方面进行介绍，相信大家对商务网站的具体设计有了一个基本的认识，下面再对电子商务网站的设计理念进行一个总结。

1. 整体布局应该结构清晰，尽量简化操作

一般来讲，好的网站应该给人以这样的感觉：干净整洁、条理清楚、制作专业、引人入胜。网页应该力求抓住而不是淹没浏览者的注意力，过多的闪烁、色彩、下拉菜单框、图片等会让访问者无所适从，在页面中尽量使用一些醒目的标题或文字来突出你的产品和服务，让客户很快清楚你在卖什么，清楚自己如何收益。若网页是多页数的，那么网站管理人员应做一个流程图，使客户容易在网页上浏览。切记如果用户不能够迅速地进入企业网站，或操作不便捷，网站设计就是失败的，用户就会转向竞争对手的网站。

2. 提供有价值的信息

无论商业站点还是其他类型的站点，必须给人们提供有一定价值的内容才能留住访问者，所以网站必须提供有价值的东西。当然这并不是说必须提供某些免费的物品——免费书籍、免费入场券等，这些“有价值的东西”可以是信息、娱乐、帮助信息、页面链接等。找出最受欢迎的企业产品作为网页的招牌。中小企业的管理人员要深思，写出自己企业与众不同的卖点，否则企业的竞争力和访问量会日渐减少。

3. 保持网页能快速下载

下载页面的时间太长会引起访问者的反感，页面下载速度是网站能否留住访问者的关键因素。网站首页就像一个广告牌，广告标志从浏览者眼前一闪而过，必须在一瞬间给人留下印象。所以应确保主页速度尽可能快，最好不要用大的图片，放弃显著减慢主页速度的资料。

4. 很强的文字可读性

许多网站的设计者使用了动态的 GIF 图片和 Flash 动画，以使网站上的图形或文字产生动态效果。这不仅仅会增加网页下载时间，更会分散用户对网站其他信息的注意力。由于浏览 Internet 的大多是一些寻找信息的人，因此，你要确定网站为他们提供的是有价值的内容，而不是过度的装饰。

文字的颜色也很重要，不同的浏览者有不同的显示效果，有些在一种浏览器上很漂亮的颜色在其他浏览器上可能无法显示。版式可参考报纸的编排方式，为方便快速阅读，可将网站的内容分栏设计，甚至双栏也比一满页的视觉效果要好。

此外，字体的选择也是提高文字可读性的一个重要因素。通用的字体最易阅读，特殊字体用于标题效果较好，但不适合正文。

5. 良好的标题设计

为使网页易于阅读，除了分栏之外（将页面纵向分割），也需要利用标题和副标题将文档分段。

为所有标题和副标题设置同一字体，并将标题字号加大一号，所有标题和副标题都采用粗体，这样便于识别，使浏览者一眼就可以看到。标题的重要性不言自明，要认真编好每一个标题，也可以将整条标题采用粗体或以不同的颜色突出某些内容，不过要使用便于阅读的颜色。

6. 良好的版式设计

图形和版面设计关系到对主页的第一印象，图像应集中反映主业所期望传达的主要信息。如果是系列商业站点，你不必让过分显眼的动画出现在首页；但如果你的网站是游戏站点，动画将是必不可少的一部分内容。

图片是影响网页下载速度的重要因素。根据经验，把每页的全部内容控制在 30 千字节左右可以保证比较理想的下载时间。图像在 6~8 千字节为宜，每增加 2 千字节大概会延长 1 秒钟的下载时间。

颜色也是影响网页的重要因素，不同的颜色给人以不同的感觉。考虑到你希望对浏览者产生的影响，请为网页选择合适的颜色。

通常阅读时眼睛从左上方开始，逐行浏览到达右下方，插入图像时不要忘记这种特性。任何具有方向性的图片应该放置在网页中对视觉最重要的地方，如果在左上角放置一副小鸟的图片，鸟嘴应该放在把浏览者目光引向页面中部的地方，而不是把视线引走。这种思路可以适用于所有图片。一般总是把网站导航栏放置在页面左边，也是出于这种考虑。

7. 导航明确，导向清晰

使用超文本链接或图片链接，使人们能够在你的网站上自由前进或后退，而不要让他们使用浏览器上的前进或后退。记住，在所有图片上使用 ALT 标识符注明图片名称或解释，以便那些不愿意自动加载图片的用户能够了解图片的含义。

由于人们习惯于从左到右、从上到下阅读，所以主要的导航条应放在页面左边。对于较长的页面来说，在最低部设置一个简单导航也很有必要（只要两项就够了：主页/页面顶部）。确定一种你满意的模式之后，最好将这种模式应用到同一网站的每个页面，这样，浏览者就知道如何寻找信息了。

8. 保护个人信息声明和客户推荐信

对于商业网站来说，最重要的事情之一是确保潜在客户的信心。你应该明确地告诉人们，如何对其兴趣、爱好、尤其是对个人隐私保密,很有必要专门用一个页面，详细陈述你的保护个人信息声明，包括对访问者的 E-mail 地址保密、如何接受订单、如何会总分信息、汇总这些信息的目的、谁可以看到这些信息等基本内容。

访问者也想知道你的产品和服务以及现有客户的反映，所以，如果能引用与你关系融洽的客户对你的积极评价，对你的可信度将有很大帮助。不要害怕向顾客索取推荐信，因为人们都希望自己的意见有价值。

你可以把客户的推荐信另外设计成网页，并在网页上制作到客户网站的链接，作为对客户提供推荐信的回报，这也是一种“双赢”的策略。

9. 加强与准客户及现有客户的关系

要做到网页可以跟随客户自动更改，即甲与乙浏览的屏幕资料会有部分不同，特别是对已有的客户，因为网页已有此客户的资料，故此客户参看网页时，网页自动抽查出此客户想要的资料，令此客户看到网页时，觉得该网页是特别为他设计的，推销的成功几率也因此大增。

10. 方便的反馈及订购程序

这是一个通常被网站设计者忽略的问题。让客户明确企业所能提供的产品和服务，并让他们非常方便地订购，是企业网站获得成功的重要因素。如果客户在企业网站上产生了购买产品或服务的欲望，企业是否能够让他们尽快实现？是在线还是离线？经验告诉我们，很少客户看过网页便下订单，往往是要求寄上详细资料、报价，然后从此消失，这是现在中小企业常遇到的问题。其实电子商务只是一种渠道，传统的销售部并不会被替代。因此，我们的策略便是吸引准客户与我们联系，使销售部门有机会大显身手。有不少中小企业的网页，在资料填写方面花费太多的时间，所以应事先把资料安装好，浏览者大部分时间只进行点击，这样可简化手续，激发客户的购买欲望。

第四节　电子商务网站的测试、发布与推广

一、电子商务网站的测试

测试站点是为了及时发现存在的问题、完善站点的内容。随着电子商务应用的逐步深入，Web 应用程序的使用越来越广泛。由于 Web 程序混合了大量的技术，例如，HTML、Java、Javascript、VBScript 等，使得电子商务网站的测试变得很困难。如何能够自动测试每星期甚至每天都在改变的应用程序？如何监控应用程序的使用，当出现异常情况时能够通知管理人员？如何测试应用程序的访问负载量？这些都成为大家关心的问题。

（一）测试内容

电子商务网站的测试内容主要包括用户界面、功能、接口、兼容性、负荷强度和安全测试。

1. 用户界面测试

用户界面测试主要测试站点地图（site map）、导航条（navigational bar）、内容、颜色/背景、图像、表格、回绕（wrap-around）等。

2. 功能测试

功能测试主要测试站点中的连接、表单、Cookies 等，测试的要点主要包括：

（1）连接测试：检查各个 URL 所连接的页面是否正确。

（2）表单测试：检查每个表单与 CGI 程序是否正确连接，是否能够正确地发送用户请求。

（3）数据校验：检查非法数据或者错误数据输入后，系统是否正常工作。

（4）Cookies 测试：一般浏览器的 Cookies 当中保存了用户的部分信息，如记录用户注册时的用户名、口令等。Cookies 测试的目的是检查 Cookies 内容是否正确，是否安全。

3. 接口测试

接口测试主要检查本地系统能否正确地调用外部服务接口。例如，检查能否和

认证中心接口进行通信等。在接口测试时，需要注意当接口发生错误时，系统能否进行有效的错误处理。

4. 兼容性测试

兼容测试主要检验应用程序能否在不同的客户端使用。如果希望所有的用户都能很好地获取系统服务，就需要测试每一个操作系统、浏览器、视频设备及调制解调器速度。

5. 负荷强度测试

负荷强度测试检验系统能否处理大数量的并发用户。可访问性对于用户是很重要的。如果用户得到“系统忙”的信息，那么无论系统的服务内容多么优秀，用户都会难以接受。

6. 安全测试

安全测试检验系统是否正确、安全科学地进行处理。其主要内容包括：

（1）目录权限设置：检测各个目录的存取是否得到授权。

（2）用户登录测试。

（3）日志文件：测试服务器的日志能否正常工作，是否可以正确地记录每次登录及用户请求过程。通过日志文件，可以分析系统响应用户请求的情况。

（二）测试工具介绍

1. RSW 公司的 e-Test Suite

RSW 软件公司的 e-Test Suite 是主要着眼于优化和测试 Web 应用程序的无缝集成。

e-TEST 工具主要包括以下三个部分：

（1）e-TESTER：用于测试 Web 应用的功能。

（2）e-LOAD：用于 Web 应用部署前的用户访问和容量测试。

（3）e-MONITOR：主要用以对应用程序实现 7 × 24 的性能测试，实时采集应用程序运行时的状态参数。

e-TEST 的主要功能特点有以下几方面：

（1）可重复测试。当建立可视脚本后，e-TESTER 自动捕捉页面中包含的所有对象，并自动测试这些对象，而无须用户编程。

（2）可视脚本的自动生成。当应用程序中的页面较多时，用户很难点击生成所有的页面组合。用户可以首先点击进入某一页面，e-TESTER 能够自动生成次页面下的一个全面的 Baseline 脚本，该脚本可以被用于测试该页面下的所有点击组合。如果用户进入的是主页面，则可以生成测试整个 Web 应用的可视脚本。

（3）可视化的测试和结果分析。e-TESTER 的图形化的可视脚本不仅可以显示每一个 Web 页面的内容，而且可以用图形方式显示测试的过程和结果。所有测试中遇到的错误在图形中可以被明显地标出来。

（4）使用标准语言扩展可视脚本。e-TESTER 提供编程接口，用户可以使用标准的语言来扩展可视脚本。实现对一些复杂的应用程序进行测试。

（5）模拟真实的用户访问。在实际环境当中，系统运行的某一时刻，系统接受的用户访问需求可能多种多样。测试时如何模拟这种情况并使测试样例与实际情况一致是很难的。使用 e-TESTER 产生的可视脚本，可以分配不同的用户同时执行不同的测试任务。例如，10 个用户在 X 客户机上使用脚本 A，7 个用户在 Y 客户机上使用脚本 B，4 个用户在 Z 客户机上使用脚本 C，等等。这样，e-TEST 可以模仿实际环境中用户访问 Web 应用的情况。

此外，e-TEST 还有易于使用、可支持任意数量的模拟用户、提供应用性能报告等功能特点。

2. Keynote 系统公司的 Keynote Perspective

Keynote系统公司的Keynote Perspective主要用来在最终用户的立场上评测网站服务性能，帮助网站运营者提供服务质量。

Keynote Perspective 可以实时监测位于不同地理位置的用户访问网站的响应时间。另外，它也可用以评定 ISP 服务质量的第三方产品。

3. Service Metrics 公司的 SM WebPOINT

Service Metrics 公司的 SM WebPOINT 主要以网站的经营者为服务对象，它可以测试分布于不同地理位置的 Internet 用户访问网站时，网站的服务质量。该产品可以收集网站的各类实时性能指标。在此基础上能够对正收集的数据进行回归分析、对比分析等，从而为网站经营者优化系统提供决策依据。

4. Mercury Interactive 公司的 WebTEST

Mercury Interactive 公司的 WebTEST 可以测定网站所能承受的最大访问量，可作为网站运营者保障网站服务可靠性及提高服务质量的重要参考依据。

一般情况下，电子商务网站的测试可分为两个阶段：第一阶段是开发人员进行测试；第二阶段是客户进行测试。

在测试的第一阶段，开发人员参照企业网站的规划说明书和结构设计图对网站的各个功能模块进行数据测试，及时修补程序开发过程中存在的错漏和还不符合规划书的地方。

在测试的第二阶段，企业客户作为网站的用户进行测试，他们从操作用户的实况出发，登陆、浏览网站，并使用网站所提供的所有业务和服务，最后就网站的运行结果对开发人员提出意见和建议，以使进一步完善和改进。

二、电子商务网站的发布与推广

企业网站通过开发人员和客户的测试后，就可以通过企业所注册的域名，借助专门的网站发布工具或委托 ISP 将其隆重地发布在 Internet 上，企业网站已经发布，就意味着该企业真正步入了 Internet。但是，要使其成为一个有影响力的成功的商务站点，还有很多推广工作要做。

网站的推广方式基本上可以分成两类：一类是传统的推广方式；另一类就是基于 Internet 的推广方式。

（一）网站推广的传统方式

Internet 是一个具有十分诱人发展前景的广告载体，但是传统的方式也不能够完全抛弃。尤其是在目前我国的电子商务发展水平不是很高的情况下，要推广企业网站，还必须依赖于传统媒体的宣传。传统媒体的宣传主要可采用以下几种形式。

1. 户外广告

户外广告的种类繁多，人们常常在路旁、地铁内看到巨幅的网站广告牌，制作非常精致，而且在晚上还可以为路人提供一定的照明便利；还有公交车、火车中等流动广告，为城市提供了一道靓丽的风景线，给过往行人留下了深刻的印象。

2. 广播、报纸、电视

广播、报纸、电视都是拥有巨大客户群体的媒体，具有很多的优势，有良好的宣传效果，所以在进行网站宣传时是非常值得考虑的一种方式。尤其在我国，目前网络媒体的客户群体还相对较小的时候，就更需要借助传统媒体来推广网站。

3. 口头传播

这种方法虽然是最古老的信息传播方式，但在许多情况下人们知道某个网站的网址，常常是通过朋友成同事之间的口头介绍得来的，所以企业也不应当忽略这种方式。企业应利用各种公关场合宣传自己的网站及其服务内容。熟人之间口头传播的信息还具有使人感到可信度高的优势。

4. 企业公关

企业在和外界进行往来的公关活动中，经常要消耗掉大量的信封、信纸、宣传材料、名片、各种礼品之类的东西，在这些材料上印制企业的网址和电子邮箱地址，成本不高却会收到较好的效果。

5. 加入专业数据库

加入专业数据库是指将公司的有关资料加入到国际、国内著名的专业数据库。

这样，在网民们检索信息时就很容易发现本企业网站的信息。

6. 通知原有客户

企业已经拥有自己的网站后，要及时采取信件或电子邮件的方式直接通知所有的老客户，以后的一部分业务往来可以通过网络联系。以后在每次网站内容有变化时，都要及时通知客户，既显得对客户的尊重，又宣传了企业的网站。

应该注意的是，网站推广的基础还是网站本身的吸引力。因此，在推广商业网站之前，一定要首先检查网站的质量有没有问题。例如，网站信息内容足够丰富、准确、及时；网站设计具有专业水准；企业已经明确网站目标市场。如果企业网站自身没有丰富而吸引人的内容，那么无论用什么方法推广，都无异于在做虚假广告。

（二）几种常用的网上推广策略

1. 登记搜索引擎

Internet不仅创造了电子商务，也创造了很多广告和宣传方式，被称为继报纸杂志、广播、电视后的第四媒体。而且，Internet的宣传功能和效果要远远超过其他任何一种传统媒体，首先，网上宣传不仅方式多样、灵活，而且由于采用多媒体技术，使其具有传统媒体所无法比拟的宣传效果。其次，网上信息的传递是多向、互动式的沟通方式，更使得网上宣传具有个性化、一对一等特征。因此，网络媒体是推广网站的最有利工具。

推广网站的目的就是要提高网站访问量并进而促进网络营销。基于这种前提，网站的经营者应该充分利用Internet的特性和自己对目标市场的准确定位,让更多的潜在客户认识自己的网站并成为回头客。所以企业在进行网站推广的时候，完全没有理由忘记网络媒体这个极有利的宣传渠道。下面就分搜索引擎、电子邮件群组、友情链接等几种方式进行介绍。

搜索引擎是网民在网上查找信息的最重要工具，因此登记搜索引擎便成了最为重要的网络推广方式之一，尤其在主要门户网站的搜索引擎中注册就是宣传自己网站最有效的方法，而且注册的搜索引擎越多，企业的主页被访问的机会就越多。

Internet上的网站很多,要让一个上网用户在茫茫网海中发现自己的网站并非是件易事，所以在网站建成之后，应赶快到著名搜索引擎站点登记。这样喜爱用搜索引擎进行网上冲浪的用户才有可能发现自己的网站。下面是两个著名的专业搜索引擎的网址：http://www.google.com;http://www.baidu.com

图9-4为www.google.com的主页。主页设计非常简捷，但搜索功能很强，搜索速度也非常快。

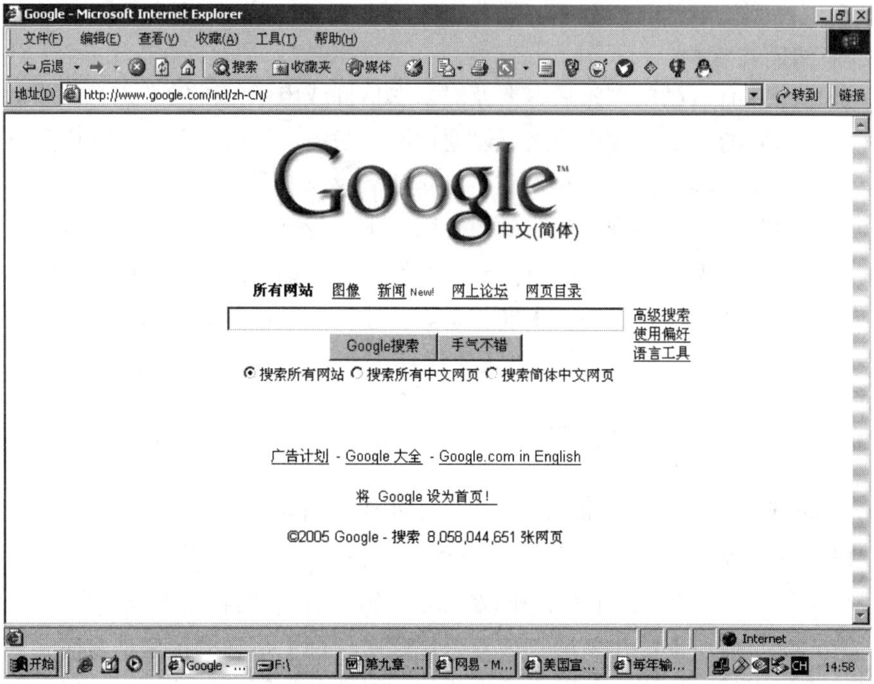

图 9-4　google 的搜索界面

到搜索引擎注册自己的网站时要注意以下一些问题：

（1）了解搜索引擎如何工作。一些比较著名的搜索引擎，它们的网站功能相似，都是把众多的网站分门别类放到一个网站里，以便浏览者查询访问。当企业向搜索引擎提交申请之后。搜索引擎就会自动前来访问企业的站点。它来的目的就是收集有关的材料，并且以后每个月还会来 1~2 次。看看所注册网站的内容是否已进行了更新。搜索引擎收集到的资料被输入到搜索引擎的索引当中去。那里面有所收集的每个网页的拷贝。如果每个网页做了更新，那么索引中的相应内容也会做相应的更新。

（2）查看日志文件。搜索引擎在访问企业的站点之后，它就会在日志文件中留下记录，通过代理名或主机名都可以发现这个记录。使用代理名会好一些，因为搜索引擎可能会在不同的访问中使用不同的主机名，如果没有代理信息或没有日志分析软件的话，也可以使用主机名。当然首先必须知道要查看的内容。第一个需要查找的文件就是 robots. Txt，这个文件存在于 Web 服务器的根目录中，作用是告诉搜索引擎不要把网站中的某些部分列入索引。因此只要是请求使用 robot.Txt 文件的，要么是搜索引擎，要么就是某个代理软件。分析一下这些请求情况的记录，一般都可以从其主机名的使用中发现那些来自主要搜索引擎的搜索程序，进而由此找到它们所使用的最新代理名。

（3）尽量使自己网站排名靠前。仅仅是注册搜索引擎还是不够的。要知道一些著名网站的搜索引擎上每天申请登记的网址数目就有上千个。企业的网站虽然被收录了，但是很有可能只是被排在靠后的位置，这和没有注册的效果差不了多少。

只要想想平时自己上网使用搜索引擎时，对于搜索结果总是先翻看排名靠前的搜索结果，至于后面的就没有多大的兴趣了，所以企业网站注册搜索引擎之后还要进一步考虑如何使自己的排名尽量靠前。

有些搜索引擎还推出了“竞价排名”的服务，出价高的网站在搜索时被排在前面，这样就可以获得更高的访问率。图 9-5 为百度网站搜索笔记本电脑时竞价排名的网页。

常用注册搜索引擎的方法有以下几种：

（1）挂接软件的使用。现在已经出现很多与搜索引擎建立联系的共享软件，这类软件能够“知道”很多搜索引擎的地址及相应的用法，只要按照软件的操作向导去完成操作，就可以在很短的时间里把站点送至多个搜索引擎上面。Submit Wolf PRO 则是其中一个操作简单的代表性软件，它 1 次可以完成 800 个搜索引擎的注册工作。

（2）手工注册。像 Yahoo 与搜狐的搜索引擎，它们不支持软件自动注册的方式，所以它们所采用的是人工方式收集网址的，这样可以保证所收录网址的质量、在分类查询时所获得信息相关性要比自动搜索的搜索引擎站点要好。

（3）委托 ISP 注册。ISP 可以提供搜索引擎的注册服务。在委托 ISP 进行注册时一般要提供搜索关键字。可以是中文，也可以是英文；提供 50 字以内的网站介绍，可以是中文，也可以是英文。然后将相应的款项转入虚拟主机供应商的账户，ISP 就开始进行代理注册服务。

2. 使用电子邮件进行推广

电子邮件是 Internet 的一项服务功能，所以在进行企业网站推广的时候也应充分使用这项功能。在使用电子邮件进行宣传网址时，可注意使用以下技巧：

（1）收集技巧。主动收集的方法就是想方设法让客户参与进来，如竞赛、评比、猜谜、网页特效、优惠、售后服务、促销等。通过这种方法，有意识地扩大自己的客户群，不断地用 E-mail 来维系与他们的关系。

（2）准确定位。发送电子邮件时，应注意到接收人的感受。一味滥发邮件，其结果往往适得其反。所以在发电子邮件时一定要做好潜在客户分析，然后再进行发送工作。

图 9-5 百度竞价排名服务

（3）发送周期。发送周期的决定因素在于发送的内容。时效短的东西周期也要短。一般的信息不要过于频繁发送。最为重要的一点就是所发送的信息一定要有精品意识，这样对企业来说是有好处的。

（4）邮件列表。要善于管理企业所收集到的邮件地址。常常碰到这样的尴尬事：自己的邮件地址和一百多人并列在自己收件人的栏目里，每个人的地址都写得很清楚。企业在发送邮件时千万要注意这个问题，找到免费的邮件列表供应商。创建一个邮件列表，把自己收集到的地址统统放进去，直接向这个邮件地址发送就可以了。创建邮件列表的时候，把收集到的地址按照类别存放。然后向不同列表发送邮件。每个收件人在收件人的栏目里看到的仅仅是自己的姓名，这样既方便了邮件的发送，也避免了很多个收件人的名字列在收件人的栏目里。企业网站可以利用各种邮件软件自行建立邮件列表。例如，利用微软的 Outlook Express 等，也可以使用 EURODA 这样优秀的 E-mail 软件。使用 EURODA 的 Nicknames 工具，只要建立一个别名就可以包含所有的 E-mail 地址，然后以 Bcc（秘密抄送）的方式发出就可以了。每个邮件列表最好以 100 个邮件地址为限。另外，还可通过国内的一些专门提供邮件列表服务的网站得到邮件列表服务。

（5）个性化服务。美国很多在线交易网站会记录客户电子邮件信息，他们会用电子邮件进行客户跟踪。他们在网页上设计相应的表单，让用户提供自己的资料，然后可以通过这些信息进行个性化的服务，也可以通过客户的购买记录发送相关新产品的信息，这样显得有人情味儿，容易留住客户，并且发展新的客户。

（6）使用签名文件。签名文件被称为 Internet 上的广告牌。在签名文件里，企业要列入的信息有姓名、职位、公司名、网址、电子邮件地址、电话号码，这使潜在客户容易对企业的网址产生信赖感并引导他们浏览企业的网站。

（7）必须避免的问题。电子邮件是一种好的网络营销方式，但是也要恰当地加以应用，不能滥用，否则会被视为垃圾，造成接收者的反感，所以在实际的使用当中还要注意避免出现以下的问题：滥发邮件；邮件主题不明确；隐藏发件人的姓名；邮件内容复杂，占用空间大；邮件采用了附件形式；邮件发送频率过高；发送对象不明确；邮件内容的格式混乱等。

3. 友情链接

网站之间有竞争，当然也有合作。网站之间相互放置对方网站的超链接标志，对双方来说是一个双赢的举措。在现在电子商务的时代，尤其讲究协作。目前流行的友情链接就是最简单的一种合作方式。

在其他网站上放置自己的链接标志，一直是一种十分简单有效的网站推广方法，而且可以免费。国内外很多站点都提供链接标志交换服务，可以与其他会员相互交换链接标志。在建立友情链接时可采取以下几种策略：

（1）通过内容展开合作。创造一些很多网站都需要的而且是有价值的内容，通过这些内容吸引其他网站的兴趣，从而主动与你的网站建立链接。当有些站点访问量很高时，企业或许会产生某些畏惧心理，事实上这些站点也在不断吸收一些好的内容来补充他们自己的站点，如果能够从企业的站点拿到好素材，他们也不会介意链接企业的网址。

（2）向品牌站点借力。http://www.chinamarket.com.cn 是商务部下属的大型商业网站，这个网站按产品分类，汇集了大量国内网址。这样的网站可以称为是网站宣传的品牌站点，要与之相连并不容易，首先要让自己的站点成为一个好的商业站点。

（3）多类型公司互联。与主题有相似之处而又非竞争对手的网站建立联盟（包括上下游企业和同类企业）。站点联盟中的相互链接比宣传个别站点的效果更好。

此外，企业还可参加“网链”计划，网链指的就是一组共享链接标志的网站，其网站上须显示其他所有成员的链接标志。目前国内有不少提供的“网链”服务的网站。企业也可以在一些大流量网站上设立付费的链接标志。在这些门户网站登录时要注意其收费的标准及方法。图 9-6 为著名的商业门户网站“网址之家”（http://www.hao123.com/）的部分链接内容。

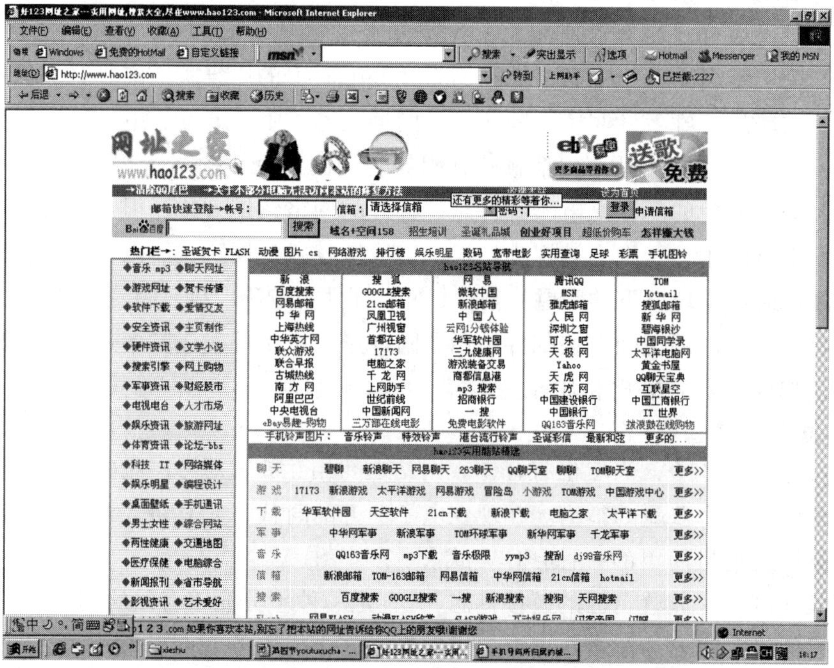

图 9-6　网址之家界面

第五节　电子商务网站的管理与维护

网站的管理与维护是网站生命周期中持续时间最长的环节，也是资源投入最多的阶段。这个阶段工作质量的高低，直接关系到网站目标最终是否能够实现。

一、电子商务网站管理与维护的意义

企业网站是否能够产生应有的效益，很大程度依赖于网站内容的丰富程度和网页的更新程度，简单说就是要始终能吸引网民的关注，提高点击率。很难想象一个内容单调又陈旧的网站会有人光顾，更谈不上开展网上营销了。只有一个日新月异、

内容丰富的网站才会受到欢迎。所以，企业在网站运作后，还要面临大量的管理与维护工作。要知道，互联网上的各种网站的数量每天都在以爆炸式的速度产生着，在这个网站的海洋中如何让上网者发现并喜欢你的网站。很重要的因素就是取决于如何管理与维护网站。

无论什么样的企业建立网站都需要资金和人力的投入，特别是规模比较大的企业网站，往往需要的投入就更大（包括运营中的投入），而这些投入的回报需要在网站建成后的运行中逐渐获得。能不能发挥网站的效用，达到建之网站的目的，其中很关键的工作就是运营和管理好网站。任何一个系统都应该有管理，网站也不例外。有些企业的网站“重建设、轻管理”，因此企业舍得在网站系统的建设上进行投入，自己投资建设网站，购置各种品牌的设备。可是当系统建立之后，由于对网站的管理和维护缺乏足够的重视，或者说缺乏管理意识，很少投入资金进行相应的维护，因此网站难以发挥应有的效益。这里很重要的原因之一是企业决策者对网站运营过程不了解、对网站维护不重视造成的。

首先，网站的建设和普通的基础设备投入是完全不同的。真正意义上的网站是一个动态的网站，交互性很强，而且其运作具有延续性，它所取得的利润和效益来自于完善的功能和科学的管理，而不是硬件设备本身，网站本质上也仅仅是一个营销的平台和手段而已。所以网站建设成了，必须有相应的管理制度和专门的维护人员。

其次，由于网站管理涉及硬件、软件、营销等多方面的内容，所以网络管理员的职责应该非常明确。网站的维护和管理有许多方面的工作需要做，但如今大多数网络管理员的职责仅仅是停留在保证网络连通、服务可用的层次上，这样就很难发挥网站的效益。大量事例都说明，不科学的维护和管理会无形中使企业丧失大量的客户。

概括地说，加强企业网站管理、维护的重要意义有以下几个方面：网站的维护和管理使得在数量爆炸的网站海洋中始终吸引住客户的注意力；从事电子商务竞争的企业将表现为网站经营的竞争，这就需要网站从内容到形式不断的变化；通过网站不断的维护，使得网站适应变化的形势，更好地体现出企业文化、企业风格、企业形象以及企业的营销策略；管理完善的网站会成为沟通企业和用户最为重要的渠道；良好的管理可以提高网站的运营质量，降低网站运营成本，并最终使企业的投资得到回报，实现网站建设的初衷。

二、电子商务网站维护和管理的具体内容

网站不同于其他类型的营销工具，它具有更高的技术含量。这里包括网络设备、

系统软件和应用软件以及网站中许多栏目的开发和维护等方方面面的内容，而且好的企业网站一定是交互性的，例如，有很多交互性的栏目包括留言簿、BBS、电子邮件列表等随时都会有新的信息，这就增加了管理的工作量和难度，所以网站管理是十分复杂的工作，涉及多方面的知识和人员。要使得网站能很好地发挥营销作用，就必须将网站管理的各方面工作统统做好。

如今处于信息时代，周围的一切，如企业、行业、市场、消费者需求、竞争对手、竞争方式都在飞速的变化。在网站建立起来之后，要让它发挥尽可能大的作用，就必须研究和服从最新的变化情况，在网站管理上投入足够的资金和人力，才能够指望网民们去关注你的网站。

严格地说，网站的管理和网站的维护涉及的具体工作内容有一定差别。网站管理主要负责网站平常的正常运营，如设备和网络的管理等；而网站的维护主要涉及网站内容的变化和交互信息的处理，如网页内容和栏目的更新等。但这两种类别的工作在实施的时候经常交叉，难以严格区分。所以我们将网站管理和维护的主要工作内容一起列在下面：

（1）在网站中及时发布企业最新的产品、价格、服务等信息；

（2）对用户信息的收集、统计并交各部门及时处理分析；

（3）对用户的投诉或需求信息要及时处理并向用户反馈处理结果；

（4）网站页面设计要经常更新，不断增加新的营销创意，提高网站的知名度；

（5）保持设备良好状态，维持企业网站设备不间断地安全运行；

（6）注意网站安全管理，监测、防止病毒的攻击和恶意的访问；

（7）对网站需要进行不断的推广和优化工作；

（8）对网站经营需要不断地进行测试和评估。

很显然，上述管理工作中任何一项做得不好都会使网站难以发挥作用，甚至不能继续运行。企业即使将网站托管出去，网站的内容也还需要企业管理人员提供。此外，信息处理、反馈、营销创意的实施等工作也需要企业投入人力来管理。进一步，上述任务中有很多工作单靠网站的管理人员是无法完成的，如信息的处理、客户意见的反馈和营销策略的实施等。所以在一定意义上讲，网站的维护需要企业各个部门的参与和协同才能做好。网站管理是电子商务对企业管理工作提出的新内容，也是企业运营的新方式。

三、电子商务网站管理技术的发展阶段

网站管理的复杂性，使得单靠人工管理的方式难以胜任，必须依赖于管理工具来完成。这在一定程度上促进了网站管理技术和工具的发展。到目前为止，网站管

理技术经历了三个阶段：面向网站特定设备的单点管理工具、面向网站各种设备的通用网站管理平台、面向网站运营的全面的网站管理。

1. 单点管理

单点管理工具是最早出现的网站管理工具，它主要为管理员提供网站设备或资源的安装配置和监控手段，通常是网络设备提供商随网站硬件设备一起提供给用户。单点管理工具在管理特定网站设备时是必需的，也非常有效。因此，单点管理工具一般是企业最先引入的网络管理工具。单点管理工具的主要缺点是只支持特定厂商的设备或资源，不同的单点工具之间很难集成，容易存在管理死区，一般无法承担对整个网站的管理任务，因此也就出现了网站管理平台。

2. 网站管理平台

网站管理平台是一个公共平台，提供了网站拓扑图、网站事件报警等管理功能，可集成各种网站设备管理工具。它的主要缺点是平台本身提供的功能十分有限，多数功能依赖于第三方的网站设备管理工具；对 TCP / IP 之外的协议支持很弱，与系统管理、应用管理（如 Web、邮件）脱节，与业务管理脱节等。所以传统的网站管理平台不是理想的网站管理解决方案。

3. 全面网站管理

全面的网站管理是在更大范围实现平台和功能的集成，从而为企业提供“端到端”网站管理功能，而不仅仅是提供一个功能有限的管理平台。为了保证网站效益的发挥，对于一个规模比较大、功能比较齐全的企业网站，全面的网站管理是必需的。

总之，网站管理是企业网站建设的一个重要的方面。企业网站的大部分时期是在管理中度过的，它可以帮助确保企业网站的可用性，降低企业网站的维护和运行成本，增添新的业务机会，从而增强企业的竞争力。

[案例分析]

玩具行业垂直门户平台

——广州国际玩具礼品网

背景

专业批发市场是广州重要的经济贸易形式。经过 20 多年的发展，专业批发市场已经初具规模，成为影响大、辐射力强的国际性交易市场。广州国际玩具礼品城是广州市重点支持的 33 个专业批发市场之一。

根据广州市专业批发市场升级改造的政策规划和广州国际玩具礼品城的发展需要，广州市时代财富科技公司为广州国际玩具礼品城提供了专业批发市场电子商务平台的解决方案。平台在 2008 年正式投入运营，截至 2009 年 5 月，平台的日均访问量为 1 500 次左右，超过了广州市专业批发市场升级改造的 B2B 类电子商务平台标准。

需求分析

广州国际玩具礼品网（http://www.tagkle.com/）的建设目标，是打造一个集信息发布、信息查询、商铺展示、商品展示等服务于一体的专业批发市场电子商务平台。通过这个电子商务平台，提高广州国际玩具礼品城在行业的知名度，推进广州国际玩具礼品城的招租工作，吸引一大批潜在的玩具和礼品商家、物流商家以及相关的客户群体进入广州国际玩具礼品城。

实施方案

根据项目的基本需求和发展规划，项目采用了时代财富公司的 B2B 电子商务门户解决方案进行总体建设。

网站技术特色

平台在设计上应当采用基于 B/S 架构的网络平台，使之在选用平台、采用技术上具有先进性、前瞻性、扩充性，从而保证建成的网站系统具有良好的稳定性、可扩展性和安全性如图 9-7 所示。

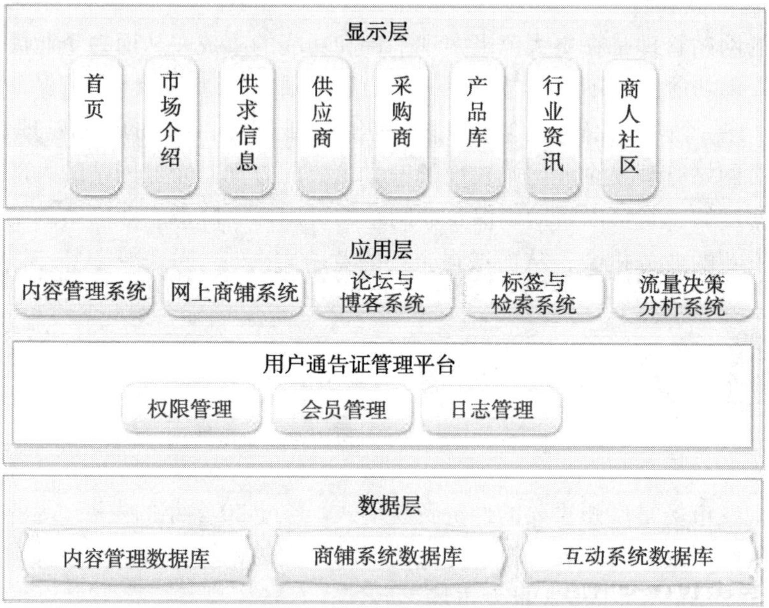

图 9-7　广州国际玩具礼品网技术架构图

网站系统架构

网站采用主流的显示层、应用层和数据层的三层系统架构。三层架构使平台在稳定性和拓展性上与国际先进水平同步如图 9-8 所示。

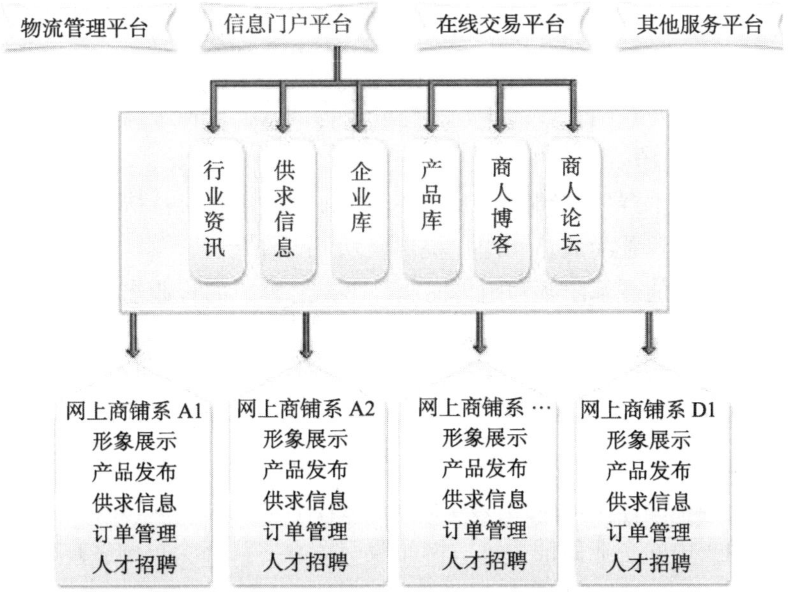

图 9-8　广州国际玩具礼品网系统架构图

网站主要功能

（1）信息发布与查询。提供行业政策、企业动态、展会信息、市场趋势等信息的发布和查询。

（2）企业产品信息发布与查询。为企业提供信息发布平台，将其产品或供求信息以文字、图片、多媒体等方式展示，实现信息的发布、搜索与管理。

（3）会员注册管理。企业只要免费注册通行证，成为网站会员，就可以获得一个免费的普通网上商铺。

（4）BBS 论坛和在线聊天工具。通过论坛和在线聊天帮助会员和客户开展有效的沟通。

（5）信息汇聚。将企业的供求信息、招聘信息、产品信息以及行业资讯等内容汇聚到统一平台上。

独特运营优势

广州国际玩具礼品网除了拥有普通电子商务门户网站的作用与价值以外，还具备了卓越的运营优势与特点，主要包括在以下几个方面：

（1）网站具备极高的搜索引擎表现力，可以让网站中发表的任何内容在主流搜索引擎中有极高的表现。网站的目标关键字也会迅速地排到搜索引擎的较高位置。

（2）持续的专业技术维护支持和资深的运营顾问服务。服务利用了时代财富多年在互联网领域的研究和经验，为网站提供持跟踪持续的顾问服务，帮助客户利用网站赚取丰厚的利润。 持续的专业技术维护支持和资深的运营顾问服务。服务利用了时代财富多年在互联网领域的研究和经验，为网站提供持跟踪持续的顾问服务，帮助客户利用网站赚取丰厚的利润。

（3）持续的技术开发和网站升级服务。保证网站可以保持持续的技术优势，并且源源不断地为玩具礼品展览网用户提供新功能、新特性。

（4）配有专业的技术团队和销售团队，再结合客户的行业知识与资源，将会把网站更加迅速健康地进行发展。

客户收益

网站从 2008 年开始运营，对广州国际玩具礼品城的品牌推广起到了重要作用，大量的商家通过网站了解到广州国际玩具礼品城的信息。根据网站后台数据显示，在 2009 年 5 月，网站日均访问量为 1 500 人次左右。同时，依靠网站自身的搜索引擎推广效果和实用的企业商铺系统，网站吸引了众多注册会员和客户的关注。

思考题：

1. 如何对网站进行可行性分析？
2. 个人利用开源系统建立网上商店的过程？

[习 题]

一、单选题

1. 下面哪一个不是按照销售产品范围的不同来对电子商务网站进行分类？（　　）

   A. 销售单一产品的商务网站　　B. 销售一类产品的商务网站

   C. 销售各类产品的商务网站　　D. 生产型商务网站

2. （　　）是商务网站的主要存在形式。

   A. 生产型商务网站　　B. 销售一类产品的商务网站

   C. 销售各类产品的商务网站　　D. 流通型商务网站

3. （　　）特点是具备完全的电子商务功能，可以实现宣传公司形象、客户服务和电子交易等功能。

A. 客户服务型商务网站　　B. 宣传型商务网站
C. 完全电子商务运作型网站　　D. 基本型商务网站

4. 你的客户是企业还是个体消费者，他们来自何处？他们信息化程度如何，经常上网吗？他们主要使用哪些语言？主要希望了解哪些信息？他们的购买水平如何？等等，这一部分是属于（　　）。
A. 明确建立网站的目的　　B. 了解目标市场
C. 明确自己的竞争优势　　D. 如何为客户提供信息

5. （　　）主要是指构建与运行网站的投入与产出效益的分析。
A. 技术可行性分析　　B. 经济可行性分析
C. 政策可行性分析　　D. 管理可行性分析

6. （　　）就是把公司的网站放到一个 Internet 服务提供商的机房。客户通过用 Internet 服务商的服务器和带宽，并借用 Internet 服务商的技术力量，根据自己的要求完成所有软硬件配置的建站方式。
A. 自主建站　　B. 租赁网站　　C. 服务外包　　D. 购买网站

7. 下列说法正确的是（　　）。
A. 为了方便，将所有文件都放在根目录下　　B. 目录的层次越多越详细
C. 可执行文件和不可执行文件共同放置　　D. 不要使用中文目录名

8. 树状链接结构也称为（　　）。
A. 多对一　　B. 星状链接结构　　C. 一对一　　D. 一对多

9. （　　）是最早出现的网站管理工具。
A. 单点管理工具　　B. 管理平台　　C. 全面网站管理　　D. 数据管理

二、多选题

1. 按照开办者的不同，电子商务网站可以分为（　　）。
A. 生产型商务网站　　B. 销售一类产品的商务网站
C. 销售各类产品的商务网站　　D. 流通型商务网站

2. 按照商务目的和业务功能的不同，电子商务网站可以分为（　　）。
A. 客户服务型商务网站　　B. 完全电子商务运作型网站
C. 基本型商务网站　　D. 宣传型商务网站

3. 网站建设的可行性分析主要包括（　　）。
A. 管理可行性分析　　B. 技术可行性分析
C. 经济可行性分析　　D. 政策可行性分析

4. 我们可以把网站的建设费用分为（　　）和（　　）两部分费用。
A. 服务器硬件设备　　B. 维护及更新费用

C. 系统软件费用　　　　　　　　D. 正常的运行费用

5. 目前域名主要分为（　　）和（　　）两种。

A. 顶级域名　　B. 普通域名　　C. 一级域名　　D. 二级域名

6. 下列说法正确的是（　　）。

A. 域名可以包含 26 个英文字母　　B. 域名可以包含 10 个阿拉伯数字

C. 域名不能使用英文连接符-　　D. 域名可以使用英文链接符-

7. 下列属于被限制使用的名称（　　）。

A. 域名里含有“CHINA”、“CN”、“NATIONAL”

B. 公众知晓的其他国家或地区名称、外国地名、国际组织名称

C. 他人已在中国注册过的企业名称或者商标名称

D. 县级以上（含县级）行政区划名称的全称或缩写

8. 在网站内容设计中要体现（　　）原则。

A. 网站的内容要新颖、专业　　B. 技术越尖端越好

C. 图片越大越好　　D. 方便用户访问

9. 网站的利润和效益来自（　　）。

A. 硬件设备　　B. 完善的功能　　C. 科学的管理　　D. 先进的技术

三、简答题

1. 如何选择一个好的域名?
2. 选择服务器要考虑哪些因素?
3. 简述网站管理和维护的主要工作内容。
4. 论述加强企业网站管理、维护的重要意义。
5. 简述几种常用的网上推广策略。
6. 简述网站推广的传统方式。
7. 简述电子商务网站测试的内容。
8. 简述电子商务网站的内容设计的原则。

[习题解答]

单选题：DDCBBCDCA

多选题：AD　ABCD　ABC　BD　AB　ABD　ABCD　AD　BC

简答题：略

CHAPTER 10

第十章　电子商务政策与法规

[内容提要]

与传统实体商务活动相比，电子商务的交易活动具有虚拟性，涉及交易双方、机构及其利益交换。因此，传统管理实体商务活动的伦理道德、制度文化、政策法规、技术手段等，必然会对电子商务活动的发展产生影响，但又非完全适用。研究完善、合理的电子商务政策、法规体系，将有利于电子商务产业健康、可持续地发展。

[学习要点]

1. 了解与信息伦理相关的计算机伦理和网络伦理的区别和特点；
2. 掌握电子商务主体的特点，熟悉电子商务信息公开规则；
3. 理解电子商务中知识产权的概念和特点；
4. 熟悉电子商务中侵犯知识产权的行为及保护策略；
5. 熟悉用户网络隐私权；
6. 了解电子商务中隐私权保护的措施和立法现状。

第一节 信息伦理概述

伦理的概念传统上来源于道德层面。弗兰克纳在其《伦理学》中指出：伦理是一个社会的道德规范系统赋予人们在动机或行为上的是非善恶的判断标准。事实上，伦理作为一种社会价值体系，主要是通过社会价值观、个人价值判断和社会舆论的共同作用来调节人与人、人与自然、人与社会之间的关系和行为准则。

信息伦理受到人们的重视是随着信息技术和网络的应用而逐渐形成的。最早在1971年，温伯格在《计算机程序编写心理学》中，从技术的角度分析了信息技术对社会问题的影响。20世纪90年代以来，伦理学在信息社会中的应用越来越广，逐渐出现了计算机伦理、网络伦理、媒体伦理等，形成了与信息有关的一些伦理问题。特别是随着电子商务的普及和成熟，电子商务环境下的信息伦理对网络交易、网络信用和交易模式都产生了深远的影响。

信息伦理是随着信息社会的发展而出现的，其研究范围随着信息社会发展而不断变化。传统观念对信息伦理的解释可以概括为：它是指人们在从事信息生产、加工、传播和利用的过程中，与信息活动相关的伦理规范、伦理要求和伦理关系等社会关系的总和。沙勇忠在《信息伦理论纲》中将信息伦理结构概分为三个层次：信息道德意志、信息道德关系和信息道德活动。另外，郑丽航等从信息特征的角度将信息伦理问题的论文分为信息所有权问题、信息犯罪与信息安全问题、信息相对性与正当竞争的失序问题、信息泄密与信息污染问题四个方面。

一、计算机伦理

计算机伦理是信息技术应用后最早出现的信息伦理问题，它主要揭示了信息技术和传统社会伦理之间的关系。许多学者认为当前信息伦理问题的产生主要是计算机和信息系统的广泛应用带来的问题，信息人员必须重视由于使用计算机带来的伦理问题。1985年，穆尔在《元哲学》期刊上提出了“计算机伦理”的概念。

许多国家纷纷对信息伦理提出了建设意见。美国计算机伦理协会提出了10条准则，即：你不应用计算机去伤害别人；你不应干扰别人的计算机工作；你不应窥探别人的文件；你不应用计算机去进行偷窃；你不应用计算机做伪证；你不应使用或拷贝你没有付钱的软件；你不应未经许可而使用别人的计算机资源；你不应盗用别人的智力成果；你应该考虑你所编程序的社会后果；你应该以深思熟虑和慎重的方式来使用计算机。上面10条是一个计算机用户在任何系统中都应该遵守的最基本的行为准则。

除美国外，加拿大信息处理学会的信息人员准则主要有：提高大众知识水平，抵制错误信息；不提供误导信息；遵守国家法律等。英国计算机学会的信息伦理准则是：信息人员在对雇主及顾客尽义务时，不可背离大众的利益；确定个人的工作不影响第三者的利益；注意信息系统对人权的影响；承认并保护知识产权等。

事实上，计算机伦理仅是信息伦理的一个部分。信息伦理不是计算机伦理，像洗衣机是机器一样，计算机只是机器而已，没有人可以表述洗衣机伦理学的知识。同样，计算机本身也没有伦理学，计算机伦理实质上是计算机应用带来的新的社会伦理问题，它仅是信息伦理发展的第一个阶段。

二、网络伦理

网络伦理是指人们在网络空间中应该遵守的行为道德准则和规范，也即在网络信息活动中被普遍认同的道德观念和应遵守的道德标准。计算机伦理早期表现为在单机作业过程中带来的一系列伦理问题，如非法硬件破坏、非法拷贝数据等，而网络的应用和普及带来了一系列的网络伦理和社会伦理问题，这无论在程度上，还是广度上，都要比计算机伦理要更进一步。

由于网络空间是一个全新的、不同于传统形态的物理空间，在网络伦理发展和建设过程中，由于缺乏统一的价值标准，不同的价值观念、道德规范、伦理思想甚至意识形态在网上交汇、碰撞、冲突，使人们产生诸多伦理问题。

1. 虚拟空间与物理空间伦理问题

物理空间是基于地缘的、物质的，并受到各种观念的种种限定，人们都熟悉并生活其中，而网络电子空间则是基于认同的虚拟空间，它是以“数字化”、“非物质化”的方式进入人类信息交流的虚拟社会。在网络时代，物理空间和虚拟空间共同构成人类的基本生存环境，两者不能相互替代。

网络的出现和发展对人类物理空间的生存产生了巨大冲击，给社会生活和人们的工作方式带来了巨大改变。网络的虚拟性对一些人产生巨大的诱惑，他们在“虚拟朋友”、“虚拟游戏”、“虚拟社区”的关系中迷失了自我，自以为找到了“精神家园”，终日沉迷于其中而导致问题的产生——道德情感淡漠、道德人格虚伪、交往心理障碍。

2. 信息共享与信息专有的伦理问题

在信息社会，信息已成为最重要的社会资源，与能源、物质并列为三大社会资源；而在网络时代，信息的共享可以极大地发挥信息的自身价值和使用价值。信息共享可以使信息资源得到充分利用，极大地降低全社会信息生产的成本，有利于缩小地区之间经济和社会发展程度上的差距，推动社会的共同进步。从有效利用资源、社会共同进步的角度看，信息应该共享，即信息共享属于网络伦理范畴，但是，信息共享首先需要有信息和知识的生产，同时还必须有有效的传播途径。信息的生产需要创造性的发挥和投入，信息传播需要大量的投资用于软硬件产品的生产，所以，信息生产者和传播者拥有信息产品的所有权，并通过信息产品的销售来收回成本，赚取利润，这是合乎道德的。然而，现实生活中有些人在网络上非法复制、使用有知识产权的软件则是一种不道德的行为。同时，某种社会性的、公开性的知识由个人垄断而影响了社会信息资源共享，同样也是一种不公平、不道德的行为。由于对网络信息的知识产权的界定缺乏可操作的规范，由此也产生了在处理信息独有与信息共享关系上的两种极端化行为，这就是侵犯知识产权和信息垄断。

3. 个人隐私与社会监督的伦理问题

隐私权是私人生活不被干涉、不被擅自公开的权利。保护个人隐私是一项社会基本的伦理要求，也是人类文明进步的重要标志。社会安全是社会存在和发展的前提，社会监督是保障社会安全的重要手段。在传统社会，两者没有突出的矛盾，但是在网络时代，二者都出现了严重的道德冲突。就保护个人隐私权而言，收集、传播个人信息应该受到严格限制，磁盘所记录的个人生活信息，未经主体同意披露，应该完全保密，除网络服务提供商作为计费依据外，不能作其他利用。就保障社会安全而言，个人应对自身行为及后果负责，其行为应该留下详细的原始记录供有关部门进行监督和查证。这就产生了个人隐私权和社会监督的矛盾，由此带来的伦理难题是：构成侵犯隐私权的合理界限是什么？如何切实保护个人的合法隐私？如何防止把个人隐私作为谋取经济利益或要挟个人的手段？如果对两者关系处理不当，容易造成侵犯隐私权、自由主义和无政府主义等严重后果。

4. 通信自由与社会责任的伦理问题

上网是一种比较便捷的方式，自然也就成为许多人获取信息的首选，人们会以通信模式套用网络行为模式，把网络信息漫游归入通信自由，看成是网络主体个人的事情。然而，网络隐匿性和分散式的特征，很容易使上网者不需要任何国家的“护照”就可以任意出入任何“国家”。网络摆脱了传统社会的管制、控制和监控，使网络主体容易形成一种“特别自由”的感觉和“为所欲为”的冲动。网络给人们提供的“自由”，远远超出了社会赋予它们的责任，如果网络行为主体的权利义务不明确，便会产生网络行为主体的行为自由度与其所负的社会责任不相协调甚至相冲突的局面。滥用通信自由就会自觉不自觉地放松了自我道德和社会道德规范的约束。

5. 信息内容的地域性与信息传播方式的超地域性的伦理问题

在网络社会，信息的传播是超越国界地域的，具有全球化的特点。这种不同文化、伦理的碰撞、交融，有利于形成网络伦理，有利于网络社会的有序发展。但信息的内容是带有地域特征的，它反映的是一定地域和民族的社会政治制度、文化、知识和道德规范。网络信息的超地域性加剧了国家间、地区间不同道德和文化间的冲突，增大了维持国家观念、民族共同理想和共同价值观的难度，目前这种信息交流是不平等的，发展中国家与发达国家存在着相当大的信息落差，由于发展中国家自制的网络信息大多处在较低层次的发展阶段，要在短期内得到高质量的信息服务，必须求助于西方发达国家的信息库，这对发展中国家的民族文化会造成很大冲击。由此带来的伦理难题是：如何既有效地利用网络资源又能保持鲜明的民族文化特征？如何既形成网络社会的普遍伦理又保持民族文化的多样化？对这些问题的处理不当将导致文化霸权主义和文化殖民主义。

第二节 电子商务监督管理

伴随着世界范围内信息技术革命浪潮的推进和我国市场化程度的不断加深，电子商务在我国得到了快速发展。电子商务的交易双方可能远隔万里而互不相识，在交易过程中也可能自始至终互不谋面，这就为假冒者提供了假冒他人身份或捏造虚假身份从事交易的机会。因此，必须加强电子商务的监管，保护经营者和消费者的权益。

一、电子商务主体

广义的电子商务主体，指电子商务交易主体，是指能够从事电子商务活动的客观对象，它可以是企业、银行、商店、政府机构、科研教育机构和个人等；狭义的电子商务主体，则仅指电子商务中的商业主体，即电子商务企业，指以盈利为目的，借助互联网技术与信息技术实施商业行为并因此而享有权利和承担义务的法人、自然人和其他组织。电子商务主体与传统商务主体存在的区别在于：进入市场的难度、运用的盈利手段、主体表现形式、商事活动范围和行政监督管理层面等。其中最主要的区别是不同的主体表现形式，这造成了电子商务的极大隐患。因此，电子商务的健康发展需要构建电子商务主体的准入制度，并通过适当的方式公开电子商务主体的有关信息。

1. 引入电子商务主体资格准入制度的必要性

（1）有利于国家税收工作的进行。自从电子商务产生并逐渐扩大规模后，由于电子交易的虚拟性以及无纸化，导致了没有任何书面的证据存留。最典型的就是在网络购物的整个交易过程中，卖家既不需开具发票，也不会产生任何税费问题，国家损失极其严重。要从根本上解决这个问题就应当引入电子商务主体资格准入制度，使电子商务主体的基本情况在行政机关内部有基本的备案。逃税漏税的问题也会得到一定的抑制，同时对于那些没有开展电子商务业务的商业主体也相对公平。

（2）有利于保护消费者。在传统的商务模式中，由于商主体的基本资料有证可查，消费者可以根据《中华人民共和国合同法》以及《中华人民共和国消费者权益保护法》有关规定追究违约方的责任，并获得经济赔偿。但在现行的电子商务模式中，由于缺少一个常设的权威认证机构对电子商务主体进行登记注册，对于消费者而言，他们所掌握的对方当事人的资料就是一串毫无意义并且不能保证完全真实有效的数据信息，一旦发生违约，消费者往往连对方当事人的基本身份都弄不清楚，更不用谈去追究其违约责任了。所以，引入电子商务主体资格审查制度至关重要。

（3）有利于诉讼管辖权的确认。目前电子商务活动一旦发生诉讼，管辖权的确认是司法实践中的一大难题。如果双方当事人分别位于不同的地区，那么管辖权的认定就是一个比较棘手的问题，这也是电子商务的发展所引发的现实问题。引入电子商务主体资格准入制度无疑对这个问题也有一定的借鉴意义。

2. 建立电子商务主体资格准入及信息公开制度

（1）以工商管理机关作为主管机构。目前我国现行的法律法规中并未明确规定电子商务主体资格准入制度，纵观电子商务市场的运行模式，以及为了与传统的商务主体资格审查制度相对应，还是应当由工商管理机关担任电子商务主体资格。原因在于：

第一，实施电子商务主体资格准入制度的组织必须是具有权威性的行政机关。目前在没有设立电子主体资格准入制度的情况下，各个网站在一定程度上充当了电子商务主体资格审查机构的角色，但由于网站不具备权威性以及公众认可性，它所作的审查并没有涉及消费者所关心的企业的本质信息资料，仅仅只是一些形式上的信息资料，对于阻止违约情况的发生意义不大，不具备法律效力。所以，引入电子商务主体资格准入制度必须要由权威的行政机关来执行。

第二，为了与传统的商务主体准入模式相对应，应当选择工商行政管理机关作为电子商务主体资格准入制度的执行机构。因为传统的商业主体审查登记制度是由工商行政管理机关完成的，同时，在电子商务主体资格审查所依据的法律操作上的经验和优势，使工商行政管理机关成为电子商务主体资格准入制度实施的最佳人选。

（2）按资格不同实行差异化的审查形式。按电子商务主体的不同情况，电子商务主体资格的审查可分为形式审查和实质审查，具体形式如下：

第一，对于已经在工商行政管理机关取得商务主体资格的电子商务主体进行准入资格审查时只需要进行形式上的审查即可。

第二，对于没有取得传统商务主体资格的企业以及个人进行电子商务主体资格审查时就需要进行全面而实质性的审查工作。审查所依据的法律法规包括《中华人民共和国公司法》、《中华人民共和国合伙企业法》、《中华人民共和国个人独资企业法》、《中华人民共和国消费者权益保护法》、《中华人民共和国反不正当竞争法》、《中华人民共和国广告法》、《中华人民共和国产品质量法》和《中华人民共和国合同法》等。

第三，对于法律上有特殊要求的企业还应当审查其前置程序。例如，对设立经营互联网服务业务的企业，要遵守《中华人民共和国电信条例》第 7 条的规定，即投资者设立经营互联网服务业务的企业，或者现有企业欲经营互联网服务业务，在办理企业登记程序之前，必须申领经营许可证。

（3）要求电子商务主体出示审查合格的标志，做到信息公开。对于审查合格的主体，为了将其与未经过审查的主体相区别，工商行政管理机关应当准许其在网页介绍时出示“审查合格”的标识。消费者看到了这个标识就应当知道这个企业或个人通过了资格审查，并已在工商行政管理机关登记注册，有证可查。

（4）定期审查，产生信用制度并可供查询。工商行政管理机关应对已登记注册的电子商务主体进行定期的审查，或根据举报或投诉进行审查，并为每一个电子商务主体建立信用评价制度。由于电子商务的虚拟性，信用在电子商务活动中显得尤为重要。工商行政管理机关在对每一个电子商务主体进行登记注册时就应同时建立一个满分的信用账户，一旦该主体发生违约事件，或由消费者投诉确属于该主体的责任时，便可以扣掉相应的信用值，这样产生的信用制度一定是完全真实有效的。消费者可以查询信用状况后再决定是否与该主体进行交易。

（5）处罚不经准入便进入电子商务市场的行为。传统商法中不经审查而从事商务行为要承担一定的法律后果。在电子商务市场中，不经资格审查制度便从事电子交易行为也应承担一定的法律后果。由于网络的特性，使得未经资格审查准入的企业和个人更容易欺骗消费者，所以处罚应当更严厉。

3. 电子商务主体准入制度地方规定

2010 年 6 月，由深圳市市场监督管理局推出的《关于服务我市电子商务市场健康快速发展的若干措施》（以下简称《措施》）经市政府审核通过，被称为深圳电子商务市场的“十五条”新政，有利于促进深圳市电子商务市场健康快速发展，突破有形市场的地域空间限制，以虚拟市场发展带动实体经济转型。《措施》中第一款的若干规定旨在降低电子商务准入门槛，培育市场主体，相关的具体措施如下：

改革电子商务企业登记注册制度，探索适应电子商务市场特点的市场准入制度。以电子商务市场需求为导向，创新登记注册模式，降低市场准入门槛，大力培育我市电子商务市场主体。

（1）创新住所登记制度。对有办公实体的电子商务经营者，允许在符合条件的集中办公区域内一个住所登记多家企业；试点兴办商务秘书企业，没有办公实体的电子商务经营者可以使用所托管商务秘书企业的住所或办公区域作为企业住所注册。

（2）允许登记个性化的企业名称。在不违反企业名称登记管理相关规定的前提下，电子商务经营者可以使用包括自有网站中文域名在内的个性化词语作为企业名称的字号（商号），可以用更能体现电子商务经营特点的表述作为企业名称。

（3）放宽经营范围核准政策。从事电子商务网络平台服务的经营者，可以使用“从事**网站经营”作为经营范围申请注册；从事网上电子商务交易的经营者，除前置审批项目外，既可以采用无固定经营范围方式申请注册，也可以选择符合营业项目的经营范围申请注册。

（4）鼓励电子商务企业集团发展。电子商务企业集团注册条件放宽为：母公司注册资本在 1 500 万元以上；有 3 个以上控股子公司，母子公司注册资本总和达到 3 000 万元以上。

二、电子商务行政监管

据 2010 年发布的《中国互联网状况》和《第 25 次中国互联网络发展状况统计报告》报告显示，2009 年中国电子商务交易额超过 3.6 万亿元人民币，全国网站数量达到 323 万个，网络购物用户规模增长了 45.9%。可见，电子商务对整个国民经济发展和人们生活方式的影响越来越大。然而，由于电子商务监管的相对滞后，也使消费者受到不少侵害，如何趋利避害，更好地保证电子商务健康发展，已成为包括工商行政管理部门在内的政府管理部门关注的热点之一。

1. 电子商务行政监管的必要性

与传统商务活动相比，由于电子商务活动天生的主体身份隐蔽性、信用信息的不对称性、交易双方空间分离性以及交易契约签订过程、商品所有权转移、货币支付与交易标的实际交付等的时空分离性，使得电子商务中的风险比传统商务要大得多，欺诈、仿冒、假冒、诋毁竞争对手以及其他一些经济违法犯罪等行为更容易发生。

（1）网站和网上经营者无照经营严重。绝大部分电子商务网站都允许个人自由地开设“网上店铺”，而无须提供任何经营资格证明，给网上无照经营打开了方便之门。同时不少网上经营者认为互联网是个自由开放的场所，目前国家还没有相应的规范措施，而且多数经营者只是单纯从事网上交易，无实体上的营业场所，所以他们认为网上开店无须到工商部门办理营业执照。

（2）侵犯消费者合法权益的现象屡屡发生。据中国质量万里行促进会受理的消费者投诉案例显示，近年网上购物上当受骗的数量正在上升，网上交易的安全性以及产品质量和售后服务得不到有效保证仍然是国内网民最担心的问题，例如，有的利用电子商务销售假冒伪劣商品和走私货物，坑害消费者等。而且，由于电子商务中的卖家往往不开发票，更有许多网络经营商利用特权制定长而复杂甚至危害消费者权利的合同条款，这都使得电子商务中的消费维权难上加难。

（3）电子商务中虚假广告泛滥。打开任何一个电子商务网站，首先映入眼帘的是各类广告，有的网站还强迫浏览者必须打开或阅读相应个数和相应时间的广告后才能看到该网站的主要内容，大部分网络广告存在虚假宣传、夸大功效、价实不符等违法行为。消费者往往因为过于轻信网络宣传而购买了不满意的商品。

（4）不正当竞争现象十分普遍。例如，网站名称或网上主页域名的抢注、盗用著名企业名称、字号、商标，侵犯这些企业的合法在先权益；更有甚者，一些不法之徒利用网络的开放性，大肆假冒、仿冒著名、驰名商标；有的商业企业违反国家规定宣传有奖销售等。

（5）利用互联网站开展非法传销，扰乱社会经济秩序。一些传销头目利用网络注册的匿名性和联络的跨时空特点，在网络上开展非法传销活动。

（6）在网上进行黄色信息传播，开展色情电子信息服务。

针对以上网上经营违法行为，加强电子商务工商行政监管不仅迫切，而且任务艰巨。

2. 电子商务行政监管的主要职责

2010 年 5 月 31 日，国家工商行政管理总局局务会审议通过了《网络商品交易及有关服务行为管理暂行办法》（以下简称《办法》)，并且已经予以公布，自 2010 年 7 月 1 日起施行。《办法》中分别对“网络商品经营者和网络服务经营者的义务”、“提供网络交易平台服务的经营者的义务”和“网络商品交易及有关服务行为监督管理”等作出明确规定。《办法》规定工商行政管理部门网络商品交易监管职责主要包括以下几个方面：

（1）促进电子商务发展。促进网络商品和服务交易健康发展，是工商行政管理部门网络商品和服务交易监管的第一要务。只有全力服务科学发展，工商行政管理才有充分发挥职能作用的地位。为此，《办法》第4条规定，工商行政管理部门鼓励、支持网络商品交易及有关服务行为的发展，实施更加积极的政策，促进网络经济发展，提高网络商品经营者和网络服务经营者的整体素质和市场竞争力，发挥网络经济在促进国民经济和社会发展中的作用。

（2）规范电子商务行为，即规范网络商品交易及有关服务行为。根据《办法》规定，规范的行为主体一是网络商品经营者的行为，二是网络服务经营者的行为。规范的内容包括交易信息、交易合同、交易信息、交易方式、交易程序、交易信用、交易方式、交易权益、交易凭证、交易竞争、交易平台规范等十几个方面。通过规范行为，达到促进网络商品和服务交易健康发展的目的。

（3）保护权益。消费者信任是网络商品和服务交易发展的基础，经营者信任是网络商品和服务交易发展的根基。只有切实维护网络消费者合法权益，网络商品交易才能持续、协调、健康发展。对于工商行政管理部门保护消费者权益的内容、程序和方式方法，《办法》在第二章、第三章、第四章从不同方面分别作出了详细具体的规定。

（4）查处违法行为，维护市场秩序。及时、有力查处网络商品和服务交易中的违法行为是网络商品和服务交易健康发展的重要保障，是创造提供良好的网络市场发展环境的重要基础。因此，及时有力查处网络商品交易和服务交易的违法行为是工商行政管理部门的一项重要职责，从侧面检验着工商行政管理部门促进发展、规范行为、保护权益的职责是否履行到位。

3. 电子商务行政监管的任务

（1）打击利用电子合同进行欺诈的违法犯罪行为。与传统的商务模式相比，由于电子商务中交易双方的空间分离、证件的数字化以及相互了解的单一性，那些违法犯罪分子更加有机可乘，利用电子合同欺诈的概率更高。在电子商务的监管中，打击电子合同欺诈将是监管首要的任务。

（2）打击发布虚假违法广告的行为。利用虚假违法广告常常是一些不法企业牟取非法利益的重要手段。在网络环境下，这样的情况更容易发生。因此，打击虚假违法广告，维护正常的电子商务秩序，是电子商务监管的又一重要任务。

（3）查处诋毁竞争对手的行为。在网络环境下，由于论坛的开放、BBS的普及、网络影响面广且传播速度快，一些不法市场主体利用网络，散布不利于竞争对手的言论、消息，诋毁竞争对手，扰乱市场秩序。因此，必须从监管制度与方法上采取措施制止这类不法行为。

（4）打击网上非法传销。在互联网环境下，传销头目及其骨干分子利用网络异地发展下线，建立更加严密的组织体系，传销活动变得更加隐蔽。因此，对网上传销活动进行监管和坚决打击，是电子商务日常监管的一项重要任务。

（5）处理网上个人交易纠纷，保护消费者的合法权益。与企业相比，消费者的弱势地位已经被公认。在网络环境下，企业与消费者之间的这种不平等现象将进一步加深。维护消费者的合法权益，在电子商务活动的监管中仍然居于重要地位。

（6）保护企业商标专用权和字号专用权等知识产权。

4. 电子商务行政监管的注意事项

（1）在线监管与线下监管相结合。从电子商务的交易全过程来看，电子商务实际上是一种在线商务与线下商务结合的新兴商务形式。在线商务主要是交易对象的寻找、商品权属的认定或者转移、交易主体权利与义务的确认等；线下商务则是实物的交割。根据电子商务交易活动的这个特点，日常监管必须执行在线监管与线下监管相结合的原则，这就要求突破传统的监管模式，在线监管必须以一定的信息化为技术基础。否则，电子商务的监管就难以到位。

（2）行政手段与技术手段相结合。电子商务活动既是一种商务活动，也是一种带有高科技性质的电子化过程。对于这样一种商务活动的监管，必须依照市场监管的法律法规，运用一定的行政手段进行监管；同时也要运用一定的技术手段。可以说，对于电子商务活动的监管，缺乏必要的技术手段，是无法从事监管的。

（3）专业监管与专项监管相结合。工商部门在对电子商务市场主体日常监管的同时，应加大专项监管的力度，采取巡查、突击检查、集中查办等多种办法监管电子商务市场，不定期的开展针对网络销售假冒伪劣商品、发布虚假广告、电子合同欺诈等违法行为的专项整治，实现工商机关对电子商务市场综合监管的职能。

（4）分类监管与普遍监管相结合。在电子商务监管中，建立身份认证备案制度、建立电子合同备案制度、强化中介服务机构的职责等，都属于事前防范制度。但是必须看到，电子商务的事前防范是不可能解决所有的违法犯罪的问题的，事后的打击仍然是十分必要的。

三、电子商务信息公开规则

电子商务信息公开是电子商务消费者知情权的保证，是保护消费者合法权益和促进电子商务健康发展的基本要求。国内外对电子商务网站信息公开方面进行了一些积极的探索。这里主要介绍国内在促进电子商务信息公开方面所做的主要工作。

1. 国家工商行政管理局《网络商品交易及有关服务行为管理暂行办法》的相关规定

《网络商品交易及有关服务行为管理暂行办法》对网络商品经营者和网络服务经营者的主体信息、商品及服务信息、消费者个人信息公开与保护等方面做出了相关规定。要求服务主体、商务及服务信息透明，同时又保护经营者商业秘密和消费者个人信息。

（1）已经工商行政管理部门登记注册并领取营业执照的法人、其他经济组织或者个体工商户，通过网络从事商品交易及有关服务行为的，应当在其网站主页面或者从事经营活动的网页醒目位置公开营业执照登载的信息或者其营业执照的电子链接标识。

（2）通过网络从事商品交易及有关服务行为的自然人，应当向提供网络交易平台服务的经营者提出申请，提交其姓名和地址等真实身份信息；提供网络交易平台服务的经营者应当对暂不具备工商登记注册条件，申请通过网络交易平台提供商品或者服务的自然人的真实身份信息进行审查和登记，建立登记档案并定期核实更新，核发证明个人身份信息真实合法的标记，加载在其从事商品交易或者服务活动的网页上。

（3）网络商品经营者和网络服务经营者向消费者提供商品或者服务，应当事先向消费者说明商品或者服务的名称、种类、数量、质量、价格、运费、配送方式、支付形式、退换货方式等主要信息，采取安全保障措施确保交易安全可靠，并按照承诺提供商品或者服务。

（4）提供网络交易平台服务的经营者应当建立网络交易平台管理规章制度，包括交易规则、交易安全保障、消费者权益保护、不良信息处理等规章制度。各项规章制度应当在其网站显示，并从技术上保证用户能够便利、完整地阅览和保存。

（5）鼓励提供网络交易平台服务的经营者为交易当事人提供公平、公正的信用评估服务，对经营者的信用情况客观、公正地进行采集与记录，建立信用评价体系、信用披露制度以警示交易风险。网络商品经营者和网络服务经营者发布的商品和服务交易信息应当真实准确，不得作虚假宣传和虚假表示。

（6）实行交易商品或服务、交易信息的检查监控。《办法》第 23 条规定：提供网络交易平台服务的经营者应当对通过网络交易平台提供商品或者服务的经营者，及其发布的商品和服务信息建立检查监控制度，发现有违反工商行政管理法律、法规、规章的行为的，应及时采取措施制止，必要时可以停止对其提供网络交易平台服务。

2. 《关于贯彻落实〈北京市信息化促进条例〉加强电子商务监督管理的意见》中的相关内容

2008年，北京市工商局公布了《关于贯彻落实〈北京市信息化促进条例〉加强电子商务监督管理的意见》，旨在贯彻落实《北京市信息化促进条例》（以下简称《条例》），规范网络交易行为，保护消费者合法权益，促进本市电子商务健康发展。该意见已于2008年8月1日开始施行。

其中，第3款“建立电子商务经营者信息公开制度，加强社会监督”规定了信息公开的相关内容。《条例》规定，利用互联网从事经营活动的单位和个人应当在网站主页公开其经营主体信息、已取得的相应许可或者备案证明、服务规则和服务流程等相关信息。

（1）电子商务经营者应当按照《条例》的规定公开其主体资格信息，以利于加强自律，便于消费者查询识别和政府有关部门及社会监督。

（2）电子商务经营者应当在2008年年底前，在其设立的商务网站、网上商店或宣传网页首页下方，建立“电子商务经营者信息公示”链接，指向其信息公示子页面，所公示的主体资格信息必须真实。主体资格信息发生变更的，应及时予以更新。

（3）电子商务经营者主体资格信息公示内容由两部分组成。第一部分为电子商务经营者营业执照上的主要登记事项，包括企业（个体工商户）全称、注册号、注册资本（金）、经营范围和住所（经营场所）；第二部分为电子商务经营者的网站相关信息，包括其商务网站、网上商店、宣传网页的名称，域名，IP地址和网站（店）负责人联系方式等。

在《条例》第4款“电子商务服务提供商应当履行管理责任与义务”中，指出“电子商务服务提供商应当为电子商务经营者信息公示提供链接技术支持”。

3. 中国电子商务协会的有关规范

（1）2005年，中国电子商务协会发布了《网络交易平台服务规范》，其目的在于规范网络交易平台交易服务，保障交易安全，保护相关当事人的合法权益，营造公平、诚信的交易环境，促进电子商务快速、健康发展。

其第8条名为“信息监管”规定：网络交易平台提供商不得主动制作、复制、传播《互联网信息服务管理办法》第15条规定的有害信息及国家相关法律法规规定的有害信息、不良信息；应当监控用户发布的商品信息、公开论坛和用户反馈栏中的信息，对于知道或被告知存在有害信息的应当立即删除，保存有关记录，并向国家有关机关报告。如有第三人主张网络交易平台中的信息或公开论坛、用户反馈等栏目中的信息侵犯其合法权益，在第三人提供其身份证明及事实证明的情况下，网络交易平台提供商应当予以删除。

其第 12 条“交易规则的显示”规定：网络交易平台提供商应该在其网站主页面上链接或显示其网络交易平台的交易规则，并从技术上保证交易用户能够便利、完整地阅览和保存其交易规则。

（2）2006 年，中国电子商务协会发布了《服务类电子商务网站服务规范》，从保护消费者合法权益、提供优质的客户服务、建立规章制度、安全保障、加强信息监管、保护隐私权和保护知识产权等七个方面对服务类电子商务网站提出了行业规范。

其中的第 1 条中的第 3 款规定，网站应在“帮助中心”栏目中公布如下内容：网站工商注册的基本信息；与网站联系的渠道，包括但不限于电话、传真、E-mail、通信地址；特殊业务的许可证；消费者可以选择的支付方式以及相关信息；其他使用第三方产品或服务的资料；取消服务、退款的原则，包括可以取消服务的有效期、哪些服务可以取消、退款的条件、消费者何时可以得到退款等；如果网站在服务上对不同消费者（如特定地区或年龄）有限制必须明确说明；说明适用哪一国家或地区的法律；说明网站的权利范围和授权使用的范围。

第三节　电子商务知识产权保护

我国的电子商务发展速度很快，不可避免地存在着与传统的知识产权保护的冲突，需要对其中的法律问题加以研究，在发展电子商务活动的同时加大对知识产权的保护。

一、电子商务中的知识产权

1. 知识产权的概念和内容

知识产权是公民或法人对其在科学、技术、文化、艺术等领域里的创造性智力劳动成果依法享有的专有权，主要包括著作权、专利权、商标权、发现权、发明权和其他科技成果权。知识产权具有人身权利和财产权两重特性。人身权即精神权利，包括署名权、发表权、修改权和保护作品完整权。财产权包括使用权和获得报酬权，是二者的统一体。

（1）商标权。商标是区别商品或服务来源的标志，使用在相同或相似种类的商品上，并且必须具有显著性，从而发挥识别商品的功能。随着多媒体与网络通信技术的成熟，电子商务的发展更需要动态商标、带有声音商标的出现。

（2）版权。所谓版权，也称作者权，在我国被称为著作权，它是指作者对其创作的作品享有的人身权和财产权。传统著作权法是以有限的复制技术为基础的。复制作品的较高成本，决定了复制数量的有限性。与此相应，法律保护作者和出版商利益的社会成本较低。但是，现代复制技术及网络技术的发展，大幅度降低了信息复制的成本和人们使用作品的方式。作品创作的经济环境已经改变，相应的，使得越来越难于以传统著作权法的方式从外部保护网络化著作权的经济利益或矫正侵权行为。

（3）专利权。专利权指的是一种法律认定的权利。它是指对于公开的发明创造所享有的一定期限内的独占权。电子商务的发展使得很多技术都成为专利的新客体，包括计算机程序、通信协定、密码技术、电子销售系统；此外，资料的处理和检索技术、界面的设计等都可以成为申请专利的客体。

（4）域名。域名是一种用于互联网上识别和定位计算机的地址结构，它是互联网上的一个服务器或一个网络系统的名字。从社会角度讲，域名具有表面上的标识性属性；从技术上讲，域名具有实质上的地址性属性。企业在 Internet 上注册域名和设立网址，就可以被全球所有的 Internet 用户随时访问和查询，从而建立起广泛的商业联系，为自己赢得更多的市场机会。随着 Internet 上商业活动的增多，交易双方识别和选择范围增大，交易概率随之减少，因此在网上市场中也存在如何提高被识别和选择的概率、提高用户忠诚度的问题。由于域名在 Internet 上是唯一的，任何一家企业注册在先，其他企业就无法再注册同样域名，这样，域名实际上就与商标、企业标识物有了相类似的意义，所以有人把域名地址称为“网络商标”。因此，域名是互联网上最基础的东西，它有着巨大的商业价值。

2. 电子商务中知识产权的特点

在电子商务环境下，知识产权载体、传播方式和手段发生了很大的变化。与传统知识产权相比，电子商务知识产权具有新的特点。

（1）客体的无形性。传统知识产权内容大多以实体文档保存和体现。在电子商务环境下，知识产权内容更多以“无形的”磁体介质和“虚拟的”网络保存与体现。

（2）公开、公用性。传统知识产权的特点之一就是它的“专有性”，而网络上受到知识产权保护的信息则是公开的、公用的，很难受到权利人的控制。

（3）无国界性。“地域性”是传统知识产权的又一特点，而在电子商务环境下，由于网络传输的“无国界性”，知识产权开始跨越国界，所以对涉外知识产权的保护，显得更为重要。

二、电子商务中侵犯知识产权的行为

1. 网上侵犯商标权的行为

一些网页制作者直接在自己的网页上使用他人的注册商标，并把它连接到自己的内容上，甚至连接到“垃圾内容”上，这种连接行为往往构成“电子形式剽窃”，是对他人商标的盗用和滥用，属于不正当竞争，淡化了他人商标的价值，损害了他人商业信誉。还有一些搜索引擎把很多著名商标放入自己的库中以吸引更多的用户，虽没有直接在自己的商品上或商品广告中使用他人的注册商标，但至少淡化、贬低了他人的商标。

2. 网上侵犯著作权的行为

电子商务中具有独创性的内容，可以通过著作权及相关权利予以保护。电子商务中的著作权问题，主要集中在商务信息的著作权、向公众传播权、复制权、Internet的数据库保护等方面。互联网使用者或内容提供商在未获得授权的情况下，在自己的网站页面、电子布告栏等论坛区擅自复制、传播、转载他人作品；非法使用共享软件；擅自破解著作权人对作品所采取的技术措施，有偿或无偿向其他网络用户提供破解版；从而侵害网络著作权人的发表权、署名权、保护作品完整权、修改权等权利。虽然在线内容服务提供商的商业模式几年之前就出现了，但在线的数字化信息购买远未普及。相反，网上几乎零成本的复制使得数字化信息的非法拷贝十分猖獗。近年来，关于网上著作权侵犯的报道十分普遍。网上著作权侵犯主要有两个形式：一是在未得到著作权人许可的情况下将擅自复制的作品上传到网上，如MP3音乐文件等；二是通过链接的形式将其他网站的资源集中到自己的网站，并供使用者免费下载。

3. 网上侵犯专利权的行为

电子商务的发展催生了新的商业方法，专利保护也由过去仅针对有形商品的创新发明扩大到无形商品的创新发明。电子商务专利权涉及很多新型主体，包括电子商务软件，以及电子商务商业方法和模式，而由于网络的公开性，这些无形产品专利保护难以实施。关于在网上公开是否影响专利的新颖性，是否影响专利的申请，没有明确的法律进行规范。此外，由于专利法属于国内法，带有明显的地域性，网上侵权行为不易觉察，网络中对专利权的使用又进一步复杂化，侵权管辖权问题仍在探讨之中。因此，在各方面的法律规范尚未成熟、并且有关电子商务专利认定存在很大的地域差异的情况下，专利权的侵权行为在网络环境中十分普遍。网络上很多提供共享软件下载的网站，尤其是电子商务方法和模式的保护十分薄弱，具有创新性的电子商务方法很快就会被竞争对手复制。

4. 网上恶意抢注域名的行为

域名抢注包括两种情况：一种是故意把他人知名或比较知名的商标或商号大量注册为域名。这是真正意义上的“域名抢注”，这些抢注者通常还将抢注的域名进行出售、出租或让商标或商号权人高价“赎回”。另一种则属于域名注册人与知识产权人之间的权利冲突，即域名注册人并无故意“抢注”，是由于域名的唯一性和“先申请先注册原则”，不可避免地与知识产权人发生权利冲突。这种情况虽有抢注的事实，但却不构成真正法律意义上的“域名抢注”。域名抢注者就如同信息高速路上的车匪路霸，对网络上电子商务的发展非常有害。

5. 非法链接

将他人的网站内容链接到自己的页面下，当做自己网站运营的一部分，或者以商业为目的，侵入到他人服务器，非法占用和使用他人网络资源。2010 年 7 月，国家电子商务协会对外公布了一批网络违法医疗广告，其中不乏像搜狐、网易这样的大型知名网站也提供有非法网络链接。在搜狐网健康频道，只要点击“高血脂、高血压新突破”、“气管炎、哮喘全新突破”、“我国治肿瘤获重大突破”等文字链接，就能进入打着医疗机构名义兜售“神丹妙药”的网页、网站，而这些网站提供的全部都是虚假的信息：虚构编造广告审查批号、兜售假药等，严重欺诈、坑害消费者。

三、电子商务中保护知识产权的策略

1. 通过法律手段保护网络知识产权

（1）在立法暂时“滞后”的情况下，建立自律机制。加强网络自律是解决电子商务侵犯知识产权问题的最根本办法。尊重他人的知识产权，首先是体现诚实信用原则的要求。建立起适应时代要求的商标权、版权、专利权、域名权、商业秘密权、反不正当竞争等一系列的自律制度显得尤为必要。

（2）完善电子商务及知识产权立法。电子商务在不断发展，仅靠自律是不够的，要构筑最后的一道防线对权利人和守法者给予法律的保护，将知识经济时代新发展的要求反映到知识产权法律制度之中，尽量减少漏洞。因此，将电子商务活动纳入法律管制的范畴，制定专门性的电子商务操作规范性法律，强调电子商务过程中对知识产权的法律保护，使合法与非法行为有一个明确的界定，减少新形势下出现的新种类知识产权的权利不稳定及“游离”状态是必要的。

（3）加大执法力度，强调“一体”保护。我国司法机关通过司法解释，逐步完善了对网络条件下的知识产权法律保护，因此，基本上已经解决了“无法可依”的现象。对电子商务中知识产权的法律保护，关键的还在于加强执法和实现“一体化”综合保护手段。“一体化”保护，不但要求行政执法机关的协调，也要求在运用法律规定方面实行综合处理。对侵犯他人知识产权的行为，要给予严厉的制裁。只有严格的执法，才有可能实现竞争状态的良性循环，才能真正体现知识产权制度对科技创新的引导、激励、保护作用。

2. 通过技术手段保护网络知识产权

（1）加密技术。加密方式一般分为软加密和硬加密两种。软加密具有成本低、升级快的优势。硬加密具有加密强度高，加密性能好和加密方式灵活的优势，正在逐渐成为许多优秀软件厂商的加密首选。在建筑、机械、多媒体、数据库、财务等许多的软件领域，先进的硬加密产品都已经大显身手。

（2）数字水印技术。数字水印技术是近几年才兴起的高科技防伪手段，它在保护知识产权和促进电子商务发展方面将起到非常重要的作用。权利人可将水印以数码技术的形式融合在图像、音乐和录像档案中。完善的数码水印技术能防止其被不法分子删除。若强行修改会令制品失真以致无法使用。

（3）检测识别技术。检测识别和跟踪系统可侦查对产权所有物非法盗版的行为，并提供作案者的详细地址。

四、电子商务知识产权保护的立法现状

1. 美国

1995 年，美国公布了《知识产权和国家信息基础设施》（通称"白皮书"）。白皮书既是美国信息时代知识产权保护的宣言，又是各种利益冲突与妥协的产物，因此白皮书一再强调保持使用者与权利人利益的平衡，既保证使用者得到最广泛多样的信息，又保护权利人在信息网络上的合法权利和商业预期。此后，美国又在此基础上对互联网有关的版权保护制度进行了多次完善。

1998 年，美国颁布了《千禧年数字版权法》（DMCA）。颁布该法的目的是满足世界知识财产组织（WIPO）的需求，但该法没能够为大多数软件、电影和音乐等行业的公司提供有效支持。1998 年，美国参议员通过《Internet 版权法》，保护版权所有者的合法权益。

2. 日本

1985 年，日本修改《著作权法》，把计算机程序纳入著作权保护范围。依据世界知识产权组织的两个新条约，日本分别于 1997 年和 1999 年两度对《著作权法》进行了修订，做出了有关网络环境中版权保护的规定。这两次修订使日本著作权法基本与世界知识产权组织的两条约相一致。

2002 年，日本提出了"信息创新时代，知识产权立国"的方针，制定了《知识产权战略大纲》和《知识产权基本法》。

3. 中国

2000 年，最高法院发布的《关于审理涉及计算机网络著作权纠纷案件适用法律若干问题的解释》。2003 年，最高法院根据著作权法的修改和审判实践做出了《关

于修改〈最高人民法院关于审理涉及计算机网络著作权纠纷案件适用法律若干问题的解释〉的决定》，并重新公布了修改后的司法解释，使网络环境下著作权司法保护机制日臻完善。

2001 年，我国对《中华人民共和国著作权法》（以下简称《著作权法》）进行了一次修改，修订后的《著作权法》从大方面对网络著作权侵权行为进行了规范和认定。但是如何在司法审判实践中进行具体操作，还需要具体的操作规程。

2006 年，我国颁布《信息网络传播权保护条例》，并于当年 7 月 1 日开始实施，对网络信息传播权进行了规范，并对侵权行为规定了相应的法律和经济制裁措施。

第四节　电子商务与隐私权保护

随着电子商务的应用和普及，有些商家在利益驱使下，在网络应用者不知情或不情愿的情况下采取各种技术手段取得和利用其信息，侵犯了上网者的隐私权。网络隐私数据如何得到安全保障，这是任何国家发展电子商务中都会遇到的问题。对网络隐私权的有效保护，成为电子商务顺利发展的重要市场环境条件。

一、用户网络隐私权

人类的隐私权是人的基本权利之一，它是伴随着人们对自身的尊严、权利、价值的产生而出现的，人们要求在社会生活中，在人际关系中，尊重、保护隐私权。隐私权包括个人和生活不被干扰权利与个人资料的支配控制权，具体到网络与电子商务中的隐私权，隐私权的保护涉及对个人数据（包括企业的商业秘密）的收集、传递、存储和加工利用等各个环节的保护隐私权利的问题。从权利形态来分有隐私不被窥视的权利、不被侵入的权利、不被干扰的权利、不被非法收集利用的权利；从权利的内容分可以有个人特质的隐私权（姓名、身份、肖像，声音等）、个人资料的隐私权、个人行为的隐私权、通信内容的隐私权和匿名的隐私权等。其中，隐私不被窥视、侵入的权利主要体现在用户的个人信箱、网上账户、信用记录的安全保密性上；隐私不被干扰的权利主要体现在用户使用信箱、交流信息及从事交易活动的安全保密性上；不被非法收集利用的权利主要体现在用户的个人特质、个人资料等不得在非经许可的状态下被利用上。

在电子商务领域，消费者的隐私权具体包括以下内容：

（1）知情权。知情权是网络隐私权的基本权利。它是指消费者有权知道网站收集了关于自己的哪些信息，这些信息将用于什么目的，以及该信息会与何人分享。

（2）选择权。消费者的选择权主要表现在个人信息资料的收集和使用上，即消费者对个人资料的使用用途拥有选择权。

（3）控制权，也称支配权，是网络隐私权的核心。它是指消费者能够通过合理的途径访问个人资料并修改错误的信息或删改数据，以保证个人信息资料的准确和完整。

（4）安全权。个人信息资料的安全是网络隐私权制度的基础。网络服务提供商应保证消费者信息的安全性，阻止未被授权的非法访问，包括消费者有权请求网络服务提供商采取必要的、合理的措施，保护其个人信息资料的安全。

二、网络侵权的主体分类

1. 个人的侵权行为

（1）未经授权在网络上宣扬、公开或转让他人或自己和他人之间的隐私。《计算机信息网络国际联网管理暂行规定实施办法》第 18 条规定："用户不得擅自进入未经许可的计算机系统，篡改他人信息；不得在网络上散发恶意信息，冒用他人名义发出信息，侵犯他人隐私。"在现行的法律规定下，这一类侵权行为如果造成一定的影响，可以适用于民法规定对侵权行为其加以处罚。

（2）个人未经授权进入他人系统收集获得资料或打扰他人安宁；未经授权截获或复制他人正在传递的电子信息。这类"侵权者"大多是黑客（hacker），他们可以利用各种技术手段窃取和篡改网络用户的私人信息，被侵权者几乎无法发现或知道黑客身份，这就需要一支高技术的网络警察部队提供保护。黑客未经授权截获或复制他人正在传递的电子信息，虽然表现形式上与传统的隐匿、毁弃或者非法开拆他人信件不同，但实质上与传统的侵犯他人通信自由无本质区别，其情节严重的可以适用刑法第 252 条规定，构成侵犯通信自由罪。

（3）个人制造、传播计算机病毒及从事其他侵犯网络和他人合法权益的活动。黑客通过对一些网站的攻击，也可以获得大量的信息。对于黑客的行为，《计算机信息网络国际联网管理暂行规定实施办法》第 18 条规定：用户"不得制造、传播计算机病毒及从事其他侵犯网络和他人合法权益的活动"。如果其行为严重，触犯刑法第 285 条、第 286 条、第 287 条规定，则构成犯罪。虽然刑法这三个条款没有对网络空间侵犯用户隐私的行为做出明文规定，却对黑客的侵害行为起到了一定的警示作用，且它保障了用户隐私不会因为计算机系统被破坏而丢失，对网络隐私权进行了间接的保护。

2. 商业公司的侵权行为

（1）大批专门从事网上调查业务的公司进行窥探业务非法获取、利用他人隐私。

某些网络公司使用具有跟踪功能的 Cookie 工具将自动记录用户访问的站点和内容。这可能导致某些用户重要信息的失窃，例如，股票信息、信用卡资料等。法律应该制定强制性的规范给适用 Cookies 的网站设定义务：网站不得将使用 Cookies 收集到的个人资料用作其他用途。如果因网站原因导致用户信息泄露而带来的后果，网站应承担责任。针对从事网上调查业务的公司，刑法应对其非法行为所带来严重后果予以惩罚。

（2）大量广告商带来的垃圾邮件泛滥。消除垃圾邮件的主要靠网站的自律，法律是比较难禁止的。对某些经常性、有目的性、有针对性向特定的人发送垃圾邮件的，对侵害行为可以通过侵权法调整。但是对普通商业行为邮件，法律做出明文规定是不现实的，也不具有实际可操作性，所以加强网络商的行业自律是很有必要的

3. 网络提供商的侵权行为

（1）ISP——互联网服务提供商的侵权行为。网站经营者作为 ISP，在两个方面可能侵害隐私：① 直接侵害了他人的隐私权，ISP 具有主观故意（直接故意或间接故意）。例如，ISP 把其客户的邮件转移或关闭，造成客户邮件丢失、个人隐私、商业秘密泄露。这种情况下它应该承担相应的民事责任，它侵权行为的本质和传统邮件工作人员私自开拆或者隐匿、毁弃邮件无区别，如果造成严重后果，可以考虑比照刑法第 253 条规定追究刑事责任（私自开拆或者隐匿、毁弃邮件、电报罪）。② ISP 对他人发表在网站的侵权信息承担责任，这种情况下，虽然 ISP 不具有主观故意，但 ISP 对他人侵权行为放纵、无视的话，就应该追究相应的民事责任。

（2）ICP——互联网内容提供商的侵权行为。ICP 是通过建立网站向广大用户提供信息。关于 ICP 的侵权行为，《计算机信息网络国际联网管理暂行规定实施办法》第 20 条规定：互联单位、接入单位“发现有害信息应当及时向有关主管部门报告，并采取有效措施，不得使其扩散”。如果 ICP 发现明显的公开宣扬他人隐私的言论，对其采取放纵的态度任其扩散，ICP 构成侵害用户隐私权，应当适用过错责任。

4. 网络监视及窃听

某些网络的所有者或管理者会通过网络中心监视或窃听局域网内的其他电脑，监控网内人员的电子邮件。这种行为严重地侵犯了用户的隐私权，但网络的所有者或管理者却以各种理由来掩盖自己的侵权行为。网络的所有者或管理者应该对用户有告知的义务：

（1）用户发的电子邮件或其他信息是没有个人隐私的，能够被所有者或管理者监控。

（2）网络的所有者或管理者得到的用户隐私的信息，不得用于传播或其他目的。

无论网络隐私权还是隐私权的理论研究在我国可以说是刚刚起步，两者都处于理论研究阶段。在网络利用日趋便捷，网络资料储存交换日渐普及的今天，消费者的个人资料和个人隐私如何保护，服务商对取得的个人资料应如何利用和流通，是我国网络和电子商务发展所必须面对的一个重要问题。但是，在事实上承认网络隐私权作为一项互联网新概念的存在和在法律上对其进行确认并加以保护并不是完全等价的，这首先涉及立法模式的选择问题。随着社会的进步，公民自我保护意识逐渐增强，公民网络隐私权和隐私权的法律保护已经走上我国法制建设的重要议事日程。

三、电子商务中隐私权保护的问题

1. 电子商务中消费者隐私权保护意识不足

电子商务中消费者隐私权遭受到侵犯的主要原因之一就是自我保护意识不足。大多数电子商务中消费者的个人信息保护意识有很大的欠缺，不知道应该保护或者不知道怎样保护自己的个人信息。主要表现有:消费者们对自己的个人信息保护不足，不清楚自己拥有什么样的权限；消费者提交的信息具有随意性，没有意识到提交这些信息会对自己造成什么影响，如个人手机信息、联系方式等都随意地提交上去；不善于利用已有的保护措施，很多时候，网站已经为消费者提供了保护措施，但消费者更多时候只是依据默认选项。

2. 电子商务中消费者隐私权技术保护存在不足

现在的网络安全保护技术越来越强，但还是存在不足之处。数字签名技术、防火墙技术、入侵检测系统、信息加密技术、安全认证技术、防病毒系统，在很大程度上减少了电子商务中消费者隐私的侵犯，但因为技术只是工具，它具有双刃剑的特性，即先进的技术可以用来保护电子商务中消费者隐私，也有可能会被用来侵犯电子商务中消费者隐私。所以技术保护可能永远无法彻底解决电子商务中消费者隐私权保护问题，先进的技术只能在某种程度上完善和加强对电子商务中消费者隐私权的保护。

3. 电子商务中消费者隐私权法律保护不足

虽然我国法律已经开始重视对隐私权的保护，但却没有一部法律直接将隐私权这个词写进法律条款中，也并没有具体规定隐私权的内容和侵犯隐私权行为的方式。隐私权保护的法律体制不完善就导致了网络隐私权、电子商务中消费者隐私权法律保护的缺陷，使网络隐私权、电子商务中消费者隐私权遭受侵害时寻求司法救济成为难题，限制了被侵权人通过法律途径保护自身权益。

四、电子商务中隐私权保护的措施

1. 用户自我保护

这是隐私权保护的第一道屏障。教育消费者养成使用匿名技术、加密技术等保密手段的习惯，不要随意向他人提供个人信息。在必须提供个人信息的情况下，要主动了解数据的使用情况，包括经营者收集的信息内容和种类，收集信息的方式和目的，信息使用的主体、范围、途径和使用期限，是否会被分享、是否允许主体进行合理的访问和修改，以及可能拥有的任何补偿权等。通过消费者的自我防卫、自我控制，能够直接切断对个人数据的非法采集，也能够督促网站不断地完善自身的信息保护系统，对于完善整个电子商务安全性环境有着极为重要的作用。

2. 立法保护

以法律方式保护网络中个人的隐私权：明确资料收集人的权利与义务，如在何种情况下可以收集个人资料、收集过程中的告知义务、资料使用目的的限制等；明确资料提供人的权利，如知情权、自主控制权、修改权、侵害赔偿请求权等；明确救济之途径等。

3. 技术保护

在网络界中有许多可保护隐私的技术，值得参考的有“隐私权选择平台方案”（platform for privacy preference project）。它由 W3C 开发，可以提供网络业者一个共通的隐私权保护措施和技术通信协定，以使经营者在进行使用者个人资料收集的同时，提供使用者在资料收集程序上的选择。P3P 技术赋予了使用者是否同意提供个人资料的选择权。一旦使用者与网络经营者一致同意一项个人隐私协定，资料的收集将在一个比较安全的环境下进行，而使用者仍可以随时掌握自己的资料应用情况。P3P 提倡“告知后同意”的概念，以建立网络经营者和使用者之间的互信关系。

4. 自律保护

鼓励行业自律地制定完善个人资料保护方案及政策，建立使消费者放心的隐私权保护策略。例如，美国“TRUSTe”及“BBB Online”等组织的做法，对于所有自愿遵守隐私保障规范的网络业者，只要通过其所建立的认证机制，便颁发优良标准（如“TRUSTe”的 Trust Mark），供业者标示于自己企业网站首页上，使消费者能够轻松判别，得知这些网站对于使用者个人隐私资料，包括合法收集、特定用途利用等应遵守的原则。

五、电子商务隐私权保护的立法现状

1. 欧盟的《欧洲数据保护公约》等

1995 年，欧盟制定了《欧洲数据保护公约》，该公约几乎包括了所有关于个人数据处理方面的规定，其目的在于保障个人自由和基本人权，确保个人数据资料在欧盟成员国之间的自由流通。根据该指令，资料控制者的主要义务有保证资料的品质、资料处理方法、敏感资料的禁止处理与告知当事人等。资料当事人则享有接触权利与反对权利，并有权更正、删除或封存其个人资料。

1996年，欧盟理事会通过的《电子通讯数据保护指令》是对《欧洲数据保护公约》的补充与特别条款。1998年制定的有关电子商务的《私有数据保密法》亦开始生效。1999年，欧盟委员会先后制定了《互联网上个人隐私权保护的一般原则》、《关于互联网上软件、硬件进行的不可见的和自动化的个人数据处理的建议》、《信息公路上个人数据收集、处理过程中个人权利保护指南》等相关法规，为用户和网络服务商提供了清晰可循的隐私权保护原则，即要求网站收集个人信息时要发出通知；允许用户选择信息并自由使用信息；允许用户查看有关自己的信息并检查其真实性；要求网站采取安全措施保护未经授权的信息。从而在成员国内有效建立起有关网络隐私权保护的统一的法律法规体系。

2. 美国的《隐私权法》等

1974年，美国正式制定《隐私权法》，这部法律可视为美国隐私保护的基本法，第一次以成文法的形式承认需要对个人的信息隐私权和某些机构通过使用计算机存储个人数据信息的做法进行平衡，它规定了美国联邦政府机构收集和使用个人资料的权限范围，并规定不得在未经当事人同意的情况下使用任何有关当事人的资料。

1982 年，美国制定了《金融隐私知悉法》，进一步对金融机构的数据信息中涉及客户隐私权的保护加以规定，使法律更加具有针对性。1986年制定的《电子通信隐私权法》则针对通过计算机网络传送的消息，包括金融信息的隐私权进行保护。作为判例法国家，美国还通过判例确立了网络隐私权保护方面的一些原则。例如，在1993加利福尼亚州某公司一案中，确立了E-mail中隐私权保护的一般原则：“事先知道公司政策（知道E-mail可被别人查阅）即可视为对隐私权无合理期望，且所有者、经营者对本网络的访问不构成截获。”

上述这些法律以及判例对于数据隐私权，尤其是金融数据隐私权的保护大致分为两个方面，一是涉及公共部门，即公共部门主要是政府机构在什么情况下可以取得这些数据和资料；二是涉及私人，即公共部门以外的个人或机构在什么情况下可以取得这些数据和资料。同时，还对侵权人的责任和被记录人的救济手段做出了相应规定。

3. 中国的现状及建议

中国尚未将隐私权作为公民权利体系中的一项独立的人格权加以保护。为了规范我国计算机信息网络的发展，有关部门曾相继出台了一些规定，其中也涉及网络空间个人隐私权的法律保护问题。《中华人民共和国计算机信息网络联网管理暂行规定实施办法》第 18 条规定：用户应当服从接入单位的管理，遵守用户守则；不得进入未经许可的计算机系统，篡改他人信息；不得在网络上散发恶意信息，冒用他人名义发出信息，侵犯他人隐私。《计算机信息网络国际联网安全保护管理办法》第 7 条规定：用户的通信自由和通信秘密受法律保护，任何单位和个人不得违反法律规定，利用国际联网侵犯用户的通信自由和通信秘密。《全国人大常委关于维护互联网安全的决定》规定：利用互联网侮辱他人或捏造事实诽谤他人及非法截获、篡改、删除他人的电子邮件或者其他数据资料，侵犯公民通信自由和通信秘密的，可以构成犯罪，依刑法追究刑事责任。《互联网电子公告服务管理规定》第 12 条规定：电子公告服务提供者应当对上网用户的个人信息保密，未经上网用户的同意不得向他人泄露，但法律另有规定的除外。

在 2010 年 7 月 1 日实施的《网络商品交易及有关服务行为管理暂行办法》中对于网络消费者个人信息保护方面,《办法》第 16 条规定，网络商品经营者和网络服务经营者对收集的消费者信息，负有安全保管、合理使用、限期持有和妥善销毁义务；不得收集与提供商品和服务无关的信息，不得不正当使用，不得公开、出租、出售。但是法律、法规另有规定的除外。

在提供网络交易平台服务的经营者应当履行的保护消费者权益方面,《办法》第 25 条规定，提供网络交易平台服务的经营者应当采取必要措施保护涉及经营者商业秘密或者消费者个人信息的数据资料信息的安全。非经交易当事人同意，不得向任何第三方披露、转让、出租或者出售交易当事人名单、交易记录等涉及经营者商业秘密或者消费者个人信息的数据。《办法》第 26 条规定，提供网络交易平台服务的经营者应当建立消费纠纷和解和消费维权自律制度。消费者在网络交易平台购买商品或者接受服务，发生消费纠纷或者其合法权益受到损害的，提供网络交易平台服务的经营者应当向消费者提供经营者的真实的网站登记信息，积极协助消费者维护自身合法权益。

总之，我们应该在立足于本国国情的同时，积极关注国际上的立法趋势和立法动态，从中吸取可行的经验措施，形成我国电子商务中消费者隐私立法的一般方式和原则。并逐渐向隐私保护的国际标准靠拢，取得国际协调，争取在电子信息网络建设和发展刚刚起步的时候取得主动。首先应从法律上明确隐私权作为独立民事权利的地位，进而尽快制定《隐私权法》，既加强对隐私权的传统法律保护，也重视对信息时代下电子商务中消费者隐私权的调整，建立一套完整的隐私权保护的法律法规体系。

[案例分析]

腾讯 360 之争带来的思考

背景介绍

腾讯 QQ 和奇虎 360 是目前国内最大的两个客户端软件。前者本质是基于即时通信的社交网络，后者主推互联网安全服务。腾讯以 QQ 为基础，向各个方面发展，以其强大的市场占有率，强大的客户群体，几乎人手一号的资源，不断发展吞噬着互联网各个领域。虽然 360 创始人周鸿祎始终强调 QQ 和 360 不是竞争对手，但随着 360 的壮大，长期独霸桌面端的腾讯也不得不将其视作最重要的竞争对手，并开始展开布局对阵。

事件过程

2010 年 5 月 31 日，深圳腾讯公司悄然将 QQ 医生悄然升级至 4.0 版并更名为“QQ 电脑管家”。新版软件将 QQ 医生和 QQ 软件管理合二为一，增加了云查杀木马、清理插件等功能，涵盖了 360 安全卫士所有主流功能，用户体验与 360 产品功能极其类似。

9 月 27 日，360 发布直接针对 QQ 的“隐私保护器”工具，宣称其能实时监测曝光 QQ 的行为，并提示用户“某聊天软件”在未经用户许可的情况下偷窥用户个人隐私文件和数据。引起了网民对于 QQ 客户端的担忧和恐慌。10 月 14 日，针对 360 隐私保护器曝光 QQ 偷窥用户隐私事件，腾讯正式宣布起诉 360 不正当竞争，要求奇虎及其关联公司停止侵权、公开道歉并做出赔偿。法院已受理此案。针对腾讯起诉，360 随即回应三点，表示将提起反诉。在回应中，360 称“各界对腾讯提出的质疑，腾讯一直回避窥探用户隐私，这时候起诉 360，除了打击报复外，不排除是为了转移视线，回避外界质疑”。

10 月 27 日，腾讯刊登了《反对 360 不正当竞争及加强行业自律的联合声明》。声明由腾讯、金山、百度、傲游、可牛等公司联合发布。要求主管机构对 360 不正当的商业竞争行为进行坚决制止，对 360 恶意对用户进行恫吓、欺骗的行为进行彻底调查。10 月 29 日，360 公司推出一款名为“360 扣扣保镖”的安全工具。360 称该工具全面保护 QQ 用户的安全，包括阻止 QQ 查看用户隐私文件、防止木马盗取 QQ 以及给 QQ 加速，过滤广告等功能。72 小时内下载量突破 2 000 万，并且不断瞬速增加。腾讯对此做出强烈说明，称 360 扣扣保镖是“外挂”行为。

2010 年 11 月 3 日傍晚 6 点，腾讯公开信宣称，将在装有 360 软件的电脑上停止运行 QQ 软件，倡导必须卸载 360 软件才可登陆 QQ。此举引发了业界震动，网友愤怒，业内认为，腾讯这招是逼迫用户做出二选一的选择。据 360CEO 周鸿祎称被迫卸载的 360 软件用户达到 6 000 万人。晚上 9 点左右，360 公司对此发表回应“保证 360 和 QQ 同时运行”，随后 360 公司“扣扣保镖”软件在其官网悄然下线。

11 月 4 日 360 发表公开信称：愿搁置争议，让网络恢复平静，360 扣扣保镖正式下线。在国家相关部门的强力干预下，QQ 已与 360 开始恢复兼容。4 日上午，360 公司发出弹窗公告宣布召回“扣扣保镖”，请求用户卸载。此举似乎有了和解的迹象。

2010 年 11 月 5 日上午，工业和信息化部、互联网协会等部门开会讨论此事的应对方案。政府部门已经介入，用行政命令的方式要求双方不再纷争。知情人称，360 方面也在此形势下宣布召回“扣扣保镖”软件。两家公司不得再发布煽动此事的新闻和信息。奇虎 360 于 11 月 10 日宣布 QQ 和 360 已经恢复兼容，并在官方网站发布名为《QQ 和 360 已经恢复兼容 感谢有您！》的公告，感谢广大用户对 360 软件的支持，公布了有关部门的联系方式，提醒用户若发现二者软件若出现冲突可向相关部门举报。

这场缠斗让中国互联网市场一些变化已经发生——QQ 和 360 的竞争对手们正希望借两位大佬互搏受伤之际，在它们的市场中分得更大份额。其他变化还在酝酿——有传闻称，有反垄断专家正研究“分拆腾讯的可能性”；同时，腾讯和 360 本身也在考虑改变过去颇受诟病的行事方式。

思考题：

1. 从竞争手段来看，你如何看待 QQ 和 360 之争？

2. 从互联网政策法规的建设出发，你认为网络市场竞争该如何规范和引导？

[习 题]

一、单选题

1. 狭义的电子商务主体一般是指（ ）

A. 电子商务企业 B. 政府机构 C. 教育机构 D. 个人

2. 电子商务行政监管与传统商务行政监管（ ）

A. 难度一样 B. 难度更小 C. 难度更大 D. 不知道

3. 电子商务行政监管的首要任务是（ ）

A. 打击发布虚假违法广告 B. 打击电子合同欺诈

C. 打击网上非法传销　　　　　D. 处理网上个人交易纠纷

4. 知识产权具有（　　）

A. 人身权　　B. 财产权　　C. 人身权或财产权　　D. 人身权和财产权

5. 网络隐私权制度的基础是（　　）

A. 控制权　　B. 安全权　　C. 选择权　　D. 知情权

二、多选题

1. 信息伦理一般包括（　　）

A. 计算机伦理　　B. 网络伦理　　C. 社会伦理　　D. 技术伦理

2. 电子商务行政监管的主要职责（　　）

A. 促进电子商务发展　　　　B. 规范电子商务行为

C. 保护权益　　　　　　　　D. 查处违法行为，维护市场秩序

3. 电子商务行政监管的注意事项包括（　　）

A. 在线监管与线下监管相结合　　B. 行政手段与技术手段相结合

C. 专业监管与专项监管相结合　　D. 分类监管与普遍监管相结合

4. 电子商务中知识产权的特点是（　　）

A. 客体的无形性　　B. 公开、公用性　　C. 无国界性　　D. 区域性

5. 电子商务领域，消费者的隐私权具体包括（　　）

A. 知情权　　B. 选择权　　C. 控制权　　D. 安全权

三、简答题

1. 如何理解网络伦理?

2. 简述电子商务主体与传统商务主体的差异。

3. 简述电子商务行政监管必要性分析。

4. 简述电子商务信息公开规则。

5. 简述电子商务中知识产权的特点。

6. 简述电子商务中保护知识产权的策略。

7. 简述网络侵权的主体分类。

8. 简述电子商务中隐私权保护的措施。

[习题解答]

单选题：ACBDB

多选题：AB　ABCD　ABCD　ABC　ABCD

简答题：略

参考文献

邓顺国，唐晓东，门洪亮. 2004. 网上银行与网上金融服务. 北京：清华大学出版社
方真，张明明. 2003. 电子商务概论. 大连：大连理工大学出版社
关振胜. 2006.《电子签名法》与数字签名的技术实现. 电子商务, 1：36~43
胡枚艳. 2003. 电子商务教程. 广州：华南理工大学出版社
黄永斌. 2004. 电子商务导论. 北京：机械工业出版社
李琪，Whinston A B. 2004. 金融电子商务. 北京：高等教育出版社
罗汉洋. 2004. B2B 电子商务模式分析与参考. 商业研究, 15：150~153
舒彤. 2003. 电子商务概论. 长沙：湖南大学出版社
宋林林. 2003. 电子商务网站建设. 大连：大连理工大学出版社
杨明一，洪大为. 2003. 电子商务与 ERP 理论与实务. 北京：清华大学出版社
Schneider G P. 2003. Electronic Commerce. 北京：机械工业出版社